Nomos Universitätsschriften

Recht

Band 991

Sophie Derfler

Trigger-Warnungen

Hochschulen zwischen Grundrechten und Identitätspolitik

Nomos

Onlineversion
Nomos eLibrary

Die Deutsche Nationalbibliothek verzeichnet diese Publikation in der Deutschen Nationalbibliografie; detaillierte bibliografische Daten sind im Internet über http://dnb.d-nb.de abrufbar.

Zugl.: Passau, Univ., Diss., 2021

u.d.T.: Trigger-Warnungen: Hochschulen zwischen Grundrechten und Identitätspolitik. Erfindung des Grundrechts auf akademische Selbstbestimmung.

ISBN 978-3-8487-8469-1 (Print)
ISBN 978-3-7489-2850-8 (ePDF)

1. Auflage 2021

Vorwort

Die vorliegende Arbeit entstand während meiner Tätigkeit als wissenschaftliche Mitarbeiterin und Doktorandin am Lehrstuhl für Öffentliches Recht, Medien- und Informationsrecht an der Universität Passau.

Mein besonderer Dank gilt meinem Doktorvater, Herrn Prof. Dr. Kai von Lewinski, für seine Unterstützung und sein persönliches Engagement bei der Betreuung dieser Arbeit. Durch seine konstruktiven Anmerkungen und wertvollen Denkanstöße hat er entscheidend zum Gelingen dieser Arbeit beigetragen. Ebenfalls bedanken möchte ich mich bei meinem Zweitgutachter, Herrn Prof. Dr. Tristan Barczak, für die freundliche Übernahme und schnelle Erstellung des Zweitgutachtens und bei Herrn Prof. Dr. Meinhard Schröder für die Leitung der Prüfungskommission.

Großer Dank geht auch an die Promotionsabschlussförderung der Stipendien zur Förderung der Chancengleichheit für Frauen in Forschung und Lehre der Universität Passau, durch welche die letzten 6 Monate meiner Doktorarbeit finanziert wurden und die es mir ermöglichte mich ganz auf meine Doktorarbeit zu konzentrieren.

Ein herzlicher Dank geht an meine Kollegen und Kolleginnen vom Lehrstuhl für Öffentliches Recht, Medien- und Informationsrecht, durch die ich meine Promotionszeit in besonders schöner Erinnerung behalten werde. Vielen Dank auch meinen Freundinnen und Freunden für immer offene Ohren und ununterbrochene Unterstützung.

Besonderen Dank möchte ich meinen Kollegen Benedikt Leven und Sören Strahl aussprechen, die mich im gemeinsamen Wissensaustausch immer wieder kritisch hinterfragt, gefördert und zuletzt die Arbeit Korrektur gelesen haben. Ein großer Dank geht auch an Dr. Lea Bosch, die mich in die öffentlichrechtliche „Community“ der Ludwig-Maximilian-Universität aufgenommen und zu zahlreichen interessanten, wissenschaftlichen Diskussionen und Denkanstößen beigetragen hat. Für das Korrekturlesen gebührt außerdem Mirjam Schupp und Sabine Derfler herzlicher Dank.

Mein größter Dank gilt meiner Familie, meinen Eltern, Sabine und Klaus Derfler, meiner Schwester, Lisa Derfler, und meinem Partner, Sebastian Rothe, die mich immer unterstützt und angefeuert haben. Meinen Eltern danke ich besonders dafür, dass sie mir diese Ausbildung ermöglicht und mich immer vorbehaltlos unterstützt haben. Meiner Schwester danke ich, dass sie immer hinter mir steht, und meinem Partner danke ich von ganzem Herzen dafür, dass er von Anfang an diesen Traum geglaubt hat.

Sophie Derfler

Inhaltsverzeichnis

Abkürzungsverzeichnis

a.A.	andere Ansicht
Abs.	Absatz
AEMR	Allgemeine Erklärung der Menschenrechte
AEUV	Vertrag über die Arbeitsweise der Europäischen Union
AK-GG	Kommentar zum Grundgesetz für die Bundesrepublik Deutschland – Reihe Alternativkommentare
Alt.	Alternative
ACLU	American Civil Liberties Union
Anm.	Anmerkung
AöR	Archiv des öffentlichen Rechts (Zschr.)
Art.	Artikel
Aufl.	Auflage
Az.	Aktenzeichen
B.	Beschluss
BadWürttVerf	Verfassung des Landes Baden-Württembergs
BayHSchG	Bayerisches Hochschulgesetz
BayObLG	Bayerisches Oberstes Landesgericht
BayVBl	Bayerische Verwaltungsblätter (Zschr.)
BayVerf	Verfassung des Freistaates Bayern
BayVwVfG	Bayerisches Verwaltungsverfahrensgesetz
BBG	Bundesbeamtengesetz
BbgVerf	Verfassung des Landes Brandenburgs
BeckOK	Beck'scher Online-Kommentar(e)
BeckRS	Beck-online.Rechtsprechung
BerlKomm	Berliner Kommentar zum Grundgesetz
BGB	Bürgerliches Gesetzbuch
BGBl.	Bundesgesetzblatt
BGH	Bundesgerichtshof
BGHZ	Bundesgerichtshof in Zivilsachen (Entscheidungssammlung)
bpb	Bundeszentrale für politische Bildung

bspw.	beispielsweise
BT-Drs.	Bundestags-Drucksache
BVerfG	Bundesverfassungsgericht
BVerfGE	Bundesverfassungsgericht (Entscheidungssammlung)
BVerwG	Bundesverwaltungsgericht
CR	Computer und Recht (Zschr.)
DJT	Deutscher Juristentag
DÖV	Die öffentliche Verwaltung (Zschr.)
DVBl.	Deutsches Verwaltungsblatt (Zschr.)
E.	Entscheidung
Ed.	Edition
EGMR	Europäischer Gerichtshof für Menschenrechte
EL	Ergänzungslieferung
EMRK	Europäische Menschenrechtskonvention
engl.	englisch
et pass.	et passim
EU	Europäische Union
EuGRZ	Europäische Grundrechte Zeitschrift (Zschr.)
f., ff.	folgende
FAZ.NET	Frankfurter Allgemeine Zeitung Online (Ztg.)
F.A.Z.	Frankfurter Allgemeine Zeitung (Ztg.)
Fn.	Fußnote
FR	Frankfurter Rundschau (Ztg.)
gem.	gemäß
GG	Grundgesetz für die Bundesrepublik Deutschland
GRCh	Grundreche Charta
GRUR	Gewerblicher Rechtsschutz und Urheberrecht (Zschr.)
GVBl.	Gesetz – und Verordnungsblatt
h.L.	herrschende Lehre
h.M.	herrschende Meinung

HRG	Hochschulrahmengesetz
Hrsg.	Herausgeber
i.d.F.	in der Fassung
i.d.R.	in der Regel
i.E.	im Ergebnis
IGH	Internationaler Gerichtshof
insb.	insbesondere
IPwirtR	Internationaler Pakt über wirtschaftliche, soziale und kulturelle Rechte
i.V.m.	in Verbindung mit
JA	Juristische Arbeitsblätter (Zschr.)
JEH	The Journal of Economic History (Zschr.)
JURA	Juristische Ausbildung (Zschr.)
JuS	Juristische Schulung (Zschr.)
JZ	Juristenzeitung (Zschr.)
Kap.	Kapitel
KJ	Kritische Justiz (Zschr.)
krit.	kritisch
Lfg.	Lieferung
LG	Landgericht
LHG BW	Landeshochschulgesetz Baden-Württemberg
LPG	Landespressegesetz
Ls.	Leitsatz
LTO	Legal Tribune Online (Ztg.)
m.w.N.	mit weiteren Nachweisen
MittHV	Mitteilungen des Hochschulverbandes
MMR	MultiMedia und Recht (Zschr.)
NCAC	National Coalition Against Censorship
NDR	Norddeutscher Rundfunk
NJ	Neue Justiz (Zschr.)

NJOZ	Neue Juristische Online-Zeitschrift (Zschr.)
NJW	Neue Juristische Wochenschrift (Zschr.)
Nr.	Nummer
NRW	Nordrhein-Westfalen
NStZ	Neue Zeitschrift für Strafrecht (Zschr.)
NVwZ	Neue Zeitschrift für Verwaltungsrecht (Zschr.)
NVwZ-RR	NVwZ-Rechtsprechungsreport (Zschr.)
NWVBl.	Nordrhein-Westfälische Verwaltungsblätter (Zschr.)
NZZ	Neue Züricher Zeitung (Ztg.)
OLG	Oberlandesgericht
OVG	Oberverwaltungsgericht
pass.	passim
PostverwaltungsG	Postverwaltungsgesetz
PTBS	Posttraumatische Belastungsstörung
PTDS	Post-traumatic demoralization syndrome
RdA	Recht der Arbeit (Zschr.)
RdJB	Recht der Jugend und des Bildungswesens (Zschr.)
RDV	Recht der Datenverarbeitung (Zschr.)
Rn.	Randnummer
S.	Seite
s.	siehe
s.a.	siehe auch
SGB	Sozialgesetzbuch
sog.	sogenannt
StGB	Strafgesetzbuch
st. Rspr.	Ständige Rechtsprechung
SWR	Süwestrundfunk
SZ	Süddeutsche Zeitung (Ztg.)
u.a.	unter anderem
UN	Vereinte Nationen
Urt.	Urteil

USA	Vereinigte Staaten von Amerika
usw.	und so weiter
v.	von
VerwRspr.	Verwaltungsrechtsprechung (Zschr.)
VGH	Verwaltungsgerichtshof
vgl.	vergleiche
Vorb. / Vor	Vorbemerkung
VVDStRL	Veröffentlichungen der Vereinigung der Deutschen Staatsrechtslehrer
WD	Wissenschaftliche Dienste
WHO	Weltgesundheitsorganisation
WRV	Weimarer Reichsverfassung
WissR	Wissenschaftsrecht (Zschr.)
z.B.	zum Beispiel
ZaöRV	Zeitschrift für ausländisches öffentliches Recht und Völkerrecht (Zschr.)
ZDF	Zweites Deutsches Fernsehen
ZEuS	Zeitschrift für Europarechtliche Studien (Zschr.)
ZJS	Zeitschrift für das juristische Studium (Zschr.)
Zschr.	Zeitschrift
ZP EMRK	Zusatzprotokolle der Europäischen Erklärung für Menschenrechte
Ztg.	Zeitung
ZUM	Zeitschrift für Urheber- und Medienrecht (Zschr.)
ZUM-RD	ZUM-Rechtsprechungsdienst (Zschr.)
zusf.	zusammenfassend

Einführung

Hochschulen gelten seit jeher als Bastion der Meinungsfreiheit; sie sind Stätten der freien geistigen Auseinandersetzung. Die wissenschaftliche Arbeit an Hochschulen kann nur durch den offenen Austausch von Argumenten und dem „leidenschaftlichen, heftigen und kontroversen Ringen um Thesen, Fakten, Argumente und Beweise“[1] vorangetrieben werden. Zentrale Voraussetzung der Existenz von Wissenschaft an Hochschulen ist Freiheit, denn ohne Freiheit kann keine freie Wissenschaft existieren.

Spätestens seit dem Jahr 2018 (mit Einzelfällen auch schon davor (→ Fn. 63)) scheint die Freiheit der Meinung sowie der Wissenschaft an Hochschulen in Deutschland und anderswo regelmäßig bedroht zu sein. So berichtet *Daniel Diermeier*, Provost der *University of Chicago*, im März 2019 davon, dass er bestimmte freiheitsbeschränkende Phänomene aus den USA, wie beispielsweise das Ausladen von Redner*innen, auch an deutschen Hochschulen zu beobachten beginnt und warnt deutlich vor dieser Entwicklung.[2] Die Hochschullehrer*innen an deutschen Universitäten scheinen diese Entwicklungen gleichfalls kritisch zu verfolgen. So gaben 13 % der Befragten einer Umfrage der *Konrad-Adenauer-Stiftung* in Verbindung mit dem *Institut für Demoskopie Allensbach* zur „Forschungsfreiheit an deutschen Universitäten“ an, dass *Political Correctness* das Nachgehen bestimmter Forschungsfragen verhindere und 30 % fühlten sich in ihrer Forschung, 31 % in ihrer Lehre durch *Political Correctness* eingeschränkt.[3]

Der Wissenschaftsforscher *David Kaldewey* bezeichnet diese Entwicklung als eine neue studentische Bewegung, welche an amerikanischen Hochschulen umgeht und eine Hochschule frei von Diskriminierung, rassistischer und sexistischer Sprache sowie kolonialen Weltanschauungen anstrebt. Die studentische Bewegung gibt sich selbst zwar keinen Namen,

---

1 *Kempen*, in: *Hopf* (Hrsg.), Die Freiheit der Wissenschaft und ihre „Feinde“, 2019, S. 1.

2 F.A.Z v. 13.03.2019, Nr. 61, S. 4.

3 Zum Abruf der Studie mit 1.106 Teilnehmer*innen: *Institut für Demoskopie Allensbach und Akademie der Konrad Adenauer Stiftung/Petersen*, Forschungsfreiheit an deutschen Universitäten, 12. Februar 2020, S. 15: https://www.kas.de/documents/252038/7995358/Stu%20die+des+Instituts+für+Demoskopie+Allensbach+zur+Forschungsfreiheit+an%20+deutschen+Universitäten.pdf/01252a6a-38eb-a647-fb74-7d39b1890382?t=15%2081610619899 (zuletzt abgerufen: 25.06.2021).

wird aber von Außenstehenden regelmäßig pejorativ als Bewegung der *Political Correctness* als überbordende Identitätspolitik oder – angelehnt an die amerikanischen *Culture Wars* – als *Campus Wars* bezeichnet. *Kaldewey* führt weiter aus, dass eine objektive Betrachtung der Entwicklungen mangels empirischer Forschung zu diesem Phänomen schwierig sei. Dazu komme, dass viele der über diese Entwicklung verfassten Essays, Bücher und Artikel emotional und polarisierend geschrieben seien.[4]

Diese studentische Bewegung verschafft sich vor allem mit vier unterschiedlichen Methoden Gehör: *No-platforming*, *Safe Spaces*, *Microaggressions* und *Trigger-Warnings*. Während in den USA die Diskussion über alle vier Phänomene ungefähr gleichweit vorangeschritten ist (→ S. 28ff.), zentriert sich die Diskussion in Deutschland (→ S. 35ff.) in erster Linie um das Phänomen des *No-platformings*.[5]

Political Correctness ist nicht einfach zu definieren. Zum einen versteht man nicht nur eine Sache darunter, sondern viele unterschiedliche Verhaltensweisen. Zum anderen entstand die Begrifflichkeit Ende der 1980er-Jahre in den Vereinigten Staaten aufgrund der an den Hochschulen stattfindenden kulturellen Veränderungen und entwickelte sich von da an fort.[6] Es gibt unterschiedliche Versuche, Definitionen für den Begriff *Political Correctness* zu finden, der Duden wählt die Folgende: "Einstellung, die alle Ausdrucksweisen und Handlungen ablehnt, durch die jemand aufgrund seiner ethnischen Herkunft, seines Geschlechts, seiner Zugehörigkeit zu einer bestimmten sozialen Schicht, seiner körperlichen oder geistigen Behinderung oder sexuellen Neigung diskriminiert wird."[7] So handelt es sich bei den an den Hochschulen zu beobachtenden Phänomenen im Grunde um solche, die darauf abzielen, Diskriminierung aufgrund der Herkunft, des Geschlechts, der Zugehörigkeit usw. zu verhindern.

Das in Deutschland bekannteste Phänomen des *No-platformings* bezeichnet ein Vorgehen, welches verhindern möchte, dass unerwünschten, oft-

---

4 *Kaldewey*, in: *Strohschneider/Blamberger/Freimuth* (Hrsg.), Vom Umgang mit Fakten, 2018, S. 33f. – eine Beobachtung, die die Autorin teilt.

5 Allerdings ist auch der Begriff der Trigger-Warnungen immer mehr im deutschen Sprachraum zu finden, vgl.: Der Bund v. 06.04.2020: https://www.derbund.ch/trigger-warnung-als-lebensstil-316992334297 (zuletzt abgerufen: 25.06.2021) oder NZZ v. 31.07.2020, S. 27 oder die Kolumne „Triggerwarnung" von Judith Sevinç Basad in der Cicero, und auch im Sportteil der F.A.Z findet sich der Begriff der Trigger-Warnung wieder: F.A.Z v. 21.12.2020, Nr. 297, S. 23.

6 *Hughes*, Political Correctness. A History of Semantics and Culture, 2009, S. 3ff., et pass.

7 Duden – Deutsches Universalwörterbuch, 7. Aufl. 2011: Political Correctness.

mals diskriminierenden oder als solche empfundenen Redner*innen „eine Plattform gegeben wird“. Man versteht darunter Praktiken wie das Ausladen oder zumindest die Forderung des Ausladens von bestimmten *personae non gratae* oder das Verhindern von Veranstaltungen mit den entsprechenden Personen durch Zwischenrufe oder anderen Lärm.[8] In der genannten Umfrage gaben 79 % der Befragten an, dass sie gerne eine Person des rechtspopulistischen Spektrums einladen würden, dabei rechneten bei einer solchen Einladung 74 % der Befragten mit einer ablehnenden Reaktion. 84 % der Befragten würden gerne Personen aus dem linkspopulistischen Spektrum einladen, 21 % der Befragten fürchteten bei einer Einladung jedoch Widerstand.[9]

Der Ruf nach *Safe Spaces* umfasst einen Wunsch nach Räumen, in denen sich marginalisierte Studierende mit anderen „herrschafts- und diskriminierungsfrei austauschen können“[10]. So sollen marginalisierte Studierende ein Gefühl der Sicherheit haben, wenn sie Meinungen zu kontroversen Themen austauschen. *Safe Spaces* sind Orte, an denen Studierende sich akzeptiert, willkommen und frei von Kritik oder Verurteilungen für ihre persönliche Identität fühlen.[11] Im Gegensatz zu den als *Safe Spaces* festgelegten Räumen sollen Hörsäle und Seminarräume *Brave Spaces* sein, das heißt Orte, die Raum für kontroverse Diskussionen zu schwierigen Themen geben.[12]

Schon im Jahr 1970 forschte der afroamerikanische Psychiater *Chester Pierce* zum Phänomen der *Microaggressions*, welche er als subtile unbewusste Beleidigungen Schwarzer durch Weiße definierte.[13] Im Jahr 2000 begann sich *Derald Wing Sue*, amerikanischer Psychologe mit chinesischen Wurzeln, mit dieser Theorie zu beschäftigen. Er definierte Mikroaggressionen nun nicht mehr nur als Verhaltensweisen Weißer gegenüber Schwarzen, sondern generell der Mehrheit gegenüber Minderheiten: „*Racial mi-*

---

8 Bspw.: die Ausladung von *Ann Coulter* am 27. April 2017 an der *University of California, Berkeley* nach Protesten oder die faktische Verhinderung der Vorlesung zur Makroökonomie II von *Prof. Dr. Lucke* zu Anfang des Wintersemesters 2019/2020 durch laute Protestchöre – die Vorlesung wurde zur Mitte und Ende des Semesters hin unter Polizeischutz und Einlasskontrolle ordnungsgemäß durchgeführt.

9 *Institut für Demoskopie Allensbach und Akademie der Konrad Adenauer Stiftung/Petersen*, Forschungsfreiheit an deutschen Universitäten, S. 14.

10 *Akbarian*, Der Hörsaal – Safe Space oder Brave Space?, in: WissR 53 (2020), S. 5, 6.

11 *Whittington*, Speak Freely, 2018, S. 66ff.

12 *Palfrey*, Safe Spaces, Brave Spaces, 2017, S. 20ff., 28ff.

13 *Zimmerman*, Campus Politics. What Everyone Needs To Know, 2016, S. 94.

croaggressions are brief and commonplace daily verbal, behavioral, or environmental indignities, whether intentional or unintentional, that communicate hostile, derogatory, or negative racial slights and insults toward people of color."[14] Es handelt sich demnach um Verhaltensweisen, welche in bestimmten, oftmals gesellschaftlich gelernten Vorurteilen begründet sind und über deren Existenz sich der*die Handelnde zumeist nicht bewusst ist.[15] Ob eine Form der Mikroaggressionen vorliegt, hängt nur vom subjektiven Empfinden des Gegenübers ab, auf die Intentionen des Handelnden kommt es nicht an.[16] *Sue* et al. erstellten in ihrer Arbeit eine (nicht abschließende) Liste mit möglichen Aussagen, die als Mikroaggressionen zählen.[17] Diese und ähnliche Listen zirkulieren immer wieder an Hochschulen (und im Netz) als Handreichung zum antirassistischen Lehren und Verhalten.

Unter *Trigger-Warnings* (hier künftig eingedeutscht: Trigger-Warnungen) werden Warnungen verstanden, die vor bestimmten Auslösereizen (engl.: *trigger*) schützen sollen. Im heutigen Sprachgebrauch handelt es sich dabei um warnende Notizen oder Schlagwörter, welche auf die zu erwartenden Inhalte hinweisen. Daher sind die Rezipient*innen schon vor Beginn der Lektüre vorgewarnt, dass bestimmte sie potenziell „triggernde" Inhalte vorkommen können. Trigger-Warnungen werden vorwiegend dann verwendet, wenn traumatische Erfahrungen thematisiert werden,[18] aber auch, wenn andere Auslösereize auftreten können. Die *National Coalition Against Censorship (NCAC)* definiert *Trigger-Warnings* in einer Umfrage unter Mitgliedern[19] der *Modern Language Association* und *College Art Association* aus dem Jahr 2015 wie folgt: *„[...] written warnings to alert students in advance that material assigned in a course might be upsetting or offensive [...].*"[20] Die *NCAC* stellt in ihrer Studie fest, dass Trigger-Warnungen ursprünglich als Warnung vor grafischen Darstellungen von sexueller Gewalt, wel-

---

14 *Sue/Capodilupo/Torino/Bucceri/Holder/Nadal/Esquilin*, Racial microaggressions in everyday life: Implications for clinical practice, in: American Psychologist 62 (2007), S. 271, 271.

15 *Furedi*, What's Happened to the University?, 2017, S. 107.

16 *Campbell/Manning*, The Rise of Victimhood Culture, 2018, S. 7.

17 *Sue/Capodilupo/Torino/Bucceri/Holder/Nadal/Esquilin*, in: American Psychologist 62 (2007), S. 271, 276f., 281f.

18 *Halberstam*, Trigger Happy: From Content Warning to Censorship, in: Signs: Journal of Women in Culture and Society 42 (2017), S. 535, 535.

19 Es nahmen über 800 Personen an der Umfrage teil. Die Mitglieder beider *Associations* sind in der Lehre an Universitäten, Colleges oder High Schools beschäftigt.

20 *National Coalition Against Censorship*, What's All This About Trigger Warnings, Dezember 2015, S. 3: https://ncac.org/wp-content/uploads/2015/11/NCAC-TriggerWarningReport.pdf (zuletzt abgerufen: 25.06.2021).

che Symptome einer Posttraumatischen Belastungsstörungen hervorrufen könnten, dienten. Mittlerweile umfassen diese aber auch Inhalte, welche möglicherweise unangenehme oder sensible Themen wie Ethnie, sexuelle Orientierung, Behinderungen, Kolonialismus, Folter usw. ansprechen.[21] Die Umfrage der *NCAC* aus dem Jahr 2015 ergab, dass 65 % der Befragten fanden, Trigger-Warnungen hätten einen negativen Effekt auf die Wissenschaftsfreiheit (*Academic Freedom*), während nur 17 % der Befragten einen positiven Effekt auf die Lehre und Dynamik im Klassenraum sahen.[22]

Mit den hier zuletzt genannten Trigger-Warnungen wird sich diese Arbeit in erster Linie beschäftigen. Die Wahl fiel auf die Behandlung von Trigger-Warnungen als Phänomen, da es sehr greifbar ist, sich in rechtliches Regelwerk umarbeiten lassen würde und in Deutschland noch nicht so weit verbreitet und dementsprechend nicht so weit besprochen ist wie *No-platforming*. Dazu kommt, dass Trigger-Warnungen Elemente aus allen anderen Phänomenen (*No-platforming*, *Safe Spaces* und *Microaggressions*) beinhalten. Die Forderungen nach Trigger-Warnungen sind zwar in ihrem Effekt nicht so weitgehend wie die des *No-platformings*, aber im Grunde handelt es sich um eine Einforderung von bestimmten Verhaltensweisen der Hochschulen bezüglich bestimmter Themen („X oder Y darf nicht ohne Trigger-Warnung thematisiert werden!"). In Anlehnung an *Safe Spaces* sollen durch die Verwendung von Trigger-Warnungen Lehreinheiten zu einem sicheren Ort für all diejenigen mit traumatischen Erfahrungen gemacht werden. Genauso wie die Listen zu *Microaggressions* sollen Listen mit Themen vor welche Trigger-Warnungen gesetzt werden müssen, verhindern, dass Studierende mit bestimmten traumatischen Erfahrungen ständig einer Erinnerung an dieses Trauma ausgesetzt werden.

So ist zu klären, ob die Verwendung von Trigger-Warnungen wirklich – wie den Warnungen zu Folge – die akademische Freiheit an Hochschulen bedrohen oder ob der Grundrechtsschutz die Verwendung dieser schützt oder sogar zum Schutz der Persönlichkeitsentfaltung fordert.

---

21 *National Coalition Against Censorship*, What's All This About Trigger Warnings, Dezember 2015, S. 3.

22 *National Coalition Against Censorship*, What's All This About Trigger Warnings, Dezember 2015, S. 7ff.

Kapitel 1. Kulturwandel an den Hochschulen?

A. US-Amerikanische Hochschulen

Wie oben schon angeschnitten, handelt es sich bei all diesen Entwicklungen um solche, die sozusagen aus den Vereinigten Staaten Amerikas zu uns „herübergeschwappt" sind. Es soll hier kurz skizziert werden, wie sich die Situation dort entwickelt hat.

An US-amerikanischen Hochschulen ist der Prozess des Kulturwandels schon seit Längerem zu beobachten. Doch betrachtet man die Debatte in den USA, so darf man nicht aus dem Blick verlieren, dass die Diskussion über Meinungsfreiheit an Hochschulen dort deutlich älter ist als die Debatte über Trigger-Warnungen oder andere politisch korrekte Verhaltensweisen.

Das erste Mal wurde in den 1960er-Jahren während des *„Free Speech Movements"* auf US-amerikanischen Campus über Meinungsfreiheit diskutiert. Die Bewegung begann, als die *University of California, Berkeley*, politische Aktionen auf ihrem Gelände verbot, später entwickelte sie sich in erster Linie zu einem politischen Protest gegen den Vietnamkrieg. Die protestierenden Studierenden beriefen sich auf ihre Meinungs- und Wissenschaftsfreiheit. Die Studierenden kämpften damals vor allem um die Freiheit, jede Meinung – auch unpopuläre – äußern zu können und um Bürgerrechte.[23]

In den 1980er-Jahren begannen US-amerikanische Hochschulen sog. *Speech Codes* einzuführen. Diese sollten insbesondere rassistische Vorfälle an Hochschulen verhindern oder sanktionierbar machen. *Mari Matsuda* stellte damals schon fest, dass die negativen Konsequenzen von Hassrede physische sowie emotionale Symptome sein können. Opfer von Rassismus erleiden oftmals Albträume, Atemnot, Gereiztheit, Suizidgedanken oder Psychosen.[24] Aus diesem Grund sei die Absolutheit des *First Amendments*, der Meinungsfreiheit, abzulehnen und rassistische Aussagen seien zu sanktionieren.[25] Rassistische Äußerungen haben außerdem einen direkten Einfluss auf die Bildung. Zum einen wegen der Entwicklung der erwähnten Symptome, zum anderen widersprechen rassistische Aussagen den Wer-

---

23 *Ben-Porath*, Free Speech on Campus, 2017, S. 9.

24 *Matsuda*, Public Response to Racist Speech: Considering the Victim's Story, in: Michigan Law Review 87 (1989), S. 2320, 2336.

25 *Matsuda*, in: Michigan Law Review 87 (1989), S. 2320, 2321.

ten, welche die Hochschulen den Studierenden mitgeben wollen.[26] *Speech Codes* sollten verhindern, dass rassistische Äußerungen die Bildungsmöglichkeiten auf dem Campus einschränken. Die Einschränkung des *First Amendments* durch *Speech Codes* wurde mithin durch die Notwendigkeit für die Lehr- und Lernumgebung gerechtfertigt.[27] Die *American Civil Liberties Union* (*ACLU*) klagte gegen eine Vielzahl der *Speech Codes* und gewann vor Gericht gegen nahezu jede Hochschule, die sie verklagte. Trotzdem erlassen Hochschulen regelmäßig neue *Speech Codes*, welche Beleidigung, *Hate Speech* und andere Schikane („*Harassment*"[28]) verbieten.[29]

Zurück in die Gegenwart: Schon im Jahr 2012 zirkulierte am *Oberlin College* in Ohio ein Leitfaden zur Verwendung von Trigger-Warnungen, welcher den Dozierenden helfen sollte zu erkennen, in welchem Zusammenhang Trigger-Warnungen angemessen wären. Das Dokument ist nach Auseinandersetzungen zwischen dem Lehrkörper, der Verwaltung und den Studierenden nicht mehr abrufbar.[30] Seit der Diskussion über diesen Leitfaden im Jahr 2012 ist die Debatte über Trigger-Warnungen nicht vollständig abgerissen. Mehrere Universitäten waren gezwungen, ihren Umgang mit Trigger-Warnungen zu erklären und zu verändern.[31]

Im Jahr 2014 berichtete die New York Times, dass die Studierendenvertretung (*student government*) der *University of California, Santa Barbara*, die Verwendung von Trigger-Warnungen für eine Reihe von klassischen Wer-

---

26 *Post*, Racist Speech, Democracy, and the First Amendment, in: William and Mary Law Review 32 (1991), S. 267, 277.

27 *O'Neil*, Free Speech in the College Community, 1997, S. 5.

28 Der Begriff „*harassment*" wird in Speech Codes meist weit ausgelegt und bezieht sich auf alle unerwünschten Ansprachen von Beleidigung über sexueller Belästigung zu rassistischen Aussagen. Es gibt zwar eine rechtliche Definition, „Davis Standard" genannt, welche die Universitäten jedoch größtenteils ignorieren. Die University of California, Berkeley, nennt unter „harassment" zum Beispiel auch generelle Witze über Sex, welche anderen ein schlechtes Gefühl geben könnten, vgl. *Lukianoff*, Unlearning Liberty, 2. Aufl. 2014, S. 130.

29 *Delgado/Stefancic*, Must We Defend Nazis?: Why the First Amendment Should Not Protect Hate Speech and White Supremacy, 2018, S. 31f.

30 *Halberstam*, in: Signs: Journal of Women in Culture and Society 42 (2017), S. 535.

31 Bspw. die University of California, Santa Barbara, University of Michigan, Rutgers University, George Washington University: The New York Times v. 17.05.2017: https://www.nytimes.com/2014/05/18/us/warning-the-literary-canon-could-make-students-squirm.html (zuletzt abgerufen: 25.06.2021); The Daily Nexus v. 07.03.2014: http://dailynexus.com/2014-03-07/a-s-resolution-policy-aims-to-protect-students-from-ptsd-triggers/ (zuletzt abgerufen: 25.06.2021); The GW Hatchet v. 16.04.2014: https://www.gwhatchet.com/2014/04/16/justin-peligri-why-we-need-trigger-warnings-on-syllabi/ (zuletzt abgerufen: 25.06.2021).

ken forderte. Ähnliche Forderungen gab es laut der New York Times am *Oberlin College*, an der *Rutgers University*, an der *University of Michigan* und an der *George Washington University*. Beispiele für die geforderten Trigger-Warnungen sind *„Mrs. Dalloway“* von Virginia Woolf für Suizid und *„Der Kaufmann von Venedig“* von Williams Shakespeare für Antisemitismus.[32]

In die Mitte der Gesellschaft rückte die Thematik aber erst im Jahr 2016 mit dem Willkommensbrief des Dekans der *University of Chicago*: In diesem Brief erklärte der Dekan, dass die *University of Chicago* der Meinungsfreiheit besonders verschrieben sei, denn die Mitglieder der Hochschule sollen ohne Angst vor Zensur arbeiten, lernen und lehren können.[33] Aus diesen Gründen erteilte der Dekan Trigger-Warnungen, *Safe Spaces* und *No-platforming* eine Absage:

> „Our commitment to academic freedom means that we do not support so-called ‚trigger warnings,‘ [sic] we do not cancel invited speakers because their topics might prove controversial, and we do not condone the creation of intellectual ‚safe spaces‘ where individuals can retreat from ideas and perspectives at odds with their own.”[34]

Auf diesen Brief folgte eine landesweite Debatte über Trigger-Warnungen und deren Nutzen, Existenzrecht und Verfassungsmäßigkeit im akademischen Alltag. In zahlreichen Zeitungen, Blogs und Zeitschriften wurden Artikel für[35] und gegen[36] die Verwendung von Trigger-Warnungen veröffentlicht. Die Gegner*innen der Verwendung von Trigger-Warnungen

---

32 The New York Times v. 17.05.2014.

33 *Ellison*, Dear Class of 2020, August 2016: https://news.uchicago.edu/sites/default/files/attachments/Dear_Class_of_2020_Students.pdf (zuletzt abgerufen: 25.06.2021).

34 *Ellison*, Dear Class of 2020, August 2016.

35 Inside Higher Ed v. 26.08.2016: https://www.insidehighered.com/blogs/just-visiting/u-chicago-asks-safe-space-administrators (zuletzt abgerufen: 25.06.2021); *Mithani*, „Dear Dean Ellison“, August 2016: https://docs.google.com/document/d/1nzWOhkUjHlLJQFZlX8NauSxEXY_EKumGrkMQQdpjTwk/edit?usp=embed_facebook (zuletzt abgerufen: 25.06.2021); The American Conservative v. 26.08.2016: https://www.theamericanconservative.com/articles/what-campus-activists-are-complaining-about/ (zuletzt abgerufen: 25.06.2021).

36 Foundation for Individual Rights in Education v. 25.08.2016: https://www.thefire.org/u-chicagos-academic-freedom-letter-a-win-for-campus-speech/ (zuletzt abgerufen: 25.06.2021); Intelligencer v. 26.08.2016: http://nymag.com/intelligencer/2016/08/the-university-of-chicagos-anti-safe-space-letter-matters.html (zuletzt abgerufen: 25.06.2021); Inside Higher Ed v. 19.08.2016: https://www.insidehighered.com/news/2016/08/29/u-chicago-letter-new-students-safe-spaces-sets-intense-debate (zuletzt abgerufen: 25.06.2021).

an Hochschulen befürchteten eine Einschränkung der Meinungsfreiheit und der Wissenschaftsfreiheit. Es wird in erster Linie befürchtet, dass Trigger-Warnungen zur Tabuisierung bestimmter Themen oder Meinungen führen könnten. Daraus könnte eine Angst der Studierenden, unpopuläre Meinungen zu äußern, resultieren, um zu verhindern, dass andere Studierende „getriggered" werden könnten. Aus dieser Angst, eine Meinung zu äußern (sog. Einschüchterungseffekt, engl.: *chilling effect*) folge dann letztendlich Zensur, denn die Angst davor, die eigene Meinung zu äußern, habe den gleichen Effekt wie das Verbot, die eigene Meinung zu äußern.[37] Die Befürworter*innen der Verwendung von Trigger-Warnungen sehen in diesen eine Notwendigkeit, denn insbesondere Minderheiten können ihre Meinung zu sie betreffenden Themen nur dann angemessen und umfassend äußern, wenn sie die Möglichkeit haben, sich auf das Thema vorzubereiten und nicht von einer sie unmittelbar betreffenden Diskussion überrascht werden.[38] Durch die fehlende Verwendung von Trigger-Warnungen sei es (i.w.S.) traumatisierten Studierenden nicht möglich, am Unterricht teilzunehmen.[39]

Aus einer inoffiziellen nicht-wissenschaftlichen Umfrage des *National Public Radio Education* (*NRPEd*) aus dem Jahr 2016 geht beispielsweise hervor, dass von mehr als 800 befragten Professor*innen und anderen Hochschullehrenden mehr als die Hälfte auf freiwilliger Basis Trigger-Warnungen verwendet haben.[40] Seitdem sind zahlreiche Zeitschriften[41]- und

---

37 *Furedi*, What's Happened to the University?, 2017, S. 157.

38 The Guardian v. 18.08.2015: https://www.theguardian.com/education/commentisfree/2015/aug/18/trigger-warnings-dont-hinder-freedom-expression (zuletzt abgerufen: 25.06.2021).

39 *Brunner*, in: *Berendsen/Cheema/Mendel* (Hrsg.), Trigger Warnung, 2019, S. 23f.

40 NPR v. 07.09.2017, abrufbar unter: https://www.npr.org/sections/ed/2016/09/07/492979242/half-of-professors-in-npr-ed-survey-have-used-trigger-warnings (zuletzt abgerufen: 25.06.2021). *Brunner* verweist sogar darauf, dass über die Hälfte der College- und Universitätsdozierenden in den USA immer wieder Trigger-Warnungen verwenden würden: *Brunner*, in: *Berendsen/Cheema/Mendel* (Hrsg.), Trigger Warnung, 2019, S. 24.

41 Auswahl: *Bridgland/Green/Oulton/Takarangi*, Expecting the worst: Investigating the effects of trigger warnings on reactions to ambiguously themed photos, in: Journal of Experimental Psychology: Applied 25 (2019), S. 602ff.; *Gainsburg/Earl*, Trigger Warnings as an Interpersonal Emotion-Regulation Tool: Avoidance, Attention, and Affect Depend on Beliefs, in: Journal of Experimental Social Psychology 79 (2018), S. 252ff.; *Halberstam*, in: Signs: Journal of Women in Culture and Society 42 (2017), S. 535ff.; *Sanson/Strange/Garry*, Trigger Warnings Are Trivially Helpful at Reducing Negative Affect, Intrusive Thoughts, and Avoidance, in: Clinical Psychological Science 7 (2019), S. 778ff.

Zeitungsartikel[42] sowie Blogposts[43] und Bücher[44] erschienen, welche sich dieses Themas annehmen. Anekdotisch kann angemerkt werden, dass Trigger-Warnungen an manchen Hochschulen in den USA – wohl unter anderem abhängig vom Kurs – mittlerweile weit verbreitet zu sein scheinen. Zumindest berichtete die Podcasterin *Allison Raskin* in ihrem Podcast „Just

42 Auswahl: The Dartmouth: Dartmouth College v. 22.01.2020: https://www.thedartmouth.com/article/2020/01/trigger-warnings (zuletzt zugegriffen: 25.06.2021); Wall Street Journal v. 21.04.2017: https://www.wsj.com/articles/those-snowflakes-have-chilling-effects-even-beyond-the-campus-1492800913 (zuletzt zugegriffen: 25.06.2021); The Daily Nexus v. 07.03.2014: http://dailynexus.com/2014-03-07/a-s-resolution-policy-aims-to-protect-students-from-ptsd-triggers/ (zuletzt abgerufen: 25.06.2021); The Chronicle of Higher Education v. 24.08.2015: https://www.chronicle.com/article/Ovid-Had-No-Trigger-Warning/232541 (zuletzt abgerufen: 25.06.2021); The Atlantic v. September 2015: https://www.theatlantic.com/magazine/archive/2015/09/the-coddling-of-the-american-mind/399356/ (zuletzt abgerufen: 25.06.2021); The New Republic v. 21.05.2015: https://newrepublic.com/article/121866/history-ptsd-and-evolution-trigger-warnings (zuletzt abgerufen: 25.06.2021); The Cornell Daily Sun v. 2.12.2019: https://cornellsun.com/2019/12/02/que-dont-discount-the-merit-of-including-a-trigger-warning/ (zuletzt abgerufen: 25.06.2021).

43 *Cazmac*, What I've Learned From Trauma-Informed Teaching, 12.11.2019, in: Thrive Global: https://thriveglobal.com/stories/what-ive-learned-from-trauma-informed-teaching/ (zuletzt abgerufen: 25.06.2021); *Florêncio*, Why I Won't Be Issuing Trigger Warnings to Students, 19.10.2016, in: The Conversation: http://theconversation.com/why-i-wont-be-issuing-trigger-warnings-to-students-66624 (zuletzt abgerufen: 25.06.2021); *LSA Inclusive Teaching, University of Michigan*, An Introduction to Content Warnings and Trigger Warnings, in: LSA Inclusive Teaching, University of Michigan: https://sites.lsa.umich.edu/inclusive-teaching-sandbox/wp-content/uploads/sites/853/2021/02/An-Introduction-to-Content-Warnings-and-Trigger-Warnings-Draft.pdf (zuletzt abgerufen: 25.06.2021); *Pilon*, The University of Chicago Has No Room for Crybullies, 25.08.2016, in: Cato Institute: https://www.cato.org/blog/university-chicago-has-no-room-crybullies (zuletzt abgerufen: 25.06.2021); *Spinks*, What It's like to Be a Woman When the US Election Needs a 24/7 Trigger Warning, 14.10.2016, in: Quartz: https://qz.com/809698/so-many-women-are-accusing-donald-trump-of-sexual-assault-that-the-entire-election-should-come-with-a-trigger-warning/ (zuletzt abgerufen: 25.06.2021).

44 Auswahl: *Ben-Porath*, Free Speech on Campus, 2017; *Delgado/Stefancic*, Must We Defend Nazis?: Why the First Amendment Should Not Protect Hate Speech and White Supremacy, 2018; *Furedi*, What's Happened to the University?, 2017; *Hughes*, Political Correctness. A History of Semantics and Culture, 2009; *Knox* (Hrsg.), Trigger Warnings: History, Theory, Context, 2017; *Lukianoff*, Unlearning Liberty, 2. Aufl. 2014; *O'Neil*, Free Speech in the College Community, 1997; *Richer/Weir*, Beyond Political Correctness. Toward the Inclusive University, 1995; *Sparrow*, Trigger Warnings. Political Correctness and the Rise of the Right, 2017; *Zimmerman*, Campus Politics, 2016.

Between Us" über ihr Psychologie-Studium an der *Pepperdine University* in Malibu, Kalifornien, und die dortige Verwendung von Trigger-Warnungen und sah den Umgang als selbstverständlich an.[45]

Die veränderte Einstellung von Studierenden zur Meinungsfreiheit an amerikanischen Hochschulen ergibt sich auch aus einer Umfrage der *John S. and James L. Knight Foundation* und dem *Newseum Institute*, welche Studierende zu ihren Ansichten bezüglich des *First Amendments* befragte. Im Jahr 2016 fanden die meisten Studierenden (73 %), dass ihre Rechte aus dem *First Amendment* gesichert seien. Allerdings sagten 54 % der Studierenden, dass die Atmosphäre an Hochschulen manche Personen davon abhalte, ihre Meinung zu sagen, weil ein anderes Campusmitglied diese Meinung beleidigend finden könne. Trotzdem befanden die befragten Studierenden, dass die Hochschulen die Meinungsfreiheit einschränken sollten, wenn Aussagen absichtlich beleidigend und verletzend für bestimmte Gruppen sind. Dies gelte jedoch nicht für die Äußerung von politischen Ansichten.[46] In der Folgestudie aus dem Jahr 2018 schätzten nur 64 % der Studierenden das Recht auf Meinungsfreiheit als gesichert ein. Im Vergleich zum Jahr 2016 denken nun 61 % der Studierenden, dass die Atmosphäre an Hochschulen manche Personen davon abhalte, ihre Meinung zu sagen, aus Angst jemand anderen zu verletzen. Wurden die Studierenden gefragt, ob Meinungsfreiheit oder Inklusion und Vielfalt wichtiger sei für die Demokratie, gewann Inklusion und Vielfalt knapp. 64 % der Studierenden finden, dass die *U.S. Constitution* Hassrede nicht schützen sollte und es Hochschulen außerdem erlaubt sein solle, beleidigende Äußerungen zu verbieten.[47]

Die in der Studie dokumentierte Entwicklung wird von vielen Kommentator*innen – vor allem des konservativen Flügels – als eine Absage gegenüber der amerikanischen Moral angesehen. Sowohl auf der rechten als

45 Just Between Us, Nr. 112 v. 14.04.2021, Minute: 36:45 – 37:08.

46 *Knight Foundation*, Students confident First Amendment rights are secure, but nearly half say some campus speech restrictions can be justified, Gallup survey shows, 04.04.2016, in: Knight Foundation: https://www.knightfoundation.org/press/releases/students-confident-first-amendment-rights-are-secu (zuletzt abgerufen: 25.06.2021).

47 *Knight Foundation*, College students show strong support for First Amendment, but some say diversity and inclusion is more important to a democracy than free speech, Gallup-Knight survey shows, 12.03.2018, in: Knight Foundation: https://knightfoundation.org/press/releases/college-students-show-strong-support-for-first-amendment-but-some-say-diversity-and-inclusion-is-more-important-to-a-democracy-than-free-speech-gallup-knight-survey-shows (zuletzt abgerufen: 25.06.2021).

auf der linken Seite wird befürchtet, dass diese Einstellung gegenüber der Meinungsfreiheit eine gefährliche Entwicklung zu einer autoritären Kontrolle der Meinungen darstelle.[48] Die Studie zeigt jedoch auch, dass amerikanische Studierende Meinungsfreiheit wichtig finden, ähnliche Wichtigkeit aber den Werten der Vielfalt und Inklusion zuschreiben.[49] Gerade aus dieser neuen Wertigkeit der Vielfalt und Inklusion (→ S. 35ff.) ergibt sich jedoch die Spannung mit den *First Amendment*-Rechten. Denn in einer diversen und inklusiven Gesellschaft ist es sinnvoll, auf die Bedürfnisse der unterschiedlichen Gruppen einzugehen. Es scheint ein logischer Schritt, dass schutzwürdige Gruppen vor möglicherweise verletzenden Inhalten gewarnt werden oder dass die Äußerung bestimmter Meinungen, insbesondere von Hassrede, reglementiert wird.

Aber nicht nur den USA, sondern auch im Vereinigten Königreich sind Trigger-Warnungen an Hochschulen ein Thema, so hat die Studierendenvertretung („student council") der *University of Aberdeen*, Schottland, für die verpflichtende Verwendung von Trigger-Warnungen für einen Katalog von Themen gestimmt. Hochschullehrer*innen und Studierende der Universität wurden mit Aussagen zitiert, dass in den meisten Kursen schon (auf freiwilliger Basis) Trigger-Warnungen verwendet werden. Die Universitätsverwaltung setzt sich mit der Entscheidung der Studierendenvertretung momentan auseinander.[50]

Ein Aspekt, der bei der Diskussion über Trigger-Warnungen usw. nicht außer Acht gelassen werden darf, ist die Identitätsbildung der Studierenden (→ S. 43ff.). Die Identität der Studierenden bildet sich über verschiedene Punkte. Einerseits identifizieren sich junge Erwachsene in den Vereinigten Staaten deutlich über kulturelle, religiöse, sexuelle, geschlechtliche oder Lifestyle-Aspekte ihrer Persönlichkeit. Das Kundtun der persönlichen Meinung wird mit der eigenen zugeschriebenen Identität verknüpft, so wird die Identität zentraler Bestandteil der Meinung.[51] Andererseits wird die politische Ideologie immer mehr zu einem Teil der Persönlichkeit, denn in polarisierten öffentlichen Debatten werden politische, ideologische und persönliche Ansichten zu einem Teil der Identität als nur einer einfachen Meinung.[52] Der Ruf nach Sicherheit und Schutz, ob in Form

48 *Ben-Porath*, Free Speech on Campus, 2017, S. 9ff.

49 *Knight Foundation*, 12.03.2018, in: Knight Foundation.

50 Evening Express v. 07.04.2021: https://www.eveningexpress.co.uk/fp/news/local/students-at-aberdeen-university-vote-for-trigger-warnings-in-lectures/ (zuletzt abgerufen am 25.06.2021).

51 NZZ v. 30.01.2016, Nr. 24, S. 54.

52 *Ben-Porath*, Free Speech on Campus, 2017, S. 49f.

von Trigger-Warnungen, *Safe Spaces*, *Microaggressions* oder *No-platforming* oder einer bisher unbekannten Art, ist letztendlich eng verwoben mit den Identitäten der Studierenden und ihrem Selbstverständnis in der Gesellschaft als Teil verschiedener Gruppen.[53] Die polarisierte und hitzige Debatte über die Verwendung von Trigger-Warnungen, das Schaffen von *Safe Spaces* und dem Umgang mit *Microaggression* oder dem Einladen kontroverser Gäste ist kein isolierter Wunsch nach Veränderung der Hochschulen, vielmehr handelt es sich um den Wunsch nach gesellschaftlicher Veränderung. Ausfluss dieses kulturellen Umbruchs ist eine Debatte um die Interpretation der Meinungs- und der Wissenschaftsfreiheit in einer diversen und inklusiven Gesellschaft.

B. Deutsche Hochschulen

I. Gesellschaftlicher Wandel an deutschen Hochschulen

Gesellschaftlicher Wandel vollzieht sich auch an den deutschen Hochschulen. Denn auch die Studierendenschaft an deutschen Hochschulen wird bezüglich ihres sozialen Hintergrunds, ihren Lebensrealitäten und ihren damit einhergehenden Identitäten und Selbstbildern diverser.[54] So zeichnet sich mindestens seit dem Jahr 2018 eine dem US-amerikanischen Konflikt um Deutungshoheit ähnliche Entwicklung auf deutschen Campus ab. Diese Konflikte offenbaren sich meist als Proteste gegen Redner*innen oder Professor*innen, dem sog. *No-platforming* (→ S. 23ff.).

Dies beobachtet auch der Präsident des Deutschen Hochschulverbandes, *Bernhard Kempen*, der im April 2019 vor der Einschränkung der Meinungsfreiheit an Hochschulen warnte.[55] Er begründete dies mit der Deduktion, dass die oben nachgezeichnete Entwicklung, „niemandem eine Ansicht zumuten zu dürfen, die als unangemessen empfunden werden könnte", sich nun auch in Deutschland verbreite.[56]

Eine Studie, welche 2020 von den Sozialwissenschaftlern *Matthias Revers* und *Richard Traunmüller* an der *Goethe-Universität Frankfurt am Main*

---

53 *Ben-Porath*, Free Speech on Campus, 2017, S. 52.

54 So auch: *Seckelmann*, Deutungskämpfe auf dem Campus: Der Wunsch nach *safe spaces* und *trigger warnings*, in: KritV 4/2020, S. 372, 372f.

55 FAZ.NET v. 20.04.2019: https://www.faz.net/1.6149108 (zuletzt abgerufen: 25.06.2021).

56 *Kempen*, in: *Hopf* (Hrsg.), Die Freiheit der Wissenschaft und ihre „Feinde", 2019, S. 1.

durchgeführt wurde, zeigt ähnliche Ergebnisse. So berichteten beispielsweise ein Drittel der befragten Studierenden, dass sie aufgrund von „Konformitätsdruck bei politisch umstrittenen Themen [...] die eigene Meinung zurückhalten“ würden. Bei der Umfrage handelt es sich aber nicht um eine repräsentative Befragung, sondern nur um einen „Schnappschuss“[57], so hatte die Online-Umfrage nur eine Rücklaufquote von ca. 7 %.[58]

Mit der Generation Z[59] drängt eine Generation von jungen Erwachsenen an die Hochschulen, die sich nicht gegen die Tradition der deutschen Universität als solche wendet, sondern gegen deren fehlende Diversität. Toleranz gegenüber anderen Lebensformen ist „Markenzeichen“ der Generation Z, und mit dieser Toleranz für Diversität fordern sie vermehrt ihren Platz in der Gesellschaft ein.[60] So wird vor allem die Herkunft der Professor*innenschaft kritisiert, welche vorwiegend sehr homogen ist, nämlich männlich, weiß, christlich erzogen und ohne Migrationshintergrund, und der darin erkannte Bias der Hochschullehrer*innen. Die Studierenden fordern, dass die in der Studierendenschaft vorgefundene Diversität sich spiegelbildlich in der Machtstrukturen den Hochschulen wiederfinden sollte.[61] *Seckelmann* beschreibt dies wie folgt: „Sie [die Generation Z, *Anm. d. A.*] sind sich stärker als frühere Generationen darüber bewusst, dass dieser [an der Hochschule vorgefundenen, *Anm. d. A.*] Diversität Bedeutung zukommt, dass sie erfahrungsgebunden ist, sie sich bei den Lehrenden und den Lehrinhalten abbilden muss und dass sie eng und direkt mit – gesamtgesellschaftlichen – Machtfragen verbunden ist.“[62]

---

57 So wörtlich *Revers* und *Traunmüller*: F.A.Z. v. 10.11.2020, Nr. 262, S. 12.

58 F.A.Z. v. 10.11.2020, Nr. 262, S. 12. Ähnliche Ergebnisse ergeben sich auch aus einer Studie des *Instituts für Demoskopie Allensbach* zur allgemeinen Meinungsfreiheit in Deutschland v. 03. – 16. Mai 2019: F.A.Z. v. 23.05.2019, Nr. 119, S. 12. Eine ausführliche Auseinandersetzung mit den Ergebnissen: *Seckelmann*, in: KritV 4/2020, S. 372, 374f.

59 Die Generation, die zwischen 1996 und 2012 geboren wurde.

60 *Albert/Quenzel/Hurrelmann*, Zusammenfassung der 18. Shell Jugendstudie, S. 18ff. abrufbar: https://www.shell.de/about-us/shell-youth-study/_jcr_content/par/toptasks.stream/1570708341213/4a002dff58a7a9540cb9e83ee0a37a0ed8a0fd55/shell-youth-study-summary-2019-de.pdf (zuletzt abgerufen: 25.06.2021). Vgl. auch die Pressemittelung der Bundesregierung v. 15.10.2019: Eine Generation meldet sich zu Wort, abrufbar: https://www.bundesregierung.de/breg-de/suche/shell-jugendstudie-1681916 (zuletzt abgerufen: 25.06.2021).

61 *Seckelmann*, in: KritV 4/2020, S. 372, 373f.

62 *Seckelmann*, in: KritV 4/2020, S. 372, 376.

II. Trigger-Warnungen an deutschen Hochschulen

An deutschen Hochschulen hat in erster Linie das *No-platforming* als Protestform gegen die Einladung bestimmter Redner*innen Fuß gefasst.[63] Diese Entwicklung wird in Zeitungsartikeln[64], Rundfunkbei-

---

63 Eine Auswahl: Im Jahr 2017 wollten die Hochschulgruppen *Ring-Christlich-Demokratischer-Studenten* (*RCDS*) und die *Konrad-Adenauer-Stiftung* (*KAS*) der *Universität Bremen Jörg Baberowski* von der *Humboldt-Universität zu Berlin* einladen. Diesen Auftritt verhinderte der *Allgemeine Studierendenaussschuss* (*AStA*), da der Professor ein Rechtspopulist sei, welchem keine Bühne gegeben werden solle (vgl. *Altenhof*, in: *Hopf* (Hrsg.), Die Freiheit der Wissenschaft und ihre „Feinde", 2019, S. 99ff.). An der *Humboldt-Universität zu Berlin* wird aktuell gegenüber mehreren Professoren *No-platforming* betrieben. So sind nicht nur der ebenfalls in Bremen unerwünschte *Baberowski*, sondern auch *Ruud Koopmann* und *Herfried Münkler* betroffen. *Münklers* Vorlesungen werden online mitgebloggt, um auf die vermeintlichen Missstände aufmerksam zu machen (vgl.: *Wagner*, in: *Hopf* (Hrsg.), Die Freiheit der Wissenschaft und ihre „Feinde", 2019, S. 138ff.; F.A.Z. v. 27.03.2017, Nr. 73, S. 9; F.A.Z. v. 26.05.2015, Nr. 119, S. 4; Der Tagesspiegel v. 12.05.2015, S. 9; FR v. 11.06.2015, S. 32). Im Jahr 2019 wollte *Susanne Schröter* an der *Goethe-Universität Frankfurt am Main* eine Konferenz zum Themenkomplex „Kopftuch" abhalten. Gegen diese Veranstaltung regte sich starker Widerstand innerhalb wie außerhalb der Universität, welcher vor allem damit begründet wurde, dass das eingeladene Panel nicht divers genug und mit erkennbar islamophoben Redner*innen besetzt sei. Die Konferenz fand zwar statt, allerdings wurde der Präsident der Deutschen Polizeigewerkschaft aufgrund der Proteste wieder ausgeladen (vgl. F.A.Z. v. 10.05.2019, Nr. 108, S. 9; F.A.Z. v. 22.01.2018, Nr. 18, S. 11). Der jüngste Vorfall ist der Protest gegen die Rückkehr des AfD-Mitgründers *Bernd Lucke* an die *Universität Hamburg*. Die Vorlesung Makroökonomie II wurde Anfang des Wintersemesters 2019/2020 derart gestört, dass *Lucke* mehrfach unter Polizeischutz das Gebäude verlassen musste und die Vorlesung später nur unter polizeilicher Einlasskontrolle stattfinden konnte. Die Protestierenden sangen in Sprechchören „Hau ab!", hielten Transparente in die Luft und bewarfen *Lucke* mit Papierbällchen (vgl.: Die Zeit v. 30.10.2019, Nr. 45, S. 12).

64 Auswahl: Der Tagesspiegel v. 12.05.2015, S. 9; F.A.Z. v. 26.05.2015, Nr. 119, S. 4; FR v. 11.06.2015, S. 32; F.A.Z. v. 27.03.2017, Nr. 73, S. 9; F.A.Z. v. 22.01.2018, Nr. 18, S. 11; SZ v. 13.03.2019, Nr. 61, S. 15.; FAZ.NET v. 20.04.2019: https://www.faz.net/1.6149108 (zuletzt abgerufen: 20.05.2021); F.A.Z. v. 20.04.2019, Nr. 93, S. 1; F.A.Z. v. 10.05.2019, Nr. 108, S. 9; F.A.Z. v. 18.10.2019, Nr. 242, S. 11; FAZ.NET v. 28.11.2020: https://www.faz.net/-in9-a5tj9 (zuletzt abgerufen: 25.06.2021).
Die Zeit v. 30.10.2019, Nr. 45, S. 12; Die Zeit v. 25.02.2021, Nr. 9, S. 41.

trägen[65], wissenschaftlichen Artikeln[66] und Büchern[67] ausführlich diskutiert.

Der breite Diskurs zu Trigger-Warnungen hat an deutschen Hochschulen noch nicht begonnen, allerdings werden diese in Beiträgen zur *Political Correctness* an Hochschulen regelmäßig im Nebensatz erwähnt.[68] Aber auch an deutschen Hochschulen hat die Verwendung von Trigger-Warnungen vereinzelt Einzug erhalten: So verwendet *Elisa Hoven*, Professorin an der *Universität Leipzig*, seit dem Sommersemester 2020 in ihrer Online-Vorlesung zum Allgemeinen Strafrecht Trigger-Warnungen. Nach der Anfrage einer Studentin, ob die Verwendung von Trigger-Warnungen möglich wäre, entschied sich *Hoven* für die Verwendung dieser in ihrer Allgemeinen Strafrechtsvorlesung. Verwendung finden Trigger-Warnungen vor allem vor der Besprechung von Delikten der Kinderpornografie und Sexualdelikten. *Hoven* blendet in ihren Online-Vorlesungen vor der Besprechung dieser Sachverhalte eine Folie mit der Warnung ein, so können Studierende entscheiden, ob sie sich aus dem Lernkontext kurz unauffällig zurückziehen wollen. In Evaluationen kommt diese Praxis sehr gut an und auch *Hoven* ist sehr zufrieden, sodass sie dies auch weiter beibehalten wird.[69]

Auch *Frauke Rostalski*, Professorin an der *Universität zu Köln*, verwendet Trigger-Warnungen; zum einen in der Online-Lehre in Vorlesungen zum Strafrecht, beispielsweise bei der Besprechung von Delikten wie § 226a StGB, zum anderen in einem Theorieskript zum Examenskurs im Strafrecht, welches zu Beginn beispielsweise eine Trigger-Warnung für

---

65 Bspw.: SWR2, Forum v. 03.12.2020, 17:05 Uhr; Deutschlandfunk Nova, Grünstreifen v. 24.06.2021.

66 *Akbarian*, in: WissR 53 (2020), S. 5ff.; *Bender*, Die Schutzverantwortung des Staates für eine freie Lehre, in: WissR 52 (2019), S. 27ff.; *v. Coelln*, Hochschullehre zwischen Äußerungsfreiheit, Political Correctness und Mäßigungsgebot, in: WissR 52 (2019), S. 3ff.; *Froese*, Der Universitätscampus als „Safe Space": Verlangt die Rechtsordnung die Gewährleistung einer Wohlfühlatmosphäre? in: JZ 2018, S. 480ff.; *Kempen*, Anspruchsvolle Zumutung, in: Forschung & Lehre 2017, 390ff.

67 *Berendsen/Cheema/Mendel* (Hrsg.), Trigger Warnung. Identitätspolitik zwischen Abwehr, Abschottung und Allianzen, 2019; *Bommarius*, Die neue Zensur: Wie wir selbst unsere Meinungsfreiheit bedrohen, 2019; *Hoffmann*, Political Correctness. Zwischen Sprachzensur und Minderheitenschutz, 1996; *Hopf* (Hrsg.), Die Freiheit der Wissenschaft und ihre „Feinde", 2019.

68 Bspw.: *Ash* und *Kahlweit*, in: *Hopf* (Hrsg.), Die Freiheit der Wissenschaft und ihre „Feinde", 2019, S. 41 und S. 76.

69 Diese Informationen erhielt die Autorin in einem Gespräch mit Professorin *Hoven* am 26.05.2021.

§ 216 StGB beinhaltet. *Rostalski* führt aus, dass sie sich so eben nicht im Stoffumfang begrenzt, sondern nur den Studierenden die informierte Entscheidung überlässt, ob sie den Stoff in der Vorlesung anhören wollen oder nicht. Auch sie hat gute Erfahrungen damit gemacht und möchte diese Praxis beibehalten.[70]

Im September 2021 hat das Gleichstellungsbüro der *Universität Bonn* ein Dokument mit dem Titel „Informationen und Anregungen zum Umgang mit Inhaltshinweisen in der Lehre" veröffentlicht.[71] Dieses Dokument nennt typische Themen, die mit Trigger-Warnungen (Inhaltshinweisen) versehen werden könnten und bietet Vorschläge für die Formulierung von solchen Inhaltshinweisen, weiterhin geht das Dokument darauf ein, warum Trigger-Warnungen sinnvoll sein können.

Im Ergebnis lässt sich sagen, dass die an US-amerikanischen Hochschulen vorgezeichnete Entwicklung auch an deutschen Hochschulen zu verzeichnen ist. Dies hängt sicherlich mit einer weiteren Diversifizierung der Studierendenschaft und einer größeren Identifizierung mit den eigenen zugeschriebenen Identitäten der (teilweise marginalisierten) Studierenden zusammen. So beeinflussen sich bei der Identitätsbildung Selbstdarstellung, Selbstbestimmung, Identität, politische Meinung und Persönlichkeit gegenseitig, und dadurch entstehen auch hier Forderungen danach, dieses komplexe Zusammenspiel angemessen und umfassend zu schützen. Auch hier entsteht ein Wunsch nach gesellschaftlicher Veränderung, mehr Rücksichtnahme auf Diversität, Identität und Sensibilität im Umgang miteinander. Und an deutschen Hochschulen entspringen aus der hier entstehenden Diskussion Fragen um den Umfang und die Ausgestaltung der Grundrechte der Lehrenden und Studierenden in einer diversen und inklusiven Gesellschaft.

III. Drei Szenarien

Auch wenn Trigger-Warnungen vereinzelt schon an Hochschulen verwendet werden, so sind diese noch nicht derart weiterverbreitet, dass sie ein

---

70 Diese Informationen erhielt die Autorin in einem per E-Mail geführten Gespräch mit Professorin *Rostalski* am 20.05.2021.

71 *Gleichstellungsbüro Universität Bonn*, Informationen und Anregungen zum Umgang mit Inhaltshinweisen in der Lehre, September 2021: https://www.gleichstellung.uni-bonn.de/de/universitaetskultur/material-inhaltshinweise/Inhaltshinweise%20in%20der%20Lehre_ZGB_30.09.21.pdf (zuletzt abgerufen: 10.10.2021); F.A.Z.NET v. 23.09.2021; F.A.Z. v. 23.09.2021, Nr. 221, S. 11.

gängiges Phänomen sind. Um die rechtlichen Implikationen der Verwendung und Nichtverwendung von Trigger-Warnungen greifbar zu machen, hilft die Unterscheidung in die folgenden Szenarien, in welchen Trigger-Warnungen an Hochschulen zum Thema werden könnten.

1. Die Trigger-Warnungs-Maßnahme

Das erste Szenario ist, wie dies an vereinzelten Hochschulen in den USA der Fall war (bspw.: am *Oberlin College*), dass die Verwaltung oder eine Fakultät den Lehrenden die Verwendung von Trigger-Warnungen bei einer Reihe von Themen vorschreibt. Dies ist an deutschen Hochschulen zumindest rechtlich vorstellbar. In Frage kommen zur Ausgestaltung die unterschiedlichsten Konstellationen, so hier nur beispielhaft aufgeführt als konkreter Rechtsakt in der jeweiligen Ausbildungs-/Studiengangs-/Universitätsordnung, als Allgemeinverfügung oder im Einzelfall als Verwaltungsakt. Nicht in Frage kommen dienstrechtliche Weisungen durch den*die Dekan*in. Grundsätzlich existiert zwar ein Weisungsrecht (vgl. bspw. Art. 28 Abs. 4 S. 1 BayHSchG oder § 24 Abs. 2 S. 1 LHG BW), dieses darf aber nur in eingeschränktem Rahmen bezüglich der Lehrverpflichtung von Professor*innen geltend gemacht werden.[72] Unabhängig von der rechtlichen Ausgestaltung liegt dann jedenfalls *irgendeine* staatliche Maßnahme vor, welche die Verwendung von Trigger-Warnungen vorschreiben würde, weswegen im Folgenden der Einfachheit halber von „*Trigger-Warnungs-Maßnahme*" gesprochen wird. Eine solche Trigger-Warnungs-Maßnahme könnte beispielsweise lauten:

> Das Lehrpersonal an der Universität XYZ ist dazu verpflichtet, vor Unterrichtseinheiten, welche planmäßig die folgenden Themen enthalten, eine Trigger-Warnung auszusprechen.
> Themenliste: sexuelle/sexualisierte Gewalt, Selbstverletzung und suizidales Verhalten, Essstörungen, Kriegsdarstellungen, Rassismus und Sexismus. Die Art und Weise der Bekanntmachung der Trigger-Warnung ist dem Lehrpersonal selbst überlassen. Es muss sichergestellt sein, dass alle Studierenden von der Trigger-Warnung Kenntnis nehmen können.[73]

---

72 BVerfG, Beschl. v. 03.09.2014 – 1 BvR 3048/13, NVwZ 2015, S. 432, 433 Rn. 9ff. – Fachbereichsfremde Lehrverpflichtung.

73 Dies ist ein Beispiel der Autorin, welches aus darstellerischen Gründen gewählt wurde. Diese Trigger-Warnungs-Maßnahme wird im Folgenden *nicht* konkret

Folgen dieses Szenarios wären, dass die Lehrenden oder Studierenden, die keine Trigger-Warnungen verwenden (wollen), sich möglicherweise Sanktionen seitens der Hochschulen oder Fakultäten ausgesetzt sehen könnten oder auf den entsprechenden Stoff oder die Themen, welche Trigger-Warnungen benötigen, in ihrem Curriculum verzichten.

Außerdem könnten sich Studierende, welche gegen die Verwendung von Trigger-Warnungen sind, in ihren Freiheiten eingeschränkt fühlen. Zusätzlich stellt sich die Frage, welche Themen als traumatisch oder unangenehm „genug" gelten, dass sie eine Trigger-Warnung benötigen und welche nicht und inwiefern dies die Rechte von Studierenden verletzt, deren unangenehme Erfahrungen und Traumata einer Trigger-Warnung als nicht würdig angesehen werden.

2. Forderung der Studierenden

Ein zweites Szenario ist, dass die Studierenden von sich aus Trigger-Warnungen bei einer Reihe von Themen fordern. Dies kann entweder dadurch geschehen, dass Studierende an einzelne Lehrende herantreten, um bei bestimmten Themen Trigger-Warnungen zu fordern, oder dadurch, dass Studierende sich zusammenschließen und die Hochschule insgesamt zur Einführung einer Trigger-Warnungs-Maßnahme auffordern. Außerdem können Studierende durch ihre Mitbestimmungsorgane wie Fachschaften oder Allgemeine Studierendenvertretungen die Forderungen nach Trigger-Warnungen auch den offiziellen Entscheidungsträger∗innen an Hochschulen zutragen (→ Fn. 50).

Der amerikanische Autorenverband PEN America hat in seinem *Campus Free Speech Guide* für Lehrende an Hochschulen einen Leitfaden zusammengestellt, wie man auf die Forderung von Trigger-Warnungen durch Studierende reagieren soll. Dieser Leitfaden empfiehlt einen ruhigen, kommunikativen Umgang mit der Forderung und hält fest, dass die Entschei-

---

durchgeprüft, sie ist nicht in Verwendung in einer der Autorin bekannten Hochschule und dient alleinig der Anschaulichkeit für die Rezipient∗innen, denen der Umgang mit Trigger-Warnungen nicht geläufig ist. Im September 2021 hat das Gleichstellungsbüro der Universität Bonn ein Dokument mit dem Titel „Informationen und Anregungen zum Umgang mit Inhaltshinweisen in der Lehre" veröffentlicht. Dieses Dokument soll als Handreichung dienen, ist aber keineswegs verbindlich, mithin handelt es sich hierbei nicht um eine Trigger-Warnungs-Maßnahme im rechtlichen Sinne.

dung für die Verwendung oder Nichtverwendung von Trigger-Warnungen immer eine freiwillige Entscheidung der Lehrenden sein sollte.[74]

Die Folgen dieses Szenarios könnten zum einen sein, dass andere Lehrende sich unter (sozialen) Druck gesetzt fühlen, Trigger-Warnungen zu verwenden. Zum anderen beeinflussen die Trigger-Warnungen die Diskussion zwar nicht direkt, aber es könnte dazu kommen, dass sich einzelne Personen in einer „triggernden“ Art und Weise äußern und sich damit der Kritik ihrer Kommiliton*innen oder Kolleg*innen aussetzen. Die Studierenden könnten sich dadurch sozial ausgegrenzt oder an den „sozialen Pranger“ gestellt fühlen. Um dieses Gefühl nicht aufkommen zu lassen, könnten sie zukünftig vermeiden, ihre „triggernde“ Meinung zu sagen.

Weiterhin könnte gefürchtet werden, dass eine Weigerung eines*r Lehrenden, Trigger-Warnungen zu verwenden, zu sozialem Druck innerhalb der Fakultät oder sogar zu Druck und Protesten von Studierenden gegenüber der Verwaltung führen, welche die Lehrposition des*r Lehrenden gefährden könnten.[75] Auch wenn ein Trend des Ausladens von ungewünschten Gastdozierenden sicherlich erkennbar ist, ist in Deutschland nicht erkennbar, dass Hochschulen Protesten oder sozialem Druck gegen Professor*innen nachgeben würden.

3. Verwendung durch Lehrende

Zuletzt kann es noch dazu kommen, dass Lehrende eigenständig und freiwillig beginnen, Trigger-Warnungen zu nutzen, wie dies an den *Universitäten zu Köln* und *Leipzig* der Fall ist. In diesem Szenario versehen die Lehrenden dann als didaktische Methode beispielsweise ihre Übersichten zum Curriculum mit Trigger-Warnungen, sprechen vor der Vorlesung

---

74 PEN America Campus Free Speech Guide – If a student asks you for trigger warnings, in: PEN America, https://campusfreespeechguide.pen.org/resource/if-a-student-has-asked-you-to-use-trigger-warnings/ (zuletzt abgerufen: 25.06.2021).

75 Wie dies bspw. an der *Yale University* nach den Äußerungen der Professorin *Erika Christiakis* der Fall war: The Atlantic v. 26.05.2016: https://www.theatlantic.com/politics/archive/2016/05/the-peril-of-writing-a-provocative-email-at-yale/484418/ (zuletzt abgerufen: 25.06.2021) oder der *Duquesne University*, Pennsylvania, dort wurde einem Professor aufgrund der Verwendung rassistischen Vokabulars gekündigt: FRv. 10.10.2020: https://www.fr.de/panorama/rassismus-usa-professor-universitaet-sprache-usa-pennsylvania-pittsburgh-90064917.html (zuletzt abgerufen am: 25.06.2021).

oder in der Vorlesung vor der Behandlung des Themas Trigger-Warnungen aus oder nutzen diese in ihren Skripten (usw.).

Durch die Verwendung von Trigger-Warnungen durch Lehrende würde sich deren Verwendung an Hochschulen verbreiten. Außerdem könnte es zu einem *Peer-Pressure*-Effekt kommen, sodass andere Lehrende sich dazu gezwungen fühlen, ebenfalls Trigger-Warnungen verwenden.

Zuletzt könnten hier auch die Freiheiten anderer Studierender, die gegen Trigger-Warnungen sind oder andere Traumata und unangenehme Erfahrungen haben, verletzt werden.

4. Fazit

So zeigt sich, dass – auch wenn die unmittelbaren Anwendungsfälle bislang eher die Ausnahme darstellen (→ S. 37ff.), – das Thema der Trigger-Warnungen doch an Relevanz zunimmt und damit Eingang in den deutschen Hochschulalltag halten könnte.

C. Persönlichkeitsentfaltung in Academia[76]

I. Die Hochschule als Ausbildungsort

Die Hochschule gilt als Ort der freien Forschung und Lehre sowie der wissenschaftlichen Ausbildung.[77] Die deutsche Hochschule und insbesondere die deutsche Universität hat eine lange historische Tradition, auf deren Details nicht ausführlich eingegangen werden muss.[78] Festzuhalten ist jedoch, dass die Universität sich von dem Bildungsideal von *Humboldt* wegentwickelt hat zu einem Ort, welcher für die Forschenden und Lehrenden die Forschung und Lehre ins Zentrum stellt, während für die Studierenden die Ausbildungserfahrung zentral ist.

Ende des 19. Jahrhunderts entwickelte *Humboldt* ein Bildungsideal, welches von der Einheit von Forschung und Lehre ausging.[79] Nach dem libe-

---

76 Der Begriff *in Academia* beschreibt das Umfeld und die Gemeinschaft, die sich mit dem Streben nach Forschung, Bildung und Wissenschaft befasst.

77 So auch i.E.: *Geck*, Die Stellung der Studenten in der Universität, in: VVDStRL 27 (1969), S. 143, 176.

78 Kurzer Abriss bspw.: *Kahl*, Hochschule und Staat, 2004; ausführlich: *Rüegg* (Hrsg.), Geschichte der Universität in Europa, Band 1 – 4, ab 1993.

79 Zum *humboldtschen* Bildungsideal: *Kahl*, Hochschule und Staat, 2004, S. 22ff.

ralen deutschen Universitätsmodell von *Humboldt* war die ganzheitliche (die Einheit von Forschung und Lehre) und von wirtschaftlichen und staatlichen Interessen unabhängige Ausbildung (akademische Freiheit) die Aufgabe der Universität.[80] Nach *humboldt*'schem Ideal dient die Lehre den Lehrenden in der Forschungsarbeit. Universität zeichnete sich demnach durch den wissenschaftlichen Dialog zwischen Lehrenden und Lernenden aus. Das Bild der deutschen Universität war das eines Ortes, an dem sich Wissenschaftler*innen unterschiedlichen Reifegrads versammelten, miteinander forschten und voneinander lernten. Studierende unterschieden sich von Professor*innen nur hinsichtlich ihres Reifegrads und der mangelnden fachlichen Spezialisierung.[81] An Hochschulen durften Studierende aktiv an der Suche nach Erkenntnissen und Lösungen teilhaben.[82] Das Bild der Universität nach *Humboldt* zeichnete sich also gerade dadurch aus, dass diese frei von Machtstrukturen ist,[83] denn die Universitäten sind Orte des gleichberechtigten Lernens und egalitären Diskurs, an welchem nur die Güte der Argumente zähle.[84]

Diese Vorstellung scheitert heutzutage jedoch vermehrt an der akademischen Realität. Zum einen sind Lehrveranstaltungen heute oftmals Massenveranstaltungen ohne ernst zu nehmenden Lehrdiskurs. Die typische Lehrveranstaltung zeichnet sich an Hochschulen des 21. Jahrhunderts durch Frontalunterricht aus, welcher kaum die Möglichkeit zur Meldung und Nachfrage zulässt, – geschweige denn den Raum für tiefer gehende Diskussion bietet. Zum anderen ist Hochschule nicht mehr auf die wissenschaftliche Ausbildung der Studierenden ausgelegt, sondern vielmehr auf die berufliche Ausbildung. Noch 1974 beschreibt *Roellecke* die universitäre Realität als eine, die die „Lernfreiheit rigoros praktiziert“, denn sobald man immatrikuliert sei, stehe den Studierenden alles Lernen – oder nicht Lernen – offen. Zwischen dem ersten Tag an der Hochschule und dem Staatsexamen gäbe es keine bis kaum Hürden in Form von Prüfungen, welche über den Studienfortgang entschieden. In der Fächerwahl seien die Studierenden vollkommen frei.[85] Dies entspricht heutzutage wohl kaum mehr der Realität, schon in den ersten Semestern des Jurastudiums, nur

80 *Rüegg*, in: *Rüegg* (Hrsg.), Geschichte der Universität in Europa, Band III, 2004, S. 19.

81 *Roellecke*, Hochschule und Wissenschaft, 1974, S. 29.

82 *Kahl*, Hochschule und Staat, 2004, S. 24.

83 Zur berechtigten Kritik an diesem *humboldt*'schen Idealbild ohne Machtstrukturen: *Seckelmann*, in: KritV 4/2020, S. 372, 377.

84 *Merton*, Entwicklung und Wandel von Forschungsinteressen, 1985, S. 96ff.

85 *Roellecke*, Hochschule und Wissenschaft, 1974, S. 30f.

um ein Beispiel zu nennen, entscheidet sich, ob das Studium vorzeitig beendet werden muss – die Zwischenprüfungen sind gefürchtet und die juristischen Fakultäten rühmen sich mit ihren „Aussiebungsquoten". In nahezu jedem Studiengang wartet am Ende jedes Semesters eine Prüfungsphase, welche oftmals darüber entscheidet, ob das nächste Semester überhaupt angetreten werden darf. Zuletzt ist die Fächerwahl zwar innerhalb des Studiengangs teilweise frei, trotzdem sind viele Fächer Pflichtveranstaltungen. Es gibt genaue Vorgaben, welche Fächer belegt werden müssen, um einen Abschluss zu erreichen. Während sich wissenschaftliche Lehre und Ausbildung früher diametral gegenüberstanden, sodass das BVerfG die Lehrfreiheit unter anderem als Schutz davor postulierte, Lehre nur zu Ausbildungszwecken ausüben zu müssen,[86] kann dieses Bild heutzutage nicht mehr aufrechterhalten werden. Es ist mittlerweile zentrales Ziel von universitären Studiengängen, Studierende für den Arbeitsmarkt entsprechend *auszubilden*.[87] Studieren ist „verschult", es sollen bestimmte Fähigkeiten erlernt werden, die später auf dem Arbeitsmarkt wichtig sein werden. Auch wenn Studierende eine wissenschaftsnahe Ausbildung genießen, so tragen sie in aller Regel nicht zur Wissenschaft bei. Studieren ist in erster Linie Ausbildung, wissenschaftliches Arbeiten ist manchmal Nebenschauplatz, teilweise nicht einmal das.

Zuletzt ist wohl an der Idee der von Machtstrukturen freien Hochschule zu zweifeln, denn die in der Gesellschaft wirkenden Machtstrukturen wirken wohl auch in die Hochschule hinein, werden dort reproduziert und entfalten ihre eigene Wirkung. Diskurs an Hochschulen wird von der Stellung innerhalb der Hochschule beeinflusst, und sei es nur durch die von den Studierenden empfundene Autorität der Lehrenden, welche durch ihre vorherige Zeit an der Schule geprägt wurde. Aber nicht nur die Stellung innerhalb der Hochschule spielt eine Rolle, sondern auch die (empfundene) Zugehörigkeit zu bestimmten gesellschaftlichen Gruppen

---

86 BVerfGE 93, 85, 95f. – Universitätsgesetz NRW; VGH Mannheim, Beschl. v. 11.12.2002 – DL 17 S 9/02, DÖV 2003, S. 379, 380 – Lehrverpflichtung; h.M. Auswahl: *Denninger*, in: *Denninger/Hoffmann-Riem/Schneider/Stein* (Hrsg.), Kommentar zum Grundgesetz für die Bundesrepublik Deutschland – Reihe Alternativkommentare, Band I, 3. Aufl. 2001 Art. 5 Abs. 3 I Rn. 34ff.; *Britz*, in: *Dreier* (Hrsg.), GG, Band I, 3. Aufl. 2013, Art. 5 Abs. III (Wissenschaft) Rn. 29; *Bauer*, Wissenschaftsfreiheit in Lehre und Studium, 1980, S. 62ff.

87 *Kehm*, Deutsche Hochschulen: Entwicklung, Probleme, Perspektiven, 28.04.2015, in: bpb – Dossier Bildung (abrufbar: https://www.bpb.de/gesellschaft/bildung/zukunft-bildung/205721/hochschulen-in-deutschland (zuletzt abgerufen: 25.06.2021).

aufgrund der Hautfarbe oder des sozio-kulturellen Hintergrunds (usw.). Gerade die Existenz von gesellschaftlichen Machtstrukturen spricht doch dafür, dass diese in Academia nicht einfach abgelegt werden (können), sondern gerade auch dort zu Tage treten. Auch wenn eine von Machtstrukturen freie Hochschule das Idealbild wäre, so ist dies wohl nicht mit der akademischen und gesellschaftlichen Realität zu vereinen.[88]

Diese Veränderungen kann man kritisieren oder willkommen heißen. Sowohl die Rückkehr zum traditionellen Bild der Hochschule zugunsten der wissenschaftlichen Bildung wie die Abkehr von diesem zugunsten von Effizienz und Professionalisierung der beruflichen Ausbildung findet Vertreter*innen.[89] Der Status quo der deutschen Hochschule ist, dass diese sowohl Stätte der freien Forschung und Lehre wie auch der Ausbildung ist. Als Forschungs- und Lehrstätte steht sie den Forschenden und Lehrenden offen, während sie sich für Studierende vorwiegend als Ausbildungsstätte offenbart. Außerdem kann nicht davon ausgegangen werden, dass die gesellschaftlichen Machtstrukturen an der Tür der Hochschule abgelegt werden, so dass Hochschulen leider nicht Raum des egalitären Diskurses sind, wie sich *Humboldt* dies vorstellte.

II. Persönlichkeitsentfaltung durch Identitätsbildung

Das Grundgesetz spricht in Art. 2 Abs. 1 GG vom Schutz der Entfaltung der Persönlichkeit (auf die rechtlichen Aspekte dieses Schutzes wird noch zurückzukommen sein (→ S. 206ff.)), dem muss eine gewisse vorrechtliche Idee der Persönlichkeitsentfaltung zugrunde liegen. Dieses vorrechtliche Konzept der Persönlichkeitsentfaltung lässt sich in zwei Komponenten aufteilen, eine innere und eine äußere. Die äußere Komponente der Persönlichkeitsentfaltung stellt dabei die Handlungsseite dar: Der Mensch benötigt äußere Verhaltensfreiheit, um von seiner Persönlichkeitsentfaltung umfassend Gebrauch zu machen.[90] Diese äußere Komponente wird jedoch durch die innere Komponente ergänzt. Die innere Komponente ist selbstreflexiv und schützt das „Sichzusichverhalten“[91], denn der Mensch

---

88 So allgemein beschreibend auch: *Seckelmann*, in: KritV 4/2020, S. 372, 377. Vgl. zur Bedeutung der Gruppenzugehörigkeit in der deutschen Gesellschaft: *Gümüşay*, Sprache und Sein, 2020.

89 *Kahl*, Hochschule und Staat, 2004, S. 1f. m.w.N.

90 *Britz*, Freie Entfaltung durch Selbstdarstellung, 2007, S. 7ff.

91 *Rössler*, Der Wert des Privaten, 2001, S. 99; ohne Verwendung des Begriffes, auch: *Hofmann*, Menschenrechtliche Autonomieansprüche, in: JZ 1992, S. 165, 169;

muss erst mit sich selbst aushandeln, wie er sich verhalten will oder eben nicht, so ist es wichtig, dass „eine Person über ein Verständnis ihrer selbst verfügt, auf das sie ihre Entscheidungen und ihr Verhalten rückbeziehen kann."[92] Aus diesem Grund ist die eigene Identität zentraler Aspekt der Persönlichkeitsentfaltung, dies wird auch im Grundgesetz und der ihm inhärenten Menschenwürdekonzeption gewürdigt.[93] Identitätsbildung ist folglich Ausdruck unserer Persönlichkeitsentfaltung.

Jedoch kann Identitätsbildung nicht schlagartig stattfinden, es handelt sich um einen graduellen Prozess, der durch uns selbst, aber ebenso durch äußere Impulse gesteuert wird. Einfluss haben dabei sowohl unsere eigenen praktischen Grenzen und Fähigkeiten als auch die Grenzen, welche wir im sozialen Gefüge erleben, genauso wie die Fähigkeiten oder Unfähigkeiten, welche uns von der Gesellschaft zugeschrieben werden. Praktische Lebensumstände können ebenfalls einen Einfluss haben.[94] Da Identitätsbildung auch ein kommunikativer Vorgang ist,[95] können soziale Impulse besonderen Einfluss haben. So wird die Identitätsbildung unter anderem von den Fremdbildern, welche andere von uns haben, beeinflusst. *Britz* formuliert hierzu treffend: „Je genauer die Vorstellung ist, die sich andere von einem machen, und je höher die Verbreitung dieser Vorstellung ist, desto schwerer fällt es, dem dauerhaft ein abweichendes eigenes Selbstbild entgegenzusetzen."[96]

Persönlichkeitsentfaltung und Identitätsbildung sind Prozesse. Menschen suchen sich nicht zu einem Zeitpunkt Identitäten aus und bestimmen darüber dann eine statische Persönlichkeit, vielmehr ist die Selbstentfaltung ein ständiger Prozess.[97]

Enders, Die Menschenwürde in der Verfassungsordnung, 1997, S. 450; *Trute*, in: *Roßnagel* (Hrsg.), Handbuch Datenschutzrecht, 2003, Kap. 2.5 Rn. 15.

92 *Britz*, Freie Entfaltung durch Selbstdarstellung, 2007, S. 9.

93 *Britz*, Freie Entfaltung durch Selbstdarstellung, 2007, S. 10.

94 *Britz*, Freie Entfaltung durch Selbstdarstellung, 2007, S. 12f.

95 *Luhmann*, Grundrechte als Institution, 6. Aufl. 2019, S. 60ff; *Suhr*, Entfaltung der Menschen durch die Menschen, S. 82; *Rüpke*, Der verfassungsrechtliche Schutz der Privatheit, 1976, S. 38ff.; *Rössler*, Der Wert des Privaten, 2001, S. 239.

96 *Britz*, Freie Entfaltung der Persönlichkeit, 2007, S. 13.

97 *Britz*, Freie Entfaltung der Persönlichkeit, 2007, S. 22. So auch: *Mallmann*, Zielfunktionen des Datenschutzes, 1977, S. 50; *Rössler*, Der Wert des Privaten, 2001, S. 240.

III. Hochschule und Identitätsbildung

Neben der beruflichen Ausbildung von Studierenden bieten Hochschulen einen sozialen Raum für Studierende. Die Studierenden treten in Austausch mit ihren Kommiliton*innen, formen Beziehungen, treten in Hochschulgruppen ein und werden mit den unterschiedlichsten Themen konfrontiert. Die Zeit, die Studierende an Hochschulen verbringen, erleben sie zumeist vorwiegend dort. So beginnt sich mit Eintritt in das Studium der soziale Kreis vor allem an der Hochschule zu entwickeln, die Hochschule und die sozialen Interaktionen dort sind für die meisten Studierenden zentral in ihrem Leben. Ist Sozialisierung der gesamte lebenslange Prozess der Persönlichkeitsentfaltung „als gesellschaftlich handelndes Subjekt in Auseinandersetzung mit der sozialen Umwelt“[98], so ist Hochschulsozialisierung ein Aspekt dieses Prozesses.[99] Die Identitätsbildung ist ein Prozess, der gerade auch durch äußere soziale Einflüsse geformt wird (→ S. 46f.), die Sozialisierung spielt folglich eine Rolle für die Identitätsbildung an der Hochschule.

Das Besondere an der Hochschule ist, dass es sich um einen Sozialisierungs- und Identitätsbildungsort handelt, welcher verschiedene Umwelten miteinander vereint: Wissenschaft, Ausbildung und Selektion, Verwaltung, Peergroup und Subkultur.[100] So hat schon *Humboldt* die Hochschule nicht als reinen Ausbildungsort verstanden, sondern einen Ort, der dem „Einüben einer reflektierten Haltung“[101] und der Entwicklung der eigenen Persönlichkeit dient. Neben der wissenschaftlichen Ausbildung erfahren Studierende die Hochschule auch als Ort des sozialen Austauschs.[102] Durch die von außen in die Peergroup der Studierenden hineingetragenen Einflüsse und die entstehenden sozialen Dynamiken des Korrigierens oder Komplementierens bestimmter Verhaltens- und Ansichtsweisen entsteht

---

98 *Portele/Huber*, Hochschule und Persönlichkeitsentwicklung, in: Ausbildung und Sozialisation in der Hochschule, 1983, S. 92, 93.

99 *Portele/Huber*, in: Ausbildung und Sozialisation in der Hochschule, 1983, S. 92, 93.

100 *Portele/Huber*, in: Ausbildung und Sozialisation in der Hochschule, 1983, S. 92, 100f.

101 *Seckelmann*, in: KritV 4/2020, S. 372, 377.

102 *Seckelmann*, Evaluation und Recht, 2018, S. 229ff; *Trute*, Die Forschung zwischen grundrechtlicher Freiheit und staatlicher Institutionalisierung, 1994, S. 113f.

eine studentische Subkultur, welche aufgrund des dauernden Austausches der Studierendengruppen ständigem Wandel ausgesetzt ist.[103]

Ohne tiefer in die soziologischen Aspekte der Sozialisierung und Identitätsbildung einzutauchen,[104] kann folglich festgehalten werden, dass die Zeit an der Hochschule ein zentraler Baustein der Identitätsbildung von Studierenden ist, die dortigen Erlebnisse formen das Selbstbild der Studierenden sowohl durch den sozialen als auch durch den wissenschaftlichen Austausch.

IV. Fazit: Sondersituation Hochschule

Studierende an Hochschulen kommen aus den unterschiedlichsten Lebensrealitäten und -situationen. Ihre Persönlichkeitsentfaltung hat in der Schulzeit in einem abgeschlossenen Setting zwischen Elternhaus und Schulverband stattgefunden, an Hochschulen kommen jedoch viele andere Einflüsse zur Persönlichkeitsentwicklung hinzu. Die Studierenden befinden sich an einem Ort, welcher Einflüsse aus Wissenschaft, Ausbildung, sozialen Prozessen und studentischer Subkultur vereint. Für die Identitätsbildung sind all diese Einflüsse entscheidend. Mit der Anzahl der unterschiedlichen Einflüsse und der Abgeschlossenheit der sozialen Peergroup an der Hochschule handelt es sich folglich um eine besondere Situation für die Persönlichkeitsentfaltung, insbesondere für die Identitätsbildung.

D. Resümee

Die Diskussion um Trigger-Warnungen ist an US-amerikanischen Hochschulen schon weit vorangeschritten, dort scheint die Verwendung dieser zwischen Normalität und Zündstoff für Streitigkeiten um *Political Correctness* und Identitätspolitik zu liegen. Auch an deutschen Hochschulen werden vereinzelt Trigger-Warnungen verwendet, der Diskurs über Trigger-Warnungen an deutschen Hochschulen beginnt aber gerade erst.

Hochschulen sind zentraler Ort der Persönlichkeitsentfaltung, gerade durch das Erzeugen eines abgeschlossenen Umfelds und einer Gesellschaft,

103 *Portele/Huber*, in: Ausbildung und Sozialisation in der Hochschule, 1983, S. 92, 103f.

104 Vgl. hierzu bspw. ausführlich: *Portele/Huber*, in: Ausbildung und Sozialisation in der Hochschule, 1983, S. 92ff. m.w.N.

die sich im Streben nach Bildung und Wissenschaft vereint, handelt es sich um einen Ort, der eine eigene Dynamik der Identitätsbildung, Selbstdarstellung und Selbstbestimmung entfaltet.

Durch die Verwendung oder Forderung von Trigger-Warnungen soll die Persönlichkeitsentfaltung der Studierenden geschützt werden, so soll ein sensibler Umgang mit den Identitäten und der Selbstbestimmung der Hochschulmitglieder gewährleistet werden. Ob hier von einem Kulturwandel gesprochen werden kann, sei dahingestellt, allerdings handelt es sich sicherlich um eine Entwicklung in Academia, welche in den nächsten Jahren nicht abreißen wird. Die folgende rechtliche Betrachtung soll einen Vorschlag für den Umgang mit diesen (identitätspolitischen) akademischen Entwicklungen bieten.

Kapitel 2. Gegenstand und Gang der Untersuchung

Die Arbeit beschäftigt sich mit der Sondersituation für die Persönlichkeitsentfaltung an Hochschulen und den grundrechtlichen Auswirkungen derselben. Dabei nimmt die Arbeit ein Phänomen der *Political Correctness* und Identitätspolitik ins Visier – die Trigger-Warnungen – und verfolgt deren Auswirkungen durch alle grundrechtsrelevanten Lebensrealitäten an Hochschulen.

Die Arbeit beginnt mit der Definition des Phänomens der Trigger-Warnungen, einer Abgrenzung zu anderen Kennzeichnungsmechanismen und dem historischen Ursprung von Trigger-Warnungen (→ S. 53ff.).

Im Hauptteil (→ S. 65ff.) beschäftigt sich die Arbeit mit den Grundrechten der Lehrenden, Wissenschaftler*innen und Forschenden an Hochschulen. Zuerst wird die Dogmatik des Art. 5 Abs. 3 GG erörtert und festgestellt, dass sich hier nicht ein Grundrecht der Wissenschaftsfreiheit mit zwei unselbstständigen Teilgrundrechten verbirgt, sondern vielmehr drei eigenständige Grundrechte mit deutlich abgrenzbaren Schutzbereichen (→ S. 70ff.), welche in ihrer Gesamtheit einen umfangreichen Schutz des gesamten akademischen Lebensbereichs inklusive der Selbstentfaltung in diesem für Lehrende, Forschende und Wissenschaftler*innen bieten (→ S. 88ff.). Im Anschluss wird auf die konkrete Frage eingegangen, ob eine Trigger-Warnungs-Maßnahme (→ S. 40f.) einen Eingriff in die Lehrfreiheit darstellt und außerdem, wie dies bei der Forderung nach und der freiwilligen Verwendung von Trigger-Warnungen aussieht (→ S. 107ff.).

Für die Lebensrealität von Lehrenden an Hochschulen ist zudem – subsidiär zu Abs. 3 – die Meinungsfreiheit von Bedeutung, in welche durch eine Trigger-Warnungs-Maßnahme eingegriffen werden könnte (→ S. 122ff.). In diesem Kapitel wird auch auf den Zensurbegriff und dessen Verwendung in Verbindung mit Maßnahmen der *Political Correctness* eingegangen (→ S. 136ff.).

Des Weiteren werden die Grundprinzipien der Verfassungstreue und das beamtenrechtliche Mäßigungsgebot als mögliche Grundlagen für die Verwendung von Trigger-Warnungen beleuchtet (→ S. 147).

Im Folgenden wird sich der grundrechtlichen Situation der Studierenden an Hochschulen zugewandt. Zuerst wird darauf eingegangen, ob ein Recht auf Bildung im Grundgesetz existiert und falls ja, ob dieses auch die Hochschulbildung umfasst (→ S. 152ff.). Nachdem dies verneint wird, wird die Antwort gesucht, wo die Hochschulbildung der Studierenden dann Schutz findet. Dabei wird zum einen die Existenz einer Studierfreiheit begutachtet (→ S. 159ff.) und der Schutz der universitären Ausbildung letztendlich dann in Art. 12 Abs. 1 GG, der allgemeinen Ausbildungsfreiheit, verankert (→ S. 173ff.). Dies bedeutet allerdings, dass den Studierenden kein spezifischer Ausbildungsschutz in Academia zusteht, sondern nur der allgemeine Ausbildungsschutz über die Berufs- und Ausbildungsfreiheit. Die Ausbildungsfreiheit kann zumindest nicht Grundlage einer Trigger-Warnung sein und somit werden dann noch die allgemeinen Grundrechte (→ S. 182ff.), die Studierenden zustehen, durchdekliniert, aber auch hier versteckt sich keine Rechtsgrundlage für Trigger-Warnungen. Dadurch wird zunehmend klarer, dass die Persönlichkeitsentfaltung der Studierenden in der besonderen Situation der Hochschulsozialisierung keinen angemessenen Schutz in den Grundrechten findet. Weil keine Studierfreiheit existiert und auf die Ausbildungsfreiheit rekurriert werden muss, ist der Grundrechtsschutz der Studierenden lückenhaft (→ S. 236).

Diese Schutzlücke soll geschlossen werden (→ S. 238ff.). Dafür benötigt es jedoch einer Erfindung eines neuen Grundrechts. Grundrechtsinnovation ist Verfassungswandel in drei Stufen – zuerst benötigt es einer Invention, das heißt einer Erfindung, dann der Innovation, das heißt der Entwicklung einer Anwendung für die Erfindung und zuletzt der Diffusion, das heißt der Verbreitung dieser neuen Erfindung durch multiple Anwendungen (→ S. 240ff.). Zunächst müssen normative Voraussetzungen für den Inventionsprozess gefunden werden: Zum einen benötigt es Innovationsbedarf (→ S. 246ff.) und zum anderen einer normativen Inventionsmethodik (→ S. 249ff.). Im Rahmen dieser Überlegungen wird die Normprogrammanalyse als Mittel zur Strukturierung des Inventionsprozesses neu entwickelt (→ S. 250ff.). Die normativ entwickelte Methode der Grundrechtsinvention wird dann angewandt, um das Recht auf akademische Selbstbestimmung zu entwickeln (→ S. 256ff.), welches zwar kein Grundrecht ist, das inhärent einen Anspruch auf Trigger-Warnungen begründet, aber die Schutzlücken für die Persönlichkeitsentfaltung der Studierenden durch den Schutz ihrer Identitätsbildung und Selbstdarstellung schließt.

Teil 1 – Grundlagen

Oben wurde bereits kurz auf die Definition von Trigger-Warnungen eingegangen (→ S. 23ff.), nun soll hier noch einmal eine ausführliche Definition, Abgrenzung zu anderen Warnmechanismen in den Medien und der Ursprung von Trigger-Warnungen geklärt werden, sodass zu Beginn der rechtlichen Ausführungen ein umfassendes Verständnis des Phänomens und dessen Auswirkungen besteht. Als kulturelles und gesellschaftliches Phänomen sind Trigger-Warnungen nicht isoliert zu betrachten, sondern es ist ein Augenmerk auf ihre Rolle als Teil einer kulturellen und gesellschaftlichen Entwicklung zu legen.

Kapitel 3. Definition des Phänomens

Trigger-Warnungen sind Warnungen, die vor bestimmten Auslösereizen schützen sollen. Im heutigen Sprachgebrauch handelt es sich dabei um warnende Notizen oder Schlagwörter, welche auf die zu erwartenden Inhalte hinweisen, sodass die Rezipient*innen vorgewarnt sind. Trigger-Warnungen werden vorwiegend dann verwendet, wenn traumatische Erfahrungen thematisiert werden[105] aber auch, wenn andere Auslösereize auftreten können. So auch die oben angeführte Definition der *National Coalition Against Censorship* (*NCAC*).[106]

Trigger-Warnungen werden demnach als schriftliche Warnungen vor Themen gesetzt, welche erschütternd oder verletzend wirken können. Anfangs fand man Trigger-Warnungen vorwiegend auf Webseiten, auf denen die meisten Nutzer*innen – oftmals unter Decknamen oder anonym – selbst Inhalte kreierten, beispielsweise *Reddit* oder *Tumblr*. Auf diesen Webseiten werden die Warnungen zumeist in Form von „Hashtags" (#) an das Ende des Posts gesetzt. Zusätzlich – vor allem bei längeren Blog-Artikeln – werden aber auch Trigger-Warnungen vor Texten verwendet. Sollen

105 *Halberstam*, in: Signs: Journal of Women in Culture and Society 42 (2017), S. 535, 535.

106 [...] as written warnings to alert students in advance that material assigned in a course might be upsetting or offensive. [...]: *National Coalition Against Censorship*, What's All This About Trigger Warnings?, S. 3.

Bücher, Texte, Filme oder andere Medien mit Trigger-Warnungen versehen werden, so werden diese häufig als warnende Notiz vor den Inhalt des Mediums gesetzt. Das Setzen von Hashtags in sozialen Netzwerken lässt sich damit begründen, dass die Nutzer*innen, die sie triggernden Themen auf sog. *Blacklists* setzen und somit verhindern können, dass die Inhalte überhaupt angezeigt werden. Im Vergleich dazu kann man bei einem gedruckten Buch nicht zuerst den Text nach bestimmten Schlagwörtern durchsuchen. Bei diesen Medien wird dann beispielsweise im Vorwort auf einen möglicherweise triggernden Inhalt hingewiesen.[107] Immer öfter verwenden aber auch *Instagram*-Kanäle, beispielsweise Nachrichtenkanäle, oder sogar die Kanäle von Bundesministerien Trigger-Warnungen, um vor Inhalten in Videos, die automatisch abspielen, zu warnen.[108]

Trigger-Warnungen werden auch immer häufiger bei *Podcasts* verwendet. So werden diese in der Regel zu Anfang der Episode ausgesprochen und in den sog. *Show Notes* zur jeweiligen Folge genannt. Oftmals werden die Trigger-Warnungen ausdrücklich für einzelne *Podcast*-Abschnitte (bspw. Minute 2–2:45) ausgesprochen, sodass das Überspringen der konkreten Ausschnitte möglich ist.[109]

Bei Filmen oder Serien, welche Trigger-Warnungen beinhalten, werden die Warnungen oftmals in Anlehnung an die Alterskennzeichnungen (→ S. 56ff.) zu Beginn des Films gezeigt.[110]

---

107 Vgl. bspw. im Vorwort: *Stokowski*, Untenrum frei, 3. Aufl. 2018, S. 11; *Lovelace*, the princess saves herself in this one, 2017.

108 Bspw.: Bundesministerium für Familien, Senioren, Frauen und Jugend in einer Werbung auf Instagram zum Thema Gewalt gegen Frauen v. 14.02.2021. Auf der Instagram-Seite des @zdfheute wird vor ein Video über Krebsleiden vom 13.02.2021 eine Trigger-Warnung gesetzt mit dem Hinweis, dass die Thematisierung von Krebsleiden belastend oder retraumatisierend sein können. Aber auch andere Beiträge werden zumindest in der Beschreibung mit einer Trigger-Warnung versehen, bspw. ein Video v. 03.03.2021, zu einem Unfall, bei welchem ein Kind aus einem Hochhaus stürzt. Dieser Inhalt wird auch von Instagrams Algorithmus als „sensibler Inhalt" eingestuft und daher hinter dem „sensible Inhalte" Filter versteckt. (Alle Bildnachweise im Anhang (→ S. 281)).

109 Bspw.: In extremen Köpfen mit Dr. Leon Winterscheid, Folge 29 v. 15.04.2021; The Real Question, Folge 7 v. 12.04.2021; Just Between Us, Folge 112 v. 14.04.2021, Minute: 31:00 – 32:10 (mit Beispielen für die Verwendung von spontanen Trigger-Warnungen während des Podcasts).

110 Z.B.: in der Netflix-Serie „13 Reasons Why", Staffel 1, Folge 13. Dort wird die Altersbeschränkung ab 16 Jahren inklusive Inhaltswarnung (Ausdrucksweise (*language*), Sex, Rauschmittel (*drugs*), sexuelle Gewalt (*sexual violence*) oben in der linken Ecke eingeblendet, während auf dem Bildschirm die folgende Trigger-Warnung zu lesen ist: *"The following episode contains graphic descriptions of*

Werden Trigger-Warnungen in der Hochschullehre verwendet, gibt es unterschiedliche Möglichkeiten, diese bekannt zu machen, so können diese schon in einer Inhaltsübersicht erwähnt werden, vor Vorlesungen oder während der Vorlesung vor Behandlung des Materials ausgesprochen werden oder in Skripten an den Anfang gestellt werden (→ S. 37ff.).

Trigger-Warnungen können bisher in drei unterschiedliche Kategorien eingeteilt werden: Die am längsten existierenden Trigger-Warnungen sind solche für Darstellungen, die Auslösereize in Verbindung mit psychischen Störungen (Essstörungen, Suizidvorstellungen, Depressionen usw.) beinhalten. Nach und nach wurde die Verwendung jedoch ausgeweitet. So werden Trigger-Warnungen seit geraumer Zeit auch bei Inhalten verwendet, die allgemein traumatische Erfahrungen thematisieren, zum Beispiel sexuelle/sexualisierte Gewalt, Vergewaltigungen oder andere Gewalterfahrungen. Durch die Ausweitung des Begriffs der traumatischen Erfahrung wurden die Inhalte umfangreicher, die Auslösereize enthalten könnten. Mittlerweile werden Trigger-Warnungen auch bei unangenehmen Erfahrungen, welche auf einem Machtgefälle beruhen, verwendet, zum Beispiel Rassismus, Sexismus, Klassismus oder Ableismus. Trigger-Warnungen werden letztlich nicht mehr nur bei (psychischen) Krankheitsbildern verwendet, sondern ebenso bei unangenehmen gesellschaftlichen Erfahrungen.

Trigger-Warnungen sind in der Definition dieser Arbeit alle Warnungen, die vor Inhalten mit traumatisierenden, verletzenden, erschütternden oder unangenehmen Gehalten warnen, unabhängig davon, ob auf eine besondere psychische Prädisposition oder ein diagnostizierbares Krankheitsbild abgestellt wird oder nicht.

Kapitel 4. Abgrenzung

Nun gibt es neben Trigger-Warnungen schon immer Mechanismen, um Medieninhalte nach ihrer Geeignetheit für bestimmte Personen einzuteilen. Hierzu gehört die allgemein bekannte Alterskennzeichnung (*advisory warnings*) nach den Regeln des Jugendschutzes (§§ 14ff. JuschG). In den USA wird die Alterskennzeichnung noch um Inhaltskennzeichnungen

suicide and violence, which some may find disturbing. It is intended for mature audiences. Viewer discretion is advised." (Die Trigger-Warnung wird bei Auswahl der deutschen Sprache im Untertitel übersetzt.) Der Warnhinweis (im Englischen: *content warning* – zum Unterschied → S. 55ff.) findet sich auch im Menü zur Serie.

(*content descriptions*) erweitert, welche aufgrund von Streaming-Diensten wie *Netflix* oder *Amazon Prime* auch einen immer weiteren Einzug in das deutsche Bewusstsein erhalten. Die Alterskennzeichnung für Filme und Film- und Spielprogramme ist nach § 14 Abs. 1 JuSchG verpflichtend, wenn der Inhalt entwicklungsbeeinträchtigend ist. Eine solche rechtliche Pflicht existiert nicht für Printmedien wie Bücher oder Zeitschriften. Eine Verpflichtung zum Führen von Inhaltskennzeichnungen existiert im deutschen Recht nicht.

A. Alterskennzeichnung / advisory warnings

Alterskennzeichnungen dienen Eltern und anderen Betreuungspersonen bei der Einschätzung, ob ein bestimmtes Medium für Kinder und Jugendliche geeignet ist. Die Konfrontation mit verschiedenen Medien, kann aufgrund der intensiven Wirkung und Suggestivkraft insbesondere von Kinofilmen, Computerspielen oder Rundfunk, überfordernd wirken.[111] Kinder und Jugendliche sollen zu ihrem Schutz nur mit Inhalten und Medien konfrontiert werden, welche für ihre Altersstufe geeignet sind. Bei der Entscheidung wird einerseits auf das körperliche Schädigungspotenzial aus medizinischer Sicht abgestellt, andererseits werden die geistigen und seelischen Auswirkungen der Inhalte beachtet. Ein weiterer Orientierungspunkt für die Einordnung ist die Erziehung zu einer eigenverantwortlichen und gemeinschaftsfähigen Persönlichkeit, wie sich dies aus § 1 Abs. 1 SGB VIII ergibt. All diese Kriterien müssen immer mit Blick auf unsere verfassungsrechtlich verankerten Werte wie der Achtung der Menschenwürde, dem Demokratieprinzip oder dem Verbot der Diskriminierung ausgelegt und abgewogen werden.[112]

B. Inhaltskennzeichnungen / content descriptions, content warnings

Das US-amerikanische Alterskennzeichnungssystem wird durch Inhaltskennzeichnungen (früher *content description*, heute vermehrt *content warning*) ergänzt. Die Inhaltskennzeichnung nennt in Schlagwörtern die wichtigen inhaltlichen Elemente, welche die Entscheidung für die Alterskennzeichnung beeinflusst haben (Ausdrucksweise, Gewalt, sexuelle Bezie-

111 *v. Lewinski*, Medienrecht, 2020, § 19 Rn. 120.
112 *Liesching*, Jugendschutzgesetz, 1. Online-Aufl. 2018, § 14 Rn. 2.

hungen etc.).[113] Diese Inhaltskennzeichnungen sollen objektiv über den Inhalt eines Mediums informieren und den Eltern oder anderen Betreuungspersonen einen besseren Überblick über den Inhalt des Mediums geben.[114]

Ähnlich wie die Inhaltskennzeichnungen für Kinder und Jugendliche funktionieren auch Inhaltswarnungen in Medien für Erwachsene. Teilweise wird vertreten, dass *content warnings* und Trigger-Warnungen dasselbe sind und dasselbe bewirken.[115] Die Abgrenzung zwischen *content warning* und Trigger-Warnung ist zwar teilweise fließend, jedoch handelt es sich – zumindest theoretisch – um unterschiedliche Warnungen mit unterschiedlichen Wirkrichtungen. *Content warnings* warnen alle Nutzer*innen vor Inhalten, die eventuell als grafisch oder anstößig empfunden werden könnten.[116] Dabei stellen *content warnings* nicht auf die möglicherweise psychischen Implikationen der Inhalte ab, sondern vielmehr auf den faktischen Gehalt der Bilder oder Texte. Sie werden dann angebracht, wenn die Bilder oder Beschreibungen den durchschnittlichen Rezipient*innen als besonders drastisch, grausam oder unerträglich vorkommen würden.[117]

Die Abgrenzung zwischen Trigger-Warnung und *content warning* ist so nuanciert, weil es auf die Zielrichtung der Warnung ankommt. Handelt es sich um eine inhaltliche Warnung für die Allgemeinheit, so liegt ein *content warning* vor; handelt es sich um eine Warnung, welche auf die Reaktionen einzelner Personen mit bestimmten Voraussetzungen abstellt, so liegt eine Trigger-Warnung vor.[118] Eine Warnung vor obszöner Sprache (sehr geläufig in den USA), ist folglich als *content warning* zu klassifizieren, während eine Warnung vor Rassismus als Trigger-Warnung einzuordnen ist. Fließender werden die Übergänge bei Warnungen vor gewalttätigen Szenen, denn auch ohne das Opfer von Gewalt zu sein, kann man eine Warnung vor Inhalten mit Gewaltdarstellungen hilfreich finden. Die War-

---

113 *Vaughn*, Freedom and Entertainment – Rating the Movies in an Age of New Media, 2006, S. 245ff.

114 *Bushman*, Effects of Warning and Information Labels on Attraction to Television Violence in Viewers of Different Ages, in: Journal of Applied Social Psychology 36 (2006), S. 2073, 2073f.

115 *LSA Inclusive Teaching, University of Michigan*, in: LSA Inclusive Teaching, University of Michigan.

116 *Slaughter/Newman*, „Trigger Warnings" in the Media, 28.11.2016, in: Dart Center for Journalism and Trauma: https://dartcenter.org/resources/%E2%80%9Ctrigger-warnings%E2%80%9D-media (zuletzt abgerufen: 25.06.2021).

117 *Furedi*, What's Happened to the University?, 2017, S. 12.

118 *Halberstam*, in: Signs: Journal of Women in Culture and Society 42 (2017), S. 535, 537.

nung wird aber wohl auf die Information von Personen mit bestimmten Prädispositionen gerichtet sein. Die Abgrenzung ist hier schon nicht mehr klar. So wurde im Laufe des Jahres 2019 die Unterscheidung zwischen *content warning* und Trigger-Warnung weitestgehend aufgegeben; in erster Linie wird jetzt nur noch von *content warning* (immer öfter eingedeutscht Content-Warnung) oder *content note*[119] gesprochen, wenn Warnungen zu den bevorstehenden Inhalten gegeben werden sollen. Eine strenge Abgrenzung kann daher dahinstehen.[120]

Im Folgenden wird weiterhin der Begriff der Trigger-Warnungen verwendet, gemeint sind damit alle Warnungen, welche auf möglicherweise verletzende Inhalte aufmerksam machen, sei es aufgrund der Prädisposition der Rezipient*innen oder aufgrund der Inhalte.

C. Resümee

Der Unterschied zwischen Trigger-Warnung und Alterskennzeichnung ist folglich, dass Alterskennzeichnungen eine Zugangsbeschränkung für bestimmte Teile der Gesellschaft – je nach Alter – darstellen, während Trigger-Warnungen nur eine Vorwarnung über den medialen Inhalt und dessen Auswirkungen sind. Gemeinsam ist beiden Warnungen nur, dass sie nicht den Inhalt selbst regulieren wollen, sondern nur die Umstände, unter denen der Inhalt wahrgenommen wird. Im Unterschied dazu sind die zusätzlichen Inhaltskennzeichnungen eine Warnung, die nur in der US-amerikanischen Unterhaltungsindustrie verbreitet ist. Trigger-Warnungen haben viele Gemeinsamkeiten mit Inhaltskennzeichnungen, sodass teilweise sogar von einer (vollständigen) Überlappung der beiden ausgegangen wird. Richtigerweise ist jedoch zwischen den obligatorischen Inhaltskennzeichnungen (*content descriptors*), die in Verbindung mit Alterskennzeichnungen auftreten, und Trigger-Warnungen (heutzutage oft *content warning/content note*) zu unterscheiden.

Die Idee der Trigger-Warnungen hat Vorgänger in der Art und Weise, wie der Medienkonsum von Kindern und Jugendlichen geregelt wird.

---

119 Diese Entwicklung ist vor allem auch zu beobachten, da der Begriff Trigger-Warnung mittlerweile negativ konnotiert ist und diese Konnotation durch die Verwendung eines anderen Begriffes umgangen werden soll, vgl. hierzu auch das Dokument des Gleichstellungsbüros der *Universität Bonn*, welches den Begriff des „Inhaltshinweises" verwendet.

120 Diese Beobachtung beschreiben auch Berendsen, Cheema und Mendel in: *Berendsen/Cheema/Mendel* (Hrsg.), Trigger-Warnung, 2019, S. 12.

An Hochschulen werden jedoch zumeist erwachsene Personen gelehrt, eine Verwendung lässt sich demnach nicht aus der Idee des Kinder- und Jugendschutzrechts übertragen. Dazu kommt, dass eine Alterskennzeichnung für Printmedien nicht vorgesehen ist, die Trigger-Warnungen an Hochschulen hingegen sollen auch vor der Lektüre oder dem Zuhören warnen. Somit ergeben sich zwar auf der Entstehungsebene verschiedene Parallelen, diese lassen sich jedoch nicht auf die rechtliche Bewertung übertragen.

Kapitel 5. Ursprung

Die Nutzung von Trigger-Warnungen war zu Beginn der Arbeit an dieser Dissertation im Jahr 2018 in Deutschland noch nicht weit verbreitet, aber dies hat sich bis zur Drucklegung (Oktober 2021) schnell verändert[121] und so sind diese nun auch vereinzelt an Hochschule in Gebrauch (→ S. 37ff.). Trigger-Warnungen finden ihren Ursprung in der Psychologie und haben sich von dort aus zu einem gesellschaftlichen Phänomen weiterentwickelt. Auf das gesellschaftliche Phänomen und dessen Wurzeln wurde schon ausführlich eingegangen, nun ist es an der Zeit, einen Blick in die Vergan-

121 So formuliert die Autorin Margarete Stokowski in ihrem Buch „Untenrum frei“ eine Trigger-Warnung für die Themen Selbstverletzung, sexualisierte Gewalt und Essstörungen: *Stokowski*, Untenrum frei, 3. Auflg. 2018, S. 7; im Podcast In extremen Köpfen mit Dr. Leon Winterscheid werden regelmäßig Trigger-Warnungen verwendet (bspw.: Folge 29 v. 15.04.2021); das Bundesministerium für Familien, Senioren, Frauen und Jugend verwendet eine Trigger-Warnung in einer Werbung auf Instagram zum Thema Gewalt gegen Frauen v. 14.02.2021; auf der Instagram-Seite des @zdfheute wird bspw. vor ein Video über Krebsleiden vom 13.02.2021 und ein Video zu einem Unfall, bei welchem ein Kind aus einem Hochhaus stürzt v. 03.03.2021 eine Trigger-Warnung gesetzt (alle Bildnachweise im Anhang (→ S. 281); auch in Zeitungsartikeln kommt dieser Begriff regelmäßig vor: Der Bund v. 06.04.2020: https://www.derbund.ch/trigger-warnung-als-lebensstil-316992334297 (zuletzt abgerufen: 25.06.2021) oder NZZ v. 31.07.2020, S. 27 oder die Kolumne „Triggerwarnung“ von Judith Sevinç Basad in der Cicero, und auch im Sportteil der F.A.Z findet sich der Begriff der Triggerwarnung wieder: F.A.Z v. 21.12.2020, Nr. 297, S. 23; auch in online-Mediatheken werden Trigger-Warnungen verwendet so bspw.: NDR, Sendung „Zapp“ v. 31.03.2021, 17:50 Uhr: https://www.ndr.de/fernsehen/sendungen/zapp/Missbrauch-Kardinal-kaempft-um-Deutungshoheit,zapp12920.html (zuletzt abgerufen: 25.06.2021); und sogar im Fernsehen wird mit Trigger-Warnungen – auch wenn diese nicht so benannt werden – experimentiert, so bspw.: Polizeiruf 110, „Sabine“ v. 14.03.2021.

genheit zu werfen und auf die Anfänge des Begriffs „Trigger-Warnung" zu blicken.

A. Medizinischer Fachbegriff

Es wird oft angenommen, dass Trigger-Warnungen eine Erfindung des Internets durch die sog. „*Generation Snowflake*"[122] seien, dabei kommt der Begriff insbesondere aus der Behandlung von Essstörungen und Posttraumatischen Belastungsstörungen (PTBS; engl.: PTSD).[123]

I. Essstörungen

Essstörungen sind schon seit fast 200 Jahren als Krankheiten anerkannt, in das professionelle und gesellschaftliche Blickfeld rückten diese aber erst in den 60er und 70er-Jahren des letzten Jahrhunderts. Die Ärzt*innen hatten jedoch damals wie heute Schwierigkeiten, die Krankheiten effektiv zu behandeln.[124]

Die Notwendigkeit von Trigger-Warnungen in der Behandlung von Essstörungen ergibt sich einerseits aus dem Verständnis, dass Essstörungen mehr wie Suchtprobleme und weniger wie psychische Krankheiten (wie bspw. Schizophrenie) behandelt werden. Es ist weitgehend anerkannt, dass ein Rückfall eines Süchtigen durch bestimmte Stresssituationen oder Kon-

---

122 *Generation Snowflake* (Generation Schneeflocke) ist eine polemische Bezeichnung für die nach 1995 geborene Generation Z in den USA, welche so als extrem sensibel, emotional hochverletzlich, psychisch fragil und wenig resilient dargestellt werden soll. Mit der Bezeichnung „*Snowflake*" oder „*Generation Snowflake*" wird verbunden, dass Personen, die dieser Gruppe angehören häufiger als frühere Generationen beleidigt seien und nicht bereit seien, sich mit Ansichten auseinanderzusetzen, die ihren eigenen widersprechen. Teilweise wird der Begriff auch unabhängig von der Zugehörigkeit zu einer bestimmten Generation als Beschreibung von Personengruppen oder kulturellen Bewegungen, welche angeblich die genannten Merkmale (Sensibilität etc.) verkörpern, benutzt.

123 *Colbert*, in: *Knox* (Hrsg.), Trigger Warnings: History, Theory and Context, 2017, S. 3ff.; *Houston Grey*, in: *Knox* (Hrsg.), Trigger Warnings: History, Theory and Context, 2017, S. 37ff.

124 *Houston Grey*, in: *Knox* (Hrsg.), Trigger Warnings: History, Theory and Context, 2017, S. 7; *Steinhausen*, The Outcome of Anorexia Nervosa in the 20th Century, in: American Journal of Psychiatry 2002, S. 1284ff.

frontationen (engl.: *trigger*) ausgelöst werden kann. Aus diesem Verständnis folgt, dass Essstörungen auch durch Auslösereize stimuliert werden können.[125] Zusätzlich wurde die Verbreitung von Essstörungen in den 70er-Jahren so interpretiert, dass Essstörungen „ansteckend" sind. Dies ist nicht im viralen Sinne zu verstehen, es wurde allerdings angenommen, dass der Austausch über krankhafte Verhaltensweisen oder Gefühle eine gewisse Gefahr birgt, in Dritten eine Essstörung zu stimulieren (sog. sozialer Ansteckungseffekt).[126] Aus diesem Verständnis bildete sich die Notwendigkeit, die Auslösereize innerhalb der therapeutischen Einrichtungen zu minimieren, wie aber auch die Betroffenen zu lehren, mit solchen Triggern in der Welt außerhalb der Therapieeinrichtung umzugehen. Die Betroffenen nutzen im gegenseitigen Austausch außerhalb der Einrichtungen – insbesondere im Internet – weiterhin Trigger-Warnungen, denn die Nutzung dieser wurde ihnen in den Therapieeinrichtungen beigebracht.

II. Posttraumatische Belastungsstörung (PTBS)

PTBS ist eine verzögerte psychische Reaktion, die nach einer extremen Belastungserfahrung (Trauma) auftritt. Traumatische Erfahrungen können unterschiedlicher Art sein, in Frage kommen beispielsweise Gewaltverbrechen, Naturkatastrophen oder Kriegserfahrungen.[127] Die Betroffenen von PTBS können zusätzlich zu den täglichen Symptomen aufgrund eines Auslösereizes in die Situation zurückversetzt werden und diese wiedererleben. Welche Reize eine solche Reaktion auslösen können, hängt von den Erfahrungen der Betroffenen ab. Durch dieses Wiedererleben werden die Betroffenen in eine Situation der Hilflosigkeit zurückversetzt. Das Wiedererleben kann Symptome wie Flashbacks, Albträume, aufdrängende Erinne-

---

125 *Houston Grey*, in: *Knox* (Hrsg.), Trigger Warnings: History, Theory and Context, 2017, S. 40.

126 *Vandereycken*, Can Eating Disorders Become 'Contagious' in Group Therapy and Specialized Inpatient Care?, in: European Eating Disorders Review 2001, S. 289ff.; *Forman-Hoffman/Cunningham*, Geographical clustering of eating disordered behaviors in U.S. high school students, in: International Journal of Eating Disorders, 2008, S. 209ff.

127 *Oxford Treatment Center – Editorial Staff*, PTSD Triggers: What Are the Warning Signs?:, 20.05.2019, in: Oxford Treatment Center: https://www.oxfordtreatment.com/co-occurring-disorders/ptsd/triggers/ (zuletzt abgerufen: 25.06.2021).

rungen oder Panikattacken hervorrufen.[128] Die vertiefte PTBS-Forschung führte zu der Erkenntnis, dass bestimmte Trigger eine „Flashback"-Episode stimulieren konnten und dass diese Trigger oftmals kleine, unbedeutende Auslöser sein können, welche die traumatischen Erfahrungen wieder hervorrufen können. Somit kann eine faktisch sichere Umgebung für den Betroffenen gefährlich wirken.[129]

Ein Trigger ist in der Medizin folglich ein Reiz, welcher Symptome einer psychischen Krankheit auslösen kann. Warnungen vor solchen Reizen sind – neben einer therapeutischen Verarbeitung des Geschehenen – eine Möglichkeit, mit diesen Reizen in einem geschützten Umfeld umgehen zu lernen (sog. Konfrontationstherapie).[130] Trigger-Warnungen sollen verhindern, dass Betroffene in einer „unsicheren" oder unerwarteten Umgebung mit einem Flashback konfrontiert werden.

B. Einzug in den allgemeinen Sprachgebrauch

Wie genau die medizinische Begrifflichkeit der Trigger-Warnung in den allgemeinen Sprachgebrauch überging, ist schwer nachzuvollziehen. Der offenere Diskurs über Traumata im Internet und anderen Medien trug aber wohl dazu bei.

In der amerikanischen Gesellschaft wurde die Diskussion über PTBS und daher auch die Thematik der Trigger durch die vermehrten Diagnosen und die Thematisierung der Betroffenen angekurbelt. Das Thema wurde in Büchern und Filmen verarbeitet.[131] Durch diese Entwicklung rückten die Begrifflichkeiten immer weiter in die Mitte der amerikanischen Gesellschaft. PTBS blieb nicht nur eine medizinische Diagnose, sondern wurde in einem Land, das allein im 21. Jahrhundert mehr als 10 Militäroperationen geleitet hat, zum gesellschaftlichen Phänomen.[132]

---

128 *Oxford Treatment Center – Editorial Staff*, PTSD Triggers: What Are the Warning Signs?:, 20.05.2019, in: Oxford Treatment Center.

129 *Herman*, Trauma and Recovery, 3. Aufl. 2015, S. 37.

130 *American Psychological Association*, What Is Exposure Therapy?, in: PTSD-Guideline, https://www.apa.org/ptsd-guideline/patients-and-families/exposure-therapy.pdf (zuletzt abgerufen: 20.05.2021).

131 Filme wie *The Hurt Locker*, die *Bourne*-Serie oder *Max*; Bücher wie das Memoir von *McClelland*, Irritable Hearts: A PTSD Love Story, 2015.

132 The New Republic v. 21.05.2015: https://newrepublic.com/article/121866/history-ptsd-and-evolution-trigger-warnings (zuletzt abgerufen: 20.05.2021).

Die von Essstörungen betroffenen Personen suchten sich im Internet Gleichgesinnte auf dem Weg der Besserung oder Verschlechterung der Situation. Nicht nur durch Therapieaufenthalte ist den Betroffenen die kompetitive Wirkung und der soziale Ansteckungsfaktor ihrer Krankheit bekannt. Um Dritte vor weiteren Triggern bestimmter Verhaltensweisen zu schützen, wurde die Verwendung von Trigger-Warnungen in online gegründeten Communities oftmals von den Moderator*innen vorgeschrieben.

Fuß fassten Trigger-Warnungen vor allem durch die Verwendung in feministischen Internetforen. Dort sollte ein sicherer Austausch (*Safe Space*) für (vorwiegend) Frauen, die beispielsweise sexuelle oder sexualisierte Gewalt erfahren haben, ermöglicht werden. Dabei stand im Vordergrund, dass niemand mit Schilderungen konfrontiert werden solle, auf die man nicht vorbereitet ist. So entstand die Praxis, Beiträge, die sich mit Gewalt auseinandersetzen, mit entsprechenden Warnhinweisen zu versehen. Heutzutage gibt es viele – nicht unbedingt nur rein feministische – Internet-Communities, die in ihren Mitgliedsregelungen die Verwendung von Trigger-Warnungen für bestimmte Themen vorschreiben.[133] Trigger-Warnungen werden aber häufig auch für andere Themen verwendet, die nicht auf den Listen genannt sind.

Aber Trigger-Warnungen sind nicht nur im Internet, sondern vermehrt bei Streaming-Diensten[134] und in Büchern ein Thema.[135] So ist der Begriff mehr und mehr in den Sprachgebrauch der Allgemeinheit gelangt.

---

133 Bspw. die private Facebook-Community *Nerdfighteria* (über 19.000 Mitglieder), die in ihrem Code of Awesome 2019 in Part II, 6) die Verwendung von Trigger-Warnungen für die Themengebiete „Self-harm, graphic violence, suicide, rape, child death/still-born children or similar, eating disorders, physical, emotional, or sexual abuse" vorschreibt.

134 Vgl. bspw. die Diskussion um Trigger-Warnungen beim neuen Streaming-Dienst DisneyPlus: Cosmopolitan v. 29.11.20219: https://www.cosmopolitan.com/entertainment/movies/a30045804/disney-plus-classic-movies-trigger-warning/ (zuletzt abgerufen: 20.05.2021); The Columbian v. 17.11.2019: https://www.columbian.com/news/2019/nov/17/disney-plus-adds-content-warnings-to-films/ (zuletzt abgerufen: 20.05.2021).

135 Vgl. bspw. im Vorwort: *Stokowski*, Untenrum frei, 3. Aufl. 2018, S. 11; *Lovelace*, the princess saves herself in this one, 2017.

C. Resümee

Die Möglichkeit, psychische Krankheiten wie unangenehme gesellschaftliche Erfahrungen (anonym) im Internet zu teilen und dort eine Gesellschaft und Verbundenheit zu finden, schaffte einen Nährboden für die Verbreitung von Trigger-Warnungen. Das Internet bietet zwar einen Raum, um offen sprechen zu können, allerdings fehlt es oftmals an Filtern, die Dritte davor schützen, mit ungewünschten Inhalten konfrontiert zu werden. Aus einer Fürsorge und Achtsamkeit für Dritte heraus, die man sich wohl im Umgang mit bestimmten Themen in der realen Welt gewünscht hätte, entstand die Praxis der Trigger-Warnungen. Deren konkrete Verbreitung ist zwar schwer nachzuvollziehen, festgestellt werden kann aber, dass diese in unserem Medienkonsum einen festen Platz eingenommen haben und es wohl kaum noch *Digital Natives* geben wird, denen der Begriff Trigger-Warnung (oder *content warning*) nichts sagt.

Kapitel 6. Fazit

Trigger-Warnungen sind Warnhinweise, die vulnerable oder traumatisierte Personen vor einer Verletzung oder Re-Traumatisierung schützen sollen und daher in kurzen Stichworten auf möglicherweise verletzende Inhalte aufmerksam machen. Dabei weisen Trigger-Warnungen generell auf Inhalte mit traumatisierenden, verletzenden, erschütternden oder unangenehmen Gehalten hin. Im Unterschied zu den bekannten Alters- und Inhaltskennzeichnungen geht es aber nicht um den Schutz von Minderjährigen vor entwicklungsbeeinträchtigenden Inhalten, sondern um den Schutz von allen Personen mit bestimmten psychischen oder gesellschaftlichen Prädispositionen. Auch wenn der Begriff der Trigger-Warnung ursprünglich aus der Medizin stammt, hat sich dieser im Internet verbreitet und ist für viele *Digital Natives* nicht mehr wegzudenken. An die Hochschulen kommt der Begriff letztendlich dadurch, dass er eine gewisse Normalität im Umgang unter den Studierenden erreicht hat. Es wundert kaum, dass die Studierenden diese Warnungen nicht nur im Internet verwenden und fordern, sondern auch an ihren Hochschulen.

Teil 2 – Grundrechte in Academia

Kulturell und gesellschaftlich lässt sich eine Kluft erkennen, welche sich in der Diskussion um Trigger-Warnungen und andere Mechanismen der *Political Correctness* entfaltet: Auf der einen Seite stehen Studierende, die eine angenehme Lernatmosphäre fordern, welche ihnen eine optimale Entfaltung ihrer Persönlichkeit unter Beachtung und Schutz ihrer Identität und Werte ermöglicht. Auf der anderen Seite stehen Lehrende, welche zum einen die Studierenden zu lehren haben, was unter anderem eine Horizonterweiterung durch anstrengende, fordernde Diskussionen voraussetzt, und zum anderen von der ihnen zustehenden Freiheit innerhalb der Hochschule vollen Gebrauch machen wollen.

Ob sich diese Kluft auch im Recht abzeichnet, hängt davon ab, ob das Grundgesetz das notwendige Werkzeug zur Verfügung stellt, um einen angemessenen Ausgleich zwischen der Position der Befürworter*innen und Gegner*innen von Trigger-Warnungen zu schaffen. Dafür müssten sich sowohl Grundrechte finden lassen, die die Forderungen von Studierenden möglich machen, als auch Grundrechte, welche Lehrende und Wissenschaftler*innen vor Eingriffen in ihre Grundrechte durch solche Forderungen schützen. Zu einem angemessenen Ausgleich kann man nur kommen, wenn man durch die Abwägung entgegenstehender Grundrechtspositionen praktische Konkordanz erreichen kann. Dies setzt aber die Existenz vergleichbarer, wenn auch entgegenstehender Grundrechtspositionen voraus.

Kapitel 7. Die Grundrechte der Lehrenden in Academia

Bei einer Prüfung des Grundgesetzes fällt in diesem Zusammenhang der Blick sofort auf Art. 5 Abs. 3 S. 1 GG, in dem steht, dass Wissenschaft, Forschung und Lehre frei sind. Somit scheint klar zu sein, dass sich für Personen, die sich mit der Wissenschaft, Forschung und Lehre beschäftigen, ein ausdrücklicher Grundrechtsschutz für diese Tätigkeiten aus der Verfassung ergibt. Die Einführung, Verwendung und Forderung von Trigger-Warnungen sind an den hier garantierten Rechten der Wissenschaftler*innen, Forschenden und Lehrenden zu messen.

Daneben steht jeder Person, die an einer Hochschule im akademischen Bereich tätig ist, die Meinungsfreiheit aus Art. 5 Abs. 1 S. 1 GG zu. Zu den speziellen Grundrechten aus Abs. 3 ist die Meinungsfreiheit subsidiär, aber auch Wissenschaftler*innen, Forschende und Lehrende[136] äußern sich in ihrer Position an der Hochschule außerhalb eines wissenschaftlichen, forschenden oder lehrenden Kontexts, sodass die Meinungsfreiheit eine Rolle spielen kann. Neben den möglichen Einschränkungen durch Trigger-Warnungen in der akademischen Tätigkeit ist zu prüfen, ob die Meinungsfreiheit der Hochschullehrer*innen und des wissenschaftlichen Hochschulpersonals beeinträchtigt sein könnte.

A. Wissenschafts-, Forschungs- und Lehrfreiheit, Art. 5 Abs. 3 S. 1 GG

I. Eigenständigkeit der einzelnen Schutzbereiche

Die herrschende Meinung in der Literatur[137] und Rechtsprechung[138] geht davon aus, dass die Wissenschaftsfreiheit ein einheitliches Grundrecht darstellt, deren unselbstständige Teile die Forschungs- und Lehrfreiheit sind. Auch wenn in bestimmten Rechtsfragen, wie beispielsweise dem Prüfungsablauf[139] oder der Lehrevaluation[140], die Lehrfreiheit in erster Linie betroffen zu sein scheint, so werden all diese Fragen an der Wissenschaftsfreiheit gemessen. Begründet wird diese einheitliche Betrachtung damit,

---

136 Im Folgenden werden Personen, die an Hochschulen lehren oder forschen, als Hochschullehrer*innen bezeichnet, dazu zählen Professor*innen und Juniorprofessor*innen. Der akademische Mittelbau wird als wissenschaftliches Hochschulpersonal bezeichnet, dazu gehören wissenschaftliche Mitarbeiter*innen. Als Lehrende werden all diejenigen Personen bezeichnet, die lehren – unabhängig davon, ob sie der Gruppe der Hochschullehrer*innen oder dem wissenschaftlichen Hochschulpersonal angehören.

137 Auswahl: *Gärditz*, in: *Maunz/Dürig* (Hrsg.), Grundgesetz-Kommentar, 92. EL August 2020, Art. 5 Abs. 3 Rn. 52ff., 81ff.; vgl. bspw. die Gliederung *Epping/Hillgruber* (Hrsg.), BeckOK Grundgesetz, 46. Ed. Stand: 15.02.2021, Art. 5; *Denninger*, in: *Denninger/Hoffmann-Riem/Schneider/Stein* (Hrsg.), AK-GG, Band I, 3. Aufl. 2001, Art. 5 Abs. 3 I und Abs. 3 II; *Starck/Paulus*, in: *v. Mangoldt/Klein/Starck* (Hrsg.), Grundgesetz Kommentar, 7. Aufl. 2018, Art. 5 Abs. 3 Rn. 473ff.; vgl. Gliederung in: *Dreier* (Hrsg.), Grundgesetz-Kommentar, Band I, 3. Aufl. 2013, Art. 5 Abs. III (Kunst) und Abs. III (Wissenschaft).

138 BVerfGE 35, 79, 113 – Hochschul-Urteil; BVerfGE 47, 327, 368f. – Hessisches Universitätsgesetz.

139 BVerfGE 93, 85, 94ff.

140 BVerfGE 111, 333, 360 – Brandenburgisches Hochschulgesetz.

dass es an einer eigenständigen dogmatischen Bedeutung der Lehrfreiheit fehle. So habe die Lehrfreiheit weder eine eigenständige Funktion neben der Wissenschaftsfreiheit noch einen eigenständigen Wert für die Grundrechtsträger*innen und es ergebe sich aus ihr kein besonderes Konfliktpotenzial. Die einheitliche Verwendung der Wissenschaftsfreiheit führe zu keinem Grundrechtsschutzverlust durch die Grundrechtsträger*innen, denn die Wissenschaftsfreiheit wird so interpretiert, dass der Schutzbereich der Lehrfreiheit in ihr vollständig aufgeht. Die Wertlosigkeit der Lehrfreiheit rühre daher, dass die freie Gestaltung der Lehre kaum problematisch sei. *Kaufhold* schreibt im Jahr 2006, dass „während der letzten 15 Jahre keine zwanzig Fälle zur gerichtlichen Entscheidung gelangt[en], in denen sich Lehrende unter Berufung auf die Lehrfreiheit gegen Einschränkungen bei der Gestaltung von Lehrveranstaltungen gewehrt haben [...]“[141]. Und außerdem stehe die Lehrfreiheit mit anderen verfassungsrechtlich geschützten Gütern selten in Konflikt, sodass kaum streitbares Konfliktpotenzial herrsche.[142] Nun lässt sich aus dem vorher Gesagten ableiten, dass Einschränkungen bei der Gestaltung von Lehrveranstaltungen immer öfter auftreten, sei es durch Proteste bei der Auswahl von bestimmten Gastdozent*innen, bei der Auswahl der Bücher für Literaturlisten oder bei der inhaltlichen Gestaltung von Lehrveranstaltungen ohne entsprechende Warnhinweise. Diese Einschränkungen betreffen alle spezifischen Komponenten der Lehre, mit der wissenschaftlichen Arbeit oder Forschung als solche haben sie nichts zu tun. Es besteht außerdem immer mehr Konfliktpotenzial mit anderen verfassungsrechtlich geschützten Gütern, da sich die betroffenen Studierenden oftmals auf ihre Ausbildungsfreiheit (→ S. 173ff.) (oder Studierfreiheit? (→ S. 159ff.)), ihr Recht auf Gleichberechtigung (→ S. 185ff.) oder ihr allgemeines Persönlichkeitsrecht (→ S. 206ff.) berufen. Doch die erhöhte Wertigkeit und das erhöhte Konfliktpotenzial allein begründen noch nicht die dogmatische Eigenständigkeit der Lehrfreiheit, denn auch unter dem einheitlichen Grundrecht der Wissenschaftsfreiheit könnte die Lehrtätigkeit mit ihrer neuen Wertigkeit und ihrem Konfliktpotenzial ausreichend geschützt sein vor staatlichen Eingriffen.

Ähnliches gilt für die Forschungsfreiheit: Auch hier wird die Wissenschaft als Oberbegriff für Forschung gesehen. Die Forschungsfreiheit hat in der Rechtsprechung keine eigenständige Rolle und geht vollends in der Wissenschaftsfreiheit auf.

---

141 *Kaufhold*, Die Lehrfreiheit – ein verlorenes Grundrecht, 2006, S. 29 Fn. 51.
142 *Kaufhold*, Die Lehrfreiheit – ein verlorenes Grundrecht, 2006, S. 29f.

Allerdings steht es der Diskussion offen, ob diese Ansicht tatsächlich in der heutigen akademischen Situation noch angemessen ist oder ob nicht vielmehr die drei Schutzbereiche zu eigenständigen Grundrechten gewachsen sind.

1. Einheitliches Grundrecht (herrschende Meinung)

Zuerst sind jedoch die Argumente darzulegen, welche für die Ansicht der Wissenschaftsfreiheit als einheitliches Grundrecht sprechen. Die Rechtsprechung sieht die Wissenschaftsfreiheit als einheitliches Grundrecht mit zwei unselbstständigen Teilgrundrechten – der Forschungs- und Lehrfreiheit. In der Rechtsprechung wird Lehre zwar eindeutig definiert,[143] der Schutzbereich der Lehrfreiheit wird dann aber, wenn er überhaupt herangezogen wird, nur über die Dogmatik der Wissenschaftsfreiheit bestimmt.[144] Für die Forschung übernimmt das BVerfG die Definition aus der entsprechenden Bundestagsdrucksache und stellt fest, dass der „Oberbegriff der ‚Wissenschaft' [...] den engen Bezug von Forschung und Lehre zum Ausdruck" bringe.[145] Die Freiheit der Wissenschaft schützt aber nur Handlungen, die mit der Suche nach wissenschaftlichen Erkenntnissen im Zusammenhang stehen; so ist Wissenschaft „alles, was nach Inhalt und Form als ernsthafter planmäßiger Versuch zur Ermittlung der Wahrheit anzusehen ist."[146] Diese Definition macht erst einmal überhaupt keine Aussage zum Schutz von irgendwelchen Lehrtätigkeiten, sondern stellt

143 BVerfGE 35, 79, 113: „[...] Lehre als [...] wissenschaftlich fundierte[n] Übermittlung der durch die Forschung gewonnenen Erkenntnisse [...]. [...] die Freiheit der Lehre [umfasst], insbesondere deren Inhalt, den methodischen Ansatz und das Recht auf Äußerung von wissenschaftlichen Lehrmeinungen (vgl. *Deutscher Bundestag/Ausschuss für Bildung und Wissenschaft*, § 3 des Entwurfs eines HochschulrahmenG i.d.F. v. 15.06.1972 – BT-Drucks. VI/3506)."

144 Auswahl: VGH München, B. v. 18.10.1988 – 7 CE 88.2150, NVwZ-RR 1989, S. 549, 550 – Präparierübung; VGH Kassel, B. v. 29.08. 1990 – 6 N 3630/87, NVwZ-RR 1991, S. 80, 81 – Leistungsüberprüfung; VGH Kassel, B. v. 29.12.1993 – 11 TH 2796/93, NJW 1994, S. 1608, 1609 – Tötung von Tieren; VGH München, B. v. 21.02.2003 – 4 CS 03.462, BayVBl. 2003, S. 339, 340 – Körperwelten; in Teilen: BVerfGE 55, 37, 68 – Bremer Modell.

145 BVerfGE 35, 79, 113: „Forschung als ‚die geistige Tätigkeit mit dem Ziele, in methodischer, systematischer und nachprüfbarer Weise neue Erkenntnisse zu gewinnen' (*Deutscher Bundestag/Der Bundesminister für wissenschaftliche Forschung*, Bundesbericht Forschung III, BT-Drucks. V/4335, S. 4) ...".

146 Stetige Rspr. seit: BVerfGE 35, 79, 113.

das Finden neuer Erkenntnisse, das Forschen, in den Vordergrund. Damit wird in erster Linie eine enge Verbindung zwischen Wissenschaft und Forschung, nicht aber Forschung und Lehre beschrieben. In einer anderen Definition findet sich dann aber unter dem Mantel der Wissenschaftsfreiheit ein Hinweis auf den Schutz der Lehre: Wissenschaftliche Tätigkeiten sind „auf wissenschaftlicher Eigengesetzlichkeit beruhende[n] Prozesse, Verhaltensweisen und Entscheidungen bei der Suche nach Erkenntnissen, ihrer Deutung und *Weitergabe*“[147]. Lehre dient nach der Rechtsprechung demnach nur der Publikation von Wissenschaft und Forschung – Anknüpfungspunkt kann nur die Weitergabe von wissenschaftlichen Erkenntnissen sein. Durch diese Verknüpfung von Lehre mit wissenschaftlicher Tätigkeit wird der Grundrechtsschutz der Lehrfreiheit verkürzt – denn, akademische Lehre ohne Anknüpfung zur Forschung kann unter dieser Definition nicht in den Schutzbereich der Lehre fallen. Dass aber jegliche Lehre von Professor*innen unabhängig von deren wissenschaftlichem Inhalt bisher ohne Zweifel im Schutzbereich der Lehre verankert wurde, ist nur „großzügiger Subsumtion“[148] geschuldet.[149]

Auch die herrschende Lehre sieht Forschung und Lehre als Einzelteile eines einheitlichen Grundrechts der Wissenschaftsfreiheit. Im Gegensatz zur Rechtsprechung definiert sie die Lehr- und Forschungsfreiheit nicht einzig über den Wissenschaftsbegriff, sondern legt vielmehr den Begriff der „Lehre“ aus.[150] Allerdings sieht auch sie den Schutzbereich der Lehre und Forschung nur dann eröffnet, wenn diese in Bezug zur Wissenschaft steht. So bestimmt folglich auch in der herrschende Lehre die Definition und Bedeutung der Wissenschaftsfreiheit die Auslegung der Lehrfrei-

147 St. Rspr. seit: BVerfGE 35, 79, 112 – *Hervorhebung der Autorin.*

148 *Kaufhold*, Die Lehrfreiheit – ein verlorenes Grundrecht, 2006, S. 153.

149 Bspw.: OVG Koblenz, Urt. v. 09.05.1997, 2 A 10914.96, DVBl. 1997, S. 1242 – Gegenstand, Art und Umfang von Lehrveranstaltungen; BVerfGE 93, 85, 97; BVerwG, Urt. v. 18.06.1997, 6 C 5/96 – NVwZ 1998, S. 853, 855- Tierversuche; VGH Mannheim, DÖV 2003, S. 379, 380f.

150 *Köttgen*, in: *Neumann/Nipperdey/Scheuner* (Hrsg.), Die Grundrechte. Handbuch der Theorie und Praxis der Grundrechte, Band 2, 1954, S. 296ff.; *Losch*, Wissenschaftsfreiheit, Wissenschaftsschranken, Wissenschaftsverantwortung, 1993, S. 104; *Starck*, in: *v. Mangoldt/Klein/Starck* (Hrsg.), GG, 7. Aufl. 2018, Art. 5 Rn. 490ff.; *Mager*, in: *Isensee/Kirchhof* (Hrsg.), Handbuch des Staatsrechts der Bundesrepublik Deutschland, Band VII, 3. Aufl. 2009 § 166 Rn. 7ff.; *Britz*, in: *Dreier* (Hrsg.), GG, Band I, 3. Aufl. 2013, Art. 5 III (Wissenschaft) Rn. 29ff. A.A.: *Bethge*, in: *Sachs* (Hrsg.), Grundgesetz Kommentar, 8. Aufl. 2018, Art. 5 Rn. 200ff. – *Bethge* folgt weitgehend der Rspr.

heit.[151] Lehre wird nur auf wissenschaftliche Kommunikation reduziert und Lehrtätigkeiten sind nur dann dem Schutzbereich der Lehrfreiheit zuzuordnen, wenn sie die (mündliche oder schriftliche) Publikation von Forschungsergebnissen bezwecken.[152]

Sowohl die Rechtsprechung als auch die herrschende Lehre sehen Forschung und Lehre folglich nur als Teilbereiche des Grundrechts der Wissenschaftsfreiheit und betonen dabei die enge Verbindung von Wissenschaft, Forschung und Lehre. Konsequenterweise sollte der Schutzbereich nur Lehrtätigkeiten umfassen, die Forschungsergebnisse zum Inhalt haben – dass dies in der Praxis nicht so gehandhabt wird, liegt an der großzügigen Subsumtion der Gerichte. Eine eigentlich notwendige Begrenzung der Lehrfreiheit auf die Publikation von Forschungsergebnissen verkürzt jedoch den Schutzbereich der Lehrfreiheit und schließt zentrale Teile der Lehrarbeit aus diesem aus. Für den Schutz der Forschung ist die Subsumtion dieser unter die Wissenschaftsfreiheit weniger schädlich, da Wissenschaft und Forschung teilweise als ident gelten, jedoch fehlt es bei einer Subsumtion trotzdem an den für einen umfassenden Schutz notwendigen Nuancen.

2. Drei eigenständige Grundrechte

Es ist daher zu klären, ob eine Interpretation, welche die Eigenständigkeit der drei Grundrechte darlegt, vertretbar ist. Hierbei wird zuerst auf die Lehrfreiheit eingegangen, da diese nach der aktuellen Subsumtion unter den Wissenschaftsbegriff und die enge Verknüpfung mit der Forschung am meisten „leidet". Danach wird gezeigt, dass auch die Forschungsfreiheit von einer eigenständigen Interpretation profitieren kann und auch die

151 *Schrödter*, Die Wissenschaftsfreiheit des Beamten, 1974, S. 24ff.: *Bauer*, Wissenschaftsfreiheit in Lehre und Studium, 1980, S. 21ff.; *Gärditz*, in: *Maunz/Dürig* (Hrsg.), GG, 92. EL August 2020, Art. 5 Abs. 3 Rn. 115ff.; *Blankenagel*, Wissenschaftsfreiheit aus der Sicht der Wissenschaftssoziologie, in: AöR 105 (1980), S. 35, 38ff., 48ff.; *Dickert*, Naturwissenschaften und Forschungsfreiheit, 1991, S. 168ff.: *Losch*, Wissenschaftsfreiheit, Wissenschaftsschranken, Wissenschaftsverantwortung, 1993, S. 104ff.; *Classen*, Wissenschaftsfreiheit außerhalb der Hochschule, 1994, S. 77ff.; *Denninger*, in: *Denninger/Hoffmann-Riem/Schneider/Stein* (Hrsg.), AK-GG, Band I, 3. Aufl. 2001, Art. 5 Abs. 3 I Rn. 14ff.

152 So bspw.: *Knemeyer*, Lehrfreiheit, 1969, S. 35ff.; *Schulz-Prießnitz*, Einheit von Forschung und Lehre, 1981, S. 103; *Denninger*, in: *Denninger/Hoffmann-Riem/Schneider/Stein* (Hrsg.), AK-GG, Band I, 3. Aufl. 2001, Art. 5 Abs. 3 I Rn. 29.

Wissenschaftsfreiheit einen eigenständigen Schutzbereich hat – ohne vollständig über die Begriffe der Forschung und Lehre definiert und ausgefüllt zu sein.

a) Lehrfreiheit

Die Lehrfreiheit ist ein eigenständiges Grundrecht, das nicht einzig durch seine Verbindung zur Wissenschaftsfreiheit determiniert wird. Dies lässt sich vor allem durch die Auslegung von Art. 5 Abs. 3 S. 1 GG begründen.

Ist ein Teil (hier die Lehrfreiheit) aus dem „einheitlichen" Grundrecht der Wissenschaftsfreiheit herauszuziehen, so folgt logischerweise daraus eine Sprengung des gesamten Verbunds eines „einheitlichen" Grundrechts – kurzgesagt: Die Eigenständigkeit der Lehrfreiheit legt die Eigenständigkeit der anderen Teilbereiche des Grundrechts nahe.

aa) Grammatikalische und semantische Auslegung

Die Auslegung nach dem Wortlaut macht zwar keine endgültigen Aussagen über den Gehalt eines Grundrechts, legt aber trotzdem den Grundstein für die weiteren Grundrechtsinterpretationen nach Systematik, Telos und Historie.[153] Bei der Auslegung nach dem Wortlaut sind sowohl die grammatikalischen Gegebenheiten wie auch die Wortbedeutung zu betrachten.[154]

Art. 5 Abs. 3 S. 1 GG formuliert in aller Einfachheit „Kunst und Wissenschaft, Forschung und Lehre sind frei". Die Verfassung meint bei der Nennung mehrerer Schutzgüter in der Regel den Schutz mehrerer Lebensbereiche[155], außerdem enthält sie keine überflüssigen Formulierungen.[156]

---

153 *Larenz/Canaris*, Methodenlehre der Rechtswissenschaft, 3. Aufl. 1995, S. 141f., 145, 149, 163ff.

154 *Dreier R.*, in: *Dreier R./Schwegmann* (Hrsg.), Probleme der Verfassungsinterpretation, 1976, S. 25.

155 Vgl. bspw. Art. 5 Abs. 1 S. 2 GG: Presse, Rundfunk, Film – es sind jeweils einzelne Lebensbereiche mit besonderen Schutzfunktionen gemeint. Es wird gerade kein allgemeines Mediengrundrecht formuliert (a.A.: bspw. *v. Lewinski*, Medienrecht, 2020, § 9 Rn. 129ff.).

156 *Küchenhoff*, Das Grundgesetz und die Hochschulreform, in: DÖV 1964, S. 601, 603; *Schmitt*, Lehrfreiheit, Meinungsfreiheit und „Verfassungstreue", in: DVBl. 1966, S. 6, 7; *Blankenagel*, Vom Recht der Wissenschaft und der versteck-

Legt man dies zugrunde, so scheint es auf den ersten Blick, dass der Artikel Grundrechtsschutz für vier unterschiedliche Schutzgüter formuliert: Kunst, Wissenschaft, Forschung und Lehre.[157]

Dem kann aber entgegengehalten werden, dass bei einer reinen Aufzählung unterschiedlicher Schutzgüter in aller Regel eine Aneinanderreihung mit Kommata gewählt und nur das letzte Glied der Aufzählung mit „und" abgetrennt wird.[158]

Somit ergeben sich aus der grammatikalischen Auslegung verschiedene mehrdeutige Interpretationsmöglichkeiten. So kann zum einen von vier unterschiedlichen Schutzgütern ausgegangen werden. Zum anderen kann der Satz so interpretiert werden, dass hier neben der Kunst nur ein anderes einheitliches Schutzgut, die Wissenschaft, vorliegt und die Lehre und Forschung eine reine Unterordnung zur Wissenschaft haben sollen, welche möglicherweise der Präzisierung des Begriffs der Wissenschaft dienen sollten. Zuletzt kann der Satz auch so interpretiert werden, dass neben der Kunst noch zwei andere Schutzgüter existieren, nämlich die wissenschaftliche Forschung und die wissenschaftliche Lehre.[159] Im Ergebnis ist die grammatikalische Auslegung nicht besonders aufschließend.

Eindeutigere Ergebnisse könnte allerdings die Interpretation des Wortlauts bieten. Die semantische Auslegung eines Begriffs ist eine eigene Wissenschaft für sich, derer sich die juristische Arbeit vereinfacht die Interpretation nach der sprachlichen Verwendung entlehnt.[160] Bei der juristischen semantischen Arbeit kommt es einzig darauf an, wie ein Begriff in der Sprachpraxis *gebraucht* wird – unwichtig sind etymologische Aspekte[161]

ten Ratlosigkeit der Rechtswissenschaftler bei der Betrachtung des- und derselben, in: AöR 125 (2000), S. 70, 103.

157 *Perschel*, Die Lehrfreiheit des Lehrers, in: DÖV 1970, S. 34, 36; *Doehring*, Das Staatsrecht der Bundesrepublik Deutschland, 3. Aufl. 1984, S. 316ff.

158 *Küchenhoff*, in: DÖV 1964, S. 601, 603; *Schulz-Prießnitz*, Einheit von Forschung und Lehre, 1981, S. 23. Dagegen: *Thoma*, Die Lehrfreiheit der Hochschullehrer und ihre Begrenzung durch das Bonner Grundgesetz, 1952, S. 21.

159 *Kaufhold*, Die Lehrfreiheit – ein verlorenes Grundrecht?, 2006, S. 51f.

160 *Koch/Rüßmann*, Juristische Begründungslehre, 1982, S. 162f; *Stern*, Das Staatsrecht der Bundesrepublik Deutschland, Band III/2, 1994, S. 1659f.; *Larenz/Canaris*, Methodenlehre der Rechtswissenschaft, 3. Aufl. 1995, S. 141ff.; *Zippelius*, Juristische Methodenlehre, 12. Aufl. 2021, S. 38ff.

161 Weiterführend dazu: *Diemer*, in: *Diemer* (Hrsg.), Der Wissenschaftsbegriff, 1970, S. 3ff.; *Nischik*, in: *Diemer* (Hrsg.), Konzeption und Begriff der Forschung in den Wissenschaften des 19. Jahrhunderts, 1978, S. 1ff.; *Boeters*, Lehrer, 1962.

sowie was der Sprechende *meint*[162]. Die semantische Auslegung kann dann noch einmal aufgeteilt werden in den Sprachgebrauch zur Entstehung des Grundgesetzes und den heutigen Sprachgebrauch.[163] Zusammenfassend kann aber gesagt werden, dass Wissenschaft in keiner Sprachkonvention ein Überbegriff für Lehre und Forschung (in ihrer Gesamtheit) war oder ist. Dies kommt allerhöchstens in einem akademischen Sprachgebrauch in Frage, aber auch dort wird regelmäßig deutlich mindestens zwischen Wissenschaft und Lehre unterschieden. Der Begriff der Wissenschaft und der der Forschung sind im allgemeinen Sprachgebrauch sehr ähnlich, wenn nicht auswechselbar. Der Begriff der Wissenschaft/Forschung bezeichnet im allgemeinen Sprachgebrauch einen Vorgang der Wissensgewinnung, während die Lehre einzig den Vorgang der Wissensweitergabe, einen kommunikativen, interaktiven Vorgang bezeichnet. Die Begriffe bezeichnen unterschiedliche Lebensvorgänge mit unterschiedlichen Funktionen.

Auch wenn die grammatikalische und semantische Auslegung keine eindeutigen Ergebnisse liefern, deutet die semantische Auslegung zumindest auf eine gewisse Sprachkonvention hin, welche Lehre als eigenständigen Lebensbereich in Abgrenzung zur Wissenschaft und Forschung sieht.[164]

bb) Systematische Auslegung

Ein Grundrecht steht nicht nur allein für sich, sondern ist im Zusammenspiel mit den anderen Grundrechten zu betrachten. Aus diesem Grund können Aufschlüsse über die Auslegung nicht nur aus der Betrachtung der Grammatik und Semantik des Grundrechts selbst, sondern auch aus dessen systematischem Zusammenhang mit anderen Grundrechten gezogen werden.[165] *Kaufhold* geht bei der systematischen Betrachtung ausführ-

---

162 In einigen Strömungen der Sprachphilosophie spielt die Intention des Sprechenden eine entscheidende Rolle. Auswahl: *Grice*, in: *Meggle* (Hrsg.), Handlung, Kommunikation und Bedeutung, 1993, S. 2ff.; *Grice*, in: *Meggle* (Hrsg.), Handlung, Kommunikation und Bedeutung, 1993, S. 16ff. – *Hervorhebungen der Autorin.*

163 Ausführlich: *Kaufhold*, Die Lehrfreiheit – ein verlorenes Grundrecht?, 2006, S. 56ff.

164 *Kaufhold*, Die Lehrfreiheit – ein verlorenes Grundrecht?, 2006, S. 66f.

165 Speziell zum Verfassungsrecht: *Karpen*, Auslegung und Anwendung des Grundgesetzes, 1987, S. 44f.; *Stein*, in: *Denninger/Hoffmann-Riem/Schneider/Stein* (Hrsg.), AK-GG, Band I, 3. Aufl. 2001, Einleitung II Rn. 39, 64f.; allgemein, statt vieler: *Larenz/Canaris*, Methodenlehre der Rechtswissenschaft, 3. Aufl. 1995,

lich auf das Verhältnis zwischen Kunstfreiheit, Kommunikationsfreiheit und Wissenschaftsfreiheit ein. Weiterhin werden die Zusammenhänge mit Grundrechten, die die gleichen Begrifflichkeiten verwenden, durchleuchtet und dann die Grundrechte, die ähnliche aufgezählte, nicht eindeutig abgrenzbare Schutzgüter nennen. Abschließend wird ein Blick auf die europarechtlichen Zusammenhänge geworfen.[166]

Für eine Eigenständigkeit der Lehrfreiheit spricht beispielsweise Art. 5 Abs. 3 S. 2 GG, denn wenn die Wissenschaftsfreiheit ein einheitliches Grundrecht darstellt, so entstehen systematische Schwierigkeiten aus der ausdrücklichen Sonderschranke für die Lehre. Dem kann nur entgegengehalten werden, dass es sich bei den beiden Lehrbegriffen um unterschiedliche Lehrbegriffe handele.[167] Für die Annahme von zwei unterschiedlichen Lehrbegriffen in S. 1 und S. 2 gibt es aber weder semantische noch systematische Anhaltspunkte im Grundgesetz.[168]

Weiterhin für die Eigenständigkeit spricht, dass in Art. 18 S. 1 GG nur die Lehrfreiheit als verwirkbares Grundrecht genannt wird, nicht aber die Wissenschaftsfreiheit oder Forschungsfreiheit als solche. Auch wenn der Aussagegehalt von Art. 18 S. 1 GG für die Bestimmung des Schutzgutgehalts von Art. 5 Abs. 3 S. 1 GG oftmals angezweifelt wird, liegt es doch nahe, dass Art. 18 S. 1 GG eine Aussage für die Lehrfreiheit trifft, und zwar, dass die Lehre unterschiedlich ist zur Wissenschaft und Forschung und aufgrund ihrer Kommunikationsbezogenheit bei verfassungswidriger Ausübung eine besondere Gefahr für die Demokratie darstellt. Eine Aussage, die für die reine Wissenschaft und Forschung, welche im „stillen Kämmerchen" betrieben wird, nicht in dem gleichen Maße gelten kann. Dem kann zwar wiederum entgegengehalten werden, dass die Lehrfreiheit hier nur als unselbstständiger Teil der Wissenschaftsfreiheit herausgegriffen worden sein könnte, dagegen spricht jedoch, dass all die anderen in Art. 18 S. 1 GG aufgezählten Grundrechte eigenständige Grundrechte mit selbstständigen Schutzbereichen sind. Es mutet systemwidrig an, wenn ein einzelnes der verwirkbaren Grundrechte nur ein unselbstständiges Grundrecht ohne eigenständigen Schutzbereich sein soll.[169]

S. 145ff; *Canaris*, Systemdenken und Systembegriff in der Jurisprudenz, 2. Aufl. 1983, insbes. S. 90ff.

166 *Kaufhold*, Die Lehrfreiheit – ein verlorenes Grundrecht?, 2006, S. 68ff.

167 *Schrödter*, Die Wissenschaftsfreiheit des Beamten, 1974, S. 48ff., 62, 133f.

168 *Kaufhold*, Die Lehrfreiheit – ein verlorenes Grundrecht?, 2006, S. 72f.

169 *Kaufhold*, Die Lehrfreiheit – ein verlorenes Grundrecht?, 2006, S. 73f.

Betrachtet man andere Grundrechte, die unterschiedliche Schutzgüter enthalten, beispielsweise Art. 2 Abs. 2 S. 1 GG, Art. 4 Abs. 1–3, 5 GG, Art. 6 Abs. 1 und 2 GG oder Art. 10 Abs. 1 GG, so lassen sich keine eindeutigen Aussagen zur Selbstständigkeit oder Einheitlichkeit der jeweiligen Grundrechte erkennen: Während Art. 2 Abs. 2 S. 1 GG definitiv zwei dogmatisch eigenständige Schutzbereiche enthält, ergibt sich das Elternrecht aus Art. 6 Abs. 1 und 2 GG aus den Schutzgütern „Pflege und Erziehung" gemeinsam. Die fünf Schutzgüter aus Art. 4 GG werden regelmäßig zu zwei (bzw. drei) Grundrechten zusammengefasst, während die drei Schutzbereiche des Brief-, Post- und Fernmeldegeheimnisses eigenständig nebeneinanderstehen sollen.

Aus der gesamten systematischen Betrachtung lässt sich keine eindeutige Systematik ableiten. Allerdings lässt sich bei einer systematischen Gesamtschau der Grundrechte mit einer Mehrzahl von Schutzgütern erkennen, dass *in der Regel* dann unterschiedliche eigenständige Grundrechte vorliegen, wenn eine eindeutige, klar definierbare Unterscheidung der Schutzgüter möglich ist – eine unklare Trennlinie zwischen den Schutzgütern lässt aber im Gegensatz dazu nicht auf die Einheitlichkeit des Grundrechts schließen.[170] Wie der Wortlaut oben schon nahe legt, ist Lehre klar von Forschung und Wissenschaft zu unterscheiden: Auch wenn Lehre nur die auf Forschung bezogene Lehre umfassen sollte (→ S. 71ff.), stehen Wissenschaft und Lehre zwar in einem engen Zusammenhang und trotzdem ist Lehre trennscharf von Wissenschaft zu unterscheiden. So liegt Lehre nur dann vor, wenn ein Kommunikationsprozess mit Dritten stattfindet.[171] Diese eindeutige Trennbarkeit von Lehre und Wissenschaft/Forschung spricht nach der Systematik des Grundgesetzes *in der Regel* für ein eigenständiges Grundrecht der Lehrfreiheit.

cc) Historische Auslegung

Bei der Verfassungsinterpretation spielt auch die historische Genese eine Rolle.[172] Aus der Entstehungsgeschichte des Art. 5 Abs. 3 GG lässt sich

---

170 *Kaufhold*, Die Lehrfreiheit – ein verlorenes Grundrecht?, 2006, S. 82.

171 So ist nicht nur die „Wortlehre", sondern auch die „Schriftlehre" in Gestalt von Publikationen der Lehre zuzuordnen und nicht der Wissenschaft: *v. Coelln*, in: *Friauf/Höfling* (Hrsg.), Berliner Kommentar zum Grundgesetz, Band I, Stand: Dez. 2019, Art. 5 (3. Teil) Rn. 34f.

172 Ausführlich: *Kaufhold*, Die Lehrfreiheit – ein verlorenes Grundrecht?, 2006, S. 85ff.

ableiten, ob Vorgängerregelungen von einem einheitlichen Grundrecht der Wissenschaftsfreiheit oder zwei oder drei eigenständigen Grundrechten ausgehen. Des Weiteren ist dann zu klären, ob die Wertungen von Vorgängerregelungen in das Grundgesetz übernommen wurden oder ob hier eigenen Wertungen, beispielsweise einer Abkehr von den Vorgängerregelungen, der Vorrang gegeben wurde.[173]

Zusammenfassend ist zum vorverfassungsmäßigen Gesamtbild[174] zu sagen, dass die Wissenschaftsfreiheit als „zweigliedriges Grundrecht verstanden [wurde], das die Lehr- und Forschungsfreiheit umfasst"[175]. Im Gegensatz zum heutigen Schwerpunkt der Wissenschaft oder Forschung in der Wissenschaftsfreiheit schützte das zweigliedrige Grundrecht aus den Vorgängerregelungen in erster Linie die Lehrfreiheit. Interessanterweise sollte das Grundrecht der Wissenschaftsfreiheit vor der Bonner Verfassung schon sowohl die Forschungs- als auch die Lehrfreiheit schützen, reichte dazu allerdings nicht aus – der Schutz fokussierte sich auf die Lehrfreiheit. In der Bonner Verfassung soll die Wissenschaftsfreiheit nun wiederum einheitlich die Forschungs- und Lehrfreiheit schützen, aber dies gelingt nicht: Die Forschungsfreiheit steht heute dogmatisch absolut im Mittelpunkt des Schutzes, während der Lehrfreiheit nur eine untergeordnete Rolle zu kommt. Aus der Historie lässt sich keine besondere Verbindung zwischen Forschung und Lehre ableiten, denn die Lehrfreiheit wurde in den Vorgängerregelungen auch ohne Zusammenhang zur Forschung des Lehrenden geschützt.[176]

Klar ist zumindest, dass sich die Väter des Grundgesetzes nicht ausdrücklich mit den Vorgängerregelungen der Wissenschaftsfreiheit beschäftigt haben.[177] Insgesamt sind die Beratungen zu Art. 5 Abs. 3 GG nicht besonders ausführlich, weswegen die Genese von Art. 5 Abs. 3 S. 1 GG oftmals als „unergiebig" für die Verfassungsinterpretation bezeichnet wird.[178] Die Vorgängerregelung von Art. 142 WRV wurde allerdings nicht wortwörtlich in Art. 5 Abs. 3 S. 1 GG übernommen. Die Neufassung der

---

173 *Kaufhold*, Die Lehrfreiheit – ein verlorenes Grundrecht?, 2006, S. 85f.

174 Begriff begründet in: BVerfGE 2, 380, 403 – Haftentschädigung.

175 *Kaufhold*, Die Lehrfreiheit – ein verlorenes Grundrecht?, 2006, S. 107.

176 *Kaufhold*, Die Lehrfreiheit – ein verlorenes Grundrecht?, 2006, S. 107.

177 *Kaufhold*, Die Lehrfreiheit – ein verlorenes Grundrecht?, 2006, S. 103.

178 *Klein*, Gedanken über neuere Entwicklungen im Hochschulrecht, in: AöR 90 (1965), S. 129, 133; *Hailbronner*, Die Freiheit der Forschung und Lehre als Funktionsgrundrecht, 1979, S. 51; *Schulz-Prießnitz*, Einheit von Forschung und Lehre, 1981, S. 39ff.; *Trute*, Die Forschung zwischen grundrechtlicher Freiheit und staatlicher Institutionalisierung, 1994, S. 41.

Wissenschaftsfreiheit enthält nun nämlich das Wort „Forschung", dazu kommt, dass Art. 142 WRV grammatikalisch eine typische Aufzählungsstruktur („Kunst, Wissenschaft und ihre[179] Lehre") besitzt, von welcher sich dann bei der Neufassung abgewendet wurde (→ S. 71ff.). Diese Änderungen könnten auch ohne ausdrückliche Auseinandersetzung mit der Vorgängerregelung ein Indiz dafür sein, dass die Mitglieder der parlamentarischen Ausschüsse 1948/1949 vom vorverfassungsmäßigen Gesamtbild abrücken wollten.[180]

Gegen eine enge innere Verbindung von Forschung und Lehre sprechen außerdem die Beratungen zur Treueklausel. Die Treueklausel nennt nämlich nur die Lehre, was darauf hinweist, dass die Väter des Grundgesetzes eine besondere Wichtigkeit der Lehre für die Demokratie sahen, welche sich aber in der heutigen Unterordnung im einheitlichen Grundrecht der Wissenschaftsfreiheit nicht mehr widerspiegelt. Weiterhin sollte die Treueklausel bis zur dritten Lesung sowohl Lehre in der Hochschule als auch in der Schule umfassen. Die Änderung des Wortlautes von „Lehrer an Schulen und Hochschulen" zu „Freiheit der Lehre" scheint nur eine stilistische Änderung zu sein, da den Beratungen keine weiteren inhaltlichen Diskussionen zur Änderung zu entnehmen sind.[181] Dies ist ein weiteres Indiz dafür, dass die Mitglieder des parlamentarischen Ausschusses keine enge Verbindung von Forschung und Lehre im Sinn hatten.[182]

Aus der historischen Genese lassen sich im Ergebnis keine eindeutigen Aussagen dazu treffen, ob es sich nun um ein einheitliches Grundrecht der Wissenschaftsfreiheit oder um zwei oder drei eigenständige Grundrechte der Lehr- und Forschungs- und Wissenschaftsfreiheit handeln solle. Aller-

---

179 Der Wegfall des Wortes „ihre" scheint hingegen ein redaktionelles Versehen zu sein, so befindet es sich noch in der Unterlagen zur zweiten Lesung des Hauptausschusses: *Deutscher Bundestag/Bundesarchiv* (Hrsg.), Der Parlamentarischer Rat 1948–1949, Akten und Protokolle, Band 14, 2009, Hauptausschuss, 43. Sitzung (Zweite Lesung der Grundrechte), S. 1329. Im darauf eingesetzten Fünferausschuss fehlt das Pronomen dann aber bei der ersten Beratung, obwohl der Fünferausschuss in der ersten Beratung die Unterlagen der zweiten Lesung des Hauptausschusses wortwörtlich übernehmen sollte: *Deutscher Bundestag/Bundesarchiv* (Hrsg.), Der Parlamentarischer Rat 1948–1949, Akten und Protokolle, Band 14, 2009, Hauptausschuss, 47. Sitzung (Dritte Lesung der Grundrechte), S. 1489.

180 *Kaufhold*, Die Lehrfreiheit – ein verlorenes Grundrecht?, 2006, S. 104ff.

181 *Deutscher Bundestag/Bundesarchiv* (Hrsg.), Der Parlamentarischer Rat 1948–1949, Akten und Protokolle, Band 14, 2009, Hauptausschuss, 47. Sitzung (Dritte Lesung der Grundrechte), S. 1489.

182 *Kaufhold*, Die Lehrfreiheit – ein verlorenes Grundrecht?, 2006, S. 106.

dings ergeben sich Indizien dafür, dass zum einen die Vorgängerregelung ein einheitliches Grundrecht der Wissenschaftsfreiheit annahm, welches jedoch keinen adäquaten Schutz für die Forschungsfreiheit leisten konnte, und zum anderen, dass sich die Väter des Grundgesetzes zumindest indiziell von der Vorgängerregelung distanzieren wollten.

dd) Teleologische Auslegung

Auch wenn die vorhergehenden Auslegungsmethoden die Eigenständigkeit der Lehrfreiheit indizieren, bestehen (noch) keine eindeutigen Anhaltspunkte. Es ist nun das Telos zu betrachten, welches für die Interpretation von Art. 5 Abs. 3 GG maßgeblich ist.[183] Es ist zu prüfen, ob die Lehre im Sinne des Art. 5 Abs. 3 GG nach ihrem Telos einen zwingenden dogmatischen Bezug zur Wissenschaft und Forschung benötigt oder ob sie als alleinstehendes Grundrecht ihrem Zweck gerecht werden kann. Bei der Bestimmung des Telos der Lehrfreiheit ist die Funktion dieser im „gegenwärtig sozio-kulturellen Rahmen“[184] zu bestimmen und zur Funktion der Forschungs- und Wissenschaftsfreiheit abzugrenzen.[185]

Weitgehend wird angenommen, dass die Lehrfreiheit nur „im Dienste der Wissenschaft“ stehe, das heißt nur der Publikation und Verbreitung von wissenschaftlichen Erkenntnissen diene und ihre Funktion einzig an ihrer Bedeutung für Forschung und Wissenschaft ausrichtet.[186]

Betrachtet man allerdings die heute an Hochschulen tatsächlich stattfindende Lehre wie auch in Ausbildungszeitschriften publizierte Lehrbeiträge oder aktuelle Lehrbücher, so lässt sich deutlich erkennen, dass diese sel-

---

183 So ausdrücklich: *Denninger*, in: *Denninger/Hoffmann-Riem/Schneider/Stein* (Hrsg.), AK-GG, Band I, 3. Aufl. 2001, Art. 5 Abs. 3 I Rn. 21; *Lüthje*, in: *Denninger/Becker* (Hrsg.), Hochschulrahmengesetz: Kommentar, 1984, Vor § 3 Rn. 27ff.; *Dickert*, Naturwissenschaften und Forschungsfreiheit, 1991, S. 261ff., 286f., 304f.; a.A. zur Aussagekraft des Telos allgemein: *Hesse*, Grundzüge des Verfassungsrechts der Bundesrepublik Deutschland, 20. Aufl. 1995, Rn. 68; *Müller/Christensen*, Juristische Methodik, Band I, 11. Aufl. 2013, Rn. 364.

184 *Kaufhold*, Die Lehrfreiheit – ein verlorenes Grundrecht?, 2006, S. 110.

185 *Kaufhold*, Die Lehrfreiheit – ein verlorenes Grundrecht?, 2006, S. 110.

186 Auswahl: *Trute*, Die Forschung zwischen grundrechtlicher Freiheit und staatlicher Institutionalisierung, 1994, S. 130; *Beck*, Die Geltung der Lehrfreiheit des Art. 5 III GG für die Lehrer an Schulen, 1975, S. 61; *Gärditz*, in: *Maunz/Dürig* (Hrsg.), GG, 92. EL August 2020, Art. 5 Abs. 3 Rn. 115; *Schulz-Prießnitz*, Einheit von Forschung und Lehre, 1981, S. 103; *Küchenhoff*, in: DÖV 1964, S. 601, 603; *Bleckmann*, Staatsrecht II – Die Grundrechte, 4. Aufl. 1997, S. 853.

ten im direkten Zusammenhang mit der Forschung stehen. Im Rahmen von Grundlagenveranstaltungen an Hochschulen, welche zweifelsfrei dem Schutzbereich der Lehre nach Art. 5 Abs. 3 S. 1 GG zuzuordnen sind, werden die Dozierenden selten (wenn überhaupt) ihre eigene (oder fremde) aktuelle Forschungsarbeit einfließen lassen. Ein großer Teil der Ausbildung an Hochschulen fokussiert sich auf die Vermittlung von wissenschaftlichen (Grundlagen-)Kenntnissen, welche die Studierenden für das spätere Berufsleben besitzen müssen, die aber keinen Bezug zur Forschung an Hochschulen haben.[187]

Dies ist sicher nicht nur im juristischen Studium der Fall, aber dieses ist den Leser*innen sowie der Autorin besonders bekannt und eignet sich daher als gutes Beispiel: So werden im Grundstudium zuerst einmal die Grundlagen der juristischen Arbeit vermittelt, hierbei spielt vor allem Methodik und der Umgang mit dem Gesetz eine große Rolle – diese fast vorwiegend didaktischen Gebiete haben kaum einen Zusammenhang mit der (aktuellen) Forschung. Dieses Motiv zieht sich durch die weitere Ausbildung, auch im Hauptstudium (und gerade in der Examensvorbereitung!) fehlt fast jeglicher Zusammenhang mit aktueller Forschung der Professor*innen – oder überhaupt wissenschaftlicher Arbeit.[188] So gibt es zwar ein florierendes Spektrum an Ausbildungsliteratur (Lehrbücher, Ausbildungszeitschriften, Skripten, Repetitorien usw.), an welchem Lehrende regelmäßig einen großen Beitrag haben, welches sich aber kaum an der neueren Forschung orientiert oder diese einbindet.[189] Der einzige Teil des juristischen Studiums, welcher in der Lehre eine Verknüpfung zur wissenschaftlichen Arbeit herstellen könnte, ist der Schwerpunktbereich. Allerdings wird dieser in der aktuellen Ausbildungsdebatte regelmäßig in seinem Umfang und seiner Bedeutung gekürzt.[190] Das soll nicht bedeuten,

---

187 *Trute*, Die Forschung zwischen grundrechtlicher Freiheit und staatlicher Institutionalisierung, 1994, S. 129f.; *Löwer*, Art. 5 III GG im Blick – „Kunst und Wissenschaft, Forschung und Lehre sind frei“ in: WissR 50 (2017), S. 317, 327f.

188 Ähnliche Kritik auch bei: *Gärditz*, Die äußeren und inneren Grenzen der Wissenschaftsfreiheit in: WissR 51 (2018), S. 5, 12.

189 So auch: *Kaufhold*, Die Lehrfreiheit – ein verlorenes Grundrecht?, 2006, S. 114.

190 Zum Vorhaben der Reduzierung des Schwerpunkts von 30 % der Gesamtnote auf 20 % der Gesamtnote: *Rehr*, Welche Rolle sollen die Universitäten noch spielen, in: lto-karriere v. 07.07.2016, abrufbar: https://www.lto-karriere.de/jura-studium/stories/detail/justizministerkonferenz-kritik-schwerpunkt-jura-studium-entwertung-abschaffung-noteninflation (zuletzt abgerufen: 31.05.2021). Zur Abschaffung der Gesamtnote und mithin Entwertung des Schwerpunktbereichs, bspw.: *Stephany*, Gesamtnote im Examen streichen, in: lto-karriere v. 22.02.2021: https://www.lto-karriere.de/jura-studium/stories/d

dass an Hochschulen überhaupt nicht wissenschaftlich gearbeitet wird, jedoch werden diese wissenschaftlichen Arbeiten in erster Linie an Fachtagungen oder in Fachzeitschriften und Fachbüchern publiziert[191] – diese Erkenntnisse schaffen es nur selten in den Lehrkanon. Mindestens seit Beginn der Einführung von Bachelor- und Master-Studiengängen, welche einer besseren Ausbildung auf das Berufsleben dienen sollten, sieht dies wohl in anderen Studiengängen nicht anders aus. Sollte die Lehrfreiheit nur Lehre, welche im Bezug zu Wissenschaft und Forschung steht, schützen, wäre ein Großteil der an Hochschulen betriebenen Lehre nicht im Schutzbereich von Art. 5 Abs. 3 GG. So unterscheidet sich die Lehrfreiheit von der Forschungsfreiheit darin, dass für die Lehrfreiheit nicht der wissenschaftliche Inhalt ausschlaggebend ist, sondern vor allem die (akademische) Berufsausbildung. Der Schutz der Lehrfreiheit umfasst folglich alle akademischen lehrenden Tätigkeiten – neben Vorlesungen auch das Abhalten von Übungen, Arbeitsgemeinschaften und Grundlagenveranstaltungen sowie das Veröffentlichen von Lehrbüchern oder Skripten.[192]

Eine weitere Funktion von Lehre soll außerdem die Gewährleistung einer stabilen und kontinuierlichen wissenschaftlichen Entwicklung sein.[193] Problematisch ist hier, dass die Lehre in ihrem momentanen Zustand eben nicht die kontinuierliche und stabile wissenschaftliche Ent-

---

etail/bundesrat-empfehlung-gesetzentwurf-aenderung-richtergesetz-abschaffung-gesamtnote-erstes-examen-staatsexamen-schwerpunktstudium (zuletzt abgerufen: 25.06.2021); *Schneider*, Ist der Schwerpunkt bald nichts mehr wert, in: lto-karriere v. 28.11.2019: https://www.lto-karriere.de/jura-studium/stories/detail/reform-jura-studium-abwertung-schwerpunkt-noten-pflichtfach-trennung (zuletzt abgerufen: 25.06.2021); Übersicht zum Ablauf der Diskussion mit allen Stellungnahmen seitens der Regierung und den Aktivist∗innen gegen die vorgeschlagenen Kürzungen: Bundesverband rechtswissenschaftlicher Fachschaften, abrufbar: https://bundesfachschaft.de/schwerpunkt/ (zuletzt abgerufen: 25.06.2021) und beim Bundesrat: Entwurf eines Gesetzes zur Modernisierung des notariellen Berufsrechts und zur Änderung weiterer Vorschriften, Drs. 20/21, abrufbar: https://www.bundesrat.de/SharedDocs/beratungsvorgaenge/2021/0001-0100/0020-21.html (zuletzt abgerufen: 25.06.2021).

191 So auch: *Kaufhold*, Die Lehrfreiheit – ein verlorenes Grundrecht?, 2006, S. 113; *Trute*, Die Forschung zwischen grundrechtlicher Freiheit und staatlicher Institutionalisierung, 1994, S. 113, 129; ähnlich: *Bleckmann*, Staatsrecht II – Die Grundrechte, 4. Aufl. 1997, S. 860.

192 *Hailbronner*, Die Freiheit der Forschung und Lehre als Funktionsgrundrecht, 1979, S. 166, 171.

193 *Wehrhahn*, Lehrfreiheit und Verfassungstreue, 1955, S. 14; *Trute*, Die Forschung zwischen grundrechtlicher Freiheit und staatlicher Institutionalisierung, 1994, S. 129f.

wicklung sichern kann, da sie höchstens zeitverzögert, zumeist in einem vereinfachten, didaktisch sinnvollen System wissenschaftliche Inhalte in Lehrveranstaltungen an Studierende weitergibt. Einen größeren Beitrag zur Sicherung des wissenschaftlichen Fortschritts leistet der Austausch zwischen den Forscher*innen innerhalb der *Scientific Community* – sei es durch Fachliteratur oder Fachvorträge. Aber nicht nur in sachlicher, sondern auch in personeller Hinsicht soll die Lehre der Fortschrittssicherung dienen. Denn die Lehre soll die Heranziehung wissenschaftlichen Nachwuchses sichern. Dem kann aber deutlich die Realität an deutschen Hochschulen entgegengehalten werden: Zum einen dient das Bachelor- und Master-System vor allem einer besseren, schnelleren Ausbildung von hochausgebildeten Arbeitskräften für die Wirtschaft. Zum anderen kommt hinzu, dass wissenschaftlicher Nachwuchs vorwiegend in Promotionsstudiengängen ausgebildet wird, denn das Anstreben einer Promotion ist der erste Schritt in Richtung wissenschaftlicher Arbeit – das Promotionsstudium ist aber kein Studium, welches in der Regel mit Lehre einhergeht: Der wissenschaftliche Nachwuchs wird im Promotionsstudium vielmehr durch Forschung und wissenschaftliches Arbeiten ausgebildet. So tragen zur Sicherung der Stabilität und Kontinuität von wissenschaftlichem Fortschritt vor allem Wissenschaft und Forschung bei – nicht die Lehre.[194]

Die Lehre soll außerdem der Inspiration der Wissenschaft dienen, so inspiriert der Dialog zwischen Lehrenden und Studierenden nach *humboldt*'schem Ideal (→ S. 43ff.) den Lehrenden in der Forschungsarbeit. Aber diese Vorstellung scheitert vermehrt an der akademischen Realität. Zum einen lehren Lehrende, die gleichzeitig Forschende sind, nicht immer bzw. meistens nicht zu Themen, die sie erforschen. Zum anderen sind Lehrende nicht immer Forschende.[195] Und zuletzt sind viele universitäre Lehrveranstaltungen heutzutage – vor allem diejenigen, die von Professor*innen, den Hauptforscher*innen, gehalten werden – Massenveranstaltungen ohne ernst zu nehmenden Lehrdiskurs. Kleinere Veranstaltungen in Seminaren, Übungen usw., welche zumindest Raum für Lehrdiskurs geben, werden oft von wissenschaftlichen Mitarbeiter*innen gehalten, welche möglicherweise wiederum keine Forscher*innen sind.

Die Funktion der Lehrfreiheit begründete sich lange darin, dass Lehrende davor geschützt werden sollten, ihre Lehrtätigkeit nur zu Ausbildungszwecken ausüben zu dürfen – aus diesem Grund bewertete das BVerfG

---

194 *Kaufhold*, Die Lehrfreiheit – ein verlorenes Grundrecht?, 2006, S. 116ff.

195 So schon: BVerfGE 35, 79, 121ff.; ausführlich: *Kaufhold*, Die Lehrfreiheit – ein verlorenes Grundrecht?, 2006, S. 119ff.

Ausbildungsregelungen nicht als Ausgestaltung der Lehrfreiheit, sondern als Eingriff in diese.[196] So standen sich Lehre und Ausbildung diametral gegenüber. Diese Gegenüberstellung kann aber nach dem vorher gesagten nicht mehr aufrechterhalten werden. Zum einen ist es mittlerweile zentrales Ziel von universitären Studiengänge, Studierende für den Arbeitsmarkt entsprechend *auszubilden*, und zum anderen ist der Beitrag der Lehre zur Wissenschaft gering.[197] Wäre die zentrale Funktion der Lehre weiterhin darin begründet, die Lehrtätigkeit vor der Inanspruchnahme einer Ausbildungsfunktion zu schützen, so wäre die Lehre an ihrer heutzutage zentralen Funktion – der Ausbildung – gehindert. Nicht jede gesellschaftliche Veränderung muss sich in einem Funktionswandel von Schutzbereichen niederschlagen, allerdings handelt es sich hier um einen gesellschaftlichen, faktischen Wandel, welcher derart innerhalb der Institution Hochschule verankert ist, dass die Verfassungsauslegung sich diesem nicht verweigern kann. Die Neufokussierung der Funktion der Lehre im Sinne von Art. 5 Abs. 3 GG als eigenständiger Normbereich garantiert also „ein (Aus-)Bildungswesen[s], das weder den gesellschaftlichen noch den staatlichen Interessen preisgegeben ist“[198].

Einen konkreten Zielauftrag der Lehrfreiheit bietet § 7 HRG, welcher auch in den Hochschulgesetzen der Länder umgesetzt ist.[199] Dort findet sich die Vorgabe, dass Lehre und Studium Studierenden durch die ihnen vermittelten fachlichen Kenntnisse die Möglichkeit „zu verantwortlichem Handeln in einem freiheitlichen, demokratischen und sozialen Rechtsstaat“ eröffnen soll. So soll Lehre die „Fähigkeit zur kritischen Reflexion vermitteln“[200]. Nun kann kritisches Hinterfragen als ein Grundpfeiler wissenschaftlicher, forschender Arbeit angesehen und daraus gefolgert werden, dass die Lehre doch im Zusammenhang mit wissenschaftlicher Forschung stehen muss. Dem kann aber entgegengehalten werden, dass kritisches Hinterfragen eine Fähigkeit ist, welche abstrakt durch gute

196 BVerfGE 93, 85, 95f.; VGH Mannheim, DÖV 2003, S. 379, 380f.; h.M. Auswahl: *Denninger*, in: *Denninger/Hoffmann-Riem/Schneider/Stein* (Hrsg.), AK-GG, Band I, 3. Aufl. 2001, Art. 5 Abs. 3 I Rn. 34ff.; *Britz*, in: *Dreier* (Hrsg.), GG, Band I, 3. Aufl. 2013, Art. 5 Abs. III (Wissenschaft) Rn. 29; *Bauer*, Wissenschaftsfreiheit in Lehre und Studium, 1980, S. 62ff.

197 *Kaufhold*, Die Lehrfreiheit – ein verlorenes Grundrecht?, 2006, S. 122.

198 *Kaufhold*, Die Lehrfreiheit – ein verlorenes Grundrecht?, 2006, S. 125.

199 Bspw.: § 2 LHG BW idF v. 01.01.2005, Art. 55 Abs. 1 S. 1 BayHSchG idF v. 23.05.2006, GVBl. 245.

200 *Reich*, Hochschulrahmengesetz mit Wissenschaftszeitvertragsgesetz. Kommentar, 11. Aufl. 2012, § 7 Rn. 3.

Ausbildung – unabhängig von wissenschaftlichen Fragestellungen und Erkenntnissen – erst erlernt werden muss und außerdem nicht nur im wissenschaftlichen Kontext von Bedeutung ist, sondern einer der Grundpfeiler unseres gesellschaftlichen, demokratischen, selbstbestimmten Lebens ist. So ist kritische Reflexion sicherlich eine Fähigkeit, welche Forscher*innen in ihrer Arbeit regelmäßig anwenden, aber auch außerhalb der wissenschaftlichen Arbeit ist kritisches Denken eine wichtige Fähigkeit, deren Grundlage eine umfassende Ausbildung in geschichtlichen, rechtlichen und gesellschaftlichen Aspekten unserer Gesellschaft ist. Auftrag der Lehre ist es nicht kritisches Denken anhand bestimmter Forschungserkenntnisse beizubringen, sondern durch eine gesamthafte Ausbildung die allgemeine Fähigkeit der kritischen Reflexion zu lehren.[201]

Zuletzt soll als Telos der Lehrfreiheit noch die „Selbstverwirklichung des Einzelnen"[202] angeführt werden.[203] Trotz gestiegener Regelungsdichte liegen nur eine sehr geringe Anzahl von gerichtlichen Entscheidungen zu organisatorischen und thematischen Einschränkungen seitens einer Hochschule vor. Dies führt *Kaufhold* darauf zurück, dass die Lehrenden weniger Interesse an der „Umsetzung eigener Ideen und Konzepte im Rahmen der Hochschullehre" haben und die Lehrfreiheit mithin eine geringere Rolle für die Selbstverwirklichung der Lehrenden spiele.[204] *No-platforming* und Vorschriften zu *Microaggressions* und Trigger-Warnungen sind vor allem thematische und didaktische Einschränkungen, die in die Selbstverwirklichung der Lehrenden eingreifen. So ist die unbehelligte Auswahl eines Bücherkanons eine der zentralen Aufgaben, durch welche Lehrende ihre Interessen und persönliche Ziele einer Veranstaltung verwirklichen können. Dasselbe gilt für das Einladen von Gastdozent*innen oder die Besetzung von Podiumsdiskussionen sowie das eigene Lehren, welches durch *No-platforming*-Aktionen behindert wird. Aber auch die Organisation einer Veranstaltung mit Trigger-Warnungen oder die Vorwarnung vor bestimmten Themengebieten schränkt die Lehrenden in ihrer Gestaltungsweise ein. All dies sind Aspekte der Lehre, welche nicht mit der wissenschaftlichen Forschung der Lehrenden zusammenhängen, sondern mit der didaktischen

---

201 *Kaufhold*, Die Lehrfreiheit – ein verlorenes Grundrecht?, 2006, S. 128ff.

202 BVerfGE 35, 79, 114.

203 Neben dem BVerfG erkennt diesen Telos auch die h.L. an, Auswahl: *Schulz-Prießnitz*, Einheit von Forschung und Lehre, 1981, S. 88ff., *Lüthje*, in: *Denninger/Becker*, Hochschulrahmengesetz: Kommentar, 1984, Vor § 3 Rn. 27; *Häberle*, Die Freiheit der Wissenschaften im Verfassungsstaat, in: AöR 110 (1985), S. 329, 360f.

204 *Kaufhold*, Die Lehrfreiheit – ein verlorenes Grundrecht?, 2006, S. 132f.

und organisatorischen Arbeit innerhalb der Lehre. Eben weil sich die identitätspolitischen Proteste oftmals nicht auf die forschende Arbeit der Hochschullehrer*innen oder auf Veranstaltungen, die von nicht forschendem wissenschaftlichen Hochschulpersonal[205] gehalten werden, beziehen, würde ein Schutz nur der wissenschaftsbezogenen Lehre als solche die Grundrechtsträger*innen nicht ausreichend schützen.

Das Telos der Lehrfreiheit ist demnach weder die Vermittlung allein von wissenschaftlichen Erkenntnissen noch die Garantie des wissenschaftlichen Fortschritts in sachlicher oder personeller Weise. Die Lehrfreiheit dient nicht einzig dem Fortbringen der Forschung, sondern hat vielmehr ihre eigene Funktion im Ausbildungsauftrag entwickelt. Um diesem Ausbildungsauftrag gerecht zu werden, ist die freie Lehre unabdingbar, denn nur dann, wenn die Grundrechtsträger*innen die Lehre frei gestalten können, kann der Ausbildungsauftrag der Lehrfreiheit vollends erbracht werden. Mit diesem eigenständigen Telos, das sich grundlegend vom Telos der Forschungsfreiheit unterscheidet, muss es sich denknotwendig bei der Lehrfreiheit um ein eigenständiges Grundrecht mit eigenem Schutzgut und eigenem Schutzbereich handeln.

ee) Fazit

Im Ergebnis ist der Ansicht *Kaufholds* zuzustimmen: Die Lehrfreiheit ist ein eigenständiges Grundrecht mit eigenem Schutzgut und Schutzbereich. Die semantische, grammatikalische, systematische und historische Auslegung ist dafür zwar nur Indiz, das eigenständige Telos der Lehrfreiheit lässt aber eine andere Interpretation nicht zu. Das Telos hat bei der Gewichtung der Auslegungsmethoden Vorrang und die Gesamtschau der vier Auslegungsmethoden bestätigt diese Ansicht.

Vor allem vor dem Hintergrund der immer größer werdenden Proteste gegen bestimmte Lehrweisen und die Gestaltung von Lehrveranstaltungen benötigt es dringend eines Grundrechts, welches dezidiert die Freiheit der Lehrenden im Verhältnis zu den Studierenden schützt. Es kommt bei dieser Frage eben nicht nur auf die wissenschaftliche Komponente von Lehre an, sondern auch auf die didaktischen und ausbildenden Komponenten, die die akademische Lehre mit sich bringt. Eine Betrachtung von Lehre einzig und allein im Hinblick auf deren wissenschaftliche Komponente – eine Folge der Auslegung der Lehre nur als Unterteil des einheitlichen

205 A.A.: *v. Coelln*, in: WissR 52 (2019), S. 3, 9f.

Grundrechts der Wissenschaftsfreiheit – wird den besonderen Bedrohungen, welchen die Lehre seit einiger Zeit unterliegt, nicht mehr gerecht.

b) Wissenschafts- und Forschungsfreiheit

Die herrschende Meinung definiert den Schutzbereich der Wissenschaftsfreiheit vorwiegend über die Einzelteile oder unselbstständigen Grundrechte der Forschung und Lehre (→ S. 68ff.). Nun, da die Lehrfreiheit aus der Wissenschaftsfreiheit als eigenständiges Grundrecht herausgelöst wurde, bleibt die Frage, ob die Forschungsfreiheit ein eigenständiges Grundrecht darstellt und welchen Inhalt dann die Wissenschaftsfreiheit noch hat.

Kaufhold nimmt an, dass sowohl die Forschungs- als auch die Lehrfreiheit eigenständige Grundrechte sind und darüber hinaus der Wissenschaftsfreiheit keine eigenständige Bedeutung mehr zukommt – die Forschungs- und Lehrfreiheit haben die Wissenschaftsfreiheit abgelöst.[206] Dies wird unter anderem mit der Identität der Begriffe der Forschung und Wissenschaft begründet: Der Begriff der Wissenschaft und der der Forschung sind im allgemeinen Sprachgebrauch sehr ähnlich, wenn nicht auswechselbar. Der Begriff der Wissenschaft/Forschung bezeichnet im allgemeinen Sprachgebrauch einen Vorgang der Wissensgewinnung.[207]

Grundsätzlich ist nicht abzustreiten, dass Forschung und Wissenschaft näher beisammen liegen als Wissenschaft und Lehre. So kann im allgemeinen Sprachgebrauch zwar zwischen Lehre und wissenschaftlicher Lehre unterschieden werden, eine Unterscheidung zwischen Forschung und wissenschaftlicher Forschung wird aber kaum zu finden sein. Vielmehr wird der Begriff der „wissenschaftlichen Forschung“ wohl selten Gebrauch finden und/oder als Doppelung angesehen werden.[208]

Gegen eine vollkommene Identität der Wissenschaft und der Forschung spricht aber schon der Wortlaut des Grundgesetzes, welcher zwar nicht allein den Gehalt der Grundrechte determiniert, aber doch nicht zu ignorieren ist. Das Grundgesetz spricht nun einmal in Art. 5 Abs. 3 GG von

---

206 *Kaufhold*, Die Lehrfreiheit – ein verlorenes Grundrecht?, 2006, S. 174f., Teil 1 – Abschied von der Wissenschaftsfreiheit, et pass.

207 *Kaufhold*, Die Lehrfreiheit – ein verlorenes Grundrecht?, 2006, S. 66f.

208 *Denninger*, in: *Denninger/Hoffmann-Riem/Schneider/Stein* (Hrsg.), AK-GG, Band I, 3. Aufl. 2001, Art. 5 Abs. 3 I Rn. 28, 47; *Britz*, in: *Dreier* (Hrsg,), GG, Band I, 3. Aufl. 2013, Art. 5 III (Wissenschaft) Rn. 18ff.; *Wittreck*, in: *Dreier* (Hrsg.), GG, Band II, 3. Aufl. 2013, Art. 74 Rn. 65; *Heun*, in: *Dreier* (Hrsg.), GG, Band III, 3. Aufl. 2013, Art. 91b Rn. 14.

der Wissenschaft, der Forschung und der Lehre – erkennt man (unter anderem) daraus eine Eigenständigkeit der Lehrfreiheit an (→ S. 71ff.), so müssen schon sehr gewichtige Gründe gegen die Annahme einer Existenz einer eigenständigen Wissenschaftsfreiheit bestehen, um die Auflösung der Wissenschaftsfreiheit abzulehnen.

Unter Wissenschaft werden allgemein „die auf wissenschaftlicher Eigengesetzlichkeit beruhenden Prozesse, Verhaltensweisen und Entscheidungen beim Auffinden von Erkenntnissen, ihrer Deutung und Weitergabe"[209] (→ S. 85ff.) verstanden, geschützt ist folglich die „wissenschaftliche Methode[n] der Erkenntnis und Erkenntnisvermittlung"[210]. Auf den ersten Blick liest sich dies so, als ob der gesamte Schutzbereich des Art. 5 Abs. 3 GG durch die Forschungs- und Lehrfreiheit abgedeckt werden kann. Die wissenschaftliche Methode der Erkenntnisfindung wird durch die Forschungsfreiheit geschützt, während die wissenschaftliche Methode der Erkenntnisvermittlung offensichtlich der Lehrfreiheit unterfällt. So lässt sich tatsächlich die Frage stellen, ob für die eigenständige Wissenschaftsfreiheit überhaupt noch ein eigenes Schutzgut übrigbleibt.

Der Prozess der Erkenntnisfindung wird oftmals gleichgesetzt mit dem Forschungsprozess. Es ist zu fragen, ob die Forschungsfreiheit den gesamten Prozess der Erkenntnisfindung abdecken kann. Unter Forschung wird allgemein eine „geistige Tätigkeit mit dem Ziele, in methodischer, systematischer und nachprüfbarer Weise neue Erkenntnisse zu gewinnen"[211] verstanden. Ziel der Forschungsfreiheit ist im Ergebnis der Schutz des zielgerichteten Erkenntnisgewinnungsprozesses.

Die Hauptkomponenten von wissenschaftlichem Arbeiten sind sicherlich die Forschung und das Lehren, sie sind ein wichtiger Teil des Selbstverständnisses der an Hochschulen als Forschende und Lehrende Beschäftigten. Der Schutz der Hauptaufgaben von Forschenden und Lehrenden ist mithin schon durch die Forschungs- und Lehrfreiheit garantiert. Die Wissenschaftsfreiheit hat für den Schutz dieser keine eigenständige Bedeutung mehr.

Allerdings gibt es wissenschaftliche Tätigkeiten, die nicht in diese zwei Formen des wissenschaftlichen Arbeitens fallen, denn Forschen umfasst nur diejenigen Tätigkeiten, die zumindest als Endziel die Entdeckung von

209 BVerfGE 35, 79, 112; BVerfGE 47, 327, 367; BVerfGE 90, 1, 11f. – Jugendgefährdende Schriften.

210 *Gärditz*, in: *Maunz/Dürig* (Hrsg.), GG, 92. EL August 2020, Art. 5 Abs. 3 Rn. 56.

211 BVerfGE 35, 79, 113 nach: *Deutscher Bundestag/Der Bundesminister für wissenschaftliche Forschung*, Bundesbericht Forschung III, BT-Drucks.: V/4335, S. 4.

etwas objektiv Neuem haben. Aber nicht jede wissenschaftliche Tätigkeit hat dieses Endziel. Ein Teil der wissenschaftlichen Arbeit dient nur der Erarbeitung einer wissenschaftlichen Meinung. Dabei muss am Ende nicht eine neue wissenschaftliche Meinung stehen, auch der Anschluss an eine schon existierende Meinung nach Sichtung und Auswertung aller möglichen Ansichten stellt einen wissenschaftlichen Vorgang dar. Ähnliches gilt für den Austausch unter Kolleg*innen, welcher weder unter Forschung fällt noch unter Lehre, und trotzdem ist der Austausch unter Kolleg*innen und möglicherweise sogar – ohne Lehrkontext – mit Studierenden eine wichtige Komponente des Alltags an Hochschulen. Aber selbst bei Ausdehnung der Begriffe „Forschung“ und „Lehre“ kann das Erarbeiten einer eigenen wissenschaftlichen Meinung oder der Austausch mit Kolleg*innen nicht unter diese beiden Begriffe gefasst werden. So gehört zur wissenschaftlichen Tätigkeit eben mehr als nur das Forschen und Lehren, nämlich auch „die mit wissenschaftlicher Methode erfolgende Einarbeitung in die wissenschaftliche Methode und ihre Ergebnisse“[212] oder der wissenschaftliche, kollegiale Austausch.

Die Wissenschaftsfreiheit ist ein „Auffanggrundrecht“: Sie kommt dort zum Tragen, wo wissenschaftliche Tätigkeiten vorliegen, welche nicht durch die Forschungs- oder Lehrfreiheit geschützt sind. Somit hat sie aber in keiner Weise ihre Bedeutung verloren, denn gerade die Funktion eines Auffanggrundrechts ist es, einen umfassenden und lückenlosen Grundrechtsschutz zu bieten – und damit hat die Wissenschaftsfreiheit eine wichtige Aufgabe.

Auch wenn durch die Auslösung der Lehrfreiheit und der Forschungsfreiheit in der Wissenschaftsfreiheit nur noch ein geringer Schutzbereich verbleibt, so ist dieser doch nicht zu übersehen. Von einer Ablösung der Wissenschaftsfreiheit durch die Forschungs- und Lehrfreiheit kann nicht gesprochen werden.

3. Resümee

Im Ergebnis enthält Art. 5 Abs. 3 S. 1 GG neben der Kunstfreiheit drei eigenständige Grundrechte, die Wissenschaftsfreiheit, die Forschungsfreiheit und die Lehrfreiheit. Keines dieser Grundrechte ist obsolet und keines dieser Grundrechte existiert nur in der Ausgestaltung eines übergeordneten

212 *Bleckmann*, Staatsrecht II, 4. Aufl. 1997, S. 864.

Grundrechts, denn jedes einzelne Grundrecht hat ein eigenes Schutzgut, welches von besonderer Wichtigkeit für die akademische Tätigkeit ist.

II. Umfangreicher Schutz der gesamten akademischen Tätigkeit (Schutzbereich)

Nun sind die eigenständigen Schutzbereiche der drei Grundrechte zu bestimmen. Zum einen lässt sich fragen, ob ein Junktim zwischen Forschung und Lehre, wie dies von der herrschenden Meinung gefordert wird (→ S. 68ff.), bei eigenständiger Betrachtung der Lehrfreiheit Voraussetzung für deren Schutzbereichsöffnung ist. Zum anderen ist zu klären, wie der Schutzbereich der Forschungsfreiheit von dem der Wissenschaftsfreiheit abzugrenzen ist.

Weiterhin ist dann zu klären, wer Grundrechtsträger*innen der Grundrechte aus Art. 5 Abs. 3 S. 1 GG ist.

1. Sachlicher Schutzbereich

a) Lehrfreiheit

Folge der Schutzbereichsbegrenzung allein auf Lehre, die im Zusammenhang mit Forschung steht, ist, dass Lehrende, die keine eigene Forschung betreiben, und Lehrende, die nicht über eigene oder fremde Forschung lehren, keinen Schutz durch die Lehrfreiheit genießen können. Wie oben schon aufgezeigt, würden zum einen wissenschaftliche Mitarbeiter*innen nicht von der Lehrfreiheit geschützt werden, da sie entweder kein Promotionsvorhaben haben oder zumindest nicht über die Forschung innerhalb ihres Promotionsvorhabens oder andere Forschungsthemen lehren. Denn die Aufgabe von wissenschaftlichen Mitarbeiter*innen liegt in erster Linie darin, Klausurpraxis und die Anwendung des Stoffs aus den Lehrveranstaltungen zu lehren. Selbst dort, wo wissenschaftliche Mitarbeiter*innen Seminare und daran geknüpfte Seminararbeiten abhalten, wird in der Regel nur eine wissenschaftliche Vorgehensweise gelehrt – nicht aber wissenschaftliche Erkenntnisse. Dasselbe gilt für alle Professor*innen, die in Grundlagenvorlesungen, der Klausur- oder Examensvorbereitung und vielen anderen Veranstaltungen, die nicht konkret forschungsbezogen sind, lehren.

Die wichtigste Funktion der Lehrfreiheit ist heutzutage die Gewährleistung eines freiheitlichen Bildungs- und Ausbildungssystem ohne inhaltliche oder thematische Einflussnahme durch Staat oder Gesellschaft. Vermittelt werden sollen in erster Linie fachliche Kenntnisse, die sich aus Basiswissen und speziellem Wissen zusammensetzen. Während das Basiswissen in vielen Fachbereichen stetig gleichbleibend sein wird und Forschungsfortschritte in diesen Bereichen für die Lehre und Ausbildung oftmals keine Rolle spielen, kann es in bestimmten Gebieten oder bei Spezialwissen zu wissenschaftlichen Fortschritten oder Veränderungen kommen, welche sich in der Lehre und Ausbildung niederschlagen. Es steht außer Frage, dass bei einer solchen Anpassung der Kenntnisse eine forschende Tätigkeit der Lehrenden einen gewissen Vorteil mit sich bringt, jedoch ist zu erwarten, dass es den Lehrenden allein durch ihre Qualifikation zur Lehrperson in ausreichendem Maße möglich ist, Veränderungen innerhalb ihres Fachbereichs nachzuvollziehen und in ihren Lehrstoff mitaufzunehmen. Auch wenn die Forschungstätigkeit bezüglich der Aktualität von Inhalten von Vorteil sein kann, ist diese keine unbedingte Voraussetzung dafür, den Studierenden fachliche Kenntnisse auf dem Stand der Zeit beizubringen. Weiterhin soll die Lehrfreiheit keine inhaltliche oder thematische Einflussnahme von außen auf die Lehrtätigkeit garantieren, das heißt sie schützt letztendlich die Lehrenden davor, zur Aufnahme neuer Forschungserkenntnisse in den Lehrkanon gezwungen zu werden.[213]

Neben der Vermittlung von Fachkenntnissen, die mehr oder minder in irgendeinem Zusammenhang mit Forschung stehen, obliegt den Lehrenden aber auch die Vermittlung sog. Schlüsselqualifikationen. Dazu gehört die Fähigkeit, wissenschaftlich methodisch zu arbeiten (vgl. bspw.: § 2 Abs. 1 S. 2 HRG, § 2 Abs. 1 LHG BW; Art. 2 Abs. 1 S. 2 BayHSchG), aber auch andere intellektuelle und wissenschaftliche Fähigkeiten wie *Soft Skills* oder Sprach- und Computerkenntnisse. In der akademischen Ausbildung soll die Anwendung wissenschaftlicher Methoden innerhalb bestimmter Problemstellungen erlernt werden und die Studierenden sollen dazu befähigt werden, ihr wissenschaftliches Wissen im beruflichen Leben anzuwenden. Im Unterschied dazu dient die Kenntnis wissenschaftlicher Methoden in der Forschung dazu, allgemeine Aussagen über abstrakte Sachverhalte und neue Erkenntnisse zu erarbeiten. Auch alle anderen Kompetenzen, wie *Soft Skills* oder Sprach- und Computerkenntnisse, werden in der akademischen Ausbildung in Hinblick auf das spätere Berufsleben gelehrt. Die Vermittlung wissenschaftlicher Methodik ist sicherlich wiederum eine

213 *Kaufhold*, Die Lehrfreiheit – ein verlorenes Grundrecht?, 2006, S. 177ff.

Fähigkeit, die Lehrenden, die regelmäßig mit dieser Umgang haben – oftmals Wissenschaftler*innen und Forschenden –, leicht von der Hand geht. Allerdings ist bei Weitem nicht ausgeschlossen, dass Lehrende, die keine Forschung betreiben, sich tiefgehend mit der wissenschaftlichen Methode auskennen und diese vor allem in Hinblick auf die Berufswelt lehren können. Und gerade für die Vermittlung anderer Schlüsselqualifikationen besteht kein unbedingt notwendiges Junktim zwischen Forschung und Lehrtätigkeit – aus diesem Grund werden eben diese Fähigkeiten oftmals nicht von Forschenden unterrichtet. Zumindest die Ausbildungsfunktion der Lehre setzt folglich kein Junktim zwischen Forschung und Lehre für die Schutzbereichseröffnung der Lehrfreiheit voraus.[214]

Weitere Funktionen der Lehrfreiheit sind die Befähigung zum kritischen Urteil und die Selbstverwirklichung der Lehrenden. Es ist nicht ersichtlich, warum nur der forschende Lehrende die Fähigkeit besitzen sollte, Studierenden das kritische Denken zu lehren. Sicherlich fördert die Forschung das kritische Denken, aber kritisches Denken ist eben ein Grundbaustein unserer Demokratie, welcher schon in Schulen gelehrt wird, und die Fähigkeit, dies zu tun, steht nicht in einem unabdingbaren Zusammenhang mit der Forschung. Dasselbe gilt für die Selbstverwirklichung der Lehrenden in der Lehre: Fordert man ein unbedingtes Junktim zwischen Forschung und Lehre, so kann sich selbst der forschende Lehrende nicht umfassend in seiner Lehrfreiheit verwirklichen, denn das Lehren von komplett forschungsunabhängigen Inhalten wäre damit nicht mehr von der Lehrfreiheit gedeckt. Eben diese Einflussnahme und Einschränkung von außen auf die Inhalte soll aber verhindert werden, es leuchtet daher nicht ein, warum schon die Schutzbereichseröffnung durch eine Einschränkung begrenzt werden sollte.[215]

Im Ergebnis ist der Schutzbereich der Lehrfreiheit nicht auf Lehre, die im Zusammenhang mit eigener oder fremder forschender Tätigkeit steht, begrenzt.

Dies bedeutet aber nicht, dass die Lehrfreiheit nun genauso weit wie die Meinungsfreiheit jegliche Aussagen von Personen in einer lehrenden Rolle schützt, denn dann wären die unterschiedlichen Schrankenregelungen nicht zu begründen. Vielmehr muss der Schutzbereich der Lehrfreiheit thematisch begrenzt sein. So schützt der Schutzbereich der Lehrfreiheit nur Lehre, die thematisch wissenschaftlich ist – unabhängig von der konkreten Lehrtätigkeit. Auch wenn hier nicht tiefgehend auf den

214 *Kaufhold*, Die Lehrfreiheit – ein verlorenes Grundrecht?, 2006, S. 177ff.
215 *Kaufhold*, Die Lehrfreiheit – ein verlorenes Grundrecht?, 2006, S. 184ff.

Wissenschaftsbegriff eingegangen werden kann, so versteht das BVerfG unter Wissenschaft alles, „was nach Inhalt und Form als ernsthafter planmäßiger Versuch zur Ermittlung von Wahrheit anzusehen ist“[216]. Die Lehre muss sich thematisch mit solchen Inhalten auseinandersetzen, die dem ernsthaften und planmäßigen Versuch der Ermittlung der Wahrheit entsprungen sind. Das Lehren von Pseudowissenschaften oder politische Reden im Lehrbetrieb sind nicht bloß, weil sie an einer Hochschule von Hochschullehrer*innen oder wissenschaftlichem Hochschulpersonal gehalten werden, von der Lehrfreiheit geschützt.

Wichtig ist als weiterer Punkt, dass die Lehrfreiheit eben nur in der Kommunikation zwischen Lehrenden und Lernenden geschützt ist. Das heißt, eine wissenschaftliche Publikation ist nur dann durch die Lehrfreiheit geschützt, wenn sich diese nicht einzig an die *Scientific Community* richtet, sondern auch an Lernende.[217] Ist die wissenschaftliche Publikation einzig an die *Scientific Community* gerichtet, so handelt es sich um eine Ausübung der Forschungsfreiheit (→ S. 92ff.). Aus dieser Begrenzung der Lehre im Sinne von Art. 5 Abs. 3 GG auf wissenschaftliche Lehre ergibt sich, dass die oben aufgezählten Schlüsselqualifikationen nur dann von der Lehrfreiheit umfasst sind, wenn diese einen wissenschaftlichen Bezug haben, nicht aber das Erlernen von *Soft Skills* oder Sprach- und Computerkenntnissen.[218]

Aus der Ausbildungsfunktion der Lehrfreiheit ergibt sich, dass neben dem Recht, Lehrveranstaltungen abzuhalten, die Freiheit geschützt ist, den Inhalt und Ablauf der Lehrveranstaltung selbst zu bestimmen und wissenschaftliche Lehrmeinungen zu äußern.[219] Während sich zwar aus der Selbstverwirklichung der Lehrfreiheit kein Recht zur Bestimmung der Räumlichkeiten oder Zeit der Lehrveranstaltung ergibt,[220] ergibt sich aus

---

216 BVerfGE 35, 79, 113.

217 *Kaufhold*, Die Lehrfreiheit – ein verlorenes Grundrecht?, 2006, S. 184ff.

218 *Kaufhold*, Die Lehrfreiheit – ein verlorenes Grundrecht?, 2006, S. 192f.

219 BVerfGE 35, 79, 113f.; Auswahl aus der Literatur: *Pieroth*, Störung, Streik und Aussperrung an der Hochschule, 1976, S. 135; *Gärditz*, in: *Maunz/Dürig* / Hrsg.), GG, 92. EL August 2020, Art. 5 Abs. 3 Rn. 116; *Hailbronner*, Die Freiheit der Forschung und Lehre als Funktionsgrundrecht, 1979, S. 177; *Bauer*, Wissenschaftsfreiheit in Lehre und Studium, 1980, S. 52f.; *Lüthje*, in: *Denninger/Becker* (Hrsg.), Hochschulrahmengesetz: Kommentar, 1984, § 3 Rn. 28; *Krüger*, in: *Flämig/Kimminich/Krüger/Meusel/Rupp/Scheven/Schuster/Stenbock-Fermor* (Hrsg.), Handbuch des Wissenschaftsrechts, Band 1, 2. Aufl. 1996, S. 314f.

220 *Kaufhold*, Die Lehrfreiheit – ein verlorenes Grundrecht?, 2006, S. 217f.

dieser Funktion sehr wohl ein Hausrecht der Lehrenden für den Zeitraum der Lehrveranstaltung.[221]

Der sachliche Schutzbereich der Lehrfreiheit im Sinne von Art. 5 Abs. 3 GG umfasst folglich jegliche wissenschaftliche Kommunikation zwischen Lehrenden und Lernenden, die sog. wissenschaftliche Lehre, in ihrer thematischen, inhaltlichen und methodischen Freiheit.

b) Forschungsfreiheit

Forschung schützt alle Tätigkeiten, welche auf die Findung objektiv neuer Erkenntnisse abzielen. Dabei ist grundsätzlich auch die Vorbereitung der Forschung umfasst, das heißt Prozesse der Ausarbeitung der Fragestellung, Materialsammlung, Festlegung der Methodik, Ermittlung des Forschungsstands usw.[222]

Weiterhin umfasst die Forschungsfreiheit die Kommunikation innerhalb der *Scientific Community*, das heißt, die Publikation eigener Forschung an ein Fachpublikum ist der Forschungsfreiheit zuzuordnen. In Abgrenzung dazu ist die Publikation für ein studentisches Publikum der Lehrfreiheit zuzuordnen. Dies ist zwar nicht unumstritten, denn teilweise wird jegliche Publikation wissenschaftlicher Arbeiten der Lehrfreiheit zugeordnet,[223] allerdings kann diese Ansicht nicht überzeugen. Die Veröffentlichung an ein Fachpublikum ist eben deswegen der Forschungsfreiheit zuzuordnen, weil sie weitere Forschung inspiriert, so können auf publizierten Forschungsergebnissen weitere Forschungen aufgebaut werden.[224] Es ist Aufgabe der *Scientific Community*, Fachpublikationen zu verifizieren oder falsifizieren (sog. *Peer-Review*), auch dieser Vorgang ist der Forschungsfreiheit zuzuordnen. Eine Veröffentlichung objektiv neuer Forschungserkenntnisse in einer Fachzeitschrift steht im engen Zusammenhang mit dem Forschungsprozess, diese hat nicht dieselbe lehrende

---

221 I.E. aber mit anderer Begründung: *Hailbronner*, Die Freiheit der Forschung und Lehre als Funktionsgrundrecht, 1979, S. 217ff.; *Starck/Paulus*, in: *v. Mangoldt/Klein/Starck* (Hrsg.), GG, 7. Aufl. 2018, Art. 5 Rn. 493; *Britz*, in: *Dreier* (Hrsg.), GG, Band I, 3. Aufl. 2013, Art. 5 Abs. III (Wissenschaft) Rn. 29; a.A.: *Kaufhold*, Die Lehrfreiheit – ein verlorenes Grundrecht, 2006, S. 218f.

222 *Kempen*, in: *Epping/Hillgruber* (Hrsg.), BeckOK GG, 46. Ed. Stand: 15.02.2021, Art. 5 Rn. 182.

223 *v. Coelln*, in: *Friauf/Höfling* (Hrsg.), BerlKomm GG, Band I, Stand: Dez. 2019, Art. 5 (3. Teil) Rn. 34f.

224 *Gärditz*, in: *Maunz/Dürig* (Hrsg.), GG, 92. EL August 2020, Art. 5 Abs. 3 Rn. 123.

Wirkrichtung wie das Veröffentlichen von Lehrinhalten für ein studentisches Publikum.

Im Ergebnis schützt die Forschungsfreiheit den gesamten Prozess der Suche nach objektiv neuer Erkenntnis, von der Fragestellung bis zur Veröffentlichung der objektiv neuen Ergebnisse.

c) Wissenschaftsfreiheit

Nun bleibt die berechtigte Frage bestehen, welche wissenschaftlichen Vorgänge denn nun noch für den Schutzbereich der Wissenschaftsfreiheit verbleiben sollen – und die Existenz eines verbleibenden Schutzbereichs wird teilweise verneint.[225]

Allerdings sind Tätigkeiten denkbar, die weder in den Schutzbereich der Forschungs- noch den der Lehrfreiheit fallen, jedoch, um einen umfassenden Schutz der akademischen Tätigkeit zu garantieren, trotzdem von Art. 5 Abs. 3 S. 1 GG geschützt werden sollten. Wie oben schon erläutert, ist die Wissenschaftsfreiheit ein Auffanggrundrecht für wissenschaftliche Tätigkeiten, welche weder der Forschungs- noch der Lehrfreiheit zugeordnet werden können, aber aufgrund ihrer Bedeutung für die akademische Tätigkeit trotzdem dem Schutz des Art. 5 Abs. 3 S. 1 GG unterfallen müssen.

Forschung umfasst nur das Finden objektiv neuer Erkenntnisse, allerdings sollten wissenschaftlich arbeitende Personen nicht einzig bei der Findung neuer Erkenntnisse geschützt sein, sondern auch bei der selbstständigen Beschäftigung mit wissenschaftlichen Inhalten, ohne ein Forschungsziel zu haben. Auch das Erarbeiten eigener Meinungen durch das Lesen, Recherchieren und Durchdenken anderer Meinungen, ohne dass es auf einen *Peer-Review* hinausläuft, ist eine Tätigkeit, welche akademischen Wert hat und mithin frei von staatlichen Einflüssen sein sollte. Mangels objektiv neuer Erkenntnisse und mangels fachlichen Austausches innerhalb der *Scientific Community* kann eine solche Tätigkeit aber nicht der Forschungsfreiheit zugeordnet werden.

Diese Ansicht überdehnt nicht den Wortlaut oder die Interpretation von Art. 5 Abs. 3 GG, denn unter Wissenschaft wird die „wissenschaftliche Methode zur Erkenntnis" subsumiert. Darunter versteht man nicht nur die Entdeckung von Neuem, sondern auch einfach eine „die durch geistige

225 Vgl. *Kaufhold*, Die Lehrfreiheit – ein verlorenes Grundrecht?, 2006, S. 174f.

Verarbeitung von Eindrücken und Erfahrungen gewonnene Einsicht“[226], so kann eine Erkenntnis objektiv oder subjektiv neu sein. Sie kann sowohl eine komplett neue Einsicht darstellen wie beispielsweise die Erfindung eines neuen technischen Prozesses oder auch nur die Erkenntnis, dass eine bestehende juristische Meinung nach eigener Ansicht die richtige ist, um ein bestehendes Problem zu lösen.

Zusammenfassend schützt die Wissenschaftsfreiheit alle wissenschaftlichen Tätigkeiten, welche nicht schon unter die Forschungsfreiheit – oder in Einzelfällen die Lehrfreiheit – fallen. Dazu gehört beispielsweise das eigenständige Erarbeiten einer wissenschaftlichen Meinung ohne Forschungskontext wie auch der wissenschaftliche Austausch mit Kolleg*innen.

2. Grundrechtsträger*innen und Grundrechtsverpflichtete

Art. 5 Abs. 3 S. 1 GG nennt nicht ausdrücklich einen bestimmten Grundrechtsträger*innen-kreis, sodass alle drei Grundrechte Jedermann-Grundrechte sind, welche von jeder Person wahrgenommen werden können.[227] Eingeschränkt wird dieser weite persönliche Schutzbereich durch den sachlichen Schutzbereich, denn Personen, die nicht in einer Position sind, in der sie Tätigkeiten der sachlichen Schutzbereiche ausüben können, können auch nicht Grundrechtsträger*innen sein.

a) Lehrfreiheit

Die Lehrfreiheit umfasst alle Personen, die an Hochschulen frei von inhaltlichen Weisungen wissenschaftlich lehren.[228] Leitbild der Grundrechtsträger*innen sind zwar die Professor*innen, allerdings sind ebenfalls wissenschaftliche Mitarbeiter*innen, Dozent*innen, Lehrbeauftragte usw. um-

226 Duden – Deutsches Universalwörterbuch; 7. Aufl. 2011: Erkenntnis.

227 BVerfGE 35, 79, 155; *Häberle*, in: AöR 110 (1985), S. 329, 356.

228 BVerfGE 35, 79, 113; *Britz*, in: *Dreier* (Hrsg.), GG, Band I, 3. Aufl. 2013, Art. 5 III (Wissenschaft) Rn. 29; *Mager*, in: *Isensee/Kirchhof* (Hrsg.), Handbuch des Staatsrechts, Band VI, 3. Aufl. 2009, § 166 Rn. 17; *Krüger*, in: *Flämig/Kimminich/Krüger/Meusel/Rupp/Scheven/Schuster/Stenbock-Fermor* (Hrsg.), Handbuch des Wissenschaftsrechts, Band 1, 2. Aufl. 1996, S. 312f.; *Hailbronner*, Die Freiheit der Forschung und Lehre als Funktionsgrundrechte, 1979, S. 169ff; u.v.m.

fasst.[229] Nicht umfasst sind diejenigen Lehrenden, die nur Fähigkeiten vermitteln, ohne in „wissenschaftlicher Eigenverantwortlichkeit“[230] zu lehren, deren Tätigkeit daher schon nicht vom sachlichen Schutzbereich umfasst ist (→ S. 88ff.). Mangels notwendigen Junktims zwischen Forschung und Lehre (→ S. 88ff., 92) sind auch reine Lehrprofessuren von der Lehrfreiheit geschützt – eine forschende Tätigkeit oder das Lehren über die forschende Tätigkeit ist nicht notwendig. Genauso wenig wie eine bestimmte berufliche Qualifikation Voraussetzung ist (auch, wenn indizierende Wirkung bestehen kann).[231]

b) Forschungsfreiheit

Die Forschungsfreiheit steht nur Personen zu, die Forschung betreiben. Da das Grundrecht aber nicht grundsätzlich an die Institution der Hochschule gebunden ist, ist es keine Voraussetzung, dass die Forschung an einer Hochschule geschieht.[232] Damit sind in erster Linie Professor*innen gemeint, aber auch alle anderen Personen, wie beispielsweise Doktorand*innen, Habilitand*innen und Studierende (→ S. 92), können Forschung betreiben und sind in dieser inhärent akademischen Tätigkeit von der Forschungsfreiheit umfassend geschützt.

c) Wissenschaftsfreiheit

Die Wissenschaftsfreiheit schützt all diejenigen, die wissenschaftlich tätig werden. Dabei kommt es nicht auf den Bezug zur Hochschule an, allerdings indiziert das Tätigwerden an einer Hochschule oftmals eine wissenschaftliche Tätigkeit. Darüber hinaus kommt es hier ebenfalls nicht auf die Qualifikation der Person an, es reicht aus, dass die Person einer wissenschaftlichen Tätigkeit nachgeht. So können auch Studierende Träger*innen der Wissenschaftsfreiheit sein, wenn sie sich eine eigene wissenschaftliche Meinung erarbeiten (→ S. 182ff.).

---

229 *Stern*, Staatsrecht, Band IV/2, 2011, S. 779.

230 *Stern*, Staatsrecht, Band IV/2, 2011, S. 779.

231 *Starck/Paulus*, in: *v. Mangoldt/Klein/Starck* (Hrsg.), GG, 7. Aufl. 2018, Art. 5 Rn. 490; *Gärditz*, in: *Maunz/Dürig* (Hrsg.), GG, 92. EL August 2020, Art. 5 Abs. 3 Rn. 127.

232 *Starck/Paulus*, in: *v. Mangoldt/Klein/Starck* (Hrsg.), GG, 7. Aufl. 2018, Art. 5 Abs. 3 Rn. 483, 530.

d) Hochschulen als Grundrechtsträgerinnen

Aber nicht nur Personen, sondern auch die Hochschulen, können Grundrechtsträgerinnen der drei Grundrechte sein: Bekanntlich erkennt das BVerfG die Grundrechtsberechtigung von Hochschulen nach Art. 19 Abs. 3 GG trotz deren Eigenschaft als juristische Personen des öffentlichen Rechts an (sog. Ausnahmetrias).[233] Hochschulen sind Organisationen, „in denen oder mit denen natürliche Personen [...] ihre Freiheit ausüben“[234], sie sind Trägerinnen der Wissenschafts-, Forschungs- und Lehrfreiheit, soweit durch die Organisation die wissenschaftliche Tätigkeit der einzelnen Grundrechtsträger*innen ermöglicht und verwirklicht wird.[235] Hochschulen sind nach Art. 5 Abs. 3 GG grundrechtsberechtigt, wenn Eingriffe in ihre organisatorischen Strukturen vorliegen.[236]

e) Grundrechtsverpflichtete

Neben ihrer Eigenschaft als Grundrechtsträgerinnen sind Hochschulen aber als Teil der staatlichen Gewalten nach Art. 1 Abs. 3 GG auch grund-

---

233 Vgl.: BVerfGE 15, 256, 261f. – Universitäre Selbstverwaltung; BVerfGE 61, 82, 102f. – Sasbach; BVerfGE 93, 85, 93; BVerfGE 111, 333, 352f.; BVerfGE 126, 1, 19ff. – Fachhochschullehrer; BVerfGE 141, 143, 164 – Akkreditierung von Studiengängen; *Bethge*, in: *Sachs* (Hrsg.), GG, 8. Aufl. 2018, Art. 5 Rn. 211; *Britz*, in: *Dreier* (Hrsg.), GG, Band I, 3. Aufl. 2013, Art. 5 III (Wissenschaft) Rn. 66; *Gärditz*, Hochschulorganisation und verwaltungsrechtliche Systembildung, 2009, S. 371ff.; *Gröpl*, in: *Gröpl/Windthorst/v. Coelln* (Hrsg.), Grundgesetz Studienkommentar, 4. Aufl. 2020, Art. 5 Rn. 108; *Herzmann*, „Friedlichkeitsforderungen“ an die universitäre Forschung als rechtliche Sackgasse? Zur Vereinbarkeit von Zivilklauseln mit der Wissenschaftsfreiheit, in: WissR 44 (2011), S. 375, 378; *Huber*, Die Habilitation – eine Bestandsaufnahme, in: WissR 36 (2003), S. 2, 10; *F. Kirchhof*, Rechtliche Grundsätze der Universitätsfinanzierung, in: JZ 1998, S. 275, 278; *Sachs*, in: *Sachs* (Hrsg.), GG, 8. Aufl. 2018, Art. 19 Rn. 96; *Stern*, Staatsrecht, Band III/1, 1988, S. 1151f.; *Zöbeley*, in: *Umbach/Clemens* (Hrsg.), Grundgesetz Mitarbeiterkommentar und Handbuch, Band I, 2002, Art. 5 Rn. 229.

234 *Remmert*, in: *Maunz/Dürig* (Hrsg.), GG, 92. EL August 2020, Art. 19 Abs. 3 Rn. 51.

235 *Britz*, in: *Dreier* (Hrsg.), GG, Band I, 3. Aufl. 2013, Art. 5 III (Wissenschaft) Rn. 66.

236 BVerfGE 85, 360, 370ff. – Akademie-Auflösung.

rechtsverpflichtet.[237] Die Grundrechtsverpflichtung aus Art. 5 Abs. 3 GG verpflichtet die Hochschulen insbesondere gegenüber ihren Hochschullehrer*innen und ihrem wissenschaftlichen Hochschulpersonal. Als Träger*innen der Lehrfreiheit, Forschungsfreiheit oder Wissenschaftsfreiheit können sich Hochschullehrer*innen und wissenschaftliches Hochschulpersonal trotz ihrer Hochschulzugehörigkeit uneingeschränkt gegenüber der Hochschule auf Art. 5 Abs. 3 GG berufen.

3. Fazit

Im Ergebnis stehen den Hochschullehrer*innen und dem wissenschaftlichen Hochschulpersonal – und insbesondere den Lehrenden – ein umfangreicher Schutz all ihrer lehrenden, forschenden und wissenschaftlichen Tätigkeiten zu. Dies führt dazu, dass Lehrende und Forschende sich an Hochschulen vollumfänglich und ohne staatlichen Einfluss entfalten und ihren akademischen Aufgaben nachgehen können.

III. Relevanz der Wissenschafts-, Forschungs- und Lehrfreiheit mit Blick auf Trigger-Warnungen

Die akademische Entfaltung der Hochschullehrer*innen und des wissenschaftlichen Hochschulpersonals ist im Ergebnis umfangreich gesichert, jegliche akademisch relevante Tätigkeit findet ihren Schutz in einem der drei Grundrechte der Wissenschafts-, Forschungs- und Lehrfreiheit. Die Schutzbereiche aller Grundrechte können streng voneinander abgegrenzt werden, aus diesem Grund ist zu erörtern, welche(s) Grundrecht(e) im Diskurs rund um Trigger-Warnungen tatsächlich relevant ist (sind).

Die Forschungsfreiheit schützt, wie oben ausgeführt (→ S. 92), diejenigen Tätigkeiten von Hochschullehrer*innen und des wissenschaftlichen Hochschulpersonals (gemeinsam auch als Forschende bezeichnet), welche auf die Findung einer objektiv neuen Erkenntnis gerichtet sind. Dabei ist von der Auswahl der Fragestellung bis hin zur Publikation der Ergebnisse für ein Fachpublikum jede Tätigkeit umfasst, die (auch hilfsweise) zur Suche und Entdeckung objektiv neuer Erkenntnisse beiträgt. Trigger-War-

---

237 *Gärditz*, Hochschulorganisation und verwaltungsrechtliche Systembildung, 2009, S. 376f.; *Löwer*, in: *Merten/Papier* (Hrsg.), Handbuch der Grundrechte in Deutschland und Europa, Band IV, 2011, § 99 Rn. 21.

nungen spielen im Forschungskontext (noch) keine Rolle. Es gibt (noch) keine Szenarien, in welchen bei der Publikation von Forschungsergebnissen für die *Scientific Community* die Forderung nach Trigger-Warnungen laut geworden wäre. Auch wenn Forschende oftmals als Einzelkämpfer*innen angesehen werden, welche allein zu einer brillanten Erkenntnis gekommen sind,[238] so gibt es genauso viele Forschende, die in Gruppen gemeinsam forschen und deren Forschung durch den kommunikativen Austausch mit anderen entsteht.[239] Aber selbst bei Forschungsprozessen, welche in Gruppen diskutiert, geprüft, weiterentwickelt werden, ist die Verwendung von Trigger-Warnungen kaum denkbar. Die Mitarbeit an einem bestimmten Forschungsprojekt setzt von vornherein heraus, dass die Forschenden mindestens bezüglich des konkreten Themas Offenheit für alle unterschiedlichen Sichtweisen, Ideen und Lösungsmöglichkeiten mitbringen. Eine Vorwarnung liegt darin, dass die Forschenden vor Beginn des Forschungsprojekts das Thema kennen und sich mithin entscheiden können, ob eine dauerhafte Beschäftigung mit der Forschungsfrage in alle möglichen Richtungen in Frage komme. Ein Platz für Trigger-Warnungen besteht grundsätzlich nicht. Die Forschungsfreiheit hat keine Berührungspunkte mit Trigger-Warnungen.

Im Diskurs um das Phänomen der Trigger-Warnungen ist in erster Linie die Lehrfreiheit der Lehrenden betroffen. Dies liegt darin begründet, dass Trigger-Warnungen vorwiegend im Lehrkontext gefordert werden, so wird die Verwendung von Trigger-Warnungen bei der Ausgabe von Leselisten oder bei der Thematisierung von bestimmten Themen im Unterricht gefordert. Betrachtet man die oben zur Anschauung gezeigten Szenarien (→ S. 39ff.) für die Verwendung von Trigger-Warnungen, so erkennt man, dass diese nur diejenigen Hochschullehrer*innen und dasjenige wissenschaftliche Hochschulpersonal betreffen, welches im Austausch mit Studierenden durch das Angebot von Lehre stehen. Trigger-Warnungen reiben sich folglich vorrangig mit der Lehrfreiheit.

Ähnliches wie für die Forschungsfreiheit gilt auch für die Wissenschaftsfreiheit als Auffanggrundrecht. Denn zum einen beeinflussen Trigger-Warnungen das Bilden einer eigenen wissenschaftlichen Meinung nicht. Zum anderen schützt die Wissenschaftsfreiheit den spontanen wissenschaftlichen Diskurs außerhalb eines Forschungskontexts, Trigger-Warnungen sind jedoch kein Phänomen der *Political Correctness*, das den spontanen

238 Bspw. Albert Einstein.
239 Bspw. Henri Becquerel, Pierre Curie und Marie Curie.

Diskurs beeinflussen will (dies wird im Rahmen der Meinungsfreiheit noch genauer zu zeigen sein: (→ S. 122ff.)).

Der umfangreiche Schutz der Hochschullehrer*innen und des wissenschaftlichen Hochschulpersonals durch die Wissenschafts-, Forschungs- und Lehrfreiheit wird also durch den Diskurs rund um Trigger-Warnungen nur auf der Ebene der Lehrfreiheit tangiert.

IV. Schutzdimensionen der Lehrfreiheit

Wie die meisten Grundrechte hat die Lehrfreiheit zwei Dimensionen – die subjektiv-rechtliche und die objektiv-rechtliche Dimension.

1. Subjektiv-rechtliche Dimension

Die Grundrechte sind zuvorderst subjektive Rechte der Grundrechtsträger*innen und schützen so die Individualinteressen der einzelnen Menschen.[240] In dieser Funktion sind sie gerichtlich durchsetzbar und dienen dazu, die Achtung der geschützten Interessen zu sichern.[241] Die subjektiv-rechtliche Dimension der Grundrechte ergibt sich nicht nur aus der allgemein anerkannten Schutznormlehre im öffentlichen Recht, sondern auch aus der Grundrechtssystematik, dem Wortlaut der einzelnen Rechte und der prozessualen Absicherung der Grundrechte durch die Möglichkeit der Verfassungsbeschwerde in Art. 93 Abs. 1 Nr. 4a GG.[242]

---

240 Anders sieht dies z.B.: *Badura*, Staatsrecht, 7. Aufl. 2018, C Rn. 2: *Badura* betont, dass die Grundrechte im Grundgesetz zuerst objektive Regeln sind, welche „abstrakt und generell eine bestimmte Rechtslage festlegen." Aus diesem objektiven Recht ergeben sich dann für den Einzelnen subjektive Rechte gegen die öffentliche Gewalt. Dieser Ansicht widerspricht jedoch das Lüth-Urteil des BVerfG, welches die objektiv-rechtliche Dimension der Grundrechte hinter der subjektiv-rechtliche Dimension einordnet, vgl. BVerfGE 7, 198, 204f. – Lüth.

241 *Badura*, Staatsrecht, 7. Aufl. 2018, C Rn. 5.

242 *Maurer*, Staatsrecht I, 6. Aufl. 2010, § 9 Rn. 18.

a) Abwehrrecht

In ihrer subjektiven Dimension ist die Lehrfreiheit erst einmal ein Abwehrrecht,[243] denn eben durch die abwehrrechtliche Funktion soll die Lehrfreiheit in ihrer Funktion zur Sicherung der freien und freiheitlichen Ausbildung gewährleistet werden. Funktion der Abwehrrechte ist, staatliche Eingriffe abzuwehren und – sind solche eingetreten – den Menschen einen Anspruch auf Beseitigung oder Unterlassung dieses Eingriffes zu gewähren.[244] Soweit die Lehrfreiheit die freie und freiheitliche Ausbildung sichern soll, muss dieser Sicherung folglich ein Anspruch auf Abwehr jeglicher staatlicher und gesellschaftlicher Eingriffe beiseite stehen. Außerdem stellt die abwehrrechtliche Funktion sicher, dass die einzelnen Lehrenden in ihrer Selbstverwirklichung nicht eingeschränkt werden.

Dass die Grundrechte in erster Linie Abwehrrechte sind, bedeutet auch, dass sie dies vorrangig sind. Die abwehrrechtliche Funktion der Grundrechte ist der Ausgangspunkt, weitere Funktionen können diese zwar ergänzen oder erweitern, nie aber verdrängen oder überschreiben.[245] Fraglich ist aber, ob die abwehrrechtliche Funktion der Lehrfreiheit durch andere subjektive Funktionen ergänzt wird.

b) Originäres Leistungsrecht

Die Wahrnehmung der vom Grundgesetz geschaffenen Freiheiten ist in vielen Fällen nicht möglich, ohne dass der Staat diesen Freiheitsraum schafft. Die Grundrechte gewährleisten nicht nur Freiheit vom Staat, sondern auch Freiheit durch den Staat.[246] Umstritten ist, ob sich daher aus dem subjektiven Gehalt der Grundrechte direkt positive Ansprüche der Menschen gegen den Staat ergeben können. Solche Ansprüche könnten beispielsweise auf die Gewährleistung von Schutz, aber auch auf andere Arten von Förderungen oder die Bereitstellung und Zulassung von sowie zu öffentlichen Einrichtungen gerichtet sein. Unter diese Art der Leistungs- und Teilhaberechte wird oft die Existenz oder Nichtexistenz der sozialen Grundrechte gefasst. Unterschieden wird zwischen originären

---

243 BVerfGE 90, 1, 11 unter Berufung auf BVerfGE 15, 256, 263.

244 *Stern*, Staatsrecht, Band III/1, 1988, S. 671.

245 *Isensee*, in: *Isensee/Kirchhof* (Hrsg.), Handbuch des Staatsrechts, Band IX, 3. Aufl. 2011, § 191 Rn. 17.

246 *Kloepfer*, Verfassungsrecht II (Grundrechte), 2010, § 48 Rn. 19.

Leistungsrechten, welche sich aus dem subjektiv-rechtlichen Gehalt der Grundrechte ergeben und Individuen einen Anspruch auf bestimmte Leistungen gegenüber dem Staat gewähren und den Teilnahmerechten. In Abgrenzung zu den originären Leistungsrechten sind Teilnahmerechte an bereits bestehende staatliche Leistungen, Einrichtungen oder Verfahren geknüpft.[247] Zum einen könnte an ein originäres Leistungsrecht, zum anderen an ein Teilnahmerecht gedacht werden.

Es ist jedoch äußerst umstritten, ob sich aus der Verfassung überhaupt originäre Leistungsrechte ableiten lassen. Dagegen spricht schon, dass der Grundrechtskatalog zwar eine Vielzahl von ausdrücklich formulierten Abwehrrechten, jedoch kaum Leistungsrechte beinhaltet. Trotzdem ist dies keine generelle Absage gegenüber den Leistungsgrundrechten.[248] Denn in Einzelfällen sind Leistungsansprüche dann doch ausdrücklich in der Verfassung geregelt, so zum Beispiel der Anspruch auf Genehmigung einer Privatschule (Art. 7 Abs. 4 S. 3 GG) oder der Anspruch auf Gewährleistung von Asyl (Art. 16a GG), und auch aus den Justizgrundrechten (Art. 19 Abs. 4, 103 Abs. 1 GG) ergeben sich Ansprüche auf Rechtsschutz und rechtliches Gehör unmittelbar aus dem Grundgesetz. Es kann folglich nicht davon ausgegangen werden, dass die Verfassung originäre Leistungsrechte vollständig ablehnt. Die Existenz originärer Leistungsrechte im Grundgesetz ist allerdings kritisch zu betrachten und sollte nur auf die wenigen ausdrücklich genannten Ausnahmen beschränkt bleiben.

c) Teilnahmerecht

Teilnahmeansprüche an schon existierenden objektiven Rechtspositionen sind nicht generell abzulehnen. Teilnahmerechte[249] beschreiben Rechte auf Teilnahme oder Teilhabe (daher teilweise auch derivative Teilhaberechte oder Leistungsrechte[250]) an bestehenden staatlichen Leistungen,

---

247 *Kingreen/Poscher*, Grundrechte Staatsrecht II, 32. Aufl. 2016, Rn. 110ff.

248 *v. Münch/Kunig*, in: *v. Münch/Kunig* (Hrsg.), GG, 6. Aufl. 2012, Vorb. Art. 1 – 19 Rn. 22. – Hier wird die Vorauflage zitiert, da die Neuauflage anders kommentiert wurde.

249 *Starck*, in: *Merten/Papier* (Hrsg.), Handbuch der Grundrechte, Band II, 2006, § 41 Rn. 1.

250 Der Unterschied zwischen originären Leistungsrechten und derivativen Leistungsrechten ist derjenige, dass das originäre Leistungsrecht darauf gerichtet ist, dass der Staat bestimmte Voraussetzungen zur Grundrechtsausübung erstmals erschafft, während bei Teilnahmerechten (derivativen Leistungsrechten) beste-

Einrichtungen oder Verfahren, welche sich vor allem aus dem Gleichheitsgrundsatz aus Art. 3 Abs. 1 GG in Verbindung mit den Freiheitsrechten und dem Sozialstaatsprinzip ergeben.[251] Wird eine staatliche Leistung gewährt, dann muss sie allen – bei gleichen Voraussetzungen – gleich zugestanden werden und darf nicht willkürlich oder aus unsachlichen Gründen ungleich verteilt werden.[252]

Diese Rechte könnte man als objektive Rechte sehen, welche aus den objektiven Grundentscheidungen des Grundgesetzes auf Gleichberechtigung oder dem Sozialstaatsprinzip hervorgehen, allerdings ist es gerade die Subjektivität, die den Anspruch des Einzelnen auf Teilhabe an einer bestehenden Leistung oder Einrichtung oder auf Gleichberechtigung in einem Verfahren begründet.[253]

Allerdings gilt im Rahmen von Teilnahmeansprüchen vor allem, dass die Gewährleistung einer staatlichen Leistung – bei gleichen Voraussetzungen – gleich zugestanden werden muss und nicht willkürlich oder aus unsachlichen Gründen ungleich verteilt werden darf.[254] Jedoch ergibt sich ein solches Teilnahmerecht aufgrund ungleicher Behandlung nur in Verbindung mit oder direkt aus dem Gleichheitssatz und kann nicht schon direkt aus dem Grundrecht an sich abgeleitet werden.[255] Die Lehrfreiheit selbst hat keine teilnahmerechtliche Funktion.

2. Objektiv-rechtliche Dimension

Neben die subjektiv-rechtliche Dimension tritt noch die objektiv-rechtliche Dimension; die Grundrechte haben einen Doppelcharakter. Sie erschöpfen sich nicht in den subjektiven Rechten, sondern sind auch

---

hen die Voraussetzung zur Grundrechtsausübung schon und der Anspruchsinhaber macht nur geltend auch an diesen Teilhaben zu dürfen.

251 *v. Münch/Kunig*, in: *v. Münch/Kunig*, GG, 6. Aufl. 2012, Vorb. Art. 1 – 19 Rn. 20. – Hier wird die Vorauflage zitiert, da die Neuauflage anders kommentiert wurde.

252 BVerfGE 33, 303, 345ff. – Numerus Clausus I.

253 *Starck*, in: *Merten/Papier* (Hrsg.), Handbuch der Grundrechte, Band II, 2006, § 41 Rn. 3.

254 BVerfGE 33, 303, 345ff.

255 *Martens*, Grundrechte im Leistungsstaat, in: VVDStRL 30 (1972), S. 7, 21ff.; *Breuer*, in: *Bachof/Heigl/Redeker* (Hrsg.), Verwaltungsrecht zwischen Freiheit, Teilhabe und Bindung. Festgabe aus Anlaß des 25jährigen Bestehens des Bundesverwaltungsgerichts, 1978, S. 100ff.; *Stern*, Staatsrecht, Band III/1, 1988, S. 749f.; sowie bspw. BVerfGE 33, 303, 331.

Ausdruck einer objektiven Werteordnung und haben insofern objektiven Gehalt.[256] Der objektive Gehalt der Grundrechte entfaltet sich in Schutzpflichten gegenüber den Einzelnen, denn damit die Grundrechtsträger*innen umfassend von ihren Grundrechten Gebrauch machen können, ist es notwendig, dass der Staat Freiheitssphären schafft, in denen dies möglich ist, und diese dann entsprechend sichert.[257] Die objektiv-rechtliche Dimension der Grundrechte erweitert die Funktionen von Grundrechten um Schutz- und Leistungsgehalte.[258]

Die Wertordnung des Grundgesetzes ist objektiv, weil sie eben nicht nur in bestimmten Sachverhalten Individuen bestimmte Rechte zugesteht, sondern auch abstrakt und generell Grundentscheidungen für die Rechtslage trifft.[259] Die Grundrechte begrenzen die Möglichkeiten des Staats: Dieser kann nur insoweit tätig werden, wie dies die Grundrechte erlauben. Die Grundrechte sind daher negative Kompetenznormen.[260] So wie die Grundrechte den Einzelnen bestimmte Freiheiten geben, diese schützen und gewährleisten, so beschränken die Grundrechte die Freiheiten des Staates unabhängig davon, ob diese Freiheiten durch die Individuen geltend gemacht werden oder nicht – das heißt objektiv.[261]

a) Grundrechtliche Schutzpflicht[262]

Der Staat hat die Menschen nicht nur vor Eingriffen durch den Staat selbst zu schützen, sondern auch durch Eingriffe oder Übergriffe von Privatper-

---

256 BVerfGE 7, 198, 204f.

257 BVerfGE 92, 26, 46 – Zweitregister.

258 *Jarass*, Grundrechte als Wertentscheidungen bzw. objektivrechtliche Prinzipien in der Rechtsprechung des Bundesverfassungsgerichts, in: AöR 110 (1985), S. 363, 365f.; *Dreier*, in: *Dreier* (Hrsg.), GG, Band I, 3. Aufl. 2013, Vorb. vor Art. 1 Rn. 94f.

259 *Badura*, Staatsrecht, 7. Aufl. 2018, C Rn. 2; *Dolderer*, Objektive Grundrechtsgehalte, 2000, pass.

260 *Kloepfer*, Verfassungsrecht II (Grundrechte), 2010, § 48 Rn. 37; *Hesse*, Grundzüge des Verfassungsrechts der Bundesrepublik Deutschland, 20 Aufl. 1995, Rn. 291.

261 *Kingreen/Poscher*, Grundrechte Staatsrecht II, 32. Aufl. 2016, Rn. 99.

262 Teilweise werden Schutzpflichten als eigene Dimension außerhalb der objektiven und subjektiven Dimension von Grundrechten behandelt, da die Schutzpflichten ihre Grundlage sowohl in den subjektiven wie auch objektiven Gehalten der Grundrechte finden und somit als „Mischgestalt" zwischen den Dimensionen stehen, so z.B.: *Kloepfer*, Verfassungsrecht II (Grundrechte), 2010, § 48 Rn. 55ff.; *Unruh*, Zur Dogmatik der grundrechtlichen Schutzpflichten, 1996,

sonen, denn auch durch Eingriffe seitens privater Dritter kann der grundrechtliche Freiheitsbereich der*s Einzelnen verletzt werden. In dieser Rolle hat der Staat die Pflicht, die Freiheit der Betroffenen zu garantieren.[263] Wie der Staat seinen Schutzpflichten nachkommt, ist ihm durch den gesetzgeberischen Gestaltungsspielraum selbst überlassen.[264] Im Unterschied zu den (subjektiven) Abwehrrechten, aus denen sich konkrete subjektive Schutzansprüche des Einzelnen herleiten lassen, bleiben die (objektiven) grundrechtlichen Schutzpflichten abstrakt bezüglich der zu ergreifenden Maßnahme.[265] Der Gestaltungsspielraum wird nur vom Untermaßgebot begrenzt, welches festlegt, dass der Schutz angemessen und wirksam sein muss und außerdem durch nachvollziehbare Einschätzungen und sorgsame Tatsachenermittlungen begründet ist.[266]

Aus dem objektiven Gehalt der Lehrfreiheit ergibt sich eine Verpflichtung des Staates, dauerhaft freie bildende und ausbildende Lehre zu ermöglichen. Eine solche Sachbereichsgarantie hat das BVerfG positiv für die Wissenschaftsfreiheit festgestellt,[267] aber aus der Fremdnützigkeit der Telos der Lehrfreiheit ergibt sich, dass auch das eigenständige Grundrecht der Lehrfreiheit objektiv den Erhalt eines bestimmten Lebenssachbereichs garantiert. Dies begründet sich auch darin, dass eine vorrangige Funktion der Lehrfreiheit die Ausbildungsfunktion ist (→ S. 78ff., 88ff.), sodass von ihr aber nicht nur die Grundrechtsträger*innen, das heißt die Lehrenden, profitieren, sondern auch die „Belehrten", das heißt die Studierenden, die die Ausbildung durch die freie Lehre genießen können. Mangels Grundrechtsträger*innenstatus (→ S. 94ff.) steht diesen Profiteur*innen aber kein subjektives Recht zur Seite. Die Sachbereichsgarantie der Lehrfreiheit schützt jedoch objektiv den gesamten Lebenssachverhalt der Lehre

pass.; *Dietlein*, Die Lehre von den grundrechtlichen Schutzpflichten, 1992, pass.; Hier werden die Schutzpflichten jedoch darstellerisch dem objektiven Gehalt zugeordnet, denn sie sind eben gerade Ausfluss der objektiven Werteordnung, vgl. dazu grundlegend BVerfGE 7, 198, 205 und BVerfGE 35, 79, 114. Ausführlich zum Stand des dogmatischen Meinungsstreits: *Calliess*, in: *Merten/Papier* (Hrsg.), Handbuch der Grundrechte, Band II, 2006, § 44 Rn. 4ff.

263 *Murswiek*, Die staatliche Verantwortung für die Risiken der Technik, 1985, S. 88, 101ff.; vgl. weiter ausführlich: *Robbers*, Sicherheit als Menschenrecht, 1987; *Isensee*, Das Grundrecht auf Sicherheit, 1983; *Scholz/Pitschas*, Informationelle Selbstbestimmung und staatliche Informationsverantwortung, 1984.

264 BVerfGE 96, 56, 64 – Vaterschaftsauskunft.

265 Kloepfer, Verfassungsrecht II (Grundrechte), 2010, § 48 Rn. 65f.

266 *Sachs*, in: *Sachs* (Hrsg.), GG, 8. Aufl. 2018, Vor Art. 1 Rn. 36.

267 Erstmals: BVerfGE 35, 79, 114ff.; folgend: BVerfGE 81, 108, 116 – Einkommenssteuergesetz; BVerfGE 88, 129, 136f – Promotionsberechtigung.

zugunsten aller an der Lehre Beteiligten, das heißt auch den rein passiven Profiteur*innen, den Studierenden.[268]

b) Einrichtungsgarantie[269]

Einrichtungsgarantien haben in der Verfassungsordnung bestandsschützende Funktion, sie verhindern, dass der Kern der Grundrechte angegriffen wird. Dies wird dadurch bewerkstelligt, dass Einrichtungsgarantien bestimmte Institute und Institutionen gewährleisten und so eine grundlegende Veränderung verhindern. Grundrechtlicher Schutz bestimmter Rechte ist folglich „eingerichtet", das heißt, dieser Schutz ist ein objektiv bestehender Zustand, welcher durch die Einrichtungsgarantien gesichert werden soll.[270] Dabei ist aber nicht das gesamte Grundrecht in seinem Bestehen unantastbar, sondern nur der Grundrechtskerns; Einrichtungsgarantien zementieren keinen Status quo und machen Verfassungswandel dadurch unmöglich, sondern sichern nur, dass keine Veränderung des jeweiligen Grundrechtskern stattfindet.[271] Die Aufgaben der Einrichtungsgarantien gehen folglich über die der (subjektiven, abwehrrechtlichen) Grundrechte hinaus. So wird der Gesetzgeber an die Gesamtheit der Rechtsnormen des Grundgesetzes gebunden und nicht nur an einzelne Grundrechte. Die Einrichtungsfunktion verpflichtet den Gesetzgeber außerdem dort, wo dies zur Wahrnehmung der Grundrechte notwendig ist, zur Schaffung einer ausgeformten Rechtsordnung. Zuletzt wird durch die Einrichtungsgarantien gewährleistet, dass die Grundrechte in gesellschaftliche Realität umgesetzt werden.[272]

---

268 *Kaufhold*, Die Lehrfreiheit – ein verlorenes Grundrecht?, 2006, S. 244ff.

269 Schon die Begriffsdefinition und -auswahl für Einrichtungsgarantien ist umstritten. Größtenteils einig ist man sich, dass die Einrichtungsgarantie ein Überbegriff für Gewährleistungen und Garantien des Staates ist, welche sich aus den Grundrechten ergeben. Die Begriffe Einrichtungsgarantie, institutionelle Garantie und Institutsgarantie werden aber weder einheitlich genutzt noch einheitlich definiert. Ausführlich dazu: *Stern*, Staatsrecht, Band III/ 1, 1988, S. 776ff.

270 *Häberle*, Die Wesensgehaltsgarantie des Art. 19 Abs. 2 Grundgesetz, 3. Aufl. 1983, S. 97.

271 *Kloepfer*, in: *Merten/Papier* (Hrsg.), Handbuch der Grundrechte, Band II, 2006, § 43 Rn. 31; a.A.: *Böckenförde*, Grundrechtstheorie und Grundrechtsinterpretation, in: NJW 1974, S. 1529, 1537f.; und auch *Kloepfer* selbst: *Kloepfer*, Verfassungsrecht II (Grundrechte), 2010, § 48 Rn. 50ff.

272 *Bleckmann*, Staatsrecht II – Die Grundrechte, 4. Aufl. 1997, S. 277.

Auch wenn die Ausübung der Lehrfreiheit nicht unauflösbar an die Institution Hochschule gebunden ist, so findet wissenschaftliche Lehre doch regelmäßig an Hochschulen statt. Dies führt dazu, dass die Lehrfreiheit unter anderem eine Einrichtungsgarantie innehat: Der Staat muss die Institution Hochschule so garantieren können, dass freie Lehre gewährleistet bleibt.

Auch wenn die Dramatik vieler Berichte über die Entwicklungen an Hochschulen das Gefühl vermittelt, die Institution Hochschule sei in ihren Grundfesten in Gefahr, so ist dies wohl auf vorhersehbare Zeit, und vor allem nicht wegen der Verwendung von Trigger-Warnungen, nicht der Fall. Die Einrichtungsgarantie der Lehrfreiheit ist in ihrer Funktion beim Thema Trigger-Warnungen nicht betroffen.

c) Mittelbare Drittwirkung

Zuletzt lässt sich aus der objektiven Dimension von Grundrechten eine Schutzpflicht des Staates für Grundrechtsträger*innen gegenüber nichtstaatlicher Eingriffe Dritter herleiten. Die Grundrechte entfalten zwar unmittelbare Wirkung im Verhältnis zwischen Staat und Bürger*in, nicht aber im Verhältnis zwischen einzelnen Privatpersonen. Folge der Grundrechte als objektive Wertordnung ist jedoch, dass die Grundrechte mittelbare Auswirkung auf private Rechtsbeziehungen haben, sog. mittelbare Drittwirkung.[273] So begründet die Lehrfreiheit eine staatliche Pflicht, die Grundrechtsträger*innen vor Beeinträchtigungen Dritter im Privatrecht zu schützen.

3. Fazit

Die Lehrfreiheit steht den Lehrenden folglich in erster Linie als Abwehrrecht zu Seite, sodass die freie und freiheitliche Lehre an Hochschulen gewährleistet werden kann. Daneben ist die Lehrfreiheit auch eine objektive Wertentscheidung des Grundgesetzes für die Existenz von Institutionen, an welchen die Lehrfreiheit wahrgenommen und ausgeübt werden kann. Diese sind vom Staat zu garantieren und zu schützen.

---

273 Grundlegend: BVerfGE 7, 198, 204ff; BVerfGE 10, 302, 322 – Vormundschaft; BVerfGE 13, 318, 325 – Ehegatten-Arbeitsverhältnisse; BVerfGE 25, 256, 263 – Blinkfüer; BVerfGE 34, 269, 279ff. – Soraya.

V. Eingriff in die Lehrfreiheit durch Trigger-Warnungen

Nun ist zu betrachten, ob die Verbreitung von Trigger-Warnungen an Hochschulen einen Eingriff in die Lehrfreiheit darstellen könnte. Dabei sind die unterschiedlichen Anschauungsbeispiele (→ S. 39ff.), welche sich für die Verwendung von Trigger-Warnungen ergeben, einzeln auf ihre Kollision mit der Lehrfreiheit zu überprüfen.

1. Vorschrift durch Hochschulverwaltung (Trigger-Warnungs-Maßnahme)

Wie oben beschrieben, haben vereinzelt amerikanische Hochschulen versucht, Trigger-Warnungen verpflichtend einzuführen.[274] Dieser Versuch ist auch an deutschen Hochschulen zumindest vorstellbar. In Frage kommen unterschiedliche Ausgestaltungsmöglichkeiten, so sollen hier nur beispielsweise die Ausgestaltung als konkreter Rechtsakt in der Hochschulsatzung oder der Studienordnung, als Allgemeinverfügung oder im Einzelfall als Verwaltungsakt genannt werden (→ S. 40f.).[275] Unabhängig von der rechtlichen Ausgestaltung können Hochschulverwaltungen jedenfalls durch *irgendeine* staatliche Maßnahme Trigger-Warnungen verbindlich machen.[276]

Im Folgenden ist daher zu prüfen, ob die Einführung einer Trigger-Warnungs-Maßnahme durch die Hochschulverwaltung einen Eingriff in die Lehrfreiheit bedeuten würde.

---

274 Der Leitfaden des Gleichstellungsbüro der *Universität Bonn* ist nur eine Handreichung. Es besteht keine Verpflichtung zur Verwendung, mithin wird auf diesen hier nicht konkreter eingegangen.

275 So auch: *Gärditz*, in: WissR 51 (2018), S. 5, 39.

276 Bspw.: Die Lehrenden an der Universität XYZ sind dazu verpflichtet, vor Unterrichtseinheiten, welche planmäßig die folgenden Themen enthalten, eine Trigger-Warnung auszusprechen. Themenliste: sexuelle/sexualisierte Gewalt, Selbstverletzung und suizidales Verhalten, Essstörungen, Kriegsdarstellungen, Rassismus und Sexismus. Wie die Trigger-Warnung bekannt gemacht wird, ist den Lehrenden selbst überlassen. Es muss sichergestellt sein, dass alle Studierenden von der Trigger-Warnung Kenntnis nehmen können.

a) Schutzbereich

Der Schutzbereich der Lehrfreiheit umfasst die wissenschaftliche Lehre unabhängig von der konkreten Lehrtätigkeit oder der lehrenden Person (→ S. 88ff.). In der Konstellation, in welcher Trigger-Warnungen im Lehrkontext vorgeschrieben werden, ist einzig die Lehrfreiheit – und nicht die Wissenschafts- oder Forschungsfreiheit – einschlägig, denn es geht um die besondere Situation der wissenschaftlichen Kommunikation zwischen Lehrenden und Lernenden.

Mangels einer konkret zu prüfenden Situation ist für die folgenden Ausführungen zu beachten, dass sie nicht für akademische Sprach- oder Computerkurse oder *Soft Skills* Seminare gelten, allerdings sehr wohl für die fachspezifischen Veranstaltungen innerhalb eines Studiengangs, unabhängig davon, ob diese von Professor∗innen oder wissenschaftlichen Mitarbeiter∗innen gelehrt werden, umfasst sind beispielsweise Grundlagenvorlesungen genauso wie Seminare, Übungen, angeleitete Arbeitsgemeinschaften, Kolloquien u. v. m.

b) Eingriff

Da Grundrechte, wie oben dargestellt, in erster Linie Abwehrrechte sind, sollen sie vor allem Eingriffe des Staates gegenüber den Grundrechtsträger∗innen abwehren.[277] Der Urheber eines Grundrechtseingriffs ist demnach immer der Staat.[278] Durch das Abwehren von Eingriffen in die Freiheit der Grundrechtsträger∗innen soll der Status negativus der Grundrechtsträger∗innen, der Lehrenden, gesichert werden.[279]

Als klassischer Grundrechtseingriff wird ein „Rechtsakt, der unmittelbar und gezielt (final) durch ein vom Staat verfügtes, erforderlichenfalls zwangsweise durchzusetzendes, Ge- oder Verbot, das heißt imperativ, zu einer Verkürzung grundrechtlicher Freiheiten führt“[280] bezeichnet. Die vier ausschlaggebenden Kriterien werden in zahlreichen Lehrbüchern zu

277 Vergleiche bspw.: BVerfGE 7, 198, 204.
278 *Bethge*, Der Grundrechtseingriff, in: VVDStRL 55 (1998), S. 7, 10.
279 *Kingreen/Poscher*, Grundrechte Staatsrecht II, 32. Aufl. 2018, Rn. 81.
280 Auch wenn regelmäßig auf die Rechtsprechung des BVerfGE 105, 279, 300 – Osho verwiesen wird, stellte *Bleckmann* 1997 fest, dass die fünf Kriterien nie ausdrücklich von der Literatur oder Rechtsprechung entwickelt wurden: *Bleckmann*, Staatsrecht II – Die Grundrechte, 4. Aufl. 1997, S. 337. – Auch die Entscheidung BVerfGE 105, 279 entwickelt die Kriterien nicht, sondern verweist

den Grundrechten als *final, unmittelbar, Rechtsakt* sowie *Befehl und Zwang* benannt.[281] Dieses Verständnis wird aber mittlerweile als zu eng angesehen, da unter dem klassischen Eingriffsbegriff nur kausal dem Staat zurechenbare, aber nicht unmittelbar durch ihn verwirklichte Verhaltensweisen einen Grundrechtseingriff darstellen würden. Außerdem wären faktische und ohne Befehl herbeigeführte Einschränkungen nicht erfasst. Aus diesem Grund wird heutzutage generell auf den modernen[282] Eingriffsbegriff rekurriert. Dieser umfasst nach der Lehrbuchdefinition „jedes staatliche Handeln, das dem Einzelnen ein Verhalten oder den Genuss eines Rechtsguts [...], das in den Schutzbereich eines Grundrechtes fällt, *ganz oder teilweise unmöglich macht,* gleichgültig, ob diese Wirkung final oder unbeabsichtigt, unmittelbar oder mittelbar, rechtlich oder tatsächlich (faktisch, informal), mit oder ohne Befehl und Zwang eintritt“[283]. Nach dem modernen Eingriffsbegriff soll das Faktum der Beeinträchtigung zentral sein, unwichtig ist, mit welchem Mittel diese eingetreten ist.[284] Wichtig ist vor allem der grundrechtswidrige Effekt einer Maßnahme[285], abgestellt wird folglich auf die Wirkung der konkreten Maßnahme, während Art, Intensität und rechtliche Form des Eingriffes unwichtig sind.[286] Ob die zu Trigger-Warnungen verpflichtende Vorschrift einen Eingriff in die Lehrfreiheit darstellt, hängt zumindest nicht davon ab, wie die jeweilige Regelung konkret ausgestaltet ist.

Eingriffe in die Lehrfreiheit werden grundsätzlich in zwei unterschiedliche Kategorien eingeteilt: Zum einen als Einschränkungen durch organisatorische Vorschriften, wie Regelungen zum Lehrdeputat und zum an-

---

auf diese als allgemein gültig. Ausführlich zur Diskussion um den „klassischen Grundrechtseingriff“: *Stern*, Staatsrecht, Band III/2, 1994, S. 82ff.

281 Mit Verweis auf BVerfGE 105, 279, 300; *Kingreen/Poscher*, Grundrechte Staatsrecht II, 32. Aufl. 2016, Rn. 259.

282 Auch neuer oder erweiterter Eingriffsbegriff.

283 Direktes Zitat aus: *Kingreen/Poscher*, Grundrechte Staatsrecht II, 32. Aufl. 2016, Rn. 261; welcher jedoch *Peine*, in: *Merten/Papier*, Handbuch der Grundrechte, Band III, 2009, § 57 Rn. 29ff. und *Kloepfer*, Verfassungsrecht II (Grundrechte), 2010, § 51 Rn. 31, zitiert. Die beiden Letzteren wiederum zitieren beide den Ersteren (früher: *Pieroth/Schlink*, heute: *Kingreen/Poscher*).

284 BVerfGE 13, 290, 299 – Ehegatten-Arbeitsverhältnisse.

285 BVerfGE 116, 202, 222 – Tariftreueerklärung; so auch *Bethge*, in: VVDStRL 55 (1998), S. 7, 40.

286 *Peine*, in: *Merten/Papier* (Hrsg.), Handbuch der Grundrechte, Band III, 2009, § 57 Rn. 18; *Lindner*, „Grundrechtseingriff“ oder „grundrechtswidriger Effekt“?, in: DÖV 2004, S. 765, 770f.

deren als Einschränkungen durch inhaltliche Vorschriften.[287] Trigger-Warnungs-Maßnahmen schreiben die Verwendung von Trigger-Warnungen innerhalb von Lehrveranstaltungen für eine Reihe von Themen vor. Sie betreffen den Inhalt einer Veranstaltung. Betroffen ist zum einen die Themenwahl, zum anderen die Methodenwahl, denn eine Veranstaltung zu den gewählten Themen ohne die Verwendung der Methode „Trigger-Warnung" ist nicht mehr möglich.

aa) Verbot bestimmter Inhalte oder Themen

Das Verbot bestimmter Themen würde einen unmittelbaren Eingriff in die Lehrfreiheit darstellen. Auch würde ein Verbot bestimmter Themen in die Grundfesten der Lehrfreiheit als Schutz der freien und freiheitlichen Ausbildung eingreifen. Nicht nur würde die freie und freiheitliche Ausbildung dadurch gefährdet, sondern außerdem die Selbstverwirklichung der Lehrenden beeinträchtigt werden.

Trigger-Warnungen funktionieren aber nicht als Verbot der gewählten Themen, die Lehrenden haben jeden Freiraum, die Themen weiterhin zum Inhalt ihrer Lehrveranstaltung zu machen. Die Trigger-Warnung verlangt nur eine Vorankündigung des Themas, bevor dieses in einer Veranstaltung thematisiert wird. Ein Verbot eines bestimmten Inhalts liegt folglich nicht vor.

bb) Einschüchterungseffekt als Eingriff in die Lehrfreiheit

Trotzdem könnten Trigger-Warnungen die Spontanität und Intuition des akademischen Diskurses verhindern, denn wird schon vor Beginn einer Veranstaltung davor gewarnt, dass bestimmte – sensible – Themen heute besprochen werden, könnte die Offenheit und die spontane Entwicklung der Veranstaltung gehemmt sein.[288] Oben wurde schon über den befürchteten gesellschaftlichen *chilling effect*[289] gesprochen (→ S. 28ff.), welcher

---

287 Vgl. auch Aufbau bei: *Löwer*, in: *Merten/Papier* (Hrsg.), Handbuch der Grundrechte, Band IV, 2011, § 99 Rn. 58ff.

288 *Furedi*, What's Happened to the University?, 2017, S. 158f.

289 Aufgrund der Verwechslungsgefahr mit dem verfassungsrechtlichen Einschüchterungseffekt wird für den gesellschaftlich motivierten „Einschüchterungseffekt" in dieser Arbeit allgemein der englische Begriff „*chilling effect*" verwendet.

dadurch eintritt, dass Lehrende für ihre Veranstaltungen unter Umständen die Themen nicht mehr frei wählen, um keine Kontroversen zu provozieren oder dass Lehrende das Gefühl haben, bei Veranstaltungen ohne Trigger-Warnung nicht mehr spontan „triggernde“ Themen ansprechen zu können. Es handelt sich dabei jedoch nicht um unmittelbare Folgen der Trigger-Warnungs-Maßnahme, denn diese zielt weder darauf ab, dass bestimmte Themen nicht mehr angesprochen werden, noch verbietet sie das Ansprechen von bestimmten Themen. Es handelt sich nur um eine Vorwarnung, dass bestimmte Themen in der jeweiligen Unterrichtseinheit angesprochen werden könnten.[290] Der *chilling effect* kann eine gesellschaftlich motivierte Folge einer Trigger-Warnung sein und kein unmittelbar durch die staatliche Maßnahme bewirkter Eingriff. Die Trigger-Warnungs-Maßnahme schreibt diese Folge nicht vor, will sie auch gar nicht erreichen. Aufgrund der gesellschaftlichen Gegebenheiten kann sich jedoch eine Dynamik entwickeln, die dazu führt, dass sich die Lehrenden doch in ihrer inhaltlichen Gestaltungsfreiheit (möglicherweise sogar unbewusst) einschränken.

(1) Einschüchterungseffekt nach bundesverfassungsgerichtlicher Rechtsprechung

Jedoch kennt nicht nur die gesellschaftliche Debatte den Begriff des *chilling effects,* sondern auch das deutsche Recht kennt einen Einschüchterungseffekt[291] (teilweise auch „einschüchternde Wirkung“[292], „Einschüch-

---

Der Begriff wird klein geschrieben, da er eine direkte Adaption aus dem Englischen ist, welcher nicht im Duden genannt wird.

290 Sollten Trigger-Warnungen dazu missbraucht werden, bestimmte Themen/Meinungen etc. zu verbieten, dann liegt hier natürlich ein Eingriff vor. Diese Intention haben Trigger-Warnungen aber in ihrer ursprünglichen Form nicht. Da die Ausnutzung bzw. der Missbrauch von Trigger-Warnungen in zu vielen unterschiedlichen Versionen vorstellbar ist, würde die Darstellung dieser Fälle hier den Rahmen sprengen.

291 Der Gedanke des Einschüchterungseffekt wird erstmal angeführt in: Sondervotum *Rupp-v. Brünneck*: BVerfGE 42, 143, 154ff. – Deutschland-Magazin. Der Begriff „Einschüchterungseffekt“ wird bspw. verwendet in: BVerfGE 65, 1, 42 – Volkszählungsurteil; BVerfGE 113, 29, 46 – Anwaltsdaten; BVerfGE 114, 339, 351 – IM-Sekretär; BVerfGE 115, 166, 188 – Kommunikationsverbindungsdaten.

292 Bspw.: BVerfGE 43, 130, 136 – Flugblatt; BVerfGE 81, 278, 290 – Bundesflagge; BVerfGE 114, 339, 349f.; BVerfGE 117, 244, 259 – Cicero; ähnlich auch:

terung“[293] oder „abschreckender Effekt“[294]; eine inhaltliche Differenzierung zwischen diesen Begrifflichkeiten ist aber nicht ersichtlich[295]). Es könnte sein, dass der befürchtete gesellschaftlich motivierte *chilling effect* rechtlich als Einschüchterungseffekt einen Eingriff in die Lehrfreiheit darstellen könnte.[296]

Analysiert man die einschlägigen Entscheidungen des BVerfG, fallen drei Punkte auf: Erstens nimmt das BVerfG einen Einschüchterungseffekt nur als Auswirkung staatlicher Maßnahmen an[297] – nicht aber bei zwischenmenschlichen. Zweitens geht das BVerfG nur bei (staatlichen) Handlungen zu Lasten von Grundrechten von einem möglichen Einschüchterungseffekt aus,[298] so geht es zum Beispiel ausdrücklich auf die Einschränkung der Kommunikation durch den Einschüchterungseffekt ein.[299] Drittens fällt auf, dass fast alle Entscheidungen zum Einschüchterungseffekt bezüglich der Meinungsfreiheit – und soweit ersichtlich keine einzige zur Lehr- oder Wissenschaftsfreiheit – gefällt wurden.

Aus den Entscheidungen des BVerfG können zwei unterschiedliche Fallkonstellationen herausgearbeitet werden, in welchen das BVerfG einen Einschüchterungseffekt annimmt – nur Erstere ist hier relevant: Zum einen in Sanktionsfällen, denn die Sanktionen können nicht nur auf die Betroffenen, sondern auch auf Dritte eine abschreckende Wirkung haben.[300] Zum anderen im Bereich staatlicher Überwachung und Informa-

---

BVerfGE 118, 168, 203 – Kontostammdaten; BVerfGE 122, 342, 369 – Bayerisches Versammlungsgesetz.

293 BVerfGE 57, 250, 269 – V-Mann.

294 Bspw.: BVerfGE 93, 266, 292 – „Soldaten sind Mörder“; BVerfGE 113, 29, 46; BVerfGE 115, 166, 188; BVerfGE 115, 320, 354f. – Rasterfahndung II; ähnlich auch: BVerfGE 97, 125, 151 – Caroline von Monaco I; BVerfGE 107, 299, 331 – Telefonverbindungsdaten.

295 *Rath*, Karlsruhe und der Einschüchterungseffekt – Praxis und Nutzen einer Argumentationsfigur des Bundesverfassungsgerichts, in: KJ Beiheft 01/2009, S. 65, 69.

296 BVerfGE 65, 1, 42; BVerfGE 113, 29, 46; BVerfGE 114, 339, 351; BVerfGE 115, 166, 188.

297 Bspw.: BVerfGE 43, 130, 136; BVerfGE 81, 278, 289; BVerfGE 109, 279, 354 – Großer Lauschangriff; BVerfGE 114, 339, 349f.; BVerfGE 121, 1, 20 – Vorratsdatenspeicherung; BVerfGE 122, 342, 365ff.

298 Bspw.: BVerfGE 65, 1, 42f.; BVerfGE 113, 29, 46; BVerfGE 114, 339, 349f.

299 Bspw.: BVerfGE 43, 130, 135ff.; BVerfGE 109, 279, 354f.; BVerfGE 120, 274, 323 – Online-Durchsuchung; und auch schon: BVerfGE 34, 238, 246 – Tonband sowie BVerfGE 100, 313, 381 – Telekommunikationsüberwachung I und BVerfGE 109, 279, 313.

300 Erstmals: BVerfGE 43, 130, 136.

tionshandeln.[301] So beschäftigt sich das BVerfG in aller Regel mit dem Einschüchterungseffekt, wenn es über fachgerichtliche Entscheidungen zu Meinungsäußerungen entscheidet.[302] Grundsätzlich unterscheiden sich Meinungsfreiheit und Lehrfreiheit in vielen Punkten, gemeinsam haben sie aber, dass es sich bei ihnen um kommunikative Grundrechte handelt. Die Meinungsfreiheit (→ S. 122ff.) schützt die Aussagen von jedermann zu jeglichen Themen, während die Lehrfreiheit nur Aussagen von Lehrenden im wissenschaftlichen Lehrkontext schützt. Vergleichbar sind beide in ihrem Schutz von Äußerungen und darin, dass die Sanktionierung bestimmter Äußerungen – ob allgemeiner oder wissenschaftlicher Art – eine ähnliche Auswirkung auf die Bereitschaft der Grundrechtsträger*innen, ähnliche Äußerungen in Zukunft zu tätigen, haben kann. Somit ist die Dogmatik des BVerfG zum Einschüchterungseffekt grundsätzlich auf die Lehrfreiheit als weiteres Kommunikationsgrundrecht übertragbar.

Bezüglich des Einschüchterungseffekts durch Sanktionen unterscheidet das BVerfG nach dem jeweiligen Fachgericht und beurteilt zivilrechtliche, strafrechtliche und verwaltungsrechtliche Sanktionen unterschiedlich.[303] Zumindest strafrechtliche Sanktionen sind bei Nichtverwendung von Trigger-Warnungen trotz Trigger-Warnungs-Maßnahme an Hochschulen ausgeschlossen.

Zivilrechtliche Sanktionen (Anspruch auf Unterlassung der Nichtanwendung) sind zwar sicherlich denkbar, allerdings hat das BVerfG zumindest für Ansprüche auf Unterlassung künftiger Äußerungen entschieden, dass kein Einschüchterungseffekt vorliege, da das inkriminierte Verhalten in der Zukunft geändert werden könnte.[304] Auch im Lehrkontext handelt es sich letztendlich um kommunikative Verhaltensweisen, welche in Zukunft geändert werden können. Daher ist wohl auch hier anzunehmen, dass das BVerfG bei Unterlassungsansprüchen keinen Einschüchterungsef-

301 *Schwabenbauer*, Heimliche Grundrechtseingriffe, 2013, S. 141: „grundrechtsrelevante Informationserhebung"; *Rath*, in: KJ Beiheft 01/2009, S. 65, 74: „staatliche Informationseingriffe".

302 Bspw.: BVerfGE 43, 130ff.; BVerfGE 81, 278ff.; BVerfGE 93, 266ff.; BVerfGE 114, 339ff.; BVerfG, Beschl. v. 15.09.2008 – 1 BvR 1565/05, NJW 2009, S. 908, 909 – Verunglimpfung staatlicher Symbole; BVerfG, Beschl. v. 4.02.2010 – 1 BvR 369/04 u.a., NJW 2010, S. 2193, 2194ff. – Volksverhetzung; BVerfG, Urt. v. 8.12.2010 – 1 BvR 1106/08, ZUM-RD 2011, S. 205, 206 – Publikationsverbot.

303 Bspw.: BVerfGE 114, 339, 349ff.; BVerfG, Beschl. v. 19.12.2007 – 1 BvR 967/05, NJW 2008, S. 1654, 1656 – Verdeckte Aussagen; BVerfG, Beschl. v. 24.5.2006 – 1 BvR 49/00 u.a., NJW 2006, S. 3769, 3772f. – Babycaust.

304 BVerfGE 114, 339, 351.

fekt für die Lehrfreiheit annehmen würde. Etwas anderes könnte jedoch im Rahmen schriftlicher Lehre, das heißt bei der Publikation von Lehrbüchern oder Lehrbeiträgen, gelten. Bei Unterlassungsansprüchen wegen der Nichtbenutzung von Trigger-Warnungen liegt kein Einschüchterungseffekt vor, da weitere Sanktionen durch zukünftiges Anwenden von Trigger-Warnungen entsprechend der jeweiligen Trigger-Warnungs-Maßnahme verhindert werden können.

Zuletzt könnten dienstrechtliche Konsequenzen drohen. Sollten auf die Nichtverwendung von Trigger-Warnungen dienstrechtliche Konsequenzen folgen, so handelt sich hierbei um einen messbaren Einschüchterungseffekt, welcher einen Eingriff in die Lehrfreiheit darstellt.

Ein Einschüchterungseffekt nach der Rechtsprechung des BVerfG liegt hier also grundsätzlich nicht vor, es sei denn es komme zu dienstrechtlichen Konsequenzen.

(2) Mittelbarer Eingriff durch den *chilling effect*

Aber schon der gesellschaftlich motivierte *chilling effect* könnte einen Eingriff in die Lehrfreiheit darstellen. Und dies, obwohl er nicht unmittelbare Folge der staatlichen Maßnahme ist. Der moderne Eingriffsbegriff will aber nicht nur unmittelbare Grundrechtsverkürzungen erfassen, sondern auch solche, die mittelbar[305], indirekt[306] oder faktisch[307] die Grundrechtsausübung beeinträchtigen. Die zwei ausschlaggebenden Kriterien des neuen Eingriffsbegriffs sind „die Zurechenbarkeit zum Staat und das Erfordernis der Unabhängigkeit des Grundrechtsschutzes von der staatlichen Handlungsform.“[308] So sollen auch solche Grundrechtsverkürzungen erfasst sein, für welche der Staat zwar nicht unmittelbar verantwortlich ist, aber bei denen die staatliche Maßnahme eine gesellschaftliche Dynamik bedient, welche intentionell, erfahrungsgemäß oder ungewollt zu einer

305 *Di Fabio*, in: *Maunz/Dürig* (Hrsg.), GG, 92. EL August 2020, Art. 2 Abs. 1 Rn. 49; *Schwabe*, Probleme der Grundrechtsdogmatik, 2. Aufl. 1997, S. 180.

306 *Hoffmann, W.*, Rechtsfragen der Währungsparität, 1969, S. 70; auf *Hoffmann, W.* Bezug nehmend: *Schwabe*, Probleme der Grundrechtsdogmatik, 2. Aufl. 1997, S. 180.

307 *Gallwas*, Faktische Beeinträchtigungen im Bereich der Grundrechte, 1970, S. 12ff.

308 *Ruschemeier*, Der additive Grundrechtseingriff, 2019, S. 94.

Verkürzung des grundrechtlich geschützten Freiheitsbereichs führen.[309] Und genau dies wird vorliegend befürchtet: Die Trigger-Warnungs-Maßnahme ist eine staatliche Maßnahme der Hochschulverwaltung, welche zwar nicht unmittelbar dazu führt, dass die Lehrfreiheit eingeschränkt wird. Und doch wird befürchtet, dass die Trigger-Warnungs-Maßnahme mittelbar dafür verantwortlich ist, dass der akademische Diskurs nicht in seiner vollen freien und freiheitlichen Ausprägung ermöglicht wird.

Ein solcher gesellschaftlicher *chilling effect* ist zwar soweit ersichtlich (noch) nicht empirisch nachgewiesen, sollte dieser jedoch eintreten, so stellt der *chilling effect* einen Eingriff in die inhaltliche Gestaltungsfreiheit der Lehrfreiheit dar.

cc) Trigger-Warnungen als Vorschrift zur Methodenwahl

Weiterhin garantiert die Lehrfreiheit die freie Methodenwahl.[310] Dies bedeutet, dass den Lehrenden grundsätzlich keine Vorschriften zur Wahl der Lehrmethoden gemacht werden dürfen, folglich auch keine dazu, ob vor der Besprechung bestimmter Inhalte eine Trigger-Warnung ausgesprochen wird oder nicht. Problematisch ist aber, dass beispielsweise bei der Akkreditierung von Studiengängen überprüft wird, ob das Konzept „pädagogisch und didaktisch fundiert"[311] ist. So formuliert *Löwer*: „Wer die ‚Fundierung' prüft, kennt die richtige Didaktik"[312]. Die Gefahr, dass die Verwendung von Trigger-Warnungen als fundierte Pädagogik und Didaktik als Merkmale für „gute" Studiengänge gelten könnten, besteht, denn die amerikanische Autorin *Ben-Porath* schreibt im Plädoyer für die Verwendung von Trigger-Warnungen, dass das Streben nach wissenschaftlichen Erkenntnissen und akademischem Diskurs nicht die Anwendung vernünftiger Pädagogik und Didaktik ausschließe. Eine Warnung vor schwierigen

---

309 *Gallwas*, Faktische Beeinträchtigungen im Bereich der Grundrechte, 1970, S. 35; *Schwabe*, Nochmals: „Der „mittelbare" Grundrechtseingriff", in: DVBl. 1988, S. 1055, 1055: weist kritisch darauf hin, dass der Terminus der Unmittelbarkeit schon historisch nicht begründet werden könne.

310 BVerfGE 35, 79, 113f.; BVerfGE 55, 37, 68; BVerwG, NVwZ 1998, S. 853, 855; *Fehling*, in: *Kahl/Waldhoff/Walter* (Hrsg.), Bonner Kommentar zum Grundgesetz, 110. Lfg. März 2004, Art. 5 Abs. 3 (Wissenschaftsfreiheit) Rn. 88; *Kaufhold*, Die Lehrfreiheit – ein verlorenes Grundrecht?,2006, S. 214ff. m.w.N.

311 *Akkreditierungsrat*, Beschluss AR 104/2008 i.d.F. v. 29.2.2008.

312 *Löwer*, in: *Merten/Papier* (Hrsg.), Handbuch der Grundrechte, Band IV, 2011, § 99 Rn. 61.

Themen kann unter pädagogischen und didaktischen Gesichtspunkten sinnvoll sein, denn akademischer Diskurs entstehe nicht nur durch einen Überraschungseffekt, sondern vor allem dadurch, dass die Studierenden sich vorbereitet und mit dem Thema beschäftigt haben.[313]

Auch weil die Überprüfung eines didaktischen und pädagogischen Konzepts bei der Akkreditierung von Studiengängen eine Rolle spielt und dies letztendlich Tür und Tor öffnet für Vorschriften zu didaktischen Konzepten, lässt sich kritisch fragen, ob dies mit dem Grundgedanken der Lehrfreiheit noch zu vereinbaren ist. Sicherlich ist eine Funktion der Lehrfreiheit die Ausbildungsfunktion, was eine gewisse Notwendigkeit der Orientierung an den Erfordernissen bestimmter beruflicher Tätigkeiten mit sich bringt (→ S. 78ff., 88). Wie genau sich dies aber in der Lehrveranstaltung selbst niederschlägt, wie der Stoff strukturiert wird, welche Methoden zur Stoffvermittlung gewählt werden, welche inhaltlichen Schwerpunkte usw. gesetzt werden, obliegt jedoch weiterhin den Lehrenden. Und dazu gehört auch, wie didaktisch oder pädagogisch wertvoll die Aufbereitung des Stoffes ist. Sicherlich ist seit langer Zeit in der Didaktik anerkannt, dass 90-Minuten lange Frontalvorträge von Lehrenden ohne Pause und ohne Interaktion didaktisch nicht die sinnvollste Vermittlungsmethode sind,[314] trotzdem dürfen Lehrende weiterhin diese Methode für ihre Lehrveranstaltung wählen. Eine Vorschrift, die bestimmte didaktische Methoden vorschreibt, würde in die Selbstverwirklichung der Lehrenden durch den Lehrunterricht eingreifen, denn dazu gehört nicht nur die Wahl der Themen, sondern auch die Wahl der Darstellung dieser Themen und damit einhergehend die Selbstpräsentation im Lehrkontext.

Den Lehrenden steht methodische Gestaltungsfreiheit zu, welche durch eine Trigger-Warnungs-Maßnahme eingeschränkt werden würde.

c) Resümee

Eine Trigger-Warnungs-Maßnahme greift im Ergebnis mindestens in die methodische Gestaltungsfreiheit der Lehrenden ein. Sollte aufgrund der Trigger-Warnungs-Maßnahme ein gesellschaftlicher *chilling effect* eintreten,

---

313 *Ben-Porath*, Free Speech on Campus, 2017, S. 91f.

314 Ausführlich zum Frontalunterricht und der Didaktik von didaktisch wertvollem Frontalunterricht: *Gudjons*, Frontalunterricht – neu entdeckt, 3. Aufl. 2011, pass.

so liegt auch ein mittelbarer Eingriff in die inhaltliche Gestaltungsfreiheit der Lehrfreiheit vor.

2. Forderung durch Studierende

Neben der Konstellation, dass die Hochschulverwaltungen eine Trigger-Warnungs-Maßnahme einführen, kommt außerdem in Frage, dass Studierende die Einführung dieser von einzelnen Lehrenden oder der Hochschule als Gesamtheit fordern.

Der Schutzbereich der Lehrfreiheit ist genauso wie oben (→ S. 108ff.) dann eröffnet, wenn sich die Trigger-Warnungen auf den wissenschaftlichen Inhalt der Lehrveranstaltung beziehen, das heißt, wenn entweder die Themenwahl oder die Methodenwahl der Lehrenden betroffen ist.

Fraglich ist jedoch, ob die Forderungen von Trigger-Warnungen durch Studierende grundrechtliches Konfliktpotenzial haben. Studierende können auf die Lehrenden zugehen und in Bezug auf die Lehrveranstaltung bestimmte didaktische, inhaltliche oder methodische Forderungen stellen. Genauso wie Studierende die Lehrenden auffordern können, ein bestimmtes Thema zu vertiefen oder didaktisch wertvoller zu unterrichten, besteht auch die Möglichkeit, dass Studierende fordern, dass Lehrende eine Trigger-Warnung vor bestimmten Themen verwenden. Allerdings wird in der Regel kein Rechtsgrund für eine solche Forderung bestehen. Denn genauso wie eine thematische Forderung zwar vom Lehrenden beachtet werden kann, aber nicht beachtet werden muss, gilt dasselbe für die Forderung von Trigger-Warnungen.

Auch wenn eine solche Forderung möglicherweise einen gewissen sozialen Druck ausüben könnte, so ist zu beachten, dass das Hierarchiegefälle zwischen Lehrenden und Studierenden an Hochschulen doch derart ausgeprägt ist, dass davon auszugehen ist, dass Lehrende durch diesen sozialen Druck nicht in ihrer Lehrfreiheit beeinträchtigt werden. Das Ignorieren einer Forderung nach Trigger-Warnungen hat keinerlei Einfluss auf die Lehrfreiheit der Lehrenden. Bleiben Studierende daraufhin den Veranstaltungen fern, so liegt das in deren freiheitlichem Entscheidungsbereich – auch die Lehrfreiheit umfasst nicht das Recht „gehört zu werden“.[315]

---

315 Sollte das Ignorieren einer Forderung nach der Verwendung von Trigger-Warnungen zum Boykottieren von Veranstaltungen durch Proteste usw. führen, so kann dies natürlich eine Verletzung in die Lehrfreiheit sein – dieser ist

Die Forderung nach Trigger-Warnungen berührt die Lehrfreiheit der Lehrenden daher nicht.

3. Verwendung durch andere Lehrende

Wie verhält es sich nun aber, wenn Lehrende eigenständig, freiwillig beginnen, Trigger-Warnungen in ihren Lehrveranstaltungen zu nutzen?

Entscheiden Lehrende eigenständig, dass sie in ihren Lehrveranstaltungen Gebrauch von Trigger-Warnungen für bestimmte Themen machen wollen, dann handelt es sich hierbei um eine didaktische oder inhaltliche Entscheidung. Die Freiheit der Themen- und Methodenwahl ist gerade Ausfluss der Lehrfreiheit und befähigt die Lehrenden dazu, freiheitlich zu lehren (→ S. 71ff.). Ein Verbot der Verwendung von Trigger-Warnungen würde demnach als Verbot der freien Methodenwahl in die Lehrfreiheit von Lehrenden eingreifen (→ S. 118ff.).

Die Verwendung von Trigger-Warnungen durch Lehrende stellt keinen Eingriff in die Lehrfreiheit anderer Lehrender dar, denn eine solche Entscheidung betrifft einzig und allein den grundrechtlich garantierten Freiheitsbereich der*s konkret Lehrenden. Andere Lehrende können eine andere (oder die gleiche) Entscheidung treffen. Es gibt keine Anhaltspunkte, dass bei der Verwendung von Trigger-Warnungen durch eine Person ein derart starker *Peer-Pressure*-Effekt entstehen würde, dass andere Lehrende nicht im Stande wären, eigenständige Entscheidungen zur methodischen und inhaltlichen Gestaltung ihrer Lehrveranstaltungen zu treffen.

Eine Entscheidung für oder gegen die Verwendung von Trigger-Warnungen liegt im Mittelpunkt der grundrechtlich geschützten Lehrfreiheit, sodass die Entscheidung für oder gegen die Verwendung von Trigger-Warnungen Ausfluss des Gebrauchmachens der Lehrfreiheit ist.

4. Sonderfall: University of Chicago – Verbot von Trigger-Warnungen

An der *University of Chicago* ging im Jahr 2016 jedoch eine andere Nachricht um – nicht das Gebot oder die Einführung von Trigger-Warnungen, sondern deren Ablehnung wurde in einem Rundschreiben des *Deans* kundgetan. Die einfache Bekundung, dass man als Hochschule Trigger-

---

dann aber eigenständig zu betrachten. Zur Schutzpflicht vor solchen privaten Grundrechtsbeeinträchtigungen bspw. *Bender*, in: WissR 52 (2019), S. 27ff.

Warnungen (*Safe Spaces* oder *No-platforming*) ablehnt, ist zwar nicht unbedingt eine rechtlich relevante Maßnahme, spinnt man den Faden aber weiter und geht davon aus, dass genauso wie eine Trigger-Warnungs-Maßnahme eingeführt werden kann, eine Anti-Trigger-Warnungs-Maßnahme eingeführt werden könnte, so ist diese als staatliche Maßnahme doch beachtenswert.

a) Eingriff in die Lehrfreiheit

Genauso wie das Gebot, eine gewisse methodische oder didaktische Gestaltungsweise zu verwenden, handelt es sich auch bei dem Verbot einer bestimmten Gestaltungsweise um einen Eingriff in das Recht der freiheitlichen Gestaltung von Lehrveranstaltungen. Auch eine Maßnahme der Hochschule, welche den Lehrenden die Verwendung von Trigger-Warnungen verbietet, stellt daher einen Eingriff in die Lehrfreiheit dar.

b) Notwendigkeit einer solchen Maßnahme

Fraglich ist aber, ob das Verbot von Trigger-Warnungen möglicherweise notwendig sei, um die Institution der Hochschule und die Existenz von wissenschaftlicher Lehre an dieser in der dem Grundrecht zu entnehmenden Wertentscheidung zu gewährleisten und zu schützen.

aa) Existenz einer staatlichen Schutzpflicht

Die Grundrechte existieren nicht nur als Abwehrrechte gegen den Staat, sondern sind auch wertentscheidende Grundsatznormen. So hat das BVerfG für die Wissenschaftsfreiheit immer wieder statuiert, dass sich deren Funktion nicht nur in einem Abwehrrecht erschöpft, sondern auch die objektive Gewährleistung eines freiheitlichen Wissenschaftssystems umfasst.[316] Aus der objektiven Dimension der Wissenschaftsfreiheit ergibt sich ein – vom BVerfG ausgearbeitetes[317] – Schutzpflichtkonzept, welches

---

316 BVerfG, Beschl. v. 03.09.2014 – 1 BvR 3353/13, NVwZ 2014, S. 1571, 1572 – Unwürdigkeit.

317 BVerfGE 39, 1, 36ff. – Schwangerschaftsabbruch I; BVerfGE 46, 160, 164f. – Schleyer; BVerfGE 49, 24, 54 – Kontaktsperre-Gesetz; BVerfGE 49, 89, 141f. –

den Staat dazu verpflichtet, eine wissenschaftsadäquate Hochschulorganisation zu gewährleisten (→ S. 103f.).

Nun ist zu überlegen, ob aus der objektiven Dimension des eigenständigen Grundrechts der Lehrfreiheit eine Schutzpflicht einer adäquaten Hochschulorganisation in der wissenschaftlichen Lehre besteht. Zuerst einmal müsste überhaupt eine Gefährdung der Lehre durch private Eingriffe vorliegen. *Kirchhof* formulierte hierzu schon 1981: „Eine reale Gefährdung der Freiheit geht eher von einer Vernachlässigung der staatlichen Pflicht aus, die akademische Lehre gegen die Gefährdung durch Dritte zu verteidigen. [...] [Der Staat habe sich] als Garant individueller Lehrfreiheit zu bewähren und die freie Lehre innerhalb der Staatsorganisation gegen den Einfluß von gesellschaftlichen Interessen und Gruppen abzuschirmen".[318] Daraus ergibt sich zwar zuerst einmal nur eine Schutzverantwortung – keine konkrete rechtliche Schutzpflicht vor Trigger-Warnungen –, allerdings spricht *Kirchhof* hier von einer konkreten Gefährdungslage, welcher sich die Lehre an Hochschulen ausgesetzt sieht. Diese Gefährdungslage ergibt sich daraus, dass Hochschulen nach außen wichtige gesellschaftliche Funktionen erfüllen, während im Inneren grundrechtlich geschützte Interessen konfligieren und kollidieren. Dies ist eine typische Gefährdungssituation, in welcher den Staat die Pflicht trifft, die beteiligten Grundrechte so zu sichern, dass diese Schutz erfahren und zugleich die Funktionen der Einrichtung gewährleistet werden.[319] Genauso wie sich aus der objektiven Dimension der Wissenschaftsfreiheit eine Schutzpflicht des Staates auf effektive Sicherung dieser ergibt, ergibt sich eine solche staatliche Schutzpflicht folglich aus der Lehrfreiheit.

bb) Staatliche Schutzpflicht vor Trigger-Warnungen

Um hieraus eine konkrete staatliche Schutzpflicht vor Trigger-Warnungen zu entwickeln, müssen zwei Voraussetzungen vorliegen. Zum einen eine eingriffsadäquate Beeinträchtigung, zum anderen eine hinreichende Wahrscheinlichkeit dieser Beeinträchtigung. Eine eingriffsadäquate Beeinträch-

---

Kalkar I; BVerfGE 77, 170, 229f. – Lagerung chemischer Waffen; BVerfGE 79, 174, 201f. – Straßenverkehrslärm; BVerfGE 88, 203, 251ff. – Schwangerschaftsabbruch II.

318 *P. Kirchhof*, Ist die Lehrfreiheit bedroht?, in: MittHV 2 (1981), S. 71, 71.

319 *Kingreen/Poscher*, Grundrechte Staatsrecht II, 32. Aufl. 2016, Rn. 116.

tigung liegt dann vor, wenn das vorliegende private Verhalten einen Eingriff darstellen würde, sollte der Staat dieses Verhalten an den Tag legen.[320]

Dies bedeutet, die Nutzung von Trigger-Warnungen durch die Hochschule müsste einen Eingriff darstellen. Oben wurde schon festgestellt, dass eine Trigger-Warnungs-Maßnahme der Hochschulverwaltung einen Eingriff darstellen würde. Allerdings soll die Anti-Trigger-Warnungs-Maßnahme nicht die Einführung einer grundrechtsverletzenden Trigger-Warnungs-Maßnahme der Hochschule verhindern, sondern die Forderung nach Trigger-Warnungen durch Studierende und die eigenständige Verwendung dieser durch Lehrende verbieten.

Die Forderung von Studierenden nach der Verwendung von Trigger-Warnungen ist kein Eingriff in die Lehrfreiheit. Es handelt sich dabei nur um einen Diskurs, um unterschiedliche Lehrmethoden, in welchen Studierende nach Belieben der Lehrenden miteinbezogen werden können oder eben nicht. Fraglich ist, ob dasselbe Verhalten, sollte es der Staat an den Tag legen, einen Eingriff in die Lehrfreiheit darstellen würde. Es muss eine weitere Konstellation gedacht werden, in welcher die Hochschulverwaltung zwar keine Trigger-Warnungs-Maßnahme einführt, aber trotzdem die Lehrenden auffordert, Trigger-Warnungen zu verwenden. Allerdings fordern Hochschulverwaltungen ihre Lehrenden regelmäßig auch dazu auf, an Didaktikseminaren teilzunehmen und diese in der Lehre umzusetzen oder mehr Wert auf mediale Unterstützung zu legen. Solange es sich jedoch dabei um eine reine Aufforderung handelt, welche keine Konsequenzen hat, liegt kein Eingriff in die Lehrfreiheit vor.

Die Verwendung von Trigger-Warnungen durch Lehrende gegenüber den Studierenden ist sogar eine staatliche Maßnahme, da die Lehrenden als Hochschulmitglieder agieren. Trotzdem können sie als Grundrechtsträger*innen der Lehrfreiheit die Verwendung von didaktischen Methoden und die Themenwahl selbst bestimmen.

Mangels eingriffsadäquater Beeinträchtigung durch die Verwendung von Trigger-Warnungen besteht demnach keine staatliche Schutzpflicht vor Trigger-Warnungen.

c) Resümee

Da keine staatliche Schutzpflicht vor Trigger-Warnungen besteht, kann ein Verbot dieser als Eingriff in die Lehrfreiheit nicht verfassungsrechtlich

320 *Epping*, Grundrechte, 8. Aufl. 2019, Rn. 124.

gerechtfertigt werden. Auch eine Regelung, die Trigger-Warnungen verbietet, wäre folglich ein Eingriff in die Lehrfreiheit.

VI. Fazit

Den Hochschullehrer*innen und dem wissenschaftlichen Hochschulpersonal kommt ein umfassender Schutz all ihrer akademischen Tätigkeiten durch die Wissenschafts-, Forschungs- und Lehrfreiheit zu.

Dabei schützt insbesondere die Lehrfreiheit die Lehrenden in ihrer wissenschaftlichen Lehre vor jeglichen Vorschriften, welche ihre Selbstverwirklichung in der Lehre wie auch die freie und freiheitliche Ausbildung gefährden könnten. Lehrende können daher grundsätzlich Trigger-Warnungen verwenden, wenn sie dies wollen. Es kann ihnen aber weder vorgeschrieben noch verboten werden. Auch Forderungen seitens der Studierenden müssen die Lehrenden nicht folgen. Die Gestaltung der Lehrveranstaltung obliegt in der freien Ausübung der Lehrfreiheit ganz ihnen selbst.

B. Meinungsfreiheit

I. Anwendungsbereich der Meinungsfreiheit in Academia

Neben der Lehrfreiheit kommt Lehrenden an Hochschulen auch die Meinungsfreiheit zugute. Allerdings ist die Lehrfreiheit als kommunikatives Grundrecht *Lex specialis* zur Meinungsfreiheit.[321] Folglich kommt die Meinungsfreiheit nur dann zum Tragen, wenn die Äußerung einer Auffassung nicht als Lehre zu qualifizieren ist.[322] So sind vor allem Beschränkungen von politischen und privaten Äußerungen an Hochschulen nach Art. 5 Abs. 1 S. 1 GG zu beurteilen. Wie *v. Coelln* zutreffend formuliert, ist „Art. 5 Abs. 1 S. 1 GG [...] also der Maßstab dafür, ob bzw. in welchem Maße die Hochschule ganz allgemein ein Ort freier Rede zu sein hat. In welchem Umfang sie ein Ort freier Lehre sein muss, ergibt sich allein aus Art. 5 Abs. 3 GG."[323]

---

321 BVerfGE 30, 173, 191 – Mephisto.
322 *v. Coelln*, in: WissR 52 (2019), S. 3, 13.
323 *v. Coelln*, in: WissR 52 (2019), S. 3, 13.

Gärditz beschreibt den Unterschied der Schutzrichtungen der Meinungsfreiheit und der Wissenschaftsfreiheit damit, dass die „Meinungsfreiheit [...] in besonderem Maße auch eine Freiheit zur Irrationalität, ein Grundrecht des Emotionalen, des Unreflektierten, des radikalen Relativismus"[324] sei, während die Wissenschaftsfreiheit „demgegenüber eine besondere Bindung an Standards fachlicher Rationalität auf[weist], die der inhärenten Relativität beliebiger Meinungen, die sich nicht nach Richtigkeitskriterien beurteilen lassen,[325] das Objektivierungsbemühen eines auf überprüfbare Erkenntnis von Wirklichkeit gerichteten, methodisch disziplinierten[326] Konstruktionsprozesses entgegenstellt"[327].

Sind Hochschullehrende politisch aktiv und betreiben diese politische Aktivitäten an Hochschulen, beispielsweise durch die Teilnahme an Podiumsdiskussionen zu politischen oder gesellschaftlichen Themen oder durch politische Exkurse während Lehrveranstaltungen, so sind diese Aussagen an der Meinungsfreiheit zu messen. Außerdem greift auch bei einfachen Unterhaltungen außerhalb des Lehr- oder Forschungskontexts, unabhängig vom Thema, die Meinungsfreiheit. Unterhaltungen mit anderen Lehrenden oder Studierenden, welche keinen wissenschaftlichen, fachlichen Inhalt haben, unterfallen demnach natürlicherweise der Meinungsfreiheit.

Trigger-Warnungen sollen als Warnungen vor bestimmte unangenehme Themen gesetzt werden, sodass Studierende mit traumatischen Erfahrungen bezüglich dieser Themen vorbereitet in die Lehrveranstaltung kommen können oder dieser vollständig fernbleiben können. Es handelt sich um ein Phänomen, welches nur in einem planbaren Kontext funktioniert. In spontanen Unterhaltungen zwischen Lehrenden oder mit Studierenden zu politischen oder gesellschaftlichen Themen sind diese nicht anwendbar. Auch spontane, fachfremde Exkurse durch Lehrende in eigene, möglicherweise politisch motivierte Ansichten können nicht in der Art und Weise geplant werden, dass die Nutzung von Trigger-Warnungen eine Möglichkeit ist. Allerdings bleibt hier die Frage offen, inwieweit das beamtenrechtliche Mäßigungsgebot möglicherweise Beschränkungen für diese Art von Äußerungen formuliert (→ S. 147ff.).

---

324 *Gärditz*, in: WissR 51 (2018), S. 5, 19.

325 *Müller-Franken*, Meinungsfreiheit im freiheitlichen Staat, 2013, S. 31f.

326 Vgl. *Wendt*, in: *v. Münch/Kunig* (Hrsg.), GG, 7. Aufl. 2021, Art. 5 Rn. 157: „methodenkritisch"; unter Bezugnahme auf *Küchenhoff*, in: DÖV 1964, S. 601, 603.

327 *Gärditz*, in: WissR 51 (2018), S. 5, 19.

Allerdings könnten Trigger-Warnungen sehr wohl dort eine Rolle spielen, wo gesellschaftspolitischer Diskurs außerhalb der Hochschullehre stattfindet, das heißt im Rahmen von Podiumsdiskussionen unter der Beteiligung von Gastredner*innen oder Professor*innen.

II. Art. 5 Abs. 1 S. 1 GG und Trigger-Warnungen

Die Meinungsfreiheit ist ein Jedermann-Grundrecht. Dies bedeutet, dass alle natürlichen[328] Personen von ihr Gebrauch machen können, vgl. Wortlaut Art. 5 Abs. 1 S. 1 GG.

Wie der Wortlaut von Art. 5 Abs. 1 S. 1 GG verrät, wird das Äußern einer Meinung in Wort, Schrift oder Bild geschützt. Meinungen sind alle Aussagen, die ein persönliches Dafürhalten, eine Stellungnahme oder eine Beurteilung ausdrücken, das heißt alle Werturteile.[329] Der Schutzbereich ist weit zu interpretieren (→ S. 122f.); umfasst sind alle Arten von Meinungen, ob für den politischen Diskurs wertvoll oder nicht, ob falsch oder richtig. Neben Meinungen sind auch Tatsachenbehauptungen, welche nicht durch das Dafürhalten oder Stellungnehmen gekennzeichnet sind, geschützt, soweit sie Grundlage für das Bilden und Verbreiten von Meinungen sind.[330]

Trotz der Weite des Schutzbereichs gibt es Aussagen, die nicht in den sachlichen Schutzbereich der Meinungsfreiheit fallen: Dies wird beispielsweise für Formalbeleidigungen[331] und bewusst falschen Tatsachenbehauptungen[332] (heute oft *Fake News*[333]) angenommen. Außerdem gibt es Aussagen, die zwar in den Schutzbereich der Meinungsfreiheit fallen, allerdings in der Abwägung regelmäßig hinter dem Persönlichkeitsrecht der Betroffe-

---

328 Auch inländische (und europäische) juristische Personen sind Grundrechtsträger, soweit die Meinungsfreiheit ihrem Wesen nach auf juristische Personen anwendbar ist, vgl. Wortlaut Art. 19 Abs. 3 GG.

329 BVerfGE 61, 1, 8 – Wahlkampf/"CSU: NPD Europas".

330 Anstelle vieler: *Schulze-Fielitz*, in: *Dreier* (Hrsg.), GG, Band I, 3. Aufl. 2013, Art. 5 I, II Rn. 62ff.; *Bethge*, in: *Sachs* (Hrsg.), GG, 8. Aufl. 2018, Art. 5 Rn. 24ff.; *Gröpl*, in: *Gröpl/Windthorst/v. Coelln* (Hrsg.), GG Studienkommentar, 4. Aufl. 2020, Art. 5 Rn. 10ff.

331 BVerfGE 60, 234, 242 – Kredithaie; BVerfGE 82, 43, 51 – Anti-Strauß-Komitee.

332 *Bethge*, in: *Sachs* (Hrsg.), GG, 8. Aufl. 2018, Art. 5 Rn. 28; BVerfGE 99, 185, 197 – Scientology.

333 Bspw. hierzu: *Schemmer*, in: *Epping/Hillgruber* (Hrsg.), BeckOK GG, 46. Ed. Stand: 15.02.2021, Art. 5 Rn. 6f.

nen zurückstehen, dazu gehört vor allem die Schmähkritik[334] (heute oft *Hate Speech*[335]). Trigger-Warnungen sollen aber nicht vor *Fake News* oder *Hate Speech* schützen, sondern vor ganzen Themengebieten warnen, welche aufgrund traumatischer Erfahrungen für die Betroffenen schmerzhafte Erinnerungen hervorrufen könnten. Auch hier soll ein Anschauungsbeispiel helfen; Vorschriften zu Trigger-Warnungen sind für Podiumsdiskussionen und andere planbare Diskursräume außerhalb der Lehre denkbar, sie könnten beispielsweise wie folgt klingen:

> Die Mitglieder der Universität XYZ sind dazu verpflichtet, von ihnen geplante Podiumsdiskussionen und andere gesellschaftspolitische Veranstaltungen, welche planmäßig die folgenden Themen enthalten, mit einer Trigger-Warnung zu versehen.
> Themenliste: sexuelle/sexualisierte Gewalt, Selbstverletzung und suizidales Verhalten, Essstörungen, Kriegsdarstellungen, Rassismus und Sexismus. Wie die Trigger-Warnung bekannt gemacht wird, ist den Organisator*innen selbst überlassen. Es muss sichergestellt sein, dass alle Teilnehmer*innen von der Trigger-Warnung Kenntnis nehmen können.[336]

Durch die Trigger-Warnung soll nicht verhindert werden, dass einzelne Personen *Fake News* oder Schmähkritik auf einer Hochschulbühne verbreiten, sondern es sollen vielmehr die Teilnehmer*innen vorgewarnt werden, dass bestimmte Themen besprochen werden könnten. So können Teilnehmer*innen, welche auf diese Themen sensibel reagieren, eine informierte Entscheidung über die Teilnahme an oder das Fernbleiben von der jeweiligen Veranstaltung treffen.

---

334 *Grabenwarter*, in: *Maunz/Dürig* (Hrsg.), GG, 92. EL August 2020, Art. 5 Abs. 1, Abs. 2 Rn. 61; BVerfGE 82, 43, 51; BVerfGE 82, 272, 280ff., insb. 285 – Postmortale Schmähkritik; BVerfGE 85, 1, 16 – Bayer-Aktionäre; vgl. auch *Jestaedt*, in: *Merten/Papier* (Hrsg.), Handbuch der Grundrechte, Band IV, 2011, § 102 Rn. 40.

335 Bspw. hierzu: *Grabenwarter*, in: *Maunz/Dürig* (Hrsg.), GG, 92. EL. August 2020, Art. 5 Abs. 1, Abs. 2, Rn. 68 mit Fn. 3.

336 Dies ist ein Beispiel der Autorin, welches aus darstellerischen Gründen gewählt wurde. Diese Trigger-Warnungs-Maßnahme wird im Folgenden *nicht* konkret durchgeprüft, sie ist nicht in Verwendung in einer der Autorin bekannten Hochschule und dient alleinig der Anschaulichkeit für die Rezipient*innen, denen der Umgang mit Trigger-Warnungen nicht geläufig ist.

1. Eingriff

Fraglich ist demnach, ob die Existenz der Trigger-Warnungs-Maßnahme es Hochschullehrer*innen und wissenschaftlichem Hochschulpersonal *ganz oder teilweise unmöglich* macht, von der Meinungsfreiheit Gebrauch zu machen?

Die Folge einer solchen Trigger-Warnungs-Maßnahme ist, dass eine außerfachliche Veranstaltung, welche sich mit den genannten Themen befasst, durch eine entsprechende Mitteilung in Form einer Trigger-Warnung angekündigt werden müsste. Dies würde dazu führen, dass Studierende, die nicht mit dem Thema konfrontiert werden wollen, der Veranstaltung fernbleiben können, während Studierende, die an der Veranstaltung teilnehmen wollen, wissen, was sie erwartet. Die Diskussion innerhalb der Veranstaltung kann grundsätzlich wie immer stattfinden, denn die Trigger-Warnung hat keinen direkten Einfluss auf die Behandlung der Themen. Folge der Trigger-Warnungs-Maßnahme ist im außerfachlichen Kontext nicht, dass die genannten Themen nicht mehr entsprechend thematisiert werden dürfen. Darüber hinaus können weiterhin alle Meinungen zu dem konkreten Thema geäußert werden. Die Trigger-Warnungs-Maßnahme schränkt nicht unmittelbar das Äußern einer bestimmten Meinung ein. Auf den ersten Blick scheint eine Trigger-Warnungs-Maßnahme die Ausübung der Meinungsfreiheit nicht ganz oder teilweise unmöglich zu machen.

Jedoch wurde oben schon über den befürchteten gesellschaftlichen *chilling effect* gesprochen (→ S. 110ff.), welcher dadurch eintreten könnte, dass in Veranstaltungen unter Umständen nicht mehr „frei" gesprochen wird, da bei Veranstaltungen ohne Trigger-Warnung das Gefühl bestehen könnte, triggernde Themen können nicht angesprochen werden und auch in Veranstaltungen mit Trigger-Warnungen möglicherweise nichts Triggerndes gesagt werden möchte.

a) Einschüchterungseffekt nach dem BVerfG

Wie oben schon ausführlich erörtert (→ S. 110ff.), kennt das Recht einen Einschüchterungseffekt, welchen das BVerfG unter zwei Voraussetzungen annimmt. Zum einen kann der Einschüchterungseffekt nur als Auswirkung staatlicher Maßnahmen auftreten[337] und zum anderen nur dann, wenn die staatliche Maßnahme zu Lasten von Grundrechten geht,[338] so zum Beispiel ausdrücklich bei der Einschränkung von Kommunikation durch den Einschüchterungseffekt.[339] Weiterhin gibt es eigentlich nur zwei Konstellationen, in denen das BVerfG von einem Einschüchterungseffekt durch staatliche Maßnahmen zu Lasten von Grundrechten ausgeht. Dies ist zum einen in Sanktionsfällen[340] und zum anderen im Bereich staatlicher Überwachung und staatlichem Informationshandeln.[341]

Als für den Einschüchterungseffekt relevante Sanktionen[342] kommen hier höchstens dienstrechtliche Sanktionen in Frage. Dies ist aber schon deshalb fragwürdig, da Organisator*innen vieler Veranstaltungen nicht Hochschullehrer*innen oder Mitglieder des wissenschaftlichen Hochschulpersonals sind, sondern vielmehr Studierende, welche Mitglieder verschiedener Hochschulgruppen sind. Für diese würden sich aber keine Sanktionen ergeben, da das Dienstrecht nicht auf sie anwendbar ist. Zumindest bei Veranstaltungen von Hochschullehrer*innen oder dem wissenschaftlichen Hochschulpersonal ist aber eine dienstrechtliche Konsequenz denkbar. Jedoch würde diese nicht die Meinungsfreiheit betreffen, denn die Hochschullehrer*innen und das wissenschaftliche Hochschulpersonal sind weiterhin nicht daran gehindert, Äußerungen zu gesellschaftspolitischen Themen zu treffen oder Veranstaltungen zu unterschiedlichen Themen zu halten. Betroffen von einer dienstrechtlichen Sanktion ist nicht die Meinungsfreiheit, sondern nur die Dienstpflicht der betroffenen Person. Mangels Sanktion, welche die Meinungsfreiheit betreffen würde, liegt hier deshalb kein Einschüchterungseffekt im Sinne der Rechtsprechung des BVerfG vor.

Im Ergebnis stellt der gesellschaftliche *chilling effect*, welchen die Trigger-Warnungs-Maßnahme möglicherweise lostritt, im Rahmen der bundesverfassungsgerichtlichen Rechtsprechung zum Einschüchterungseffekt

---

337 Bspw.: BVerfGE 43, 130, 136; BVerfGE 81, 278, 289; BVerfGE 109, 279, 354; BVerfGE 114, 339, 349f.; BVerfGE 121, 1, 20; BVerfGE 122, 342, 365ff.

338 Bspw.: BVerfGE 65, 1, 42f.; BVerfGE 113, 29, 46; BVerfGE 114, 339, 349f.

339 Bspw.: BVerfGE 43, 130, 135ff.; BVerfGE 109, 279, 354f; BVerfGE 120, 274, 323; und auch schon: BVerfGE 34, 238, 246 sowie BVerfGE 100, 313, 381.

340 Erstmals: BVerfGE 43, 130, 136.

341 *Schwabenbauer*, Heimliche Grundrechtseingriffe, 2013, S. 141: „grundrechtsrelevante Informationserhebung"; *Rath*, in: KJ Beiheft 01/2009, S. 65, 74: „staatliche Informationseingriffe".

342 Zivilrechtliche Unterlassungsansprüche gelten nicht als für den Einschüchterungseffekt relevante Sanktion (→ S. 111ff).

als Grundrechtsbeeinträchtigung keinen Eingriff in die Meinungsfreiheit nach Art. 5 Abs. 1 S. 1 GG dar.

b) Mittelbare Grundrechtsverkürzung als Eingriff

Allerdings könnte der befürchtete gesellschaftlich motivierte *chilling effect* trotzdem ein Eingriff in die Meinungsfreiheit darstellen. Und dies, obwohl er gerade nicht unmittelbare Folge der staatlichen Maßnahme ist. Der moderne Eingriffsbegriff will aber nicht nur unmittelbare Grundrechtsverkürzungen erfassen, sondern auch solche, die mittelbar[343], indirekt[344] oder faktisch[345] die Grundrechtsausübung beeinträchtigen (→ S. 114ff.). Die zwei ausschlaggebenden Kriterien des neuen Eingriffsbegriffs sind „die Zurechenbarkeit zum Staat und das Erfordernis der Unabhängigkeit des Grundrechtsschutzes von der staatlichen Handlungsform."[346] So sollen auch solche Grundrechtsverkürzungen erfasst sein, für welche der Staat zwar nicht unmittelbar verantwortlich ist, aber bei denen die staatliche Maßnahme eine gesellschaftliche Dynamik bedient, welche intentionell, erfahrungsgemäß oder ungewollt zu einer Verkürzung des grundrechtlich geschützten Freiheitsbereichs führt.[347]

Und genau dies wird vorliegend befürchtet: Die Trigger-Warnungs-Maßnahme ist eine universitäre, sprich staatliche Maßnahme, welche nicht unmittelbar dazu führt, dass die Meinungsfreiheit eingeschränkt wird – denn diese staatliche Maßnahme verbietet eben nicht das Äußern von bestimmten Meinungen oder Besprechen von bestimmten Themen. Und doch könnte die Trigger-Warnungs-Maßnahme mittelbar dafür verantwortlich sein, dass sich eine gesellschaftliche Dynamik des „sich auf die Zunge Beißens" entwickelt.

---

343 *Di Fabio*, in: *Maunz/Dürig* (Hrsg.), Grundgesetz Kommentar, 92. EL August 2020, Art. 2 Abs. 1 Rn. 49; *Schwabe*, Probleme der Grundrechtsdogmatik, 2. Aufl. 1997, S. 180.

344 *Hoffmann, W.*, Rechtsfragen der Währungsparität, 1969, S. 70; auf *Hoffmann, W.* Bezug nehmend: *Schwabe*, Probleme der Grundrechtsdogmatik, 2. Aufl. 1997, S. 180.

345 *Gallwas*, Faktische Beeinträchtigungen im Bereich der Grundrechte, 1970, S. 12ff.

346 *Ruschemeier*, Der additive Grundrechtseingriff, 2019, S. 94.

347 *Gallwas*, Faktische Beeinträchtigungen im Bereich der Grundrechte, 1970, S. 35; *Schwabe*, in: DVBl. 1988, S. 1055, 1055: weist kritisch darauf hin, dass der Terminus der Unmittelbarkeit schon historisch nicht begründet werden könne.

Ein solcher gesellschaftlicher *chilling effect* ist zwar soweit ersichtlich (noch) nicht empirisch nachgewiesen, sollte dieser jedoch eintreten, so stellt der *chilling effect* einen Eingriff in die Meinungsfreiheit an Hochschulen dar.

2. Die Schranken des Art. 5 Abs. 2 GG

Ein Eingriff in die Meinungsfreiheit muss aber nicht unbedingt verfassungswidrig sein, die verfassungsrechtliche Rechtfertigung von Eingriffen ist möglich. Der Grundrechtseingriff ist – im Gegensatz zur bloßen Grundrechtsausgestaltung – rechtfertigungsbedürftig, da er den grundrechtlichen Schutzgegenstand in seiner Integrität beeinträchtigt.[348] Es ist aufgrund dessen zu klären, ob eine Trigger-Warnungs-Maßnahme gerechtfertigt sein könnte.

Die Einführung einer Trigger-Warnungs-Maßnahme, beispielsweise als Teil der Studienordnung einer Hochschule, würde durch das Satzungsrecht der staatlichen Hochschulen (vgl. bspw. Art. 13 BayHSchG) gedeckt sein. Sollte die Trigger-Warnungs-Maßnahme einen Verwaltungsakt oder eine Allgemeinverfügung darstellen, so kann die Hochschule als Behörde nach Landesrecht (vgl. bspw. Art. 1 Abs. 4 BayVwVfG) einen solchen Erlass bei entsprechender (bspw. satzungsmäßiger) Rechtsgrundlage verabschieden. Tiefergehend soll hier in das Selbstverwaltungsrecht der Hochschulen nicht eingedrungen werden. Festzuhalten ist insoweit nur, dass eine Rechtsgrundlage für die Einführung einer Trigger-Warnungs-Maßnahme grundsätzlich bestehen könnte, sollte dies hochschulpolitisch verfolgt werden.

Nach Art. 5 Abs. 2 GG findet die Meinungsfreiheit ihre Schranken in den allgemeinen Gesetzen, dem Schutz der Jugend und dem Recht der persönlichen Ehre. Da sich Trigger-Warnungen an erwachsene Personen richten und auch nicht vor Ehrverletzungen schützen sollen, kommen demnach nur die allgemeinen Gesetze als Schranke in Frage – unabhängig davon ist die Schranke der allgemeinen Gesetze die bedeutsamste Schranke der Schrankentrias.[349]

---

348 *Sachs*, in: *Sachs*, GG, 8. Aufl. 2018, Vor Art. 1 Rn. 78.

349 *Schulze-Fielitz*, in: *Dreier* (Hrsg.), GG, 3. Aufl. 2013, Art. 5 Abs. 1 Rn. 136.

Welche Gesetze als allgemeine Gesetze zu bezeichnen sind, ist äußerst umstritten.[350] Zumindest geklärt ist jedoch, dass unter Gesetze auch untergesetzliche Bestimmungen fallen, wie zum Beispiel Satzungsregelungen, soweit diese auf einer formellen Ermächtigungsgrundlage beruhen.[351] Beruht die Verwendung von Trigger-Warnungen in irgendeiner Art und Weise auf einer von der Hochschule erlassenen Satzung, ist diese Satzung an der Schranke des allgemeinen Gesetzes zu messen. Wie oben schon beschrieben, kann eine Trigger-Warnungs-Maßnahme entweder in Form einer Hochschulordnung, einer Allgemeinverfügung oder eines Verwaltungsakts (→ S. 40) vorkommen. Auch wenn es sich um eine Allgemeinverfügung oder einen Verwaltungsakt handeln würde, würde dieser Sachverhalt wiederum seine Rechtsgrundlage in der jeweiligen Hochschulsatzung finden, welche dann dort die Ermächtigungsgrundlage für den Erlass von Allgemeinverfügungen/Verwaltungsakten mit dem Inhalt von Trigger-Warnungs-Vorschriften bilden würde. Fraglich ist, ob die Hochschulsatzung, welche Trigger-Warnungs-Maßnahmen oder die Verwendung von Trigger-Warnungen vorschreiben würde, ein allgemeines Gesetz darstellen kann.

Mangels vorliegender konkreter Hochschulsatzung mit entsprechender Trigger-Warnungs-Regelung können hier nur allgemeine, generelle Ausführungen getroffen werden, grundsätzlich benötigt es selbstverständlich einer Einzelfallbetrachtung.

Zuerst ist aber die höchst umstrittene Frage zu beantworten, wann ein Gesetz überhaupt „allgemein" im Sinne von Art. 5 Abs. 2 GG ist. Der Rechtsbegriff des „allgemeinen Gesetzes" wurde schon in Art. 118 Abs. 1 S. 1 WRV verwendet und war schon damals umstritten. Dabei wurde vor allem zwischen der Sonderrechtslehre[352] und Abwägungslehre[353] unterschieden. Die Sonderrechtslehre definierte ein allgemeines Gesetz als sol-

---

350 *Bethge*, in: *Sachs* (Hrsg.), GG, 8. Aufl. 2018, Art. 5 Rn. 142; s.a.: BVerfGE 7, 198, 209f. und *Lücke*, Die „allgemeinen" Gesetze (Art. 5 Abs. 2 GG), 1998, S. 2 m.w.N.; zu den Wurzeln des Meinungsstreits unter der Weimarer Reichsverfassung vgl. *Stern*, Staatsrecht, Band IV/1, 2006, S. 1444ff.; *Fechner*, in: *Stern/Becker* (Hrsg.), Grundrechte-Kommentar, 2. Aufl. 2016, Art. 5 Rn. 17.

351 *Bethge*, in: *Sachs* (Hrsg.), GG, 8. Aufl. 2018, Art. 5 Rn. 143a; *Jarass*, in: *Jarass/Pieroth* (Hrsg.), Grundgesetz für die Bundesrepublik Deutschland Kommentar, 16. Aufl. 2020, Art. 5 Rn. 66.

352 Begründer: *Anschütz*, 3. Aussprache über die Berichte zum ersten Beratungsgegenstand, in: VVDStRL 4 (1928), S. 74ff.

353 Begründer: *Smend*, Das Recht der freien Meinungsäußerung, in: VVDStRL 4 (1928), S. 44ff.

ches, das eine grundsätzlich rechtmäßige Verhaltensweise einzig aufgrund ihrer geistigen Zielrichtung und der dadurch hervorgerufenen schädlichen geistigen Wirkung verbietet oder beschränkt.[354] Im Gegensatz dazu formulierte *Smend*, ein allgemeines Gesetz läge dann vor, wenn ein Gesetz Vorrang vor der Meinungsfreiheit habe, weil das vom entsprechenden Gesetz geschützte Rechtsgut vor der Meinungsfreiheit Vorrang hätte.[355] Das BVerfG hat sich noch nicht zu einer feststehenden Definition bekannt, teilweise kombiniert es beide Lehren[356], zum Teil prüft das Gericht aber nur, ob Sonderrecht vorliegt.[357] Im Mittelpunkt der Prüfung, ob ein allgemeines Gesetz vorliegt, steht mithin die Frage, ob das Gesetz Sonderrecht darstellt, das heißt, ob die konkrete Regelung eine bestimmte Meinung verbieten will – das in Frage stehende Gesetz darf nicht an bestimmte Meinungsinhalte anknüpfen.[358]

Im Ergebnis ist bezüglich Trigger-Warnungen zu fragen, ob diese einen bestimmten Meinungsinhalt verbieten sollen und daher kein allgemeines Gesetz darstellen. Trigger-Warnungen sind – wie der Name schon verrät – nicht als Verbot konzipiert, sondern als Warnung vor bestimmten Themen. Oben wurde schon beschrieben, dass diese Maßnahmen mittelbar dazu führen könnten, dass die Meinungsfreiheit beeinträchtigt wird, da ein gesellschaftliches Klima der „Selbstzensur“ entstehen könnte.

Allerdings werden durch Trigger-Warnungen keine bestimmten Meinungen verboten, soweit die gesellschaftliche Hürde der „Selbstzensur“ überwunden wurde, denn es dürfen weiterhin alle Meinungen zu den genannten Themen ausgesprochen werden. Die Trigger-Warnung ist nicht meinungsbezogen, sondern nur inhalts- oder themenbezogen. Das BVerfG hat im Wunsiedel-Beschluss jedoch ausdrücklich formuliert, dass das Verbot einer „bestimmten“ Meinung im Sinne von Sonderrecht als Neutralität gegenüber konkreten politischen, religiösen oder weltanschaulichen Anschauungen zu verstehen ist.[359] Sonderrecht liegt dann vor, wenn das Gesetz an eine bestimmte Gesinnung anknüpft und nicht nur an einen

---

354 *Anschütz*, in VVDStRL 4 (1928), S. 74f.

355 *Smend*, in: VVDStRL 4 (1928), S. 44, 52.

356 So bspw. hier: BVerfGE 7, 198, 209f.; BVerfGE 28, 175, 185ff. – Porst-Fall.

357 So bspw. hier: BVerfGE 59, 231, 263f. – freie Mitarbeiter; BVerfGE 97, 125, 146.

358 Eine Ausnahme von dem Verbot des Sonderrechts besteht nur bezüglich meinungsbezogenen Verboten, welche die Verherrlichung nationalsozialistischer Schandtaten verbieten. So ausführlich im Wunsiedel-Beschluss zu § 130 Abs. 4 StGB: BVerfGE 124, 300ff. – Wunsiedel.

359 BVerfGE 124, 300, 323.

bestimmten Meinungsinhalt.[360] Die Trigger-Warnung knüpft zwar an ein bestimmtes Thema an, welches dann möglicherweise im Diskurs gemieden wird, allerdings verbietet die Trigger-Warnung keine bestimmte politische, religiöse oder weltanschauliche Position in Bezug auf dieses Thema. Es liegt im Ergebnis grundsätzlich kein Sonderrecht im Sinne von Art. 5 Abs. 2 GG vor.[361]

Die Hochschulsatzung, auf welcher die Trigger-Warnung(s-Maßnahme) beruht, ist letztlich ein allgemeines Gesetz gem. Art. 5 Abs. 2 GG und scheitert nicht schon an den Schranken des Art. 5 Abs. 2 GG.

3. Schranken-Schranken

Den Beschränkungsmöglichkeiten aus Art. 5 Abs. 2 GG sind aber wiederum Schranken gesetzt (sog. Schranken-Schranken), die wichtigsten sind hier das Verhältnismäßigkeitsgebot, insbesondere die Wechselwirkungslehre, und die „absolute Eingriffsschranke"[362] des Zensurverbots.

a) Verhältnismäßigkeitsgrundsatz und Wechselwirkungslehre

Das die Meinungsfreiheit einschränkende Gesetz muss nicht nur ein allgemeines Gesetz sein, sondern auch verfassungsgemäß. Im Mittelpunkt dieser Prüfung steht die Verhältnismäßigkeit der Regelung, welche insbesondere anhand der Wechselwirkungstheorie bestimmt wird. Nach der Wechselwirkungstheorie ist das die Meinungsfreiheit einschränkende Gesetz selbst im Lichte der Meinungsfreiheit auszulegen und zu betrachten.[363] In seiner wegweisenden Entscheidung zur Wechselwirkungslehre führt das BVerfG aus „daß die ‚allgemeinen Gesetze' zwar dem Wortlaut nach dem Grundrecht Schranken setzen, ihrerseits aber aus der Erkenntnis der wert-

---

360 *Hong*, Hassrede und extremistische Meinungsäußerungen in der Rechtsprechung des EGMR und nach dem *Wunsiedel*-Beschluss des BVerfG, in: ZaöRV 2010, S. 73, 115ff.; *Hong*, Das Sonderrechtsverbot als Verbot der Standpunktdiskriminierung – der Wunsiedel-Beschluss und aktuelle versammlungsgesetzliche Regelungen und Vorhaben, in: DVBl. 2010, S. 1267, 1268ff.

361 Zu beachten ist, dass je nach Ausgestaltung der konkreten Trigger-Warnungs-Maßnahme sehr wohl doch Sonderrecht vorliegen kann. Eine Einzelfallprüfung ist auf jeden Fall notwendig.

362 BVerfGE 33, 52, Ls. 4b, 53, 72 – Zensur.

363 BVerfGE 7, 198, 208f.

setzenden Bedeutung dieses Grundrechts im freiheitlich demokratischen Staat ausgelegt und so in ihrer das Grundrecht begrenzenden Wirkung selbst wieder eingeschränkt werden müssen"[364]. Im Ergebnis stellt die Wechselwirkungslehre eine klassische Verhältnismäßigkeitsprüfung (Legitimes Ziel, Geeignetheit, Erforderlichkeit, Angemessenheit) dar.[365]

Die Wechselwirkungslehre ist geprägt von ihrer Einzelfallbezogenheit, sodass die hier folgenden allgemeinen Ausführungen zur Verhältnismäßigkeit der Trigger-Warnungs-Maßnahmen keine Allgemeingültigkeit für alle möglichen Trigger-Warnungs-Maßnahmen haben können. Stets ist die einzelne konkrete Maßnahme ausführlich und in all ihren Einzelheiten, vor allem auf der Ebene der Normauslegung, dann aber auch bei der Normanwendung zu prüfen. Im Folgenden wird einzig auf einige mögliche abstrakte Probleme von Trigger-Warnungs-Maßnahmen eingegangen.

aa) Legitimes Ziel

Die Trigger-Warnungs-Maßnahme müsste ein legitimes Ziel verfolgen, denn der Staat darf Grundrechte nur zu verfassungslegitimen Zielen einschränken. Verfassungslegitime Ziele sind solche, die sich aus dem Grundgesetz ergeben können. Hier kommt beispielsweise der Schutz der Grundrechte oder der Staatszielbestimmungen in Frage.[366] Aufgrund der Einschätzungsprärogative des Staates sind grundsätzlich alle Ziele legitim, die nicht gegen das Grundgesetz verstoßen.

Das Ziel einer Trigger-Warnungs-Maßnahme kann zum einen der Schutz von Studierenden mit psychischen Störungen sein, zum anderen der Schutz von Studierenden, die bestimmten Minderheiten angehören, welche im universitären Alltag möglicherweise diskriminiert werden (→ S. 28ff., 185ff., 197ff.). Mit einer solchen Maßnahme könnten deshalb Ziele der Diversität und des Minderheitenschutzes verfolgt werden, welche nicht grundsätzlich gegen das Grundgesetz verstoßen. Weiterhin könnte auch der Schutz der Grundrechte der Studierenden in Frage kommen (→ S. 152ff.). Es sind grundsätzlich legitime Ziele denkbar, welche die

---

364 St. Rspr. seit: BVerfGE 7, 198, 209.

365 *Grabenwarter*, in: *Maunz/Dürig* (Hrsg.), GG, 92. EL August 2020, Art. 5 Abs. 1, Abs. 2 Rn. 140; Zur Begründung dieser Eingliederung der Wechselwirkungstheorie in die Verhältnismäßigkeitsprüfung: *Merten*, in: *Merten/Papier* (Hrsg.), Handbuch der Grundrechte, Band III, 2009, § 68 Rn. 80.

366 *Merten*, in: *Merten/Papier* (Hrsg.), Handbuch der Grundrechte, Band III, 2009, § 68 Rn. 54, 59.

Hochschulen bei der Einführung einer Trigger-Warnungs-Maßnahme verfolgen könnten.

bb) Geeignetheit

Die gewählte Maßnahme müsste geeignet sein, das angestrebte Ziel zu erreichen.[367] Es reicht aus, dass das Erreichen zumindest objektiv möglich ist. Weiterhin muss es bei einer sachgerechten und vertretbaren Prognose möglich sein, dass die Maßnahme das Ziel erreicht.

Problematisch ist an dieser Stelle vor allem, dass in den Jahren 2018 und 2019 einige psychologische Studien veröffentlicht wurden, welche den positiven Effekt von Trigger-Warnungen bezweifeln.[368] So kann man schon die Benutzung von Trigger-Warnungen als ungeeignet für die Erreichung der legitimen Ziele ansehen. Ohne hier in die Details dieser psychologischen Studien einzudringen, kann über diese aber zumindest gesagt werden, dass zum einen – soweit erkenntlich – keine dieser untersucht hat, ob Trigger-Warnungen ein geeignetes Mittel der Anti-Diskriminierung und Diversitätsförderung sind[369] und zum anderen, dass – soweit erkenntlich – keine der Studien einen hinreichenden Hinweis dafür bietet, dass Trigger-Warnungen „schlechthin ungeeignet“ sind, die oben genannten Ziele zu erreichen. Für die Geeignetheit reicht es aber aus, dass die Maßnahme nicht „objektiv untauglich“[370] oder „schlechthin ungeeignet“[371] ist, sodass die Geeignetheit zumindest bis auf Weiteres angenommen werden kann.

---

367 Zur Geeignetheit: BVerfGE 17, 306, 314 – Mitfahrzentrale; BVerfGE 33, 171, 187 – Honorarverteilung; BVerfGE 109, 279, 336.

368 *Bridgland/Green/Oulton/Takarangi*, in: Journal of Experimental Psychology: Applied 4 (2019), S. 602ff.; *Sanson/Strange/Garry*, in: Clinical Psychological Science 4 (2019), S. 778ff.; *Gainsburg/Earl*, in: Journal of Experimental Social Psychology 79 (2018), S. 252ff.

369 Die Studien konzentrierten sich in erster Linie auf die Frage, ob Trigger-Warnungen einen positiven Einfluss auf Angst- oder Panikreaktionen haben können. Der Einfluss auf diese ist – laut der Studienergebnisse – höchstens „trivial“, teilweise sogar negativ.

370 BVerfGE 16, 147, 181 – Werkfernverkehr; BVerfGE 30, 250, 263 – Absicherungsgesetz.

371 BVerfGE 17, 306, 317; BVerfGE 19, 119, 126f. – Couponsteuer; BVerfGE 30, 250, 263.

cc) Erforderlichkeit

Die Trigger-Warnungs-Maßnahme müsste außerdem erforderlich sein. Erforderlich ist eine Maßnahme dann, wenn es kein milderes Mittel gibt, welches das Ziel in der gleichen Art und Weise erreicht.

Dies ist vorliegend problematisch: Die Trigger-Warnungs-Maßnahme schreibt die Verwendung von Trigger-Warnungen für bestimmte Themen vor, unabhängig davon, ob betroffene Personen, die den Gebrauch einer Trigger-Warnung wünschen oder benötigen, tatsächlich im Raum oder an einer Teilnahme interessiert sind. Die Trigger-Warnungs-Maßnahme könnte so im Ergebnis auf alle Hochschulmitglieder einschüchternd wirken (*chilling effect* → S. 28ff., 110ff.), obwohl das Ziel der Maßnahme nur der Schutz bestimmter betroffener Personen ist. Auch wenn ein solcher *chilling effect* noch nicht empirisch nachgewiesen ist, ist hier als milderes Mittel trotzdem die Eigeninitiative der betroffenen Personen zu nennen. Der Schutz betroffener Personen, die eine Rücksichtnahme auf gewisse Themengebiete wünschen, könnte nämlich durch deren Eigeninitiative gewährleistet werden. So könnten betroffene Hochschulmitglieder beispielsweise die Organisator*innen fragen, ob ihre Veranstaltung bestimmte Themen behandelt.

Des Weiteren ist vor allem bei gesellschaftspolitischen Veranstaltungen an Hochschulen zu beachten, dass in aller Regel umfassende Informationen zu Themen, Gästen und der Prämisse der Veranstaltung erhältlich sind. Eine Trigger-Warnung ist also in aller Regel nicht notwendig, da aufgrund des Themas und der Ausrichtung der Veranstaltung, sowie der Gäste die Informationen über möglicherweise triggernde Themen schon vorhanden sind. Die Veranstaltungsinformationen agieren dann als Trigger-Warnung – ohne, dass es eine ausdrückliche Trigger-Warnung aufgrund einer universitären Trigger-Warnungs-Maßnahme benötigt.

Eine allgemeine Trigger-Warnungs-Maßnahme, die grundsätzlich bei planmäßigen Veranstaltungen zu bestimmten Themen die Verwendung einer Trigger-Warnung vorschreibt, ist mithin nicht erforderlich. Das bedeutet jedoch nicht, dass keinerlei Konstellationen existieren, in welchen Trigger-Warnungs-Maßnahmen (oder Trigger-Warnungen) erforderlich sein könnten.

dd) Angemessenheit

Zuletzt ist zu prüfen, ob die Trigger-Warnungs-Maßnahme unangemessen ist. Dies ist dann der Fall, wenn das Verhältnis zwischen Eingriffsziel und Eingriffsmittel unangemessen ist.[372] Da grundsätzlich angenommen werden kann, dass eine Trigger-Warnungs-Maßnahme nicht erforderlich ist, stehen Eingriffsziel und Eingriffsmittel offensichtlich nicht in einem angemessenen Verhältnis zueinander. Mangels Erforderlichkeit der abstrakt-generellen Trigger-Warnungs-Maßnahme ist die Regelung im Ergebnis unverhältnismäßig. Die mangelnde Erforderlichkeit der abstrakt-generellen Trigger-Warnungs-Maßnahme hat jedoch keine Aussage für alle, vor allem nicht für einzelfallbezogene Trigger-Warnungs-Maßnahmen.

b) Das Zensurverbot als Schranken-Schranke des Art. 5 Abs. 1 S. 1 GG

Zensur findet nicht statt, so lautet Art. 5 Abs. 1 S. 3 GG. Und doch wird sowohl im Zusammenhang mit Trigger-Warnungen als auch anderen politisch korrekten Sprachphänomenen (→ S. 23ff., 28ff.) oftmals der Zensurbegriff ins Spiel gebracht.[373]

aa) Der Zensurbegriff im Grundgesetz

Zuerst einmal muss aber geklärt werden, was unter Zensur im Sinne von Art. 5 Abs. 1 S. 3 GG zu verstehen ist. Das Zensurverbot wurde aus Art. 118 Abs. 2 WRV unverändert in das Grundgesetz übernommen,[374] schon damals bestanden Streitigkeiten über die Auslegung des Zensurbegriffes, welche durch die wörtliche Übernahme nicht beseitigt wurden. Aus diesem

---

372 Vgl.: BVerfGE 81, 156, 194 – Arbeitsförderungsgesetz 1981.

373 Auswahl: *Bommarius*, Die neue Zensur: Wie wir selbst unsere Meinungsfreiheit bedrohen, 2019; *Hoffmann, A.*, Political Correctness. Zwischen Sprachzensur und Minderheitenschutz, 1996; *Roßbach*, Achtung Zensur! Über Meinungsfreiheit und ihre Grenzen, 2018; *Lukianoff*, Unlearning Liberty. Campus Censorship and the End of American Debate, 2. Aufl. 2014.

374 Zum historischen Hintergrund: *Rieder*, Die Zensurbegriffe des Art. 118 Abs. 2 WRV und des Art. 5 Abs. 1 S. 3 Grundgesetz, 1970, S. 56ff.; *Cornils*, in: *Löffler* (Hrsg.), Presserecht. Kommentar, 6. Aufl. 2015, § 1 LPG Rn. 261; *Fiedler*, Die formale Seite der Äußerungsfreiheit – Zensurverbot und Äußerungsgrundrechte, 1999, S. 166ff., 208ff.

Grund bestehen auch heute noch vielfältige Ansätze zur Bestimmung des Begriffes.[375]

Unterschieden wird zum einen zwischen dem formellen und dem materiellen Zensurbegriff, zum anderen nach dem Zeitpunkt der Zensur, das heißt zwischen Vor- und Nachzensur.

(1) Formeller Zensurbegriff

Der formelle Zensurbegriff des BVerfG beschreibt Zensurmaßnahmen als „einschränkende Maßnahmen vor der Herstellung oder Verbreitung eines Geisteswerkes, insbesondere das Abhängigmachen von behördlicher Vorprüfung und Genehmigung seines Inhalts (Verbot mit Erlaubnisvorbehalt)."[376] Ausschlaggebend ist im Rahmen des formellen Zensurbegriffs daher die Form des staatlichen Einschreitens. Es muss eine staatliche Kontrolltechnik vorliegen, welche das Äußern einer bestimmten Meinung einschränkt. Demnach können vier Arten von formeller Zensur unterschieden werden: „Das Verbot der Meinungsäußerung ohne besondere Erlaubnis; das Gebot, Meinungsäußerungen vor Veröffentlichen einer Behörde vorzulegen; die Erteilung der Erlaubnis oder des Verbots durch die Behörde; [...] das Ergreifen von Zwangsmitteln oder Strafsanktionen zur Durchsetzung der behördlichen Verbote."[377] Neben diesen Unterfällen des Verbots mit Erlaubnisvorbehalt sind weitere formelle Zensurmaßnahmen denkbar („insbesondere"[378]), alle Varianten des formellen Zensurverbots

---

375 *Scholler* nennt allein 20 Definitionsansätze: *Scholler*, Person und Öffentlichkeit, 1967, S. 220 mit Fn. 36.

376 BVerfGE 33, 52, 72. In der Literatur zustimmend: *Cornils*, in: *Löffler* (Hrsg.), Presserecht, 6. Aufl. 2015, § 1 LPG Rn. 261; *Starck/Paulus*, in: *v. Mangoldt/Klein/Starck* (Hrsg.), GG, 7. Aufl. 2018, Art. 5 Rn. 259; *Bethge*, in: *Sachs* (Hrsg.), GG, 8. Aufl. 2018, Art. 5 Rn. 131; *Schulze-Fielitz*, in: *Dreier* (Hrsg.), GG, Band I, 3. Aufl. 2013, Art. 5 I, II Rn. 171; *Grabenwarter*, in: *Maunz/Dürig* (Hrsg.), GG, 92. EL August 2020, Art. 5 Abs. 1, Abs. 2 Rn. 119; *Degenhart*, in: *Kahl/Waldhoff/Walter* (Hrsg.), Bonner Kommentar, Art. 5 Abs. 1 und 2 Rn. 546; *Fiedler*, Die formale Seite der Äußerungsfreiheit – Zensurverbot und Äußerungsgrundrechte, 1999, S. 83ff.; *Rieder*, Die Zensurbegriffe des Art. 118 Abs. 2 WRV und des Art. 5 Abs. 1 S. 3 Grundgesetz, 1970, S. 163f., 171f., pass; i.E. auch *Hoffmann-Riem*, in: *Denninger/Hoffmann-Riem/Schneider/Stein* (Hrsg.), AK-GG, Band I, 3. Aufl. 2001, Art. 5 Abs. 1, 2 Rn. 89.

377 *Gucht*, Das Zensurverbot im Gefüge der grundrechtlichen Eingriffskautelen, 2000, S. 4f.

378 BVerfGE 33, 52, 72.

setzen aber zumindest eine Kontrollmaßnahme voraus, welche einen bestimmten Äußerungsinhalt verhindern soll.[379] Soll im Gegensatz dazu nicht die inhaltliche Äußerung, sondern die Art und Weise oder Form einer Äußerung beschränkt werden, liegt keine formelle Zensur vor.[380]

(2) Materieller Zensurbegriff

Der materielle Zensurbegriff stellt nicht auf das Kontrollverfahren ab, welches einen Äußerungsinhalt verhindern soll, sondern nur darauf, dass die Äußerung aufgrund ihres Inhalts verboten werden soll.[381] Unter den materiellen Zensurbegriff fallen daher alle Maßnahmen, die in irgendeiner Art und Weise[382] eine Meinungsäußerung aufgrund ihres Inhalts unterdrücken. Im Mittelpunkt steht hier die Beschränkung einer Äußerung anhand eines inhaltlichen Maßstabs.[383] Gegen einen solchen umfassenden Zensurbegriff spricht jedoch vor allem, dass dieser die Grenzen zwischen den Schranken des Art. 5 Abs. 2 GG und dem Zensurverbot verwischt.[384]

Zensur im Sinne von Art. 5 Abs. 1 S. 3 GG benötigt demnach ein formelles staatliches Zensurverfahren.

379 *Cornils*, in: *Löffler* (Hrsg.), Presserecht, 6. Aufl. 2015, § 1 LPG Rn. 262; *Starck/Paulus*, in: *v. Mangoldt/Klein/Starck* (Hrsg.), GG, 7. Aufl. 2018, Art. 5 Rn. 259; *Fiedler*, Die formale Seite der Äußerungsfreiheit – Zensurverbot und Äußerungsgrundrechte, 1999, S. 39f.

380 *Gucht*, Das Zensurverbot im Gefüge der grundrechtlichen Eingriffskautelen, 2000, S. 5f.

381 *Noltenius*, Die freiwillige Selbstkontrolle der Filmwirtschaft und das Zensurverbot des Grundgesetzes, 1958, S. 107ff.; so noch: *v. Hartlieb*, in: *Löffler* (Hrsg.), Selbstkontrolle von Presse, Funk und Film, 1960, S. 16f.; mittlerweile abweichend: *v. Hartlieb*, in: *v. Hartlieb* (Hrsg.), Handbuch des Film-, Fernseh- und Videorechts, 3. Aufl. 1991, 2. Kap. Rn. 17 – hier Altauflage, da Neuauflage anders kommentiert ist.

382 Ausführlich: *Rieder*, Die Zensurbegriffe des Art. 118 Abs. 2 WRV und des Art. 5 Abs. 1 S. 3 Grundgesetz, 1970, S. 40ff.

383 *Gucht*, Das Zensurverbot im Gefüge der grundrechtlichen Eingriffskautelen, 2000, S. 9.

384 *Cornils*, in: *Löffler* (Hrsg.), Presserecht, 6. Aufl. 2015, § 1 LPG Rn. 264; *Kemper*, Pressefreiheit und Polizei, 1964, S. 77; *Wohland*, Informationsfreiheit und politische Filmkontrolle, 1968, S. 136; *Kuhn*, Grundrechte und Minderjährigkeit, 1965, S. 199.

(3) Vorzensur

Ein weiterer Streitpunkt hinsichtlich des Zensurbegriffs entbrennt um den Zeitpunkt der Zensurmaßnahme: Umfasst der grundgesetzliche Zensurbegriff nur die Vorzensur oder auch die Nachzensur? Unter Vorzensur (oder auch Präventivzensur) versteht man „einschränkende Maßnahmen *vor* der Herstellung oder Verbreitung eines Geisteswerkes“[385]. Nach dieser Auffassung, der sich die Mehrheit der Literatur anschließt[386], gelten bei nachträglichen Maßnahmen die allgemeinen Regeln für die Meinungsfreiheit und ihre Schranken.[387]

(4) Nachzensur

Die Nachzensur beschreibt solche Maßnahmen, die erst nach Äußerung des Meinungsinhalts eingreifen.[388] Entscheidend für das Vorliegen von Zensur sei nicht, dass diese im Vorlauf zur Meinungsäußerung stattfinde, sondern dass sie die „Lähmung des Geisteslebens“[389] bewirke.[390] Denn das Zensurverbot soll „meinungslenkende Einschüchterungseffekte“ und „staatliche Kommunikationsbarrieren“ verhindern.[391] Solange die Maßnahme diese Effekte habe, sei es unwichtig, ob sie präventiv oder repressiv eingreife – denn auch repressive Maßnahmen mit diesem Effekt können die Meinungsfreiheit in ihrem Wesenskern beeinträchtigen.[392] Nach über-

---

385 BVerfGE 33, 52, 72; BVerfGE 47, 198, 236 – Wahlwerbesendungen; BVerfGE 73, 118, 166 – 4. Rundfunk-Entscheidung; vgl. auch: BVerfGE 83, 130, 155 – Josefine Mutzenbacher; BVerfGE 87, 209, 230 – Tanz der Teufel – *Hervorhebung der Autorin.*

386 Anstelle vieler: *Starck/Paulus*, in: *v. Mangoldt/Klein/Starck* (Hrsg.), GG, 7. Aufl. 2018, Art. 5 Rn. 259; *Cornils*, in: *Löffler* (Hrsg.), Presserecht, 6. Aufl. 2015, § 1 LPG Rn. 261; *Wendt*, in: *v. Münch/Kunig*, GG, 7. Aufl. 2021, Art. 5 Rn. 106; *Grabenwarter*, in: *Maunz/Dürig* (Hrsg.), GG, 92. EL August 2020, Art. 5 Abs. 1, Abs. 2 Rn. 118.

387 BVerfGE 33, 52, 72.

388 BVerfGE 33, 52, 72.

389 BVerfGE 33, 52, 72; *Grabenwarter*, in: *Maunz/Dürig* (Hrsg.), GG, 92. EL August 2020, Art. 5 Abs. 1, Abs. 2 Rn. 119.

390 *Warg*, Meinungsfreiheit zwischen Zensur und Selbstzensur, in: DÖV 2018, S. 473, 478f.

391 *Warg*, in: DÖV 2018, S. 473, 478f.; *Schulze-Fielitz*, in: *Dreier* (Hrsg.), GG, Band I, 3. Aufl. 2013, Art. 5 I, II Rn. 170 m.w.N.

392 BVerfGE 114, 339, 349ff.

wiegender Ansicht handelt es sich dabei nicht um Zensurmaßnahmen nach Art. 5 Abs. 1 S. 3 GG, sondern um Eingriffe, welche an den Schranken des Art. 5 Abs. 2 GG zu messen sind. Handelte es sich bei repressiven Maßnahmen um Zensur, hätten die Schrankenregelungen des Art. 5 Abs. 2 GG keine Funktion mehr.[393] Somit umfasst der Zensurbegriff des Art. 5 Abs. 1 S. 3 GG nur die Vorzensur.

Zuletzt ist zur Begriffsdefinition noch zu sagen, dass das Zensurverbot streng staatsgerichtet ist, das bedeutet, es ist nur auf staatliche Maßnahmen im Verhältnis zu Bürger∗innen anwendbar.[394]

bb) Sind Trigger-Warnungen Zensur im Sinne des Art. 5 Abs. 1 S. 3 GG?

Unter Zensur im Sinne von Art. 5 Abs. 1 S. 3 GG versteht man die formelle Vorzensur durch den Staat. Nun ist zu fragen, ob Trigger-Warnungen nicht möglicherweise unter diesen Zensurbegriff fallen könnten.

(1) Staatsgerichtetheit

Eine Trigger-Warnungs-Maßnahme seitens einer Hochschule würde jedenfalls eine staatliche Maßnahme darstellen, welche sich im Verhältnis zu den Studierenden und Lehrenden auswirken würde.

(2) Formelles Zensurverfahren

Das formelle Zensurverfahren muss ein bestimmtes, der Meinungsäußerung vorgeschaltetes, inhaltliches Kontrollverfahren sein. Die Trigger-Warnungs-Maßnahme würde zwar grundsätzlich die Verwendung von Trigger-Warnungen bei bestimmten Inhalten vorschreiben, allerdings beinhaltet

393 BVerfGE 33, 52, 71ff.; BVerfGE 47, 198, 236; BVerfGE 73, 118, 166; BVerfGE 83, 130, 155; BVerfGE 87, 209, 230; in der Literatur anstelle vieler: *Bethge*, in: *Sachs* (Hrsg.), GG, 8. Aufl. 2018, Art. 5 Rn. 131; *Degenhart*, in: *Kahl/Waldhoff/Walter* (Hrsg.), Bonner Kommentar, Art. 5 Abs. 1 und 2 Rn. 550f.; *Ricker/Weberling*, Handbuch des Presserechts, 6. Aufl. 2012, 7. Kap. Rn. 21.

394 Anstatt vieler: *Starck/Paulus*, in: *v. Mangoldt/Klein/Starck* (Hrsg.), GG, 7. Aufl. 2018, Art. 5 Rn. 264; *Cornils*, in: *Löffler* (Hrsg.), Presserecht, 6. Aufl. 2015, § 1 LPG Rn. 265; *Jarass*, in: *Jarass/Pieroth* (Hrsg.), GG, 16. Aufl. 2020, Art. 5 Rn. 77a.

diese Vorschrift keinen Kontrollmechanismus seitens der Hochschule. Es fehlt an einer Vorlagepflicht der Veranstaltungspläne. Nur falls eine solche vorgesehen ist, könnte von einem Kontrollmechanismus gesprochen werden.

(3) Vorzensur

Weiterhin ist der Mechanismus der präventiven Zensur für mündliche Meinungsäußerungen ungeeignet, denn eine mündliche Meinungsäußerung kann der Staat kaum zensieren. Auch wenn die Hochschulmitglieder Veranstaltungen mit den entsprechenden Themen, die einer Trigger-Warnung benötigten, planten und keine Trigger-Warnung gesetzt würden, könnte die Veranstaltung vorerst ganz normal ablaufen. Die Teilnehmer*innen könnten nicht daran gehindert werden, sich zu den entsprechenden Themen zu äußern. Im Nachhinein könnten zwar Beschwerden eingehen, welche dann dazu führen könnten, dass die Organisator*innen von nachträglichen (dienstrechtlichen) Nachteilen betroffen sind – dies würde aber nicht mehr unter den Begriff der Vorzensur fallen, sondern wäre an den Schranken des Art. 5 Abs. 2 GG zu messen (→ S. 139).

cc) Fazit

Trigger-Warnungs-Maßnahmen können die Meinungsfreiheit einschränken – es handelt sich dabei aber nicht um Zensur im Sinne des Art. 5 Abs. 1 S. 2 GG.

4. Resümee

Es wurde aufgezeigt, dass die Einführung einer Trigger-Warnungs-Maßnahme seitens der Hochschule einen mittelbaren Eingriff in die Meinungsfreiheit darstellen kann. Dieser Eingriff stellt zwar ein allgemeines Gesetz im Sinne von Art. 5 Abs. 2 GG dar, scheitert dann aber möglicherweise an der Verhältnismäßigkeit, insbesondere im Hinblick auf die Wechselwirkungslehre. Eine durch die Hochschule eingeführte Trigger-Warnungs-Maßnahme würde, da sie nicht erforderlich ist, in aller Regel die Meinungsfreiheit verletzen.

Jedoch sind auch andere Ausgestaltungen denkbar, sodass die Einführung und Verwendung von Trigger-Warnungen nicht ohne Zweifel verfassungswidrig sein muss.

III. Staatliche Schutzpflicht vor Trigger-Warnungen

Art. 5 Abs. 1 GG beschränkt sich aber funktionell nicht darauf, subjektiv die Grundrechtsausübung von Individuen zu schützen, sondern beinhaltet auch eine „objektive Werteordnung", welche eine „prinzipielle Verstärkung der Geltungskraft der Grundrechte zum Ausdruck" kommen lässt.[395] Hieraus hat das BVerfG Grundrechtsfunktionen entwickelt, welche über die rein abwehrrechtlichen hinausgehen.[396]

So dient Art. 5 Abs. 1 S. 1 GG eben sowohl dem Schutz der „freien individuellen [als auch der] öffentlichen Meinungsbildung insgesamt".[397] Das BVerfG betont die „schlechthin konstituierende" Bedeutung, welche die Meinungsfreiheit für die demokratische Grundordnung hat.[398] Wenn die Meinungsfreiheit also grundlegend für das Bestehen und Funktionieren der Demokratie ist, dann muss diese wohl – demokratisch-funktional interpretiert – auch die Demokratie fördern und ihr dienen.[399] Weiter führt das BVerfG in mehreren Entscheidungen[400] aus: „Freie Meinungsbildung vollzieht sich in einem *Prozess der Kommunikation*. Sie setzt auf der einen Seite die Freiheit voraus, Meinungen zu äußern und zu verbreiten, auf der anderen Seite die Freiheit geäußerte Meinungen zur Kenntnis zu nehmen, sich zu informieren. Indem Art. 5 Abs. 1 GG Meinungsäußerungs-, Meinungsverbreitungs- und Informationsfreiheit als Menschenrechte gewährleistet, sucht er zugleich, *diesen Prozess verfassungsrechtlich* zu schützen. Er begründet insoweit subjektive Rechte; im Zusammenhang damit nor-

395 BVerfGE 7, 198, 205.

396 Zu den Wurzeln dieser Entwicklung, nämlich der institutionellen Komponente und der Werteordnung, ausführlich: *Böckenförde*, Grundrechte als Grundsatznormen, in: Der Staat 29 (1990), S. 1, 3ff.

397 BVerfGE 85, 23, 31 – Rhetorische Frage I.

398 BVerfGE 7, 198, 208 mit Verweis auf BVerfGE 5, 85, 205 – KPD-Verbot.

399 *Jestaedt*, in: *Merten/Papier* (Hrsg.), Handbuch der Grundrechte in, Band IV, 2011, § 102 Rn. 14.

400 BVerfGE 57, 295, 319f. – 3. Rundfunkentscheidung; BVerfGE 74, 297, 323 – 5. Rundfunkentscheidung; BVerfGE 83, 238, 295f. – 6. Rundfunkentscheidung; BVerfGE 90, 27, 32 – Parabolantenne I. – Es handelt sich jedoch um Entscheidungen speziell zur Rundfunkfreiheit.

miert er die Meinungsfreiheit als *objektives Prinzip der Gesamtrechtsordnung*, wobei subjektiv- und objektivrechtliche Elemente einander bedingen und stützen [...].“[401] Das BVerfG geht folglich davon aus, dass nicht nur die individuellen Meinungsäußerungen geschützt und ermöglicht werden müssen, sondern der gesamte Kommunikationsprozess verfassungsrechtlich zu schützen ist.

Aus diesem Grund erschöpft sich Art. 5 Abs. 1 GG nicht in seiner subjektiven Funktion, sondern hat auch objektiven Gehalt. Und so schützt die Meinungsfreiheit nicht nur subjektiv das Recht auf freie Meinungsäußerung, sondern auch die öffentliche Willens- und Meinungsbildung als objektives Prinzip der verfassungsrechtlichen Werteordnung.[402]

Aus der objektiven Dimension der Meinungsfreiheit lässt sich die mittelbare Drittwirkung dieser sowie die Existenz von staatlichen Schutzpflichten zugunsten des Kommunikationsprozesses ableiten. Befürchtet wird, dass Trigger-Warnungen durch ihren *chilling effect* den gesamten Kommunikationsprozess erlahmen lassen, sollte dies der Fall sein, so könnte dem Staat eine Schutzpflicht zukommen.

1. Staatliche Schutzpflichten vor Trigger-Warnungen

Begründet die Meinungsfreiheit eine Pflicht der Hochschule zum Schutz vor Trigger-Warnungen?

Die objektive Dimension der Grundrechte findet unter anderem Ausdruck in den Schutzpflichten. So ist der Staat nicht nur verpflichtet, die Bürger*innen vor Grundrechtsverletzungen durch den Staat zu schützen, sondern er ist auch dazu verpflichtet sicherzustellen, dass die Grundrechte nicht durch dritte Privatpersonen verletzt werden.[403] Der Staat hat zumindest insofern eine Schutzpflicht als die Voraussetzungen, die den Prozess der öffentlichen Kommunikation ermöglichen, durch ihn gesichert wer-

---

401 *Hervorhebungen der Autorin.*

402 BVerfGE 7, 198, 204f.

403 Vgl. für viele: *Dreier*, in *Dreier* (Hrsg.), GG, Band I, 3. Aufl. 2013, Vorb. vor Art. 1 GG Rn. 101; *Calliess*, in: *Merten/Papier* (Hrsg.), Handbuch der Grundrechte, Band II, 2006, § 44 Rn. 3; *Jarass*, in: *Merten/Papier* (Hrsg.), Handbuch der Grundrechte, Band II, 2006, § 38 Rn. 24; *Stern*, in: *Stern/Becker* (Hrsg.), Grundrechte-Kommentar, 2. Aufl. 2016, Einl. Rn. 47; *Isensee*, in *Isensee/Kirchhof* (Hrsg.), Handbuch des Staatsrechts, Band IX, 3. Aufl. 2011, § 191 Rn. 2, 144.

den müssen.[404] Die Schutzpflichten des Staates beginnen im Hinblick auf die Meinungsfreiheit zumindest dort, wo der Kommunikationsprozess und damit „die ständige geistige Auseinandersetzung, den Kampf der Meinungen“[405] überhaupt erst durch sein Tätigwerden ermöglicht wird. So formuliert *Grabenwarter* zutreffend: „Umstände, die die ‚freie Meinungsbildung als Voraussetzung sowohl der Persönlichkeitsentfaltung als auch der demokratischen Ordnung‘[406] und die Freiheit der Meinungsäußerung als ‚die Lebensluft des freiheitlich-demokratischen Staates‘[407] ernsthaft bedrohen, lösen eine solche Schutzpflicht aus.“[408]

Allerdings folgt aus der Schutzpflicht der Meinungsfreiheit keine Pflicht des Staates, Bürger*innen vor bestimmten Äußerungen zu schützen. So können Äußerungen nicht verboten werden, um eine „Wohlfühlatmosphäre“ aufrechtzuerhalten.[409] Das BVerfG hat entschieden, dass „ein vom Elend der Welt unbeschwertes Gemüt des Bürgers [...] kein Belang [ist], zu dessen Schutz der Staat Grundrechtspositionen einschränken darf“[410].

Es ist die Frage, ob sich aus der Pflicht des Staates, den Prozess der öffentlichen Kommunikation zu schützen, eine Pflicht zum Verbot von Trigger-Warnungen herleiten lässt. Aus diesen Ausführungen lässt sich ableiten, dass die Schutzpflichten des Staates im Hinblick auf die Meinungsfreiheit erst dann eingreifen, wenn „die Lebensluft des freiheitlich-demokratischen Staates“[411] ernsthaft gefährdet ist und die bestehenden Umstände die „Persönlichkeitsentfaltung [...] [und die] demokratische Ordnung“[412] bedrohen. Die Forderung und Nutzung von Trigger-Warnungen an Hochschulen kann möglicherweise einen gewissen sozialen *chilling effect* bezüglich bestimmter Themengebiete haben.[413] Einer Forderung nach

404 *Grabenwarter*, in: *Maunz/Dürig* (Hrsg.), GG, 92. EL August 2020, Art. 5 Abs. 1, Abs. 2 Rn. 109.

405 BVerfGE 7, 198, 208.

406 Hier zitiert *Grabenwarter* fehlerhafter Weise: BVerfGE 90, 1, 20 – das Zitat ergibt sich tatsächlich aus BVerfGE 90, 60, 87 – 8. Rundfunk-Entscheidung.

407 Hier zitiert *Grabenwarter* fehlerhafter Weise: BVerfGE 72, 183, 187 (eine Entscheidung, die gar nicht existiert) – das Zitat ergibt sich tatsächlich nur aus der Entscheidung des OVG Münster, 23.01.1989 – 13 A 202/88, BeckRS 2015, 49753 – Postsendung.

408 *Grabenwarter*, in: *Maunz/Dürig* (Hrsg.), GG, 92. EL August 2020, Art. 5 Abs. 1, Abs. 2 Rn. 109.

409 BVerfGE 128, 226, 266 – Fraport-AG.

410 BVerfGE 102, 347, 364 – Schockwerbung I.

411 OVG Münster, BeckRS 2015, 49753.

412 BVerfGE 90, 60, 87.

413 Dies ist jedoch soweit ersichtlich nicht empirisch nachgewiesen.

Trigger-Warnungen kann jedoch immer mit einem einfachen „Nein“ entgegengetreten werden. In einigen Fällen könnte sogar der soziale Druck von anderen Hochschulmitgliedern dazu führen, dass Trigger-Warnungen nicht weiter verwendet werden. Letztendlich ist die Verwendung von Trigger-Warnungen durch Privatpersonen eine freie Entscheidung, welche genauso unter den Schutz der Meinungsfreiheit fällt, wie das Besprechen entsprechender Themen ohne Trigger-Warnung.

Es wird befürchtet das Trigger-Warnungen einen sozialen *chilling effect* entfalten könnten (→ S. 28ff., 110ff.). Solange diese aber nur durch Privatpersonen freiwillig angewendet oder gefordert werden, kann auch bei entsprechender Verwendung nicht von einem „die Lebensluft des freiheitlichen-demokratischen Staates“[414] erstickenden Effekt gesprochen werden. Die Schutzpflichtgarantie des Staates sollte auf den Staat in seinen Grundfesten erschütternde private Verhaltensweisen beschränkt bleiben. Dies ist bei der Nutzung von Trigger-Warnungen durch Hochschullehrer*innen und wissenschaftliches Hochschulpersonal bei der Organisation von gesellschaftspolitischen Veranstaltungen nicht der Fall.

Der Staat hat mithin keine Schutzpflicht gegenüber Hochschullehrer*innen und dem wissenschaftlichen Hochschulpersonal, Trigger-Warnungen zu verbieten.

2. Eingriff in die Meinungsfreiheit durch Verwendung von Trigger-Warnungen durch Hochschullehrer*innen und dem wissenschaftlichen Hochschulpersonal

Eine Konsequenz der Existenz von staatlichen Schutzpflichten ist die mittelbare Drittwirkung. Die mittelbare Drittwirkung bewirkt keine unmittelbare Wirkung und Anwendbarkeit der Meinungsfreiheit unter Privatpersonen, sondern verhilft der Meinungsfreiheit vielmehr mittelbar zum Durchbruch. So müssen staatliche Entscheidungen, die in einem Rechtsstreit über eine Meinungsäußerung zwischen Privatpersonen ergehen, die einschlägigen Vorschriften in grundrechtskonformer Weise anwenden.[415]

Das heißt, die Meinungsfreiheit gilt zwar nicht unmittelbar zwischen Privatpersonen, aber staatliche Entscheidungen, die in einem Rechtsstreit über eine Meinungsäußerung zwischen Privaten ergehen, müssen die ein-

414 OVG Münster, BeckRS 2015, 49753.

415 *Degenhart*, in: *Kahl/Waldhoff/Walter* (Hrsg.), Bonner Kommentar, 185. Lfg. 2017, Art. 5 Abs. 1 und 2 Rn. 65f.

schlägigen Vorschriften in grundrechtskonformer Weise anwenden. Als Folge dieser grundrechtskonformen Anwendung ist nicht das Verhalten der Privatperson, das heißt hier der organisierenden Hochschullehrer*innen oder dem organisierenden wissenschaftlichen Hochschulpersonal, sondern die staatliche Entscheidung als Eingriff in Art. 5 Abs. 1 GG zu werten und an den Maßstab der Art. 5 Abs. 1, 2 GG gebunden.[416]

Somit verletzt die Nutzung von Trigger-Warnungen durch Hochschullehrer*innen und wissenschaftliches Hochschulpersonal bei der Organisation einer gesellschaftspolitischen Veranstaltung nicht unmittelbar die Meinungsfreiheit: Mangels staatlicher Eingriffshandlung liegt kein Eingriff in die Meinungsfreiheit vor. Sollte es aber zu einem zivilrechtlichen Streit um Trigger-Warnungen kommen, so hat das entsprechende Gericht die Ausstrahlungswirkung der Meinungsfreiheit in seiner fachgerichtlichen Entscheidung entsprechend zu beachten.

3. Resümee

Die Verwendung von Trigger-Warnungen durch Hochschullehrer*innen und wissenschaftliches Hochschulpersonal bei gesellschaftspolitischen Veranstaltungen stellt weder einen Eingriff in die Meinungsfreiheit dar noch löst diese eine Schutzpflicht des Staates zugunsten der Meinungsfreiheit aus. Es handelt sich um Verhaltensweisen, die der Meinungsfreiheit gegenüber neutral sind.

IV. Fazit

Im Ergebnis wird daher festgestellt, dass die Einführung einer abstrakt-generellen Trigger-Warnungs-Maßnahme für gesellschaftspolitische Veranstaltungen durch die Hochschule nicht erforderlich ist und mithin einen verfassungswidrigen Eingriff in die Meinungsfreiheit darstellen würde. Die freiwillige und private Verwendung von Trigger-Warnungen durch Hochschullehrer*innen und wissenschaftliches Hochschulpersonal hingegen beeinträchtigt die Meinungsfreiheit nicht und löst keine Schutzpflicht des Staates aus.

---

416 *Degenhart*, in: *Kahl/Waldhoff/Walter* (Hrsg.), Bonner Kommentar, 185. Lfg. 2017, Art. 5 Abs. 1 und 2 Rn. 65f.

C. Treue zur Verfassung und beamtenrechtliches Mäßigungsgebot

Der umfassende Schutz von Hochschullehrer*innen und wissenschaftlichen Hochschulpersonal in deren akademischen wie gesellschaftspolitischen Tätigkeit an Hochschulen findet seine Grenzen insbesondere in der Bindung an die Treue zur Verfassung und dem beamtenrechtlichen Mäßigungsgebot. Es ist zu überlegen, ob Trigger-Warnungen der Sicherung dieser Gebote dienen könnten.

I. Bindung an die Treue zur Verfassung

Lehrende sind gem. Art. 5 Abs. 3 S. 2 GG an die Treue zur Verfassung gebunden. Ein Verstoß gegen diese Bindung liegt allerdings nur dann vor, wenn Lehrende den Hörsaal zur verfassungsfeindlichen Agitation missbrauchen.[417] Die verfassungsfeindliche Agitation wird in aller Regel nicht mehr unter wissenschaftliche Lehre fallen, da es ihr wohl an Wissenschaftlichkeit fehlen wird. Es geht dabei wohl eher um die Fälle, in denen der Hörsaal im Rahmen von Lehrveranstaltungen zweckentfremdet wird und die Äußerungen der Lehrenden als gesellschaftspolitische Äußerungen „nur" unter die Meinungsfreiheit und nicht mehr unter die Lehrfreiheit fallen.[418] Das Gebot der Verfassungstreue soll verhindern, dass Professor*innen ein derart mächtiges Sprachinstrument wie die Lehre an einer Hochschule für ihre eigene Agenda missbrauchen. Zulässig bleibt es trotzdem, wissenschaftliche Kritik an der Verfassung zu üben.[419]

Das Gebot zur Bindung an die Verfassungstreue ist als Privilegierung der Lehrenden im Vergleich zu nicht-lehrenden Hochschullehrer*innen und nicht-lehrendem wissenschaftlichen Hochschulpersonal zu verstehen,

---

417 *Bethge*, in: *Sachs* (Hrsg.), GG, 8. Aufl. 2018, Art. 5 Rn. 227; *Britz*, in: *Dreier* (Hrsg.), GG, Band I, 3. Aufl. 2013, Art. 5 III (Wissenschaft) Rn. 50; *Hesse*, Grundzüge des Verfassungsrechts der Bundesrepublik Deutschland, 20. Aufl. 1995, Rn. 403; *Kempen*, in: *Epping/Hillgruber* (Hrsg.), BeckOK GG, 46. Ed. Stand: 15.02.2021, Art. 5 Rn. 200; *Starck/Paulus*, in: *v. Mangoldt/Klein/Starck* (Hrsg.), GG, 7. Aufl. 2018, Band 1, Art. 5 Rn. 549.

418 *Löwer*, in: *Merten/Papier* (Hrsg.), Handbuch der Grundrechte, Band IV, 2011, § 99 Rn. 65.

419 *Britz*, in: *Dreier* (Hrsg.), GG, Band I, 3. Aufl. 2013, Art. 5 III (Wissenschaft) Rn. 50; *Jarass*, in: *Jarass/Pieroth* (Hrsg.), GG, 16. Aufl. 2020, Art. 5 Rn. 150; *Löwer*, in: *Merten/Papier* (Hrsg.), Handbuch der Grundrechte, Band IV, 2011, § 99 Rn. 65. Auch wenn dies anfangs umstritten war: *Gärditz*, in: WissR 51 (2018), S. 5, 32f.

denn Forschende und Wissenschaftler*innen sind an Hochschulen an das beamtenrechtliche Mäßigungsgebot (→ S. 148ff.) gebunden, welches strengere Grenzen zieht als die Verfassungstreue. Die Verfassungstreue lässt gesellschaftspolitische Diskurse durch Beamt*innen in der Lehre so weit zu, bis diese verfassungsfeindliche Agitation darstellen. Die Grenzen außerhalb der Lehre sind sehr viel enger zu ziehen.

Trigger-Warnungen schützen letztendlich nicht vor verfassungsfeindlicher Agitation im Hörsaal. Lehrende, die diese Grenze überschreiten wollen, werden dies nicht durch eine vorherige Ankündigung im Syllabus kenntlich machen. Außerdem würde die Trigger-Warnung nicht verhindern, dass es zur verfassungsfeindlichen Agitation kommen würde, denn sie würde Studierenden nur die Möglichkeit geben, die entsprechende Veranstaltung zu meiden oder vorbereitet teilzunehmen.

Weiterhin muss erwähnt werden, dass Trigger-Warnungen eben nicht vor Äußerungen seitens der Lehrenden schützen sollen, die grundsätzlich als verfassungsfeindlich angesehen werden könnten. Die Schwelle für eine Trigger-Warnung setzt viel früher an, so sollen Trigger-Warnungen neben psychischen Traumata auch gesellschaftlich traumatische Erfahrungen kennzeichnen. Die Thematisierung entsprechender Inhalten bewegt sich aber nicht auf einer rechtlich greifbaren Ebene.

Das Gebot der Verfassungstreue aus Art. 5 Abs. 3 S. 2 GG ist demnach kein Einfallstor für die Verwendung von Trigger-Warnungen. Trigger-Warnungen sind weder notwendig noch zielführend bei der Gewährleistung der Einhaltung der Treue zur Verfassung.

II. Beamtenrechtliches Mäßigungsgebot

Außerhalb der Lehre gilt für Hochschullehrer*innen und verbeamtetes wissenschaftliches Hochschulpersonal das beamtenrechtliche Mäßigungsgebot, welches Bestandteil der aus dem Berufsbeamtentum hergebrachten Grundsätze aus Art. 33 Abs. 5 GG ist. Aus Art. 33 Abs. 5 GG ergeben sich Einschränkungen hinsichtlich der Wahrnehmung von nicht wissenschaftlichen Dienstaufgaben, der äußeren Form der Aufgabenerfüllung und der Einhaltung allgemeiner Regeln (wie z. B.: die Verfassungstreue, die politische Mäßigung im Hörsaal oder das Nebentätigkeitsrecht). Nicht dem beamtenrechtlichen Mäßigungsgebot unterfallen jedoch die Kerngehalte der

Wissenschafts-, Lehr- und Forschungsfreiheit, das heißt die wissenschaftliche Lehre an sich, die Forschung oder das wissenschaftliche Arbeiten.[420]

Für Beamt*innen gilt zwar kein grundsätzliches Verbot von politischer Betätigung, allerdings innerhalb ihres Dienstes schon. Dies führt dazu, dass Exkurse innerhalb von Lehrveranstaltungen, welche als politische Werbung zu qualifizieren sind, verboten sind. Während der Ausübung des Dienstes ist politische Betätigung zu unterlassen.[421]

Als Privatpersonen machen auch Beamt*innen von ihrer Meinungsfreiheit Gebrauch. Es ist jedoch zu beachten, dass die Meinungsäußerungsfreiheit von Beamt*innen als Privatpersonen durch das Beamt*innenverhältnis beschränkt wird. Werden Hochschullehrer*innen zu Veranstaltungen an der Hochschule im Rahmen ihrer politischen Betätigung eingeladen, so ist ihre Meinungsfreiheit durch das Mäßigungsgebot beschränkt. Es ist allerdings eine Einzelfallabwägung zwischen der Meinungsäußerungsfreiheit und der Mäßigungspflicht zu treffen.[422] Mindestens hinsichtlich des Bekenntnisses zur freiheitlich demokratischen Grundordnung muss allerdings (Minimal-)Konsens bestehen.[423]

Durch das beamtenrechtliche Mäßigungsgebot soll gesichert werden, dass die politische Betätigung oder private Äußerungen der Beamt*innen nicht der unparteiischen und gemeinwohlorientierten Amtsführung und dem Ansehen des Berufsbeamtentums im Wege steht.[424] Schon daran erkennt man jedoch, dass Trigger-Warnungen auch nicht zur Gewährleistung des beamtenrechtlichen Mäßigungsgebots dienen. Als Vorwarnung vor bestimmten generellen Themen verhindern Trigger-Warnungen letztendlich nicht, dass Beamt*innen in Lehrveranstaltungen oder bei Veranstaltungen der Hochschulen gegen das beamtenrechtliche Mäßigungsgebot verstoßen, wenn sie dies wollen. Ein solcher möglicher Verstoß wird auch durch das vorherige Aussprechen einer Trigger-Warnung nicht weniger schädlich für das Berufsbeamtentum und die angemessene Amtsführung.

---

420 *Gärditz*, in: *Maunz/Dürig* (Hrsg.), GG, 92. EL August 2020, Art. 5 Abs. 3 Rn. 176.

421 *Deutscher Bundestag/Wissenschaftliche Dienste*, Mäßigungsgebot für Bedienstete im Öffentlichen Dienst, Az: WD 6 – 3000 – 045/19, 28. März 2019, S. 4f.

422 *Wichmann*, in: *Wichmann/Langer, K.-U.* (Hrsg.), Öffentliches Dienstrecht, 8. Auflage 2017, Rn. 202.

423 *Werres*, in: *Brinktrine/Schollendorf* (Hrsg.), BeckOK Beamtenrecht Bund, 21. Ed. Stand: 01.01.2021, § 60 BBG Rn. 19.

424 *Deutscher Bundestag/Wissenschaftliche Dienste*, Mäßigungsgebot für Bedienstete im Öffentlichen Dienst, Az: WD 6 – 3000 – 045/19, 28. März 2019, S. 4ff.

Das beamtenrechtliche Mäßigungsgebot kann deshalb nicht als Grund für die Einführung von Trigger-Warnungen herangezogen werden.

III. Fazit

Trigger-Warnungen können weder der Sicherung des Gebots der Treue zur Verfassung noch dem beamtenrechtlichen Mäßigungsgebot dienen.

D. Ergebnis

Die Ausgestaltung der Freiheitsrechte der Hochschullehrer*innen und des wissenschaftlichen Hochschulpersonals zeigt, dass deren akademischer Lebensbereich umfassenden Schutz genießt. Dabei macht der Schutzgehalt keinen Unterschied, ob die jeweilige akademische Tätigkeit eine kommunikative oder eine „eigenbrötlerische" ist, noch ob die akademische Tätigkeit der Selbstverwirklichung und -entfaltung, der Sicherung von freier und freiheitlicher Ausbildung oder der Weitergabe von Forschungserkenntnissen an eine *Scientific Community* dient, noch nach dem Qualifikationsgrad der Grundrechtsträger*innen.

Für das Thema Trigger-Warnungen spielen vor allem die Rechte der Lehrenden an Hochschulen eine besondere Rolle, da Trigger-Warnungen einen kommunikativen Prozess zwischen Lehrenden und Studierenden ordnen sollen. Darüber hinaus können Trigger-Warnungen im allgemeinen Diskurs an der Hochschule eine Rolle spielen und mithin alle Hochschullehrer*innen sowie das gesamte wissenschaftliche Hochschulpersonal betreffen, unabhängig davon, ob diese auch Lehrende sind.

Trigger-Warnungen greifen dort, wo sie für Lehrveranstaltungen vorgeschrieben werden, in die inhaltliche, didaktische und methodische Ausgestaltungsfreiheit der Lehrenden ein. Diese Gestaltungsfreiheit ist zentraler Aspekt der den Lehrenden garantierten Lehrfreiheit. Lehrende müssen den Forderungen von Studierenden, Trigger-Warnungen zu benutzen, nicht nachkommen, dürfen sich aber auch nicht eingeschränkt fühlen, wenn andere Lehrende freiwillig und eigenständig Trigger-Warnungen in ihrem Unterricht benutzen. Die Entscheidung, Trigger-Warnungen zu verwenden, ist genauso eine von der Lehrfreiheit geschützte Lehrtätigkeit wie die Nichtverwendung.

Aus diesem Grund darf auch die Nichtverwendung nicht von der Hochschule vorgeschrieben werden. Es besteht keine staatliche Schutzpflicht, welche ein Trigger-Warnungs-Verbot rechtfertigen würde, insbesondere ist weder die Institution der Hochschule noch die freie und freiheitliche Lehre derart in Gefahr, dass ein solches notwendig wäre.

Auch bei gesellschaftspolitischen Veranstaltungen der Hochschule, welche nicht in die Lehre fallen, sind Trigger-Warnungen denkbar. Außerhalb der Lehre könnten Trigger-Warnungen jedoch die Meinungsfreiheit der Hochschullehrer*innen und des wissenschaftlichen Hochschulpersonals aufgrund ihres gesellschaftlichen *chilling effects* beeinträchtigen. Es handelt sich dann zwar nicht um eine unmittelbare Folge der hochschulrechtlichen Vorschrift, Trigger-Warnungen zu verwenden, allerdings ist die Folge der Hochschule trotzdem mittelbar zuzuordnen.

Die besprochenen Eingriffe können nicht damit erklärt werden, dass diese notwendig seien, um die Verfassungstreue oder das beamtenrechtliche Mäßigungsgebot zu sichern. Trigger-Warnungen könnten ein solches Ziel schon gar nicht erst erreichen.

Im Ergebnis könnte die Einführung von Trigger-Warnungen daher die Grundrechte der Hochschullehrer*innen und des wissenschaftlichen Hochschulpersonals, insbesondere der Lehrenden, verletzen.

Eine solche Grundrechtsverletzung könnte durch kollidierendes Verfassungsrecht gerechtfertigt sein. Dafür müssten die Rechtspositionen der Studierenden aber überhaupt grundrechtlich abgesichert sein. Dies zu überprüfen ist Aufgabe des nächsten Kapitels.

Kapitel 8. Grundrechte der Studierenden in Academia

Nachdem nun ausführlich geklärt wurde, welche Grundrechte den Lehrenden (und allgemein Hochschullehrer*innen und wissenschaftlichem Hochschulpersonal) im akademischen Kontext zustehen, stellt sich nun die Frage, ob Studierenden ein ähnlich starker und umfangreicher akademischer Grundrechtsschutz zusteht. Immerhin sind Studierende „nicht bloßes Objekt der Wissenschaftsvermittlung“[425] – so das BVerfG – und auch aus der Praxis lässt sich erkennen, dass die Hochschule für Studierende einen Teil ihres Lebensmittelpunktes darstellt (→ S. 43ff.). Dort erhalten sie nicht nur eine Ausbildung, sondern die Hochschule ist auch zentraler Ort ihrer Selbstentwicklung. Studierende sind genauso organischer Teil der Hochschulen wie Hochschullehrer*innen und wissenschaftliches Hochschulpersonal. Auch ihrer umfangreichen akademischen Ausbildung und Persönlichkeitsentfaltung sollte folglich im Kosmos Hochschule entsprechend grundrechtlicher Schutz zukommen.

A. „Studierenden-Grundrecht“?

Den Hochschullehrer*innen und dem wissenschaftlichen Hochschulpersonal, insbesondere den Lehrenden, steht durch die akademischen Grundrechte aus Art. 5 Abs. 3 S. 1 GG ein umfangreicher Schutz ihrer akademischen Tätigkeit zu. Fraglich ist, ob die Verfassung ein entsprechendes „Studierenden-Grundrecht“ vorsieht, welches umfangreich alle studentischen Tätigkeiten und die Selbstentwicklung der Studierenden durch diese Tätigkeiten sichert. Als spezielle Grundrechte der Studierenden kommen das Recht auf Bildung, die sog. Lern- oder Studierfreiheit und die Ausbildungsfreiheit in Frage.

I. Recht auf (Hochschul-)Bildung

Ein Recht auf Bildung findet sich im Verfassungstext so nicht, allerdings ist es Gegenstand zahlreicher völkerrechtlichen Deklarationen und Abkommen. Zuerst sollen daher die völkerrechtlichen Grundlagen und deren Schutzumfang geklärt (→ S. 153ff.), anschließend soll das Recht auf Bildung in der Verfassung verankert (→ S. 156ff., 159ff., 173ff.), zuletzt

---

425 BVerfGE 55, 37, 67f.

wird dann dessen Vermögen Trigger-Warnungen zu begründen, geprüft (→ S. 178ff.) werden.

1. Internationale Rechtsgrundlagen des Rechts auf Bildung

Das Recht auf Bildung findet sich in unterschiedlichen völkerrechtlichen Deklarationen und Abkommen, beispielsweise der Allgemeinen Erklärung der Menschenrechte (AEMR), dem Internationalen Pakt über wirtschaftliche, soziale und kulturelle Rechte (IPwirtR), der Europäischen Menschenrechtskonvention und ihren Zusatzprotokollen (EMRK, ZP EMRK) oder der Charta der Grundrechte der Europäischen Union (GRCh).[426] Aus all diesen Rechtstexten können sich völkerrechtliche Verpflichtungen für die Bundesrepublik Deutschland ergeben.

a) Art. 26 AEMR

Art. 26 AEMR formuliert schlicht: „Jeder Mensch hat ein Recht auf Bildung." Im Anschluss wird dann geregelt, dass Unterricht an Elementar- und Grundschulen für alle unentgeltlich zugänglich sein muss und Elementarunterricht für alle obligatorisch ist. Im Weiteren wird dann festgelegt, dass fachlicher oder beruflicher Unterricht allgemein zugänglich sein muss und der Zugang zu diesem nach Fähigkeiten und Leistungen bestimmt werden soll. Die AEMR trennt strikt zwischen allgemeiner Schulbildung und beruflicher (fachlicher) Ausbildung.

Wie verbindlich die AEMR ist, ist umstritten.[427] Ihre Verbindlichkeit wird damit begründet, dass sich diese aus Art. 38 Abs. 1 lit. a IGH-Statut herleiten lasse. Demnach sei die AEMR verbindliches Sekundärrecht, da es sich bei ihr um eine autoritative Verpflichtung menschenrechtlicher Verpflichtungen aus Art. 55 lit. c UN-Charta handele. Die Verbindlichkeit der AEMR ergebe sich aus der Verbindlichkeit der UN-Charta.[428] Dem kann aber entgegengehalten werden, dass die Präambel der AEMR deren

426 Außerdem findet sich das Recht auf Bildung noch in der Erklärung über die Rechte des Kindes, dem Übereinkommen gegen Diskriminierung im Unterrichtswesen und dem Übereinkommen über die Rechte des Kinders – aufgrund der eindeutigen Schul- und Kindbezogenheit der entsprechende Dokumente wird auf diese hier nicht eingegangen.

427 *Verdross/Simma*, Universelles Völkerrecht, 2010, S. 405ff. mit Fn. 27, 28.

428 *Brownlie*, Principles of Public International Law, 7. Aufl. 2008, S. 608.

unverbindlichen Charakter unterstreicht („gemeinsame *Auffassung*", „als das von allen Völkern und Nationen zu *erreichende* und gemeinsame *Ideal*").[429] Weiterhin beschränkt sich die Befugnis der Generalversammlung auf das Aussprechen und Formulieren von Empfehlungen, vgl. Art. 10 und Art. 13 Abs. 1 lit. b UN-Charta.[430] Die AEMR ist daher nicht als verbindlich anzusehen.

Es ergeben sich weder konkrete Verpflichtungen der Bundesrepublik Deutschland noch konkrete Rechte der Studierenden aus Art. 26 AEMR.

b) Art. 13 Internationaler Pakt über wirtschaftliche, soziale und kulturelle Rechte (IPwirtR)

Die Bundesrepublik Deutschland ist dem IPwirtR beigetreten. Dieser bestimmt in Art. 13 IPwirtR, dass die Vertragsstaaten das Recht aller auf Bildung anerkennen. Zwar ergeben sich aus diesem Vertrag verbindliche Verpflichtungen für die Vertragsstaaten, jedoch keine subjektiven Abwehrrechte für Individuen. Für die Vertragsstaaten ergeben sich beispielsweise Pflichten zur Ermöglichung unentgeltlichen Schulunterrichts, aber auch i.V.m. Art. 2 Abs. 2 IPwirtR, Diskriminierungsverbote innerhalb des Bildungssystems.[431]

Bezüglich der Bemühungspflichten des Art. 13 IPwirtR können keine Ansprüche gerichtlich geltend gemacht werden, da der IPwirtR nur dann unmittelbar im Vertragsstaat anwendbar ist, wenn er hinreichend konkret formuliert ist. Etwas anderes gilt hingegen bei den Diskriminierungsverboten in der Bildung – diese können vor Gericht unmittelbar geltend gemacht werden.[432]

Allerdings kennt der IPwirtR bezüglich der Hochschulbildung von Studierenden nur eine Bemühungspflicht, Hochschulunterricht jedermann gleichermaßen entsprechend den jeweiligen Fähigkeiten zugänglich zu machen. Aus dieser Bemühungspflicht erwächst aber kein subjektiver Anspruch der Studierenden – mal ganz abgesehen davon, dass die Bundesre-

---

429 Vgl. auch: *Poscher/Rux/Langer, T.*, Das Recht auf Bildung, 1. Aufl. 2009, S. 17.

430 *Kempen/Hillgruber*, Völkerrecht, 2. Aufl. 2012, § 52 Rn. 10; *Schweisfurth*, Völkerrecht, 2006, 2. Kap. Rn. 172; *Warg*, Universeller Menschenrechtsschutz in der Allgemeinen Erklärung und den beiden UN-Pakten, in: ZEuS 2002, S. 607, 619.

431 Ausführlich hierzu: *Poscher/Rux/Langer, T.*, Das Recht auf Bildung, 1. Aufl. 2009, S. 35ff.

432 *Poscher/Rux/Langer, T.*, Das Recht auf Bildung, 1. Aufl. 2009, S. 47ff.

publik Deutschland dieser Bemühungspflicht nachkommt und dagegen nicht durch fehlende Trigger-Warnungs-Maßnahmen verstoßen könnte.

Intendierte Diskriminierungen könnte zwar theoretisch unmittelbar vor deutschen Gerichten geltend gemacht werden, allerdings gehen hier die Grundrechte der deutschen Verfassung erst einmal vor.

Der IPwirtR kennt also ein Recht auf Bildung, welches die Vertragsstaaten zur Implementierung von Maßnahmen, die den Zugang zur Bildung sichern, verpflichtet, jedoch entwickelt dieses nur in wenigen Fällen unmittelbare subjektive Wirkung für Individuen.

c) Art. 2 S. 1 ZP 1 EMRK

Die EMRK beinhaltet zwar kein Recht auf Bildung, allerdings wurde ein solches im ersten Zusatzprotokoll angefügt: Art. 2 S. 1 ZP 1 EMRK verbietet das Verwehren von Bildung. Das Recht auf Bildung aus Art. 2 S. 1 ZP 1 EMRK umfasst nicht nur das Recht auf Ausbildung, sondern insbesondere auf höhere (Hochschul-)Bildung – nicht aber auf Berufsausbildung.[433] Es befähigt dazu, dass man bei Existenz einer staatlichen Ausbildungseinrichtung und Vorliegen der Voraussetzungen die Möglichkeit haben muss, von dieser Einrichtung effektiv Gebrauch zu machen.[434] Es handelt sich um ein derivatives Teilhaberecht, welches zwar den Zugang zu bestehenden Bildungseinrichtungen schützt, nicht aber einen Anspruch auf Einrichtung neuer Bildungsangebote gewährt.[435]

d) Art. 14 Abs. 1 Alt. 1 und Alt. 2 GRCh

Die Grundrechtecharta der EU formuliert in Art. 14 Abs. 1 GRCh, dass jede Person ein Recht auf Bildung hat (Alt. 1) und weiterhin ein Recht auf Zugang zu beruflicher Aus- und Weiterbildung (Alt. 2). Dabei garantiert das Recht auf Bildung aus Alt. 1 die schulische Bildung, das heißt „jede Form von Ausbildung [...], die nicht auf den Erwerb einer berufsbezoge-

433 *Langenfeld*, in: *Dörr/Grote/Marauhn* (Hrsg.), EMRK/GG, Konkordanzkommentar, Band II, 2. Aufl. 2013, Kap. 23 Rn. 17.

434 *Iliopoulos-Strangas*, in: *Merten/Papier* (Hrsg.), Handbuch der Grundrechte, Band VI/1, 2010, § 145 Rn. 40.

435 *Langenfeld*, in: *Dörr/Grote/Marauhn* (Hrsg.), EMRK/GG, Konkordanzkommentar, Band II, 2. Aufl. 2013, Kap. 23 Rn. 13.

nen Qualifikation gerichtet ist."[436] Mindestens die Hochschulbildung ist daher vom Recht auf Bildung aus Art. 14 Abs. 1 Alt. 1 GRCh nicht mehr umfasst, diese fällt viel mehr unter Art. 14 Abs. 1 Alt. 2 GRCh – dem Zugangsrecht zur beruflichen Aus- und Weiterbildung.

Im Unterschied zum Recht *auf* Bildung gibt es im Bereich der Hochschulbildung nur ein Recht *auf Zugang* zu dieser Ausbildung. Es handelt sich bei Art. 14 Abs. 1 Alt. 2 GRCh nur um einen Anspruch auf diskriminierungsfreie Teilhabe an schon existierenden fachlichen/beruflichen Bildungseinrichtungen – einen originären Leistungsanspruch begründet Art. 14 Abs. 1 Alt. 2 GRCh allerdings nicht.[437]

e) Fazit

Für die universitäre Bildung existieren im internationalen Recht folglich Grundlagen, die zwischen universitärer und schulischer Bildung unterscheiden. Während für die schulische Bildung grundsätzlich ein originäres Teilhaberecht als Recht auf Bildung im Sinne eines sozialen Grundrechts formuliert wird, wird für die universitäre Bildung nur der diskriminierungsfreie Zugang nach den Fähigkeiten und Leistungen bestimmt. Bei den völkerrechtlichen Regelungen handelt es sich entweder um Verpflichtungen für die Bundesrepublik, ein angemessenes Schutzniveau für die Bildung und den Zugang zur Bildung zu schaffen (vgl. Art. 13 IPwirtR) oder um unmittelbar einklagbare Grundrechte der Grundrechtsträger*innen (Art. 2 S. 1 ZP 1 EMRK, Art. 14 Abs. 1 GRCh). Dies führt im Ergebnis dazu, dass mindestens das Schutzniveau der völkerrechtlichen Vereinbarungen durch die Grundrechte des Grundgesetzes erreicht werden muss.

2. Das Recht auf Bildung im Bonner Grundgesetz[438]

Der deutsche Gesetzgeber ist aufgrund zahlreicher völkerrechtlicher Verpflichtungen eigentlich dazu verpflichtet, ein Recht auf Bildung zu garan-

---

436 Ausführlich zur grammatikalischen und systematischen Auslegung des Begriffs *Bildung* aus Art. 14 Abs. 1 Alt. 1 GRCh: *C. Günther,* Die Auslegung des Rechts auf Bildung in der europäischen Grundrechtsordnung, 2007, S. 142ff.

437 *C. Günther*, Die Auslegung des Rechts auf Bildung in der europäischen Grundrechtsordnung, 2007, S. 227.

438 Die Landesverfassungen kennen – mit Ausnahme von Hamburg, Hessen, Saarland und Schleswig-Holstein – alle sehr wohl ein Recht auf Bildung (vgl. bspw.

tieren – allerdings findet sich ein solches nicht ausdrücklich im Grundrechtskatalog. Es ist zu klären, ob und vor allem wie das notwendige Schutzniveau für die Bildung anderweitig durch das Grundgesetz gewährleistet werden kann.

Die Schulbildung ist ausdrücklich in Art. 7 Abs. 1 GG erwähnt. Grundsätzlich formuliert Art. 7 Abs. 1 GG nur, dass das gesamte Schulwesen unter der Aufsicht des Staates steht. Aus diesem Erziehungsauftrag des Staates[439] folgt aber nach allgemeiner Auffassung die Verpflichtung der Bundesrepublik, ein leistungsfähiges öffentliches Schulsystem bereitzustellen.[440] Subjektive Ansprüche ergeben sich zwar nicht aus Art. 7 Abs. 1 GG, allerdings wird die Grundbildung von Kindern als Teil ihrer menschenwürdigen Entfaltung der Persönlichkeit nach Art. 2 Abs. 1 GG angesehen, sodass das BVerwG aus Art. 2 Abs. 1 GG ein Grundrecht auf Bildung im Sinne eines Leistungsanspruches herausliest.[441] Außerdem muss aufgrund von Art. 3 Abs. 1 GG und dem Sozialstaatsprinzip aus Art. 20 Abs. 1 GG Chancengleichheit hergestellt werden.[442] Die Zusammenschau dieser Grundrechte ergibt folglich einen Anspruch auf chancengleichen Zugang zur schulischen Grundbildung.[443] Nach herrschender Meinung ist

---

Art. 11 Abs. 1 BadWürttVerf, Art. 128 Abs. 1 BayVerf, Art. 29 Abs. 1 BbgVerf). Allerdings wird dieses, trotz der Formulierung als subjektives Recht, allgemein nur als eine Staatszielbestimmung angesehen: vgl. bspw.: *Sommermann*, Staatsziele und Staatszielbestimmungen, 1997, S. 234ff.; *Sachs*, in: *Sachs* (Hrsg.), GG, 8. Aufl. 2017, Vor Art. 1 Rn. 47, Art. 20 Rn. 52; *Richter*, in: *Denninger/Hoffmann-Riem/Schneider/Stein* (Hrsg.), AK-GG, Band I, 3. Aufl. 2001, Art. 7 Rn. 38; *Badura*, Staatsrecht, 7. Aufl. 2018, C Rn. 75. Da sich in dieser Arbeit auf die Bestimmungen des Grundgesetzes konzentriert wird, ist auf die Bestimmungen in den Landesverfassungen nicht weiter einzugehen.

439 *Th. Günther*, Zur Zulässigkeit der Errichtung privater Volksschulen als Bekenntnisschulen religiös-ethnischer Minderheiten nach Art. 7 Abs. 5 GG, 2006, S. 100ff.; *Thiel*, Der Erziehungsauftrag des Staates in der Schule, 2000, S. 22ff.; *Langenfeld*, Integration und kulturelle Identität zugewanderter Minderheiten, 2001, S. 213ff.

440 BVerfGE 26, 228, 239 – Sorsum; BVerfGE 34, 165, 182 – Förderstufe.

441 BVerwG, Urt. v. 15.11.1974 – VII C 12/74, NJW 1975, S. 1182, 1183 – schulorganisatorische Maßnahmen; BVerwG, Urt. v. 14.07.1978 – 7 C 11/76, NJW 1979, S. 229, 229 – Klassenversetzung; BVerwG, B. v. 02.07.1979 – 7 B 139/79, VerwRspr. 1980, S. 644, 644ff. – Erweiterung des Unterrichtsangebots.

442 *Langenfeld*, Integration und kulturelle Identität zugewanderter Minderheiten, 2001, S. 216ff.; *Langenfeld*, in: *Grote/Marauhn* (Hrsg.), EMRK/GG, 2. Aufl. 2013, Kap. 23 Rn. 15f.; *Poscher/Rux/Langer, T.*, Das Recht auf Bildung, 2009, S. 88.

443 Auswahl: BVerfGE 96, 288, 304 – Integrative Beschulung; h.L.: *Glotz/Faber*, in: *Benda/Maihofer/Vogel* (Hrsg.), Handbuch des Verfassungsrechts der Bundesrepublik Deutschland, 2. Aufl. 1994, § 28 Rn. 13f.; *Robbers*, in: *v. Mangoldt/*

aber unter schulischer Grundbildung nur die Grund- und Mittelschule zu fassen,[444] das heißt, schon Realschulen oder Gymnasien fallen nicht mehr unter das „Recht auf chancengleiche Bildung“[445], folglich sind Hochschulen erst recht nicht erfasst.

Das Recht auf Bildung aus den völkerrechtlichen Verträgen findet sich im Grundgesetz (normativ und begrifflich unscharf) als Recht auf chancengleiche *Elementarschul*bildung wieder. Ein Grundrechtsschutz für die universitäre Ausbildung ergibt sich hieraus nicht.

3. Fazit

Das Grundgesetz kennt kein umfassendes, einheitliches Recht auf jegliche Bildung, der Schutz ist vielmehr über mehrere Grundrechte verteilt. Wenn auch nicht ausdrücklich erwähnt, so findet sich der völkerrechtlich notwendige Schutz des Rechts auf Bildung in Art. 7 Abs. 1 GG – dieses ist jedoch begrenzt auf den Schutz der Elementarbildung. Die Hochschulbildung findet sich im Recht auf Bildung aus Art. 7 Abs. 1 GG nicht wieder.

Klein/Starck (Hrsg.), GG, 7. Aufl. 2018, Art. 7 Rn. 31, 33; *Pieroth*, Erziehungsauftrag und Erziehungsmaßstab der Schule im freiheitlichen Verfassungsstaat, in: DVBl. 1994, S. 949, 957. Teilweise auch Recht auf chancengleiche Bildung (Auswahl): *Richter*, in: *Denninger/Hoffmann-Riem/Schneider/Stein* (Hrsg.), AK-GG, Band I, 3. Aufl. 2001, Art. 7 Rn. 42; *Avenarius/Heckel*, Schulrechtskunde, 7. Aufl. 2000, S. 28f., 472f. *Oppermann*, Nach welchen rechtlichen Grundsätzen sind das öffentliches Schulwesen und die Stellung der an ihm Beteiligten zu ordnen?, Gutachten C für den 51. Deutschen Juristentag (DJT), 1976, S. 86ff.

444 *C. Günther*, Die Auslegung des Rechts auf Bildung in der europäischen Grundrechtsordnung, 2007, S. 190 m.w.N.

445 *Richter*, in: *Denninger/Hoffmann-Riem/Schneider/Stein* (Hrsg.), AK-GG, Band I, 3. Aufl. 2001, Art. 7 Rn. 42; *Avenarius/Heckel*, Schulrechtskunde, 7. Aufl. 2000, S. 28f., 472; *Oppermann*, Nach welchen rechtlichen Grundsätzen sind das öffentliches Schulwesen und die Stellung der an ihm Beteiligten zu ordnen?, Gutachten C für den 51. DJT, 1976, S. 88; *Th. Günther*, Zur Zulässigkeit der Errichtung privater Volksschulen als Bekenntnisschulen religiös-ethnischer Minderheiten nach Art. 7 Abs. 5 GG, 2006, S. 267; *Pieroth/Siegert*, Kulturelle Staatszielbestimmungen, in: RdJB 1994, S. 438, 444; *Reuter*, Schulrechtliche und schulpraktische Fragen der schulischen Betreuung von Kindern und Jugendlichen nichtdeutscher Erstsprache, in: RdJB 1999, S. 26, 29f.

II. Lern- oder Studierfreiheit

Einfachgesetzlich ist die Freiheit des Studiums ausdrücklich verankert (vgl. § 4 Abs. 4 HRG und vergleichbare Bestimmungen in den Landesgesetzen), fraglich ist aber, ob[446] und wenn ja woraus sich ein solches Recht aus dem Grundgesetz ergeben sollte. Die einfachgesetzliche Studierfreiheit umfasst „unbeschadet der Studien- und Prüfungsordnungen, insbesondere die freie Wahl von Lehrveranstaltungen, das Recht, innerhalb eines Studiengangs Schwerpunkte nach eigener Wahl zu bestimmen sowie die Erarbeitung und Äußerung wissenschaftlicher und künstlerischer Meinungen", vgl. § 4 Abs. 4 HRG.

Zuerst ist die Begrifflichkeit zu klären: Einfachgesetzlich wird von der Freiheit des Studiums gesprochen, jedoch wird in der Literatur meistens von Lernfreiheit gesprochen, teilweise wird auch Studierfreiheit verwendet – oftmals synonym.[447] *Fehling* geht davon aus, dass die Studierfreiheit die in Art. 12 Abs. 1 GG verankerte Ausbildungsfreiheit speziell für Studierende meint[448] – es ist aber nicht ersichtlich, warum es für die Ausbildungsfreiheit aus Art. 12 Abs. 1 GG für Studierende ein spezielles Wort geben soll. Die Freiheit des Studiums – abgeleitet aus Art. 5 Abs. 3 GG – bezeichnet er im Folgenden dann als Lernfreiheit.[449] *Bauer* stellt hingegen zuerst die Frage nach dem Grundrechtsrang der Studierfreiheit, unterscheidet dann aber weiterhin zwischen der Lernfreiheit „als der Kern der Berufsausbildungsfreiheit aus Art. 12 Abs. 1 GG" und der akademischen bzw. studentischen Lernfreiheit[450] und verwendet dann in den folgenden Ausführungen Studierfreiheit[451], studentische Lernfreiheit[452], akademische

446 Nur von einer einfachgesetzlichen Verankerung geht aus: *Oppermann*, in: *Isensee/Kirchhof* (Hrsg.), Handbuch des Staatsrechts, Band VI, 2. Aufl. 2001, § 145 Rn. 11. Hier wird die Vorauflage zitiert, da die 3. Aufl. 2009 anders kommentiert wurde.

447 Vgl. bspw.: *Glaser*, Die Studierfreiheit. Analyse eines ungeklärten „Grundrechts" in historischer und europäischer Perspektive, in: Der Staat 47 (2008), S. 213ff.; ablehnend: *Denninger*, in: *Denninger/Hoffmann-Riem/Schneider/Stein* (Hrsg.), AK-GG, Band I, 3. Aufl. 2001, Art. 5 Abs. 3 I Rn. 56: Die Lernfreiheit sei die Verkleinerung der akademischen Studierfreiheit.

448 *Fehling*, in: *Kahl/Waldhoff/Walter* (Hrsg.), Bonner Kommentar, 110. Lfg. März 2004, Art. 5 Abs. 3 (Wissenschaftsfreiheit) Rn. 96.

449 *Fehling*, in: *Kahl/Waldhoff/Walter* (Hrsg.), Bonner Kommentar, 110. Lfg. März 2004, Art. 5 Abs. 3 (Wissenschaftsfreiheit) Rn. 96.

450 *Bauer*, Wissenschaftsfreiheit in Lehre und Studium, 1980, S. 125f.

451 *Bauer*, Wissenschaftsfreiheit in Lehre und Studium, 1980, S. 126, 129, 134.

452 *Bauer*, Wissenschaftsfreiheit in Lehre und Studium, 1980, S. 129, 130.

Lernfreiheit[453] und Lernfreiheit[454] austauschbar. An diesem Begriffswirrwarr ist einiges auszusetzen. Zum einen gibt es keinen Grund, die Ausbildungsfreiheit aus Art. 12 Abs. 1 GG im Falle dessen, dass es sich um die Ausbildung von Studierenden handelt, in Studierfreiheit umzubenennen, der Wortlaut des Gesetzes ist hier eindeutig: Jede Ausbildung – ob Studium oder berufliche Ausbildung – fällt unter diese Freiheit und sie trägt den Namen Ausbildungsfreiheit. Zum anderen ist der Begriff Lernfreiheit irreführend, er wird wohl gerne verwendet, da in den Begriffen Lehr- und Lernfreiheit eine gewisse Korrelation mitschwingt. Es geht aber bei der Herleitung eines studentischen Grundrechts nicht einzig um das Lernen der Studierenden als Tätigkeit, welche zur Anhäufung von Wissen und dem Erwerb von Fertigkeiten führt. Vielmehr sollen dadurch auch andere Studienabschnitte wie das Schreiben von Prüfungen, das Auswählen von Veranstaltungen und Lehrenden, das Fernbleiben von Veranstaltungen usw., geschützt werden[455] – akkurater ist daher die Verwendung des Begriffs Studierfreiheit, denn es soll die Freiheit des Studiums und nicht die Freiheit des Lernens als singuläre Tätigkeit geschützt werden. Im Folgenden wird deswegen von der Studierfreiheit gesprochen.

Die Studierfreiheit ist nicht ausdrücklich in Art. 5 Abs. 3 GG erwähnt. Soll diese auch von diesem Grundgesetzartikel geschützt sein, so muss die Studierfreiheit unbedingter Teil der in Art. 5 Abs. 3 GG genannten Schutzgüter sein. Die Studierfreiheit könnte Teil der Wissenschaftsfreiheit[456] sein. Die herrschende Meinung geht davon aus, dass die Wissenschaftsfreiheit ein einheitliches Grundrecht darstellt, welches Forschungs- und Lehrfreiheit mit schützt (→ S. 68ff.). Unter dieser Prämisse wird argumentiert, dass auch die Studierfreiheit unter die Wissenschaftsfreiheit subsumiert werden kann.[457] Nimmt man jedoch an, dass die Lehrfreiheit ein eigen-

---

453 *Bauer*, Wissenschaftsfreiheit in Lehre und Studium, 1980, S. 125.

454 *Bauer*, Wissenschaftsfreiheit in Lehre und Studium, 1980, S. 131.

455 Vgl. zum Inhalt der „Lernfreiheit" aus Art. 5 Abs. 3 GG: *Bauer*, Wissenschaftsfreiheit in Lehre und Studium, 1980, S. 136ff.; so auch: *Kimminich*, in: *Flämig/Kimminich/Krüger/Meusel/Rupp/Scheven/Schuster/Stenbock-Fermor* (Hrsg.), Handbuch des Wissenschaftsrechts, Band I, 2. Aufl. 1996, S. 139f.

456 Dies wird i.d.R. nur von Personen vertreten, die die Wissenschaftsfreiheit als ein einheitliches Grundrecht ansehen, welches die Forschungs- und Lehrfreiheit umfasst. Eine Ansicht die hier abgelehnt wird (→ S. 87), dennoch ist darauf einzugehen, ob diese Argumentation handfest ist.

457 *Bethge*, in: *Sachs* (Hrsg.) GG, 8. Aufl. 2018, Art. 5 Rn. 208; *Denninger*, in: *Denninger/Hoffmann-Riem/Schneider/Stein* (Hrsg.), AK-GG, Band I, 3. Aufl. 2001, Art. 5 Abs. 3 I Rn. 56; *Rinken*, Verfassungsrechtliche Aspekte zum Status des Studenten, in: JuS 1968, S. 257, 260; *Stein*, Die Wissenschaftsfreiheit der Studierenden,

ständiges Grundrecht darstellt, so kann argumentiert werden, dass die Studierfreiheit das notwendige Korrelat der Lehrfreiheit[458] sei, ohne welche der wissenschaftliche Kommunikationsprozess nicht funktionieren könne und folglich die Studierfreiheit auch im Rahmen von Art. 5 Abs. 3 GG geschützt sei (→ S. 163ff.).[459]

1. Studierfreiheit als Teil der Wissenschaftsfreiheit

Unabhängig davon, ob man die Eigenständigkeit der Lehrfreiheit bejaht oder verneint, ist auf die Argumente derjenigen einzugehen, welche die Studierfreiheit als wissenschaftliche Tätigkeit unter die Wissenschaftsfreiheit subsumieren.

Die herrschende Lehre sieht Forschung und Lehre als Einzelteile eines einheitlichen Grundrechts der Wissenschaftsfreiheit an (→ S. 68ff.). Über den allgemein anerkannten Schutzbereich der Wissenschaftsfreiheit hinaus soll die Studierfreiheit dann als weiteres Schutzgut des Art. 5 Abs. 3 GG in den Rang eines Grundrechts gehoben werden. Dies wird damit begründet, dass auch das Studieren eine wissenschaftliche Tätigkeit sei.

Dies ist aber aus zwei Gründen abzulehnen – zum einen widerspricht dies der Systematik des Grundgesetzes. Geht man davon aus, dass die Wissenschaftsfreiheit ein einheitliches Grundrecht mit zwei Einzelteilen (oder zwei unselbstständigen Teilgrundrechten) ist, so wurden diese Einzelteile im Wortlaut des Art. 5 Abs. 3 GG ausdrücklich erwähnt („[...] Wissenschaft, Forschung und Lehre sind frei.“). Nach dieser Argumentation wird Wissenschaft gerade durch die zwei ausdrücklich genannten Teilbereiche Forschung und Lehre genauer beschrieben. Warum aber sollte dann die Wissenschaftsfreiheit noch einen weiteren Grundrechtsgehalt, welcher nicht ausdrücklich erwähnt ist, beinhalten?

Zum anderen stellt das generelle Studieren keine wissenschaftliche Tätigkeit dar. Nach allgemeiner Ansicht handelt es sich bei der Wissenschaftsfreiheit um ein Grundrecht, welches die Eigengesetzlichkeit der

---

in: JA 2002, S. 253, 256; *Bartsch*, Die Studentenschaften in der Bundesrepublik Deutschland, 1969, S. 26f.

458 Dies argumentieren zwar auch Vertreter*innen der Ansicht, dass die Lehrfreiheit nur unter die Wissenschaftsfreiheit fällt, jedoch kann diese Argumentation besonders fruchtbar gemacht werden, wenn man von einer Eigenständigkeit ausgeht.

459 *Kempen*, in: *Hartmer/Detmer* (Hrsg.), Hochschulrecht, 3. Aufl. 2017, Kap. 1 Rn. 95f.; *Köttgen*, Das Grundrecht der deutschen Universität, 1959, S. 66.

Wissenschaft schützt. Forschung und Lehre umschreiben nach dieser Ansicht nur Schutzbereichsausgestaltungen (→ S. 68ff.). Das BVerfG umschreibt das Schutzgut der Wissenschaftsfreiheit wie folgt: „Gegenstand dieser Freiheit sind vor allem die auf wissenschaftlicher Eigengesetzlichkeit beruhenden Prozesse, Verhaltensweisen und Entscheidungen bei der Suche nach Erkenntnissen, Deutung und Weitergabe.“[460] Zentrales Merkmal der Wissenschaftsfreiheit ist die wissenschaftliche Eigengesetzlichkeit. Studieren ist aber in aller Regel nicht durch wissenschaftliche Eigengesetzlichkeit geprägt. Studierende können zwar in einem gewissen Rahmen ihre Lehrveranstaltungen selber wählen, welcher Stoff dort vermittelt wird, ist einzig und allein die Entscheidung der Lehrenden und durch deren Lehrfreiheit geschützt (→ S. 71ff., 88ff.). Studierende können nicht frei entscheiden, welche Prüfungen sie zu welcher Zeit und in welchem Rahmen ablegen, denn dies ist in aller Regel in der Studien- und Prüfungsordnung festgelegt. Studierende haben zwar gewisse Auswahlmöglichkeiten bei der Gestaltung ihres Studiums, dabei sind sie aber an das feste Korsett der Studien- und Prüfungsordnung ihres Studiengangs gebunden. Mit wissenschaftlicher Eigengesetzlichkeit haben die Gestaltungsmöglichkeiten von Studierenden nichts gemeinsam. Weiterhin dient die akademische Ausbildung in weiten Teilen heutzutage der Berufsausbildung (→ S. 43ff., 78ff.), sodass die Studierenden vorwiegend Fähigkeiten erlernen, welche später im Beruf notwendig sind. Mit wissenschaftlichem Arbeiten – das heißt dem Streben nach neuen Erkenntnissen, der Deutung und Weitergabe dieser – hat der akademische Ausbildungsprozess wenig zu tun. Die Studierenden arbeiten also weder in wissenschaftlicher Eigengesetzlichkeit noch arbeiten sie wissenschaftlich. So kann das Studieren nicht generell als wissenschaftliche Tätigkeit angesehen werden, welche in den Schutzbereich der Wissenschaftsfreiheit fallen könnte.

Unwichtig ist hier, dass es im Einzelfall vorkommen kann, dass Studierende eigengesetzlich und wissenschaftlich arbeiten. So sind beispielsweise Medizinstudierende denkbar, die in der dem allgemeinen Medizinstudium angehörenden Doktorarbeitsphase wissenschaftlich forschend tätig werden. Genauso sind Studierende anderer Disziplinen denkbar, die in Bachelorarbeiten wissenschaftlich arbeiten und zur Findung, Deutung und Weitergabe von Erkenntnissen beitragen. Jedoch fällt eine solche Tätigkeit sowieso unter die Forschungsfreiheit – geschützt ist dann der konkrete Forschungsvorgang und nicht das gesamte Studium. Dass im Einzelfall Studierende doch während ihres Studiums wissenschaftlich tätig werden

460 BVerfGE 35, 79, 112; BVerfGE 90, 1, 11f.

können, bedeutet eben nicht, dass die gesamte Zeit des Studierens von der Wissenschaftsfreiheit erfasst ist, sondern vielmehr nur, dass einzelne Teile des Studiums von dieser geschützt sein können, wenn es zu wissenschaftlichen Tätigkeiten kommt (→ S. 182ff.).

Dasselbe gilt auch dann, wenn Studierende sich durch wissenschaftliche Methode eine eigene wissenschaftliche Meinung bilden – diese Tätigkeit ist von der Wissenschaftsfreiheit umfasst, benötigt demnach keine eigene Studierfreiheit, sondern fällt einfach unter den Schutz der wissenschaftlichen Tätigkeit aus Art. 5 Abs. 3 GG (→ S. 182ff.). So schreibt *Bleckmann*, dass die Wissenschaftsfreiheit unbedingt eine Studierfreiheit garantieren muss, da „auch die Vorbereitung in die Methoden und Ergebnisse einer bestimmten Wissenschaft" geschützt sein müssen.[461] Allerdings ist dem entgegenzuhalten, dass dies nur dann Sinn ergibt, wenn diese Vorbereitungsarbeiten auch wissenschaftlichen Charakter haben, da ansonsten der in Art. 5 Abs. 3 GG vorausgesetzte Wissenschaftsbezug fehlt. Außerdem gilt, dass – soweit die Vorbereitungstätigkeit wissenschaftlichen Charakter hat – sowieso schon eine wissenschaftliche Tätigkeit vorliegt, welche logischerweise dann von Art. 5 Abs. 3 GG geschützt ist.

Nun kann zuletzt noch argumentiert werden, dass die Studierfreiheit unter den unselbstständigen Teil der Lehrfreiheit fällt und aus diesem Grund dann konsequenterweise der Wissenschaftsfreiheit zugeordnet werden kann, auf das Verhältnis von Studier- und Lehrfreiheit wird aber eigens einzugehen sein (→ S. 159ff.).

Im Ergebnis fällt die Studierfreiheit nicht unter die Wissenschaftsfreiheit aus Art. 5 Abs. 3 GG, da es an der Wissenschaftlichkeit des allgemeinen Studierens fehlt.

2. Studierfreiheit als Teil der (eigenständigen) Lehrfreiheit

Auch wenn die herrschende Lehre und Rechtsprechung nicht davon ausgehen, dass die Lehrfreiheit ein eigenständiges Grundrecht darstellt, so sind die Ausführungen, welche diese zum Einzelteil bzw. unselbstständigen Teilgrundrecht der Lehre machen, doch auf eine eigenständige Betrachtung der Lehrfreiheit zu übertragen.

---

461 *Bleckmann*, Staatsrecht II, 4. Aufl. 1997, S. 864.

a) Historie

Art. 5 Abs. 3 GG geht direkt auf Art. 142 WRV zurück (→ S. 75f.), welcher wiederum an § 152 der Paulskirchenverfassung anknüpft. Nach allgemeiner Ansicht schützte § 152 der Paulskirchenverfassung nicht nur die Lehrfreiheit der Professor*innen, sondern auch die Studierfreiheit der Studierenden.[462] Zwar entfaltet die Paulskirchenverfassung keine unmittelbare Rechtswirkung, jedoch ist die verfassungshistorische Auslegung auch für die heutige Interpretation der Lehrfreiheit von Bedeutung.[463] Nach damaliger Ansicht konnte der Staat die freie Lehre nicht schützen, ohne dass er gleichzeitig die Studierfreiheit mit schützte.[464] Das Bild der Hochschule war damals nach *humboldt*'schem Ideal (→ S. 43ff., 75f.) eines der Gemeinschaft von Lehrenden und Lernenden, sodass § 152 der Paulskirchenverfassung „die akademische Freiheit in Gestalt der untrennbaren Trias von Forschungsfreiheit, Lehrfreiheit und Lernfreiheit"[465] gewährleistete.[466] Die Studierfreiheit umfasste dabei die Freiheit, die „Gegenstände, die Reihenfolge und die Ausdehnung des Studiums, unter mehreren Lehrern [sic] desselben Fachs den ihm [sic] am besten zusagenden, von verschiedenen Universitäten die ihm [sic] gelegenste frei"[467] zu wählen. Weiterhin schützte die Studierfreiheit das Recht auf diskriminierungsfreie Zulassung zur Hochschule und das negative Recht, nicht zu lernen.[468] Die Studierfreiheit begründete sich vor allem darin, dass man die Hochschule nach *Humboldt* (→ S. 43f.) als einen Ort des gemeinsamen wissenschaftlichen Austauschs ansah. So waren Vorlesungen Orte, an welchen durch den gemeinsamen Austausch der Lehrenden und Lernenden Forschung betrieben wurde.[469]

---

462 *Bluntschli/Brater* (Hrsg.), Deutsches Staats-Wörterbuch, Band VI, 1861, S. 367ff., 370f.; *Zachariä*, Staats- und Bundesrecht, Band 2, 1842, S. 351ff.; *Müller*, Die Lehr- und Lernfreiheit, 1911, S. 203f., 257; *Huber*, Deutsche Verfassungsgeschichte, Band 3, 3. Aufl. 1988, S. 119.

463 *Glaser*, in: Der Staat 47 (2008), S. 214, 218; ebenso: *Kahl*, Hochschule und Staat, 2004, S. 39.

464 *Kahl*, Hochschule und Staat, 2004, S. 39; *Strauch*, Staatliche und akademische Prüfungsordnungen, 1978, S. 192; *Zwirner*, Zum Grundrecht der Wissenschaftsfreiheit, in: AöR 98 (1973), S. 313, 317.

465 *Glaser*, in: Der Staat 47 (2008), S. 214, 219.

466 *Rothenbücher*, Das Recht der freien Meinungsäußerung, in: VVDStRL 4 (1928), S. 6, 34.

467 *Müller*, Die Lehr- und Lernfreiheit, 1911, S. 251.

468 *Müller*, Die Lehr- und Lernfreiheit, 1911, S. 251.

469 *Fries*, Die Rechtsstellung des Studenten innerhalb der wissenschaftlichen Hochschule, 1974, S. 54f.

Eine Unterscheidung zwischen Lehr- und Studierfreiheit bestand kaum, da Lehrende wie Lernende gleichermaßen an der Suche nach Wahrheit im Sinne der Wissenschaft beteiligt waren[470]: „Die Einheit von Lehrenden und Lernenden war das konstituierende Prinzip der klassisch-idealistischen Universität."[471] Aus dieser Einheit ergibt sich eindeutig, dass die „Lehre" aus § 152 der Paulskirchenverfassung sowohl die Lehr- als auch die Studierfreiheit umfasste.

Auch die akademische Freiheit aus Art. 142 WRV umfasste – zumindest anfangs – nach allgemeiner Ansicht sowohl die Lehr- als auch die Studierfreiheit.[472] Dies lag vor allem in ihrer historischen Verbundenheit zur Paulskirchenverfassung und den Preußischen Verfassungsurkunden begründet, welche beide unstrittig die Studierfreiheit schützten.[473] Mit der Zeit wurde diese Ansicht jedoch kritisiert: Zum einen liegen keine eindeutigen Beratungen zur Studierfreiheit vor, sodass eine Einbeziehung der Studierfreiheit in die Lehrfreiheit nicht ausdrücklich übernommen wurde.[474] Zum anderen flammte die Diskussion um die institutionellen Gehalte der Wissenschaftsfreiheit auf, sodass die abwehrrechtliche Studierfreiheit in den Hintergrund trat.[475] So wurde schon zu mittleren Zeiten der WRV die Studierfreiheit nicht mehr als eigenständig geschütztes Recht mit Grundrechtsrang, sondern höchstens „noch als reflexiv mitgeschütztes Korrelat der Lehrfreiheit angesehen."[476]

Wie steht es nun jedoch um die Lehrfreiheit aus Art. 5 Abs. 3 GG – garantiert diese auch die Studierfreiheit als grundrechtlich geschütztes Recht?

---

470 *Fries*, Die Rechtsstellung des Studenten innerhalb der wissenschaftlichen Hochschule, 1974, S. 54f.

471 Direktes Zitat: *Glaser*, in: Der Staat 47 (2008), S. 214, 219f. mit Fn. 40.

472 *Kahl*, Hochschule und Staat, 2004, S. 49; *Rinken*, in: JuS 1968, S. 257, 258; *Smend*, in: VVDStRL 4 (1928), S. 44, 58; *Zwirner*, in: AöR 98 (1973), S. 313, 314.

473 *Anschütz*, Die Verfassung des Deutschen Reichs vom 11. August 1919, 14. Aufl. 1933, S. 658; *Glaser*, in: Der Staat 2008, S. 214, 220f.

474 *Smend*, in: VVDStRL 4 (1928), S. 44, 57; *Glaser*, in: Der Staat 47 (2008), S. 214, 220.

475 Dazu grundlegend: *Smend*, in: VVDStRL 4 (1928), S. 44, 64ff.; ferner: *Anschütz*, Die Verfassung des Deutschen Reichs vom 11. August 1919, 14. Aufl. 1933, S. 662ff.

476 Direktes Zitat: *Glaser*, in: Der Staat 47 (2008), S 214, 221 mit Verweis auf: *Holstein*, in: *Doeberl/Scheel/Schlink/Sperl/Spranger/Bitter/Frank* (Hrsg.) Das akademische Deutschland, Band III, 1930, S. 127, 132.

b) Rechtsprechung des Bundesverfassungsgerichts

Das BVerfG geht zwar nicht von einem eigenständigen Grundrecht der Lehrfreiheit aus, hat aber speziell zur Lehre aus Art. 5 Abs. 3 GG einige Aussagen zur Stellung der Studierenden getroffen, sodass diese im Rahmen der Lehrfreiheit besprochen werden. Das BVerfG formuliert zu der Frage, ob Studierende allgemein Grundrechtsträger*innen des Art. 5 Abs. 3 GG sein können: „Zumindest soweit der Student [sic] bereit und in der Lage ist, [...] an der wissenschaftlichen Lehre teilzuhaben, kann ihm [sic] das Grundrecht aus Art. 5 Abs. 3 GG zustehen."[477] Diese Aussage führt aber in erster Linie zu rechtlichen Problemen, denn es stellt sich die Frage, ob das BVerfG hier ausdrücklich von einem Grundrecht der Studierfreiheit sprechen wollte oder nur den Schutzbereich der Wissenschaftsfreiheit großzügiger Subsumtion (→ S. 68ff.) unterzogen hat. Immerhin verweist das BVerfG nur allgemein auf Art. 5 Abs. 3 GG und nicht auf ein konkretes (Teil-)Grundrecht. Wenn man eine Studierfreiheit in diese Aussage interpretiert, bleibt offen, ob Studierende dann, um Träger*innen der Studierfreiheit sein zu können, „bereit und in der Lage" sein müssten, an der Lehre teilzunehmen und wie eine solche „Bereitschaft" und ein solches „in der Lage sein" zu bestimmen wäre.[478] Da das BVerfG hier ausdrücklich nur die wissenschaftliche Lehre erwähnt, ist wohl davon auszugehen, dass es nicht ein eigenes Grundrecht für die Studierenden im Sinne der Studierfreiheit postulieren wollte, sondern wohl eher davon ausgeht, dass Studierende, soweit sie „bereit" und „in der Lage" sind, an der wissenschaftlichen Lehre teilzunehmen, auch eine wissenschaftliche Tätigkeit ausführen und es sich somit um eine Ausdehnung des Anwendungsbereichs der Wissenschaftsfreiheit aus Art. 5 Abs. 3 GG handelt.

Zwar sieht das BVerfG die Studierenden auch als „selbstständig mitarbeitende[s], an der wissenschaftlichen Erörterung beteiligte[s] Mitglied[er] der Hochschule"[479], deren Studium auf „aktive Teilnahme am Wissenschaftsprozeß hin angelegt"[480] ist, allerdings wird damit keine Aussage zur grundrechtlichen Existenz der Studierfreiheit gemacht. Art. 5 Abs. 3 GG ist kein „Hochschullehrer*innen-Grundrecht", welches nur einem beschränkten Grundrechtsträger*innenkreis zusteht. Denn soweit „irgendeine" Per-

---

477 BVerfGE 55, 37, 67f.

478 *Löwer*, in: *Merten/Papier* (Hrsg.), Handbuch der Grundrechte, Band IV, 2011, § 99 Rn. 68.

479 BVerfGE 55, 37, 67.

480 BVerfGE 55, 37, 67.

son aktiv am Wissenschaftsprozess teilnimmt, kann diese Grundrechtsträger*in sein. Die Studierfreiheit wäre damit ein Grundrecht, welches nicht von der wissenschaftlichen Tätigkeit abhängt, denn natürlich sind Studierende in wissenschaftlichen Tätigkeiten durch Art. 5 Abs. 3 GG geschützt. Fraglich ist aber, wo der Schutz für die Ausbildung herkommt, wenn diese nicht wissenschaftlich geprägt ist – ergibt sich beispielsweise der Schutz der freien Wahl des Studienganges aus einer in Art. 5 Abs. 3 GG angelegten Studierfreiheit oder einem anderen Grundrecht? Dazu macht das BVerfG jedoch keine Aussage, denn es beschränkt sich darauf das Offensichtliche zu postulieren: Wenn Studierende aktiv am Wissenschaftsprozess teilnehmen, sind sie Grundrechtsträger*innen von Art. 5 Abs. 3 GG.

Die Rechtsprechung des BVerfG zu Art. 5 Abs. 3 GG gibt letztlich keine Antwort auf die Frage, ob in der Wissenschafts- oder Lehrfreiheit auch die Studierfreiheit verankert ist.

c) Literatur

In der Literatur ist umstritten, ob sich eine spezielle Studierfreiheit aus Art. 5 Abs. 3 GG[481] oder nur die allgemeine Ausbildungsfreiheit aus Art. 12 Abs. 1 GG[482] (→ S. 173ff.) ergibt. Sollte sich ein grundrechtlicher Schutz der Studierfreiheit aus der Lehrfreiheit ergeben, so ist es – mangels ausdrücklicher Erwähnung der Studierfreiheit im Grundrechtstext – notwen-

481 *Kimminich*, Die Rechtsstellung der Studenten in der Universität, in: DVBl. 1968, S. 679, 683; *Kimminich*, in: *Flämig/Kimminich/Krüger/Meusel/Rupp/Scheven/Schuster/Stenbock-Fermor* (Hrsg.), Handbuch des Wissenschaftsrechts, Band I, 2. Aufl. 1996, S. 139f.; *Bauer*, Wissenschaftsfreiheit in Lehre und Studium, 1980, S. 131ff; *Bethge*, in: *Achterberg/Püttner/Würtenberger* (Hrsg.), Besonderes Verwaltungsrecht, Band I, 2. Aufl. 2000, § 13 Wissenschaftsrecht Rn. 19; *Bethge*, in: *Sachs* (Hrsg.), GG, 8. Aufl. 2018, Art. 5 Rn. 208; *Fehling*, in: *Kahl/Waldhoff/Walter* (Hrsg.), Bonner Kommentar, 110. Lfg. März 2004, Art. 5 Abs. 3 (Wissenschaftsfreiheit) Rn. 96ff., 121, 270.

482 *Gärditz*, in: *Maunz/Dürig* (Hrsg.), GG, 92. EL August 2020, Art. 5 Abs. 3 Rn. 122; *Geck*, in: VVDStRL 27 (1969), S. 143, 156ff.; *Geis*, in: *Geis* (Hrsg.), Hochschulrecht im Freistaat Bayern, 2. Aufl. 2017, Kap. II Rn. 34 nennt diesen Teil der Ausbildungsfreiheit auch „Lernfreiheit", verortet diese aber in Art. 12 GG. *Geis/Medeja*, in: *Ehlers/Fehling/Pünder* (Hrsg.), Besonderes Verwaltungsrecht, Band 3, 3. Aufl. 2013, § 85 Hochschule und Wissenschaft, Rn. 53ff., 79ff; *Mager*, in: *Isensee/Kirchhof* (Hrsg.), Handbuch des Staatsrechts, Band VII, 3. Aufl. 2009, § 166 Rn. 15; *Scholz*, in: *Maunz/Dürig* (Hrsg.), GG, 92. EL August 2020, Art. 12 Rn. 183; *Thieme*, Deutsches Hochschulrecht, 3. Aufl. 2004, Rn. 136ff.

dig, dass die Studierfreiheit unbedingter Bestandteil der Lehrfreiheit ist, ohne welchen die Lehrfreiheit funktionslos wäre.[483] Ohne Frage sind die Studierenden ein wichtiger Teil des Ausbildungsprozesses, denn ohne die Lernenden existiert kein Ausbildungsdialog. Um die nicht ausdrücklich erwähnte Studierfreiheit aus der Lehrfreiheit herauszulesen, müsste es aber möglich sein, dass die Studierfreiheit durch interpretatorische Auslegung der Lehrfreiheit als Grundrecht aus dieser hervorgeht.

Art. 5 Abs. 3 GG könnte neben der ausdrücklich genannten Wissenschaft, Lehre und Forschung auch das Studieren schützen. Dabei wird nicht angenommen, dass beispielsweise Studieren („Lernen") unter die wissenschaftliche Lehre falle, sondern dass Lehre ohne Studieren nicht denkbar sei und sich aus der Freiheit der Lehre daher eine Freiheit des Studierens („Lernens") ergeben müsse. Aus Art. 5 Abs. 3 GG sollen den Studierenden dann indirekte, abgeleitete Rechte zukommen, aus welchen sich auch subjektive Rechte ableiten lassen, ein indirekter Grundrechtsschutz also.[484] *Bauer* begründet die Notwendigkeit einer Studierfreiheit unter anderem damit, dass die Lehrfreiheit nicht das Oktroyieren einer bestimmten Lehrmeinung beinhalte und die Studierfreiheit hier als Gegenrecht notwendig sei.[485] So sichere die Studierfreiheit das „studentische[n] Recht[es] auf eigene wissenschaftliche Meinung"[486]. Dem ist jedoch entgegenzuhalten, dass das Oktroyieren von Lehrmeinungen – wie *Bauer* feststellt – nicht vom Schutzbereich der Lehrfreiheit umfasst ist, eine Einschränkung eines solchen Verhaltens somit grundsätzlich auch ohne kollidierendes Verfassungsrecht möglich ist, da nur die Meinungsfreiheit des Lehrenden betroffen sein kann. Zudem stehen den Studierenden Grundrechte zu, welche sie vor der staatlichen Indoktrination an Hochschulen schützen, hier ist vor allem die negative Informationsfreiheit aus Art. 5 Abs. 1 S. 1 GG einschlägig (→ S. 225ff.). Sollten die Studierenden der indoktrinierenden Lehre widersprechen oder gegen diese demonstrieren wollen, so ist dies grundrechtlich durch die Meinungsfreiheit und die Demonstrationsfreiheit geschützt. Die Studierenden haben ebenfalls ein Recht auf eine eigene wissenschaftliche Meinung, welches durch die Wissenschaftsfreiheit geschützt ist. Das Innehaben einer eigenen wissenschaftlichen Meinung fällt unmissverständlich in den Schutzbereich der Wissenschaftsfreiheit (→ S. 182ff.). Diese steht den Studierenden aber

483 *Bauer*, Wissenschaftsfreiheit in Lehre und Studium, 1980, S. 129f.
484 *Bauer*, Wissenschaftsfreiheit in Lehre und Studium, 1980, S. 129f.
485 *Bauer*, Wissenschaftsfreiheit in Lehre und Studium, 1980, S. 132f.
486 *Bauer*, Wissenschaftsfreiheit in Lehre und Studium, 1980, S. 132f.

genauso zu wie Hochschullehrer*innen.[487] Zuletzt ist noch festzustellen, dass nur weil ein Gegenrecht der Studierenden notwendig sei, dieses nicht der Dogmatik widersprechend aus einem anderen Grundrecht „einfach herausgelesen“ werden kann.

Fehling schreibt, dass es Aufgabe der wissenschaftlichen Lehre sei, „die Studierenden zu eigener kritischer Reflexion anzuleiten“ und die „sich allmählich entfaltende wissenschaftliche Aktivität der Studierenden“ sei durch Art. 5 Abs. 3 GG zu schützen. Als Beispiel führt er hierfür „selbstständige wissenschaftliche Argumentation im Seminargespräch“ an.[488] Dem soll gar nicht widersprochen werden, denn dieses wissenschaftliche Verhalten der Studierenden ist durch Art. 5 Abs. 3 GG geschützt – aber eben durch die ausdrücklich im Grundgesetz erwähnte Wissenschaftsfreiheit (→ S. 182ff.). Es benötigt kein eigenes Grundrecht für Studierende, man muss sich nur anstelle eines Seminargesprächs ein Gespräch unter Hochschullehrer*innen vorstellen, ein solches wäre ohne Zweifel von der Wissenschaftsfreiheit geschützt. Es ist schwierig zu begründen, warum dasselbe nicht für Studierende gelten sollte oder warum Studierende einen eigenen (indirekten, reflexiven, korrelativen usw.) Rechtsschutz benötigen würden.

Köttgen bezeichnet die Studierfreiheit („Lernfreiheit“) zwar als „Spiegelbild der Lehrfreiheit“ und unterscheidet zwischen der Wahl der Ausbildungsstätte (Art. 12 Abs. 1 S. 1 Alt. 3 GG) und „der Art ihrer Nutzung“[489] (Studierfreiheit, Art. 5 Abs. 3 GG). Hier ist aber die Frage, warum die Gestaltung der studentischen Ausbildung nicht in die Ausbildungsfreiheit fallen solle. Aus diesen Annahmen ergibt sich zumindest keine Notwendigkeit einer Studierfreiheit aus Art. 5 Abs. 3 GG. Grundsätzlichen Schutz für das Spiegelbild eines Grundrechts kennt das Grundgesetz jedenfalls nicht.

Art. 5 Abs. 3 GG ist jedoch nicht nur ein subjektives Abwehrrecht der Forschenden und Lehrenden, sondern es enthält auch unbestritten eine Einrichtungsgarantie (→ S. 105), aus welcher sich ein Schutz der Lehre und Forschung als Tätigkeit ergibt. Die Lehre ist aber ohne die Lernen-

---

487 So auch *Thieme*, Deutsches Hochschulrecht, 3. Aufl. 2004, Rn. 136f.: Ein wissenschaftliches Studium fällt natürlich als wissenschaftliche Tätigkeit unter die Wissenschaftsfreiheit – für diesen Schutz benötigt es kein eigenes Recht der Studierenden. Dies gilt auch für die Entwicklung von eigenen wissenschaftlichen Meinungen bspw. in der Prüfungssituation (Rn. 137).

488 *Fehling*, in: *Kahl/Waldhoff/Walter* (Hrsg.), Bonner Kommentar, 110. Lfg. März 2004, Art. 5 Abs. 3 (Wissenschaftsfreiheit) Rn. 98.

489 *Köttgen*, Das Grundrecht der deutschen Universität, 1959, S. 66.

den nicht denkbar, so leitet *Kimminich* ab, dass die Einrichtungsgarantie der Lehre eine Ausstrahlungswirkung auf die Lernenden hat, auch wenn ihnen das Grundrecht der Lehrfreiheit nicht zusteht.[490] In einer neueren Veröffentlichung fügt er an, dass die Ausstrahlungswirkung von Art. 5 Abs. 3 GG auf die Rechte der Studierenden vor allem vor dem Hintergrund der Wissenschaftsfreiheit als wertentscheidende Grundsatznorm betrachtet werden muss.[491] Im Weiteren zweifelt *Kimminich* dann aber an, ob dies auch tatsächlich zu einer echten Grundrechtsposition führt und kommt zu dem Ergebnis, dass sich aus der Ausstrahlungswirkung der Wertentscheidung des Verfassungsgebers keine Grundrechtsträger*innen-eigenschaft bezüglich Art. 5 Abs. 3 GG ergeben kann. Vielmehr lasse sich nur eine Pflicht des Staates und der Hochschule ableiten, die organisatorischen Voraussetzungen dafür zu treffen, dass die Studierenden „an der Freiheit der Wissenschaft zumindest insofern teilhaben, daß sie sich eigene wissenschaftliche Meinungen erarbeiten dürfen“[492].[493] Wie oben jedoch schon gezeigt wurde, benötigt es hierfür nicht die Ausstrahlungswirkung der Wertentscheidung von Art. 5 Abs. 3 GG. Als Jedermann-Grundrecht steht die Wissenschaftsfreiheit allen Personen zu, die wissenschaftlich tätig werden: Das Erarbeiten einer wissenschaftlichen Meinung ist eine wissenschaftliche Tätigkeit, bei welcher Studierende Träger*innen des Grundrechts der Wissenschaftsfreiheit sind.

Neben der Kritik an den einzelnen Argumenten für die Herleitung der Studierfreiheit aus Art. 5 Abs. 3 GG sprechen außerdem der Wortlaut, die Systematik und die realen Gegebenheiten des Hochschulbetriebs gegen die Herleitung der Studierfreiheit aus der Lehrfreiheit. Vor allem aber spricht gegen eine solche Herleitung, dass die Freiheit des Studiums systematisch in der Ausbildungsfreiheit aus Art. 12 Abs. 1 GG anzusiedeln und eine gekünstelte Herleitung aus Art. 5 Abs. 3 GG somit nicht notwendig ist (→ S. 182ff.).

Aus den realen Gegebenheiten des Hochschulbetriebs lässt sich heutzutage zumindest nicht mehr herleiten, dass die Lehrfreiheit ohne das Recht der Studierenden auf freies Studieren („Lernen“) nicht existieren könnte.

---

490 *Kimminich*, in: DVBl. 1968, S. 679, 683.

491 *Kimminich*, in: *Flämig/Kimminich/Krüger/Meusel/Rupp/Scheven/Schuster/Graf Stenbock-Fermor* (Hrsg.), Handbuch des Wissenschaftsrechts, Band I, 2. Aufl. 1996, S. 139.

492 *Bauer*, Wissenschaftsfreiheit in Lehre und Studium, 1980, S. 133.

493 *Kimminich*, in: *Flämig/Kimminich/Krüger/Meusel/Rupp/Scheven/Schuster/Graf Stenbock-Fermor* (Hrsg.), Handbuch des Wissenschaftsrechts, Band I, 2. Aufl. 1996, S. 140.

Zwar sind nach klassisch-idealistischer Philosophie Lehre und Studieren untrennbar miteinander verbunden (→ S. 43, 75f.), Hochschulen des 21. Jahrhunderts richten ihren Lehrbetrieb jedoch kaum mehr am *humboldt'*schen Ideal aus. Der Lehrbetrieb an Hochschulen ist in aller Regel ein beruflicher Ausbildungsbetrieb und kein „Ringen um Erkenntnis“[494].

Betrachtet man den Wortlaut, so muss man feststellen, dass die Lehrfreiheit aus Art. 5 Abs. 3 GG nur von der Lehre spricht und nicht auch eine Studierfreiheit nennt. Das Studieren („Lernen“) ist auch nicht unter den Begriff der Lehre zu subsumieren: Zwar wird das Lernen gerne als Spiegelbild der Lehre gedacht, aber Lernen ist auch ohne Lehre denkbar, beispielsweise durch das Selbststudium. Außerdem umfasst der Begriff des Studierens nicht einzig das „Lernen“ als passives Gegenstück zur Lehre, sondern auch viele aktive Tätigkeiten, wie das Schreiben eigener Arbeiten, die Vorbereitung auf Prüfungen, das Organisieren von universitären (fachlichen) Veranstaltungen, die Auswahl des Curriculums oder die Mitbestimmung in der Hochschulpolitik. So stimmt es wohl, dass Lehre ohne die zuhörenden Studierenden nicht besonders sinnhaft ist, jedoch ist es verfehlt zu sagen, dass Studieren und Lehre unterschiedliche Seiten einer Münze sind. Es ist schon zweifelhaft, warum das Gegenstück zum Wortlaut des Grundgesetzes durch das entsprechende Grundrecht mitgeschützt sein sollte. Noch fraglicher ist dies aber dann, wenn man feststellt, dass aus Sicht der Studierenden das Gegenstück zum Studium nicht nur die grundrechtlich geschützte Lehre ist.

Dazu kommt ein systematisches Argument: Die Lehrfreiheit ist zwar ein eigenständiges Grundrecht und unabhängig von der Wissenschaftsfreiheit, trotzdem ist die Wissenschaftlichkeit der Lehre zentrales Merkmal ihres Schutzguts. Geschützt wird demnach nur die wissenschaftliche Lehre. Die Studierfreiheit soll jedoch auch nicht-wissenschaftliche Tätigkeiten des Studiums schützen, wie beispielsweise die Organisation des Studiums (→ S. 175). Es fehlt somit bei der Studierfreiheit teilweise am Merkmal der Wissenschaftlichkeit, welches jedoch das gesamte Grundrecht aus Art. 5 Abs. 3 GG prägt. So erscheint es fraglich, warum das Grundgesetz durch den Schutz der wissenschaftlichen Lehre gleichzeitig den Schutz des nicht

494 *Kaufhold*, Die Lehrfreiheit – ein verlorenes Grundrecht?, 2006, S. 203; so auch schon: *Geck*, in: VVDStRL 27 (1969), S. 143, 157f.; *Fries*, Die Rechtstellung des Studenten innerhalb der wissenschaftlichen Hochschule, 1974, S. 54ff.; *Hufen*, Die Freiheit der Kunst in staatlichen Institutionen, 1982, S. 315.

unbedingt wissenschaftlichen Studierens erreichen wollte.[495] Studierende sind zwar unverzichtbarer Teil des wissenschaftlichen Dialogs, dies reicht jedoch nicht aus, um einen Schutz aus dem Grundrecht der wissenschaftlichen Lehre herzuleiten. Sobald die Studierenden selbstständig wissenschaftlich tätig werden, greift dann sowieso die Wissenschaftsfreiheit.[496]

Auch wenn Lehre in gewisser Weise auf Studierende („Lernende“) angewiesen ist, so lässt sich daraus kein subjektiver Grundrechtsschutz der Studierfreiheit aus Art. 5 Abs. 3 GG ableiten. Dies wird deutlich, wenn man den Vergleich zu einem anderen Kommunikationsgrundrecht, der Meinungsfreiheit, zieht. Denn auch die Meinungsfreiheit ist ein Grundrecht, welches ohne Rezipient*innen kaum Sinn ergibt, und trotzdem beinhaltet die Meinungsfreiheit nicht gleichzeitig den Schutz der „Rezeptionsfreiheit“.[497]

Eine Ausdehnung des Wortlauts des Art. 5 Abs. 3 GG könnte möglicherweise dann gerechtfertigt sein, wenn der Schutz der Freiheit des Studiums verfassungsrechtlich ansonsten nicht gewährleistet wäre. Dies ist aber nicht der Fall (→ S. 173ff.), sodass eine Ausdehnung der wissenschaftlichen Lehre auf das Studium nicht notwendig und mithin nicht angebracht ist.[498]

Im Ergebnis sprechen die gewichtigeren Argumente gegen eine Herleitung der Studierfreiheit aus der Lehrfreiheit.

d) Resümee

Aus der grundrechtlichen geschützten Lehrfreiheit ergibt sich demnach nicht auch eine grundrechtlich geschützte Studierfreiheit.

---

495 *Fries*, Die Rechtstellung des Studenten innerhalb der wissenschaftlichen Hochschule, 1974, S. 55ff.

496 *Geis/Medeja*, in: *Ehlers/Fehling/Pünder* (Hrsg.), Besonderes Verwaltungsrecht, Band 3, 3. Aufl. 2013, § 85 Hochschule und Wissenschaft Rn. 79.

497 *Kaufhold*, Die Lehrfreiheit – ein verlorenes Grundrecht?, 2006, S. 204 mit grundlegendem Verweis auf: *Ridder*, in: *Neumann/Nipperdey/Scheuner* (Hrsg.), Die Grundrechte, Band II, 1954, S. 275f.; *Starck/Paulus*, in *v. Mangoldt/Klein/Starck* (Hrsg.), GG, 7. Aufl. 2018, Art. 5 Rn. 97; *Grabenwarter*, in: *Maunz/Dürig* (Hrsg.), GG, 92. EL August 2020, Art. 5 Abs. 1, Abs. 2 Rn. 81; *Hoffmann-Riem*, in: *Denninger/Hoffmann-Riem/Schneider/Stein* (Hrsg.), AK-GG, Band I, 3. Aufl. 2001, Art. 5 Abs. 1, 2 Rn. 99f. Ebenso: BVerfGE 27, 71, 81 – Leipziger Volkszeitung; BVerfGE 57, 295, 319; anders aber noch: *Hoffmann-Riem*, in: *Benda/Maihofer/Vogel* (Hrsg.), Handbuch des Verfassungsrechts, 2. Aufl. 1994, § 7 Rn. 23.

498 So auch: *Mager*, in: *Isensee/Kirchhof* (Hrsg.), Handbuch des Staatsrechts, Band VII, 3. Aufl. 2009, § 166 Rn. 15.

3. Fazit

Die Studierfreiheit ist weder Bestandteil der Wissenschaftsfreiheit noch der Lehrfreiheit. Trotzdem wird wissenschaftliches Handeln von Studierenden – sei dies beim Bilden wissenschaftlichen Meinungen oder beim selbstständigen wissenschaftlichen Arbeiten, Forschen (oder Lehren) – von Art. 5 Abs. 3 GG geschützt (→ S. 182 ff.). Nicht durch Art. 5 Abs. 3 GG geschützt sind jedoch alle ausbildungsrelevanten Studiertätigkeiten, wie beispielsweise die Auswahl des Studiengangs, der Fächerkombinationen, das Schreiben von Prüfungen oder die Entscheidung, eine bestimmte Veranstaltung zu besuchen oder dieser fernzubleiben. Im Mittelpunkt des Schutzes des Art. 5 Abs. 3 GG soll der Schutz von wissenschaftlichem Arbeiten, ob im Rahmen von Forschung, Lehre oder allein im eigenen Stübchen, stehen. Das Studium dreht sich in der Regel aber nicht um die Wissenschaftlichkeit, sondern vorwiegend um die Berufsausbildung – eine Einbeziehung des gesamten Studiums in den Schutz von Art. 5 Abs. 3 GG würde zur Verwässerung des Merkmals der Wissenschaftlichkeit führen und einen realitätsfernen Grundrechtsschutz bieten. Dies kann nicht wünschenswert sein. Aus dem speziellen Schutz der Wissenschaftsfreiheit durch Art. 5 Abs. 3 GG kann deshalb kein grundrechtlicher Schutz der einfachgesetzlich verankerten Freiheit des Studiums (vgl. § 4 Abs. 4 HRG) hergeleitet werden.

III. Ausbildungsfreiheit aus Art. 12 Abs. 1 GG

Neben der allgemein bekannten Berufsfreiheit schützt Art. 12 Abs. 1 GG die freie Wahl der Ausbildungsstätte. Unter Ausbildungsstätte wird nur die Stätte der beruflichen Ausbildung verstanden, darunterfällt aber auch die Ausbildung an einer Hochschule[499] – unabhängig davon, ob diese

---

499 h.M.: *Britz*, in *Dreier* (Hrsg.), GG, Band I, 3. Aufl. 2013, Art. 5 III (Wissenschaft) Rn. 31; *Fries*, Die Rechtsstellung der Studenten innerhalb der wissenschaftlichen Hochschule, 1974, S. 121; *Gärditz*, Die Lehrfreiheit – Wiederentdeckung oder Rückbau?, in: WissR 40 (2007), S. 67, 71 f.; *Gärditz*, in: *Maunz/Dürig* (Hrsg.), GG, 92. EL August 2020, Art. 5 Abs. 3 Rn. 122; *Geis*, in: *Geis* (Hrsg.), Hochschulrecht im Freistaat Bayern, 2. Aufl. 2017, Kap. II Rn. 34; *Kahl*, Das Grundrecht der Sprachenfreiheit, in: JuS 2007, S. 201, 203; *Krause*, in: *Flämig/Kimminich/Krüger/ Meusel/ Rupp/Scheven/Schuster/Graf Stenbock-Fermor* (Hrsg.), Handbuch des Wissenschaftsrechts, Band 1, 2. Aufl. 1996, S. 551 ff.; *Lindner*, in *Hartmer/Detmer* (Hrsg.), Hochschulrecht, 3. Aufl. 2017, Kap. 11 Rn. 17; *Mager*, in *Isensee/Kirch-*

auf einen speziellen Beruf gerichtet ist.[500] Ein Schutz zumindest mancher studentischer Rechtspositionen kann letztlich über Art. 12 Abs. 1 GG hergestellt werden.

Die einfachgesetzliche Freiheit des Studiums aus § 4 Abs. 4 HRG schützt „unbeschadet der Studien- und Prüfungsordnungen, insbesondere die freie Wahl von Lehrveranstaltungen, das Recht, innerhalb eines Studiengangs Schwerpunkte nach eigener Wahl zu bestimmen, sowie die Erarbeitung und Äußerung wissenschaftlicher und künstlerischer Meinungen". Es ist zu klären, ob all diese Aspekte der Studierfreiheit durch die Ausbildungsfreiheit in Art. 12 Abs. 1 GG abgedeckt werden können oder ob der grundrechtliche Schutz der Studierfreiheit im Vergleich zur einfachgesetzlichen Freiheit des Studiums zu kurz greift.

Begrifflich wird hier – angelehnt an den Wortlaut aus Art. 12 Abs. 1 GG – von Ausbildungsfreiheit und nicht von Studierfreiheit gesprochen. Auch wenn oftmals die Studier- oder Lernfreiheit als Unterfall der Ausbildungsfreiheit bezeichnet wird[501], führt dies nur zu Verwirrungen: Zum einen ist eine Studierfreiheit im Grundgesetz nicht wörtlich angelegt, zum anderen können Verwechslungen mit den Argumenten zur Verankerung der Studier- oder Lernfreiheit in Art. 5 Abs. 3 GG entstehen. Zuletzt soll hier keine „Absonderung" der Hochschulausbildung zu ausbildungsberuflichen Ausbildungen stattfinden – Art. 12 Abs. 1 GG stellt all diese Ausbildungen unter den gleichen Schutz und dies soll durch die Verwendung des im Grundgesetz verankerten Begriffs der Ausbildungsfreiheit zum Ausdruck gebracht werden.

---

hof (Hrsg.), Handbuch des Staatsrechts, Band VII, 3. Aufl. 2009, § 166 Rn. 15; *Ruffert*, in: *Epping/Hillgruber* (Hrsg.), BeckOK GG, 46. Ed. Stand: 15.02.2021, Art. 12 Rn. 45f.; *Scholz*, in: *Maunz/Dürig* (Hrsg.), GG, 92. EL August 2020, Art. 12 Rn. 441ff.; BVerfGE 33, 303, 329f.; BVerfGE 59, 172, 205 – Studienplatzvergabe; BVerfGE 141, 143, 169; BVerfGE 147, 253, 305 – Numerus-Clausus III. – Begründet liegt dies vor allem in der Historie, denn die Ausbildungsfreiheit wurde erst auf Anregung von Studierenden in Art. 12 Abs. 1 mitaufgenommen: *Köttgen*, Das Recht der deutschen Universität, 1959, S. 63; *Thieme*, Das Recht auf freie Wahl der Ausbildungsstätte, in: JZ 1959, S. 265, 266.

500 *Köttgen*, Das Recht der deutschen Universität, 1959, S. 63; *Uber*, Freiheit des Berufs, 1952, S. 226f.

501 Vgl. bspw.: *Krause*, in: *Flämig/Kimminich/Krüger/Meusel/Rupp/Scheven/Schuster/Graf Stenbock-Fermor* (Hrsg.), Handbuch des Wissenschaftsrechts, Band 1, 2. Aufl. 1996, S. 551 oder *Scholz*, in: *Maunz/Dürig* (Hrsg.) GG, 92. EL August 2020, Art. 12 Rn. 183.

1. Sachlicher Schutzbereich

a) Wahl der Ausbildungsstätte

Grundsätzlich umfasst die Ausbildungsfreiheit dem Wortlaut von Art. 12 Abs. 1 S. 1 Alt. 3 GG entsprechend die freie Wahl der Ausbildungsstätte – dies bedeutet, Studierende haben das Recht, die Hochschule und das Studienfach frei zu wählen. Fraglich ist, welche weiteren Rechtspositionen die Ausbildungsfreiheit schützt.

b) Gestaltung des Studiums: freie Wahl von Lehrveranstaltungen, Schwerpunktsetzung etc.

Die Ausbildungsfreiheit beschränkt sich aber nicht auf das Recht der freien Wahl der Ausbildungsstätte, sondern umfasst auch die Wahl des Fachs, der Lehrenden und der einzelnen Lehrveranstaltungen „im Rahmen der *vorgegebenen* Institutionen“[502]. Nach anderer Ansicht ist dies jedoch nicht der Fall – der Wortlaut der Ausbildungsfreiheit spreche nur von Wahl der Ausbildungsstätte, darunter kann aber nicht auch die freie Wahl von Lehrveranstaltungen subsumiert werden.[503] Dem kann aber entgegengehalten werden, dass die Ausbildungsfreiheit nicht nur aus der freien Wahl der Ausbildungsstätte hervorgeht, sondern Derivat der einheitlichen Berufsfreiheit der Studierenden aus Art. 12 Abs. 1 GG ist und, um umfassend von der Berufsfreiheit Gebrauch machen zu können, die freie Gestaltung des Studiums notwendig ist.[504] Die Ausbildungsfreiheit ist als Teil der einheitlichen Berufswahl- und Berufsausübungsfreiheit zu verstehen, da ein anderes Verständnis eine Unterscheidung zweier dynamischer, oftmals ineinander verschwimmender Lebensabschnitte künstlich produzieren würde. Ausbildungswahl und Ausbildungsgestaltung stehen oft in engem Zusammenhang mit der Berufswahl und -ausübung. Bei der Ausbildung nur die Wahl, nicht aber auch die Gestaltung der Ausbildung (in den vorgegebenen Institutionen und Möglichkeiten) zu schützen, würde den Schutz-

502 *Geck*, in: VVDStRL 27 (1969), S. 157 – *Hervorhebung im Original*; so auch: *Mann*, in: *Sachs* (Hrsg.), GG, 7. Aufl. 2021, Art. 12 Rn. 89; *Jarass*, in: *Jarass/Pieroth* (Hrsg.), GG, 16. Aufl. 2020, Art. 12 Rn. 95; *P. Kirchhof*, in: *Maunz/Dürig* (Hrsg.), GG, 92. EL August 2020, Art. 3 Abs. 1 Rn. 197.

503 *Fries*, Die Rechtsstellung des Studenten innerhalb der wissenschaftlichen Hochschule, 1974, S. 57f.

504 *Gärditz*, in: *Maunz/Dürig* (Hrsg.), GG, 92. EL August 2020, Art. 5 Abs. 3 Rn. 122.

bereich der Berufsfreiheit künstlich verkürzen.[505] Dem kann auch nicht der Wortlaut entgegengehalten werden, da die ausdrückliche Nennung der freien Wahl der Ausbildungsstätte nur klarstellende Bedeutung hat und nicht der Einschränkung der Auslegung der Berufs- und Ausbildungsfreiheit dienen sollte.[506] Dies kann an folgendem Beispiel gut skizziert werden: Die Wahl eines bestimmten Schwerpunktbereichs im Jurastudium beeinflusst möglicherweise die spätere Berufsausübung. Würde die freie Wahl (im Rahmen der bestehenden Studienregelungen und Kontingente) des Schwerpunktbereichs nicht grundrechtlich geschützt sein, so würde dies gleichzeitig eine mittelbare Einschränkung der späteren Berufswahl oder -ausübung darstellen. Als Folge muss die Gestaltung des Studiums durch die Ausbildungsfreiheit aus Art. 12 Abs. 1 GG geschützt sein.

Hieraus folgt aber kein Anspruch der Studierenden auf bestimmte Studiengänge, Lehrinhalte etc. vielmehr beinhaltet die Ausbildungsfreiheit aus Art. 12 Abs. 1 GG nur ein Recht, das Studium nach Maßgabe des bestehenden Studienangebots nach den eigenen Präferenzen ohne unverhältnismäßige Regularien oder Maßnahmen zu gestalten.[507]

c) Erarbeitung eigener wissenschaftlicher (...) Meinungen

Eine Einzeltätigkeit, welche mit dem Inhalt der Ausbildung zu tun hat, fällt allerdings nicht in den Schutzbereich der Ausbildungsfreiheit. Die Ausbildungsfreiheit garantiert zusammen mit der Berufsfreiheit einen umfassenden Schutz des beruflichen Lebens einer Person. Dies beginnt mit der Wahl der Ausbildung sowie der Ausbildungsstätte und umfasst auch die Organisation und Schwerpunktsetzung der Berufsausbildung, sodass später von der Berufsfreiheit umfassend Gebrauch gemacht werden kann. Dazu gehört aber nicht eine wissenschaftliche Tätigkeit wie das Erarbeiten einer eigenen wissenschaftlichen Meinung – für die Berufsausübung als Gesamtprozess ist dies nicht von schützenswerter Bedeutung. Allerdings fällt dies als wissenschaftliche Tätigkeit sowieso unter die Wissenschaftsfreiheit (→ S. 182ff.).

---

505 *Schneider*, in: *Merten/Papier* (Hrsg.), Handbuch der Grundrechte, Band V, 2013, § 113 Rn. 75.

506 *Scholz*, in: *Maunz/Dürig* (Hrsg.), GG, 92. EL August 2020, Art. 12 Rn. 1.

507 *Scholz*, in: *Maunz/Dürig* (Hrsg.), GG, 92. EL August 2020, Art. 12 Rn. 449, 450; *Gärditz*, in: *Maunz/Dürig* (Hrsg.), GG, 92. EL August 2020, Art. 5 Abs. 3 Rn. 122.

Das Erarbeiten einer eigenen wissenschaftlichen Meinung ist demnach keine von Art. 12 Abs. 1 GG geschützte Tätigkeit.

d) Fazit

Die Ausbildungsfreiheit aus Art. 12 Abs. 1 GG hebt die in § 4 Abs. 4 HRG einfachgesetzlich garantierten Rechtspositionen teilweise in den Grundrechtsrang. Dabei ist sowohl die freie Wahl der Ausbildungsstätte als auch die freie Gestaltung der Ausbildung geschützt, nicht geschützt ist allerdings der Inhalt der jeweiligen Ausbildung.

Als Derivat der Berufsfreiheit kann die freie Gestaltung der Ausbildung einfachgesetzlich eingeschränkt werden, vgl. Art. 12 Abs. 1 S. 2 GG.

2. Personaler Schutzbereich

Art. 12 Abs. 1 GG spricht ausdrücklich nur von „alle[n] Deutschen“. Dies bedeutet, dass sich auf die Ausbildungsfreiheit nur deutsche Bürger*innen und nichtdeutsche Unionsbürger*innen, welche aufgrund von Art. 18 Abs. 1 AEUV nicht diskriminiert werden dürfen[508], berufen können. Jedenfalls nicht Grundrechtsträger*innen des Art. 12 Abs. 1 GG sind Nicht-EU-Ausländer*innen und Staatenlose: Für diese ist Art. 2 Abs. 1 GG als Auffangtatbestand einschlägig.[509]

---

508 OVG Münster, B. v. 23.08.1994 – 13 C 129/94, NWVBl. 1995, S. 18 – unmittelbare Geltung des Diskriminierungsverbots; *Jarass*, in: *Jarass/Pieroth* (Hrsg.), GG, 16. Aufl. 2020, Art. 12 Rn. 12; *Breuer*, in: *Isensee/Kirchhof* (Hrsg.), Handbuch des Staatsrechts, Band VIII, 3. Aufl. 2010, § 170 Rn. 97ff.; *Kluth*, Das Grundrecht der Berufsfreiheit – Art. 12 Abs. 1 GG, in: JURA 2001, S. 371, 371; *Stern*, Staatsrecht, Band IV/1, 2006, S. 1830f.: Pflicht des deutschen Gesetzgebers zur Änderung des Wortlauts von Art. 12; *Ehlers*, Die Weiterentwicklung des Staatshaftungsrechts durch das europäische Gemeinschaftsrecht, in: JZ 1996, S. 776, 781. Zur Streitigkeit ausführlich: *Ruffert*, in: *Epping/Hillgruber* (Hrsg.), BeckOK GG, 46. Ed. Stand: 15.02.2021, Art. 12 Rn. 35ff. – letztendlich kommt es darauf an, den Grundrechtsschutz aller Unionsbürger*innen effektiv zu gewährleisten, dies kann nur eine Anwendung von Art. 12 Abs. 1 GG auf alle Unionsbürger*innen garantieren.

509 BVerfGE 78, 179, 196f. – Heilpraktikergesetz; BVerfGE 104, 337, 346 – Schächten.

3. Schutzdimensionen

Art. 12 Abs. 1 GG ist in erster Linie ein freiheitliches Abwehrrecht. Es schützt vor Eingriffen des Staates in die freie Wahl der Ausbildungsstätte und in die freie Gestaltung der Ausbildung, es handelt sich dabei nicht grundsätzlich um ein soziales Teilhaberecht. Allerdings kann sich ein relatives soziales Teilhaberecht dort ergeben, wo der Staat ein Ausbildungsmonopol hat, das heißt vor allem beim Zugang zu staatlichen Hochschulen.[510]

4. Resümee

Die Ausbildungsfreiheit aus Art. 12 Abs. 1 GG schützt deutsche und EU-ausländische Studierende in ihrer universitären Ausbildung, damit umfasst der Schutz sowohl die Wahl der Ausbildungsstätte als auch die Wahl und Organisation des Studiums. Die Ausbildungsfreiheit ist vorwiegend freiheitliches Abwehrrecht, kann aber bei sog. Numerus-clausus-Studiengängen ein relatives Teilhaberecht sein. Ein Anspruch auf ein passendes Angebot ergibt sich aus der Ausbildungsfreiheit nicht.

IV. Trigger-Warnungen und die Ausbildungsfreiheit

Die Ausbildungsfreiheit gewährleistet Studierenden ein Recht auf freie Wahl der Hochschule wie auch die freie Wahl und Organisation des Studienganges. Fraglich ist, ob Art. 12 Abs. 1 S. 3 GG eine Rechtsgrundlage für das Einführen von Trigger-Warnungen seitens der Hochschule, für die Forderung von Trigger-Warnungen seitens der Studierenden oder sogar für die Abwehr der Verwendung von Trigger-Warnungen durch Lehrende für die Studierenden darstellen könnte.

Dies spielt vor allem eine Rolle, da die Lehrfreiheit nicht schrankenlos gewährt wird, sondern ihre Grenzen im kollidierenden Verfassungsrecht findet. Liegt eine Kollision mit Grundrechten Dritter vor, so ist eine Abwägung anzustellen, welche im Wege der praktischen Konkordanz beide Freiheitsrechte gleichzeitig zur optimalen Geltung und in einen

---

510 Ausführlich hierzu: *Scholz*, in: *Maunz/Dürig* (Hrsg.), GG, 92. EL August 2020, Art. 12 Rn. 442ff.

angemessenen Ausgleich bringt.[511] Die inhaltliche Gestaltung der Lehre hat sich grundsätzlich an den verfassungsrechtlich abgesicherten Ausbildungszielen des Prüfungsrechts zu orientieren, so können Eingriffe in die Lehrfreiheit vor allem aufgrund der Ausbildungsfreiheit der Studierenden gerechtfertigt sein.[512]

1. Ausbildungsfreiheit als Abwehrrecht vs. Trigger-Warnungen

Die Ausbildungsfreiheit als Abwehrrecht stellt dann eine Grundlage für die Einführung von Trigger-Warnungen dar, wenn Trigger-Warnungen Eingriffe in die Ausbildungsfreiheit durch die Hochschule verhindern würden. Allerdings sind keine Eingriffe seitens der Hochschulen in das Recht der Studierenden, die Auswahl des Studiums oder die Auswahl von Veranstaltungen und Schwerpunkten erkennbar, welche durch die Verwendungen von Trigger-Warnungen abgewehrt werden könnten.

Bezüglich der Ausbildungsfreiheit als Abwehrrecht ist aber auch zu beachten, dass dieses durch die Verwendung von Trigger-Warnungen seitens der Lehrenden verletzt werden könnte. Die Ausbildungsfreiheit ist eben ein Abwehrrecht, welches das Recht zur freien Gestaltung des Studiums schützt. Dieses könnte dann verletzt sein, wenn Trigger-Warnungen von Lehrenden verwendet werden. Allerdings beeinträchtigt die methodische oder didaktische Gestaltung von Lehrveranstaltungen nicht die Ausbildungsfreiheit der Studierenden. Das Aussuchen von Veranstaltungen nach individuellen Präferenzen – und auch danach, ob man bestimmte methodische oder didaktische Konzepte mag oder nicht – liegt im Kern der freien Gestaltung des Studiums. Art. 12 Abs. 1 GG wird nicht dadurch verletzt, dass Lehrende Veranstaltungen individuell gestalten, sondern gibt

511 BVerfGE 83, 130, 143.

512 BVerfGE 35, 79, 121ff.; BVerfGE 47, 327, 370; BVerfGE 55, 37, 68f.; BVerfGE 141, 143, 169; BVerwG, NVwZ 1998, S. 853, 855; VGH München, B. v. 03.06.2002 – 7 CE 02.637, NVwZ-RR 2002, S. 839, 839ff. – Übertragung einer Lehrveranstaltung; VGH München, B. v. 12.09.1984 – 7 CE 84 A.1563, DÖV 1985, S. 496, 497 – Lehrfreiheit des Prüfers; OVG Koblenz, DVBl. 1997, S. 1242, 1242ff.; VGH Mannheim, B. v. 03.04.1985 – 9 S 2913/84, NVwZ 1985, S. 667, 669 – Ausbildungsziel des rechtswissenschaftlichen Studiums; *Kahl*, Sprache als Kultur und Rechtsgut, in: VVDStRL 65 (2006), S. 386, 403; *Löwer*, in: WissR 50 (2017), S. 317, 327; *Pieroth*, Störung, Streik und Aussperrung an der Hochschule, 1976, S. 132f.; krit.: *P. Kirchhof*, in: MittHV 1981, S. 71, 73.

Studierenden vielmehr die grundrechtliche Absicherung wählen zu dürfen.

2. Teilhaberechtlicher Anspruch auf Trigger-Warnungen

Die Ausbildungsfreiheit als soziales Teilhaberecht beschränkt sich auf angemessenen Zugang zu zugangsbeschränkten Studiengängen – ein weiterführendes Teilhaberecht, beispielsweise auf Schaffung weiterer Studienplätze oder bestimmter studienordnungsrechtlicher Regelungen, wie beispielsweise die Einführung von Trigger-Warnungen, lässt sich aus Art. 12 Abs. 1 GG nicht ableiten.

3. Schutzpflicht des Staates zur Sicherung der Wahrnehmung der Ausbildungsfreiheit

Fraglich ist aber, ob sich eine staatliche Schutzpflicht ergeben könnte, sodass Hochschulen eine Trigger-Warnungs-Maßnahme einführen müssten, um den Studierenden die Wahrnehmung ihrer Ausbildungsfreiheit zu ermöglichen. Dies scheint aber fernliegend: Die Wahl der Ausbildungsstätte wird durch das Fehlen einer Trigger-Warnungs-Maßnahme nicht beeinflusst. Trigger-Warnungen könnten höchstens für die freie Gestaltung des Studiums eine Rolle spielen. Eben die Ermöglichung der freien Gestaltung im Rahmen der Studien- und Prüfungsordnung trägt dazu bei, dass eine Verletzung der Ausbildungsfreiheit mangels Trigger-Warnungs-Maßnahme äußerst unwahrscheinlich erscheint. Es besteht zum einen an deutschen Hochschulen in aller Regel keine Anwesenheitspflicht, sodass Studierende mit Blick auf das Curriculum auch Veranstaltungen – ohne Einfluss auf die Prüfungsnote – im Selbststudium absolvieren können. Zum anderen besteht die Möglichkeit, andere parallele Veranstaltungen zu besuchen, falls der Besuch einer Veranstaltung aufgrund bestimmter Trigger unmöglich ist. Wird in einem Kurs zur Literatur des 20. Jahrhunderts ein triggerndes Buch gelesen und besprochen, kann wohl in der Regel ein anderer Kurs mit einer anderen Bücherauswahl besucht werden. Aber selbst wenn dies nicht möglich sein sollte, so garantiert die Ausbildungsfreiheit keinen Ausbildungserfolg[513], sondern nur den freien Zugang und die freie Gestaltung des Studiums (→ S. 175ff.) – eine Gewährleis-

513 *Köttgen*, Das Grundrecht der deutschen Universität, 1959, S. 66.

tung, welche die Hochschule nicht verletzt, indem sie keine Trigger-Warnungs-Maßnahme erlässt. Fehlende Trigger-Warnungen mangels Trigger-Warnungs-Maßnahme verletzen nicht die Möglichkeit der Studierenden, ihre Fächer frei zu wählen, Vorlesungen zu besuchen oder dies nicht zu tun oder Schwerpunkte nach eigenem Belieben zu setzen.

Als Ausnahme könnte nur in Frage kommen, dass ohne Trigger-Warnungen keine diskriminierungsfreie Wahl, Gestaltung des Studiums oder Teilnahme am Studium möglich ist, diese Frage spielt aber nur in Verbindung mit Art. 3 Abs. 1 GG eine Rolle und ist somit dort zu besprechen (→ S. 196ff.).

4. Resümee

Die Ausbildungsfreiheit aus Art. 12 Abs. 1 S. 3 GG kann demnach weder als Grundlage für die Forderung von Trigger-Warnungen noch als Abwehr gegen die Verwendung dieser dienen. Außerdem sind Hochschulen nicht dazu verpflichtet, Trigger-Warnungs-Maßnahmen einzuführen, um die Gewährleistung der Ausbildungsfreiheit zu sichern.

V. Fazit

Für Kinder ergibt sich der Schutz auf unentgeltliche Elementarbildung aus Art. 7 GG, für die weiterführende berufliche oder fachliche Bildung bietet die Berufsfreiheit aus Art. 12 Abs. 1 GG Schutz. Die Ausbildungsfreiheit schützt sowohl die freie Wahl der Ausbildungsstätte als auch die freie Gestaltung des Studiums in den vorgegebenen Institutionen und Regelungen. Eine rechtliche Grundlage für die Verwendung oder Nichtverwendung von Trigger-Warnungen ergibt sich daraus jedoch nicht.

Den Studierenden steht daher im Hochschulbetrieb ein Grundrecht zu. Dabei handelt es sich jedoch nicht um eine (irgendwie) aus Art. 5 Abs. 3 GG abgeleitete Studierfreiheit, sondern um die allen Auszubildenden zustehende Ausbildungsfreiheit aus Art. 12 Abs. 1 GG. Diese schützt neben der Wahl der Ausbildungsstätte auch die freie Gestaltung des Studiums in den vorgegebenen Institutionen und Regelungen. Dabei wird jedoch in erster Linie der organisatorische Prozess des Studiums geschützt, insbesondere die Wahl der Lehrenden, der Lehrveranstaltungen oder der Studienschwerpunkte.

Während die Lehrfreiheit auch als Prozess der Entfaltung der Persönlichkeit geschützt wird, ist dies im Rahmen der Ausbildungsfreiheit nicht garantiert. Es sind zwar bestimmte (organisatorische) Aspekte der Ausbildung geschützt, jedoch nicht die (Aus-)Bildung der Studierenden als Prozess der Selbstbestimmung, Identitätsfindung und Selbstdarstellung. Vor allem außerhalb des Lehrveranstaltungsbetriebs entsteht hierdurch eine Schutzlücke: Denn Studierende entwickeln ihre Persönlichkeit an Hochschulen nicht einzig durch die Auswahl ihrer Fächerkombination oder das Erarbeiten wissenschaftlicher Meinungen, sondern insbesondere durch die Gesamterfahrung an der Hochschule, welche aus dem Austausch mit anderen Studierenden, der Zugehörigkeit zu bestimmten studentischen (Hochschul-)Gruppen, organisatorischen Aspekten des Studiums u.v.m. besteht. Durch die Ausbildungsfreiheit kann aber kein umfassender Schutz der Gesamtheit dieses Lebensvorgangs gewährleistet werden (→ S. 43ff.), sodass der aus all diesen Tätigkeiten entstehende Prozess der Selbstbestimmung, Identitätsfindung und Selbstdarstellung weitgehend ungeschützt bleibt.

B. Anwendbarkeit von Art. 5 Abs. 3 S. 1 GG auf Studierende

Wie oben schon beschrieben, ist Art. 5 Abs. 3 S. 1 GG ein Jedermann-Grundrecht, das all denjenigen Personen zusteht, welche die geschützten Tätigkeiten ausüben (→ S. 94ff.). Somit kommen grundsätzlich auch Studierende als Grundrechtsträger*innen der Wissenschafts-, Forschungs- und Lehrfreiheit in Frage. Tatsächlich werden Studierende in der Praxis allerdings weniger von der Lehrfreiheit Gebrauch machen können, da sie nur in den seltensten Fällen wissenschaftliche Lehre betreiben werden – dieses Grundrecht kann hier deshalb außen vor bleiben. Mögliche Tätigkeitsfelder für Studierende ergeben sich aber in der Forschung und anderen wissenschaftlichen Tätigkeiten.

I. Forschungsfreiheit

1. Schutzbereich

Die Forschungsfreiheit schützt alle forschenden Tätigkeiten und die Personen, welche forschen. Dazu zählen auch Vorbereitungstätigkeiten wie die Auswahl der Fragestellung oder die Methodik. Wichtig ist, dass die Tätigkeit auf die Erkenntnis von objektiv Neuem gerichtet ist (→ S. 92).

Heutzutage bereitet das Studium in erster Linie auf das berufliche Leben in der freien Wirtschaft vor, sodass Studiengänge oftmals mehr Berufsausbildung als Wissenschaftsbildung sind (→ S. 43, 75ff., 78ff.), und trotzdem geben auch Studiengänge, welche beruflich ausgerichtet sind, teilweise Möglichkeiten zur Forschung für Studierende. Dabei ist jedoch zu beachten, dass nicht jede Bachelorarbeit schon als forschende Tätigkeit zu qualifizieren ist, bloß weil der Grundgedanke von Bachelorarbeiten eigenständige Forschung ist. Es kommt auf den konkreten Einzelfall an sowie darauf, ob die konkrete Tätigkeit der Studierenden auf die Erkenntnis von objektiv Neuem gerichtet ist. Dasselbe gilt auch für Studierende in Promotionsstudiengängen. Es kommt darauf an, dass an etwas objektiv Neuem gearbeitet wird, nicht darauf, ob der Grundgedanke einer Aufgabe in der Studienordnung die eigenständige Forschung ist. Geschützt ist dabei nur der konkrete Forschungsvorgang und nicht das gesamte Studium (→ S. 85).

Die Forschung von Studierenden ist folglich durch Art. 5 Abs. 3 S. 1 GG grundrechtlich geschützt.

2. Forschungsfreiheit und Trigger-Warnungen

Auch wenn Studierende von ihrer Forschungsfreiheit Gebrauch machen, ist aufgrund der Eigenschaften und Charakteristika von Forschungstätigkeiten eine Verwendung von Trigger-Warnungen nicht denkbar (→ S. 97).

II. Wissenschaftsfreiheit

1. Schutzbereich

Erkennt man die Wissenschaftsfreiheit als eigenständiges Grundrecht gegenüber der Forschungs- und Lehrfreiheit an, so erklärt dies auch die Aussagen des BVerfG zur Grundrechtsträger*inneneigenschaft von Studierenden.[514] Beteiligen sich Studierende, die entsprechende Fertigkeiten bereits erlangt haben, selbstständig wissenschaftlich am fachlichen Diskurs innerhalb der Lehre, steht ihnen das Grundrecht der Wissenschaftsfreiheit nach

514 Vgl. BVerfGE 55, 37, 68.

Art. 5 Abs. 3 S. 1 GG zu.[515] Die Wissenschaftsfreiheit kann demnach auch Studierenden zustehen, denn wissenschaftlicher Diskurs und wissenschaftliche Meinungsbildung stehen unter dem Schutz der Wissenschaftsfreiheit, wobei beides Tätigkeiten sind, die auch von Studierenden ausgeführt werden können.

Somit fällt das Erarbeiten eigener wissenschaftlicher Meinungen durch Studierende weder unter eine aus Art. 5 Abs. 3 GG hergeleitete Studierfreiheit noch unter die Ausbildungsfreiheit aus Art. 12 Abs. 1 GG: Das Erarbeiten eigener wissenschaftlicher Meinungen ist eine wissenschaftliche Tätigkeit und fällt daher unter die Wissenschaftsfreiheit aus Art. 5 Abs. 3 GG. Diese in § 4 HRG einfachgesetzlich geschützte Tätigkeit findet ihre grundrechtliche Verankerung in der Wissenschaftsfreiheit.

2. Trigger-Warnungen und Wissenschaftsfreiheit

Auch bei wissenschaftlichen Tätigkeiten, sei es wissenschaftlicher Diskurs, das Erarbeiten einer wissenschaftlichen Meinung oder anderen wissenschaftlichen Tätigkeiten spielen Trigger-Warnungen keine Rolle (→ S. 97).

III. Fazit

Dass im Einzelfall Studierende während ihres Studiums wissenschaftlich oder forschend tätig werden können, bedeutet nicht, dass jegliches Studieren von der Forschungs- oder Wissenschaftsfreiheit erfasst ist, sondern vielmehr nur, dass einzelne Teile des Studiums von der Forschungs- und Wissenschaftsfreiheit geschützt sein können, soweit es zu wissenschaftlichen oder forschenden Tätigkeiten kommt. Allerdings spielen Trigger-Warnungen weder im Schutzbereich der Forschungs- noch der Wissenschaftsfreiheit eine Rolle (→ S. 97) – dies gilt unabhängig davon, ob Studierende oder Hochschullehrer*innen die Grundrechtsträger*innen sind.

---

515 BVerfGE 55, 37, 68; so auch ausdrücklich: *Denninger*, in: *Denninger/Hoffmann-Riem/Schneider/Stein* (Hrsg.), AK-GG, Band I, 3. Aufl. 2001, Art. 5 Abs. 3 I Rn. 56; so i.E. auch: *Rupp*, Die Stellung der Studenten in der Universität, in: VVDStRL 27 (1969), S. 113, 122.

C. Gleichbehandlung, Art. 3 Abs. 1, Abs. 3 S. 2 GG

In Diskussionen um Trigger-Warnungen (oder ähnliche Mechanismen wie *Safe Spaces* etc.) an Hochschulen wird oftmals das Argument vorgebracht, dass diese nur der Gleichstellung marginalisierter Studierender dienen würden, denn durch diese würde eine Atmosphäre geschaffen werden, welche den fairen Diskurs auf Augenhöhe fördert.[516] Nachdem durch die in Art. 12 Abs. 1 GG verankerte Ausbildungsfreiheit grundsätzlich die freie Wahl der Ausbildungsstätte und die freie Organisation dieser Ausbildung geschützt wird, schützt Art. 3 GG vor weiteren Hindernissen außerhalb der Ausbildungswahl und Ausbildungsorganisation, welche der Wahrnehmung der Ausbildung im Wege stehen könnten.[517] Es ist daher zu klären, ob das Fehlen einer Trigger-Warnungs-Maßnahme der Ausbildungswahrnehmung durch Studierende aufgrund von Ungleichbehandlungen nach Art. 3 Abs. 1 oder Abs. 3 GG entgegensteht.

I. Vorüberlegungen

Art. 3 Abs. 1 GG – der allgemeine Gleichheitssatz – formuliert schlicht, dass alle Menschen vor dem Gesetz gleich sind. Die speziellen Gleichheitssätze aus Art. 3 Abs. 3 S. 1 und S. 2 GG verbieten eine Ungleichbehandlung aufgrund der Merkmale des Geschlechts, der Abstammung, der Rasse[518], der Sprache, der Heimat und Herkunft, des Glaubens oder der religiösen oder politischen Anschauungen. S. 2 spricht weiterhin davon, dass niemand aufgrund seiner Behinderung benachteiligt werden darf.

---

516 Bspw.: *Sparrow*, Trigger Warnings. Political Correctness and the Rise of the Right, 2018, S. 174; *Delgado/Stefancic*, Must We Defend Nazis?: Why the First Amendment Should Not Protect Hate Speech and White Supremacy, 2018, S. 156.

517 *P. Kirchhof*, in: *Maunz/Dürig* (Hrsg.), GG, 92. EL August 2020, Art. 3 Abs. 1 Rn. 197.

518 Zur Diskussion zur Streichung dieses Begriffs aus Art. 3 Abs. 3 S. 1 GG: *Barskanmaz/Samour*, Das Diskriminierungsverbot aufgrund der Rasse, in: Verfassungsblog, 16. Juni 2020: https://verfassungsblog.de/das-diskriminierungsverbot-aufgrund-der-rasse/ (zuletzt abgerufen: 25.06.2021); a.A.: *Liebscher*, Das Problem heißt Rassismus, in: Verfassungsblog, 11. Juni 2020: https://verfassungsblog.de/das-problem-heisst-rassismus/ (zuletzt abgerufen: 25.06.2021).

1. Allgemeines

Der allgemeine Gleichheitssatz ist *Lex generalis* zu den speziellen Gleichheitssätzen aus Abs. 2 und Abs. 3 sowie anderen Gleichheitssätzen aus dem Grundgesetz.[519]

Die Gleichheitssätze sind alle auf formelle Rechtsanwendungsgleichheit ausgerichtet,[520] eine faktische Gleichheit aller Menschen kann damit offensichtlich nicht hergestellt werden – und dies mag auch gar nicht wünschenswert sein. Daneben sind mindestens über Art. 1 Abs. 3 GG auch die staatlichen Rechtsetzungsorgane an die Gleichheitssätze gebunden, was zusätzlich materielle Rechtsetzungsgleichheit bedeutet. Es wäre verboten, gleiche Sachverhalte gesetzlich unterschiedlich zu regeln.[521] Eine strenge Gleichbehandlung kann hier aber nicht vorliegen, da absolute Gleichheit von Sachverhalten nicht existieren kann, so muss sich die Gleichbehandlung stets an der Vergleichbarkeit wesentlicher Gegebenheiten orientieren (sog. relative Gleichheit).[522] Eine ähnliche Problematik stellt sich weiterhin unter dem Schlagwort der „sozialen Gleichheit".[523] Darunter versteht man die Frage, inwieweit der Gleichheitssatz auch eine Pflicht zur sozialen Gleichstellung und mithin eine Pflicht zum Ausgleich sozialer Unterschiede beinhaltet.[524] Im Ergebnis würde die Pflicht zur Schaffung sozialer Gleichheit aber rechtlich zu Ungleichbehandlungen führen (sog. Paradox der Gleichheit[525]), welche möglicherweise durch sachliche Gründe – beispielsweise der Beseitigung von sozialen Ungleichheiten – gerechtfertigt sein könnten. Im Ergebnis herrscht Einigkeit, dass der Gleichheitssatz allein den Staat nicht dazu verpflichtet, soziale Gleichheit herzustellen.[526]

---

519 BVerfGE 3, 225, 240 – Gleichberechtigung: „Generalkausel".

520 *Hesse*, Grundzüge des Verfassungsrechts der Bundesrepublik Deutschland, 20. Aufl. 1995, Rn. 430.

521 So schon: BVerfGE 1, 14, 16f. Ls. 18, 52 – Südweststaat.

522 *Gusy*, Der Gleichheitssatz, in: NJW 1988, S. 2505, 2505.

523 Der Begriff ist nicht immer klar definiert. Strukturierend: *Alexy*, Theorie der Grundrechte, 1986, S. 377f.; *Huster*, in: *Friauf/Höfling* (Hrsg.), BerlKomm GG, Band I, Stand: Dez. 2019, Art. 3 Rn. 26ff.; *Heun*, in: *Dreier* (Hrsg.), GG, Band I, 3. Aufl. 2013, Art. 3 Rn. 67ff., die auch untereinander wieder differieren.

524 *Kischel*, in: *Epping/Hillgruber* (Hrsg.), BeckOK GG, 46. Ed. Stand: 15.02.2021, Art. 3 Rn. 98.

525 *Alexy*, Theorie der Grundrechte, 1986, S. 379; vgl. auch *Heun*, in: *Dreier* (Hrsg.), GG, Band I, 3. Aufl. 2013, Art. 3 Rn. 68f.

526 Vgl. etwa *Alexy*, Theorie der Grundrechte, 1986, S. 387f.; *P. Kirchhof*, in: *Isensee/Kirchhof* (Hrsg.), Handbuch des Staatsrechts, Band VIII, 3. Aufl. 2010, § 181 Rn. 6, 10ff.; *Pietzcker*, in: *Merten/Papier* (Hrsg.), Handbuch der Grundrechte,

Dies wäre auch mit dem liberalen Rechtsstaat nicht vereinbar, da soziale Ungleichheiten teilweise durch die Wahrnehmung von Freiheitsrechten entstehen und eine Pflicht zur sozialen Gleichheit mithin die volle Ausübung der Freiheitsrechte unmöglich machen würde.[527]

2. Schutzdimensionen

Als Grundrecht ist Art. 3 GG als subjektives Grundrecht zu verstehen – im Vordergrund steht dessen Funktion als Abwehrrecht. Daneben tritt aber auch eine objektiv-rechtliche Dimension.

a) Subjektiv-rechtliche Dimension

Als Abwehrrecht steht den Grundrechtsberechtigten (allen Menschen) ein subjektiver Anspruch auf Abwehr von Ungleichbehandlung (oder Gleichbehandlung) zu.[528] Art. 3 GG schützt die Menschen vor wesentlichen Benachteiligungen in der Rechtssetzung oder einer unvertretbaren Rechtsanwendung und schützt somit vor allen staatlichen Unterscheidungen oder Gleichstellungen, welche nicht sachlich begründet sind.[529]

Spannender als die abwehrrechtliche Funktion des Art. 3 GG ist jedoch vor allem ein möglicher derivativer Teilhabeanspruch, welcher sich aus Art. 3 GG ergeben könnte. Ein derivativer Anspruch ist ein subjektiver Anspruch auf eine bestimmte Leistung (bspw. Geld oder die Nutzung einer Einrichtung) (→ S. 101). Ein solcher Anspruch ergibt sich dann,

---

Band V, 2013, § 125 Rn. 15; vorsichtig krit.: *Stein*, in: *Denninger/Hoffmann-Riem/Schneider/Stein* (Hrsg.), AK-GG, 3. Aufl. 2001, Art. 3 Abs. 1 Rn. 76.

527 *P. Kirchhof*, in: *Isensee/Kirchhof* (Hrsg.), Handbuch des Staatsrechts, Band VIII, 3. Aufl. 2010, § 181 Rn. 10.

528 Heute h.M.: *P. Kirchhof*, in: *Maunz/Dürig* (Hrsg.), GG, 92. EL August 2020, Art. 3 Abs. 1 Rn. 292; *Nußberger*, in: *Sachs* (Hrsg.), GG, 8. Aufl. 2018, Art. 3 Rn. 38; *Wollenschläger*, in: *v. Mangoldt/Klein/Starck* (Hrsg.), GG, 7. Aufl. 2018, Art. 3 Rn. 50; *Straßmaier*, Der besondere Gleichheitssatz aus Art. 3 Abs. 3 S. 2 GG, 2001, S. 155; a.A. noch: *Jellinek*, System der subjektiv öffentlichen Rechte, 1892, S. 135.

529 *P. Kirchhof*, in: *Maunz/Dürig* (Hrsg.), GG, 92. EL August 2020, Art. 3 Abs. 1 Rn. 292.

wenn anderen diese Leistung erteilt wird und keine sachlichen Gründe gegen eine Leistungserteilung sprechen.[530]

So hat das BVerfG beispielsweise bezüglich der Zulassung zu Studiengängen mit Numerus clausus entschieden, dass sich aufgrund der Monopolstellung der staatlichen Ausbildungsstudiengänge mit Numerus clausus „aus dem Gleichheitssatz in Verbindung mit Art. 12 Abs. 1 GG und dem Sozialstaatsprinzip Ansprüche auf Zutritt zu diesen Einrichtungen“[531] ergeben.

Art. 3 GG ist folglich – wie auch die Freiheitsrechte – in erster Linie ein Grundrecht, welches Bürger*innen vor ungerechtfertigten Eingriffen des Staates schützt. Daneben können sich aber außerdem derivative Teilhabeansprüche auf Erhalt von staatlichen Leistungen ergeben.

b) Objektiv-rechtliche Dimension der Gleichheitsrechte

Neben dem subjektiv-rechtlichen Grundrechtsanspruch enthält Art. 3 GG auch ein objektiv-rechtliches Verfassungsprinzip,[532] jedoch entwickeln die Gleichheitssätze keine Schutzpflichten (→ S. 103) des Staates, Ungleichbehandlungen durch private Dritte zu verhindern.[533] Denn in der menschlichen Freiheit liegt es begründet, dazu befähigt zu sein, (willkürlich) andere nach eigenem Ermessen ungleich oder gleich zu behandeln. Ein Eingriff seitens des Staates würde die Entscheidungsfreiheit der Menschen einschränken.[534]

---

530 Prägnant: *Murswiek*, in: *Isensee/Kirchhof* (Hrsg.), Handbuch des Staatsrechts, Band IX, 3. Aufl. 2011, § 192 Rn. 73ff.; zur Verfassungswidrigkeit des gleichheitswidrigen Begünstigungsausschlusses auch: BVerfGE 110, 412, 431ff. – Teilkindergeld.

531 BVerfGE 33, 303, 331.

532 BVerfGE 1, 208, 233 – 7,5 %-Sperrklausel; BVerfGE 38, 225, 228 – Eisenbahnkreuzungsgesetz; BVerfGE 41, 1, 13 – Richterwahl; *Wollenschläger*, in: *v. Mangoldt/Klein/Starck* (Hrsg.), GG, 7. Aufl. 2018, Art. 3 Rn. 42; *Nußberger*, in: *Sachs* (Hrsg.), GG, 8. Aufl. 2018, Art. 3 Rn. 65.

533 Deutlich für die überwiegende Ansicht: *Isensee*, in: *Isensee/Kirchhof* (Hrsg.), Handbuch des Staatsrechts, Band IX, 3. Aufl. 2011, § 191 Rn. 252; *Heun*, in: *Dreier* (Hrsg.), GG, Band I, 3. Aufl. 2013, Art. 3 Rn. 69; *Englisch*, in: *Stern/Becker* (Hrsg.), Grundrechte-Kommentar, 2. Aufl. 2016, Art. 3 Rn. 123.

534 *Kischel*, in: *Epping/Hillgruber* (Hrsg.), BeckOK GG, 44. Ed. Stand: 15.02.2021, Art. 3 Rn. 91.

Als objektives Verfassungsprinzip gelten die Gleichheitssätze als Teil des allgemeinen Gerechtigkeitsprinzips.[535] Folglich kann Art. 3 GG zusammen mit den Freiheitsgrundrechten und allgemeinen Verfassungsprinzipien objektiv-rechtliche Wirkungen entwickeln[536] und als Grundentscheidung der grundrechtlichen Ordnung Auswirkungen ins gesamte Recht entfalten.[537]

Art. 3 GG ist in seiner objektiv-rechtlichen Dimension deshalb vor allem Verfassungsprinzip; objektiv-rechtliche Gewährleistungspflichten des Staates ergeben sich aus Art. 3 GG nicht. Allerdings können sich in Verbindung mit anderen Freiheitsrechten (bspw. Art. 12 Abs. 1 GG) oder Verfassungsprinzipien (bspw. Art. 20, 28 GG) objektiv-rechtliche Wirkungen ergeben.

III. Verletzung von Art. 3 Abs. 3 GG

Art. 3 Abs. 3 S. 1 GG schützt Personen vor der Ungleichbehandlung aufgrund bestimmter persönlicher Merkmale wie Geschlecht oder Herkunft. Die Begriffe der Diskriminierung und Privilegierung kennt das Grundgesetz zwar nicht, aber in der gesellschaftlichen Diskussion sind sie weit verbreitet. Und auch das BVerfG greift mithin einmal auf den Begriff zurück und bezeichnet die besonderen Gleichheitssätze als „spezielle Diskriminierungsverbote".[538]

Eine Ungleichbehandlung kann grundsätzlich durch das Vorliegen sachlicher Gründe gerechtfertigt werden; die Besonderheit an den speziellen Gleichheitssätzen aus Art. 3 Abs. 2 und Abs. 3 GG ist, dass der Gesetzgeber

---

535 Vgl. auszugsweise: BVerfGE 1, 264, 276 – Bezirksschornsteinfeger; BVerfGE 2, 118, 119f. – Sicherungsverwahrung; BVerfGE 9, 124, 130 – Armenrecht; BVerfGE 74, 182, 200 – Einheitswerte I; BVerfGE 98, 365, 385 – Versorgungsanwartschaften; BVerfGE 103, 242, 258 – Pflegeversicherung III.

536 *Sachs*, in: *Sachs* (Hrsg.), GG, 8. Aufl. 2018, Vor Art. 1 Rn. 31ff.; *Nußberger*, in: *Sachs* (Hrsg.), GG, 8. Aufl. 2018, Art. 3 Rn. 65; *Wollenschläger*, in: *v. Mangoldt/Klein/Starck* (Hrsg.), GG, 7. Aufl. 2018, Art. 3 Rn. 178ff.

537 Öffentliches Recht: BVerfGE 21, 362, 372 – Sozialversicherungsträger; BVerfGE 86, 148, 250f. – Finanzausgleich II; zur Ableitung des Gebots föderativer Gleichbehandlung aus dem Bundesstaatsprinzip und dem allgemeinen Gleichheitssatz: BVerfGE 72, 330, 404 – Finanzausgleich I; BVerfGE 119, 394, 410f. – Reichsvermögen-Gesetz Berlin (West). Privatrecht: BVerfGE 7, 198, 205f.; BVerfGE 81, 242, 254 – Handelsvertreter; *Wollenschläger*, in: *v. Mangoldt/Klein/Starck* (Hrsg.), GG, 7. Aufl. 2018, Art. 3 Rn. 42; *Nußberger*, in: *Sachs* (Hrsg.), GG, 8. Aufl. 2018, Art. 3 Rn. 68.

538 BVerfGE 102, 254, 346 – EALG.

entschieden hat, dass die genannten Merkmale wie Geschlecht, Herkunft oder Behinderung kein sachlicher Grund sind – das heißt, eine Ungleichbehandlung aufgrund dieser Merkmale ist grundsätzlich ungerechtfertigt und verstößt damit stets gegen Art. 3 GG. Trotzdem ist Art. 3 GG nicht schrankenlos gewährleistet, sodass die speziellen Gleichheitssätze ihre Schranken im kollidierenden Verfassungsrecht finden.[539]

1. Art. 3 Abs. 3 S. 1 GG

Betrachtet man die Verwendung oder Nichtverwendung von Trigger-Warnungs-Maßnahmen, so scheint auf den ersten Blick keine Ungleichbehandlung vorzuliegen. Die Trigger-Warnungs-Maßnahme knüpft zwar an sich an bestimmte Themengruppen an, beispielsweise wenn eine Vorlesung, die sich mit Rassismus beschäftigt, eine Trigger-Warnung benötigt (→ S. 37). Allerdings verbietet das Grundgesetz nur die Andersbehandlung von Menschen aufgrund der genannten Merkmale, nicht die Andersbehandlung von Themen. Dass die Trigger-Warnungs-Maßnahme die Kennzeichnung von Veranstaltungen und deren Inhalte bei der Behandlung bestimmter Themen (auch in Art. 3 Abs. 3 S. 1 GG genannter Themen) fordert, ist keine Andersbehandlung von Menschen, sondern nur von Themen. Eine Diskriminierung nach Art. 3 Abs. 3 S. 1 GG liegt daher nicht vor.

Die Kennzeichnung der Inhalte ist nicht direkt diskriminierend und auch die Nichtverwendung von Trigger-Warnungen ist mangels Ungleichbehandlung aufgrund eines der genannten Merkmale keine direkte Diskriminierung. Allerdings könnte eine mittelbare Diskriminierung in Frage kommen. Bei der mittelbaren Diskriminierung wird nicht an eines der genannten Merkmale angeknüpft, sondern an ein scheinbar neutrales Merkmal. Das scheinbar neutrale Merkmal betrifft dann aber in aller Regel nur Personen mit einem in Art. 3 Abs. 3 S. 1 GG genannten Merkmal.[540] So knüpft eine Trigger-Warnung für das Thema sexuelle Gewalt nicht direkt

539 *Uerpmann-Wittzack*, in: *Merten/Papier* (Hrsg.), Handbuch der Grundrechte, Band V, 2013, § 128 Rn. 3f.

540 *Uerpmann-Wittzack*, in: *Merten/Papier* (Hrsg.), Handbuch der Grundrechte, Band V, 2013, § 128 Rn. 13. Die Figur der „mittelbaren Diskriminierung" wurde vor allem über das Europarecht ins deutsche Recht getragen, vgl. hierzu ausführlich: *Waddington/Bell*, More Equal than Others: Distinguishing European Union Equality Directives, in: Common Market Law Review 38 (2001), S. 587, 592ff. Auch das BVerfG hat diese aber mittlerweile anerkannt:

an ein in Art. 3 Abs. 3 S. 1 GG genanntes Merkmal an, da aber Frauen statistisch öfter von sexueller Gewalt betroffen sind,[541] wird eine Trigger-Warnung für sexuelle Gewalt in der Regel Frauen häufiger zugutekommen. Dasselbe gilt für Trigger-Warnungen bezüglich Rassismus, welche vorwiegend Personen, die von Rassismus betroffen sind, schützen. Dasselbe gilt aber auch für Merkmale, die nicht in Art. 3 Abs. 3 GG genannt sind, da beispielsweise Trigger-Warnungen bezüglich Essstörungen vorwiegend Personen helfen, die von Essstörungen betroffen sind. Als Schutzmechanismus kommt die Trigger-Warnungs-Maßnahme deshalb immer betroffenen Personen mehr zugute als Nichtbetroffenen. Fraglich ist aber, ob sich darin eine Ungleichbehandlung nach Art. 3 Abs. 3 S. 1 GG versteckt.

Die Nichtexistenz einer Trigger-Warnungs-Maßnahme ist keine mittelbare Diskriminierung, denn existiert keine Trigger-Warnungs-Maßnahme, werden alle Personen – unabhängig davon, welche persönlichen Vorgeschichten und Traumata sie haben – gleichbehandelt, denn es existieren dann für keine Person Warnungen vor bestimmten Themen. Da kein Anspruch auf soziale Gleichheit besteht, haben Studierende ebenfalls keinen Anspruch darauf, genauso wie alle anderen Studierenden von bestimmten Lehrinhalten betroffen zu werden. Es wäre faktisch unmöglich, eine Lernatmosphäre herzustellen, welche soziale Komponenten der Leben der Studierenden in einer Art und Weise ausblendet, dass alle Studierenden die Inhalte in gleicher Weise empfangen. Und dies mag vor dem Hintergrund, dass Hochschulen zum kritischen Diskurs anregen sollen, auch nicht wünschenswert sein. Vielmehr ist es ein Mehrwert von Hochschulen, dass Studierende Themen unterschiedlich aufnehmen, unterschiedliche Schlüsse ziehen und sich daraus unterschiedlich entwickeln. Dieser Prozess trägt zur Identitätsbildung und Selbstdarstellung der Studierenden bei.

Darüberhinaus lässt sich wohl die Frage stellen, ob nicht Studierende mit einem bestimmten Trauma, das aber nicht in den Kreis der Trigger-Warnungs-Themen aufgenommen wurde, ungleich behandelt werden. Demnach wäre zu fragen, warum eine Trigger-Warnung vor der Thematisierung von Essstörungen notwendig sei, aber nicht vor der Thematisie-

---

BVerfGE 97, 35, 43 – Hamburger Ruhegeldgesetz; BVerfGE 99, 341, 356f. – Testierausschluss Taubstummer.

541 *Müller/Schröttle*, in: *Albrecht/Groenemeyer* (Hrsg.), Handbuch soziale Probleme, Band 1, 2. Aufl. 2012, S. 669f.

rung von Inhalten, welche eine Person mit Emetophobie[542] oder Arachnophobie[543] (usw.) triggern könnten.

Die Hochschule ist grundsätzlich dazu verpflichtet, geeignete Maßnahmen zu treffen, um auch beim Zugang zum Studium einen angemessenen Diskriminierungsschutz zu gewährleisten.[544] Dies bedeutet auch, dass bei der legitimen wissenschaftlichen Diskussion von kontroversen Themen, die bestimmte Studierende aufgrund von persönlichen Merkmalen besonders treffen (bspw. Diskussionen zu Gewalterfahrungen oder dem Tragen des muslimischen Kopftuchs im öffentlichen Raum), die Möglichkeit zur „gleichberechtigten Teilhabe, [zum] gleichberechtigten Diskurszugang und [zu] gegenseitigem Respekt"[545] gegeben sein muss – der wissenschaftliche Diskurs darf nicht durch die Verletzung von Persönlichkeitsrechten zu Ausgrenzung und Diskriminierung führen.[546] Dieses Ziel kann aber mit Art. 3 Abs. 3 S. 1 GG nicht erreicht werden.

Die Nichtexistenz von Trigger-Warnungs-Maßnahmen ist daher keine Verletzung des Gleichheitssatzes aus Art. 3 Abs. 3 S. 1 GG, allerdings könnte die Existenz von Trigger-Warnungs-Maßnahmen zu einer Ungleichbehandlung von Personen führen, die unter Traumata leiden, die nicht in der Trigger-Warnungs-Maßnahme genannt sind.

2. Art. 3 Abs. 3 S. 2 GG

a) Definition des Begriffs Behinderung

Art. 3 Abs. 3 S. 2 GG verbietet die Benachteiligung von Personen wegen ihrer Behinderung. Eine Behinderung ist jede länger andauernde körperliche, geistige oder seelische Beeinträchtigung, welche sich auf die Teilhabe am Leben in der Gesellschaft nachteilig auswirkt.[547] Allgemein wird vertreten, dass auch Krankheiten Behinderungen nach Art. 3 Abs. 3 S. 2 GG darstellen, wenn sie chronisch sind und eine zeitnahe Gesundung

---

542 Eine spezifische Phobie vor jeglicher Art des Erbrechens.

543 Eine spezifische Phobie vor Spinnen.

544 BVerfGE 147, 253, 311.

545 *Gärditz*, in: *Maunz/Dürig* (Hrsg.), GG, 92. EL August 2020, Art. 5 Abs. 3 Rn. 166.

546 *Gärditz*, in: *Maunz/Dürig* (Hrsg.), GG, 92. EL August 2020, Art. 5 Abs. 3 Rn. 166; *Gärditz*, Wie viel Freiheit darf sich ein Wissenschaftler nehmen?, in: Forschung & Lehre 2018, S. 116, 118; *Britz*, Freie Entfaltung durch Selbstdarstellung, 2007, S. 55f.

547 BVerfGE 96, 288, 301.

nicht in Aussicht steht.[548] Auch chronische psychische Störungen können demnach Behinderungen darstellen, wenn die Störung längerfristig ist und die Betroffenen an der vollen, wirksamen und gleichberechtigten Teilhabe an der Gesellschaft behindert.[549] Der Grundrechtsschutz von Art. 3 Abs. 3 S. 2 GG umfasst dabei nicht nur Personen, deren Grad der Behinderung eine Schwerbehinderung darstellt, sondern auch weniger schwerwiegende Formen der Behinderung.[550]

Psychische Störungen, die durch Traumata ausgelöst wurden, können, wenn sie chronisch sind und die gleichberechtigte Teilhabe am gesellschaftlichen Leben behindern, Behinderungen im Sinne von Art. 3 Abs. 3 S. 2 GG darstellen. Für Personen mit derartigen psychischen Störungen ist der Schutzbereich dieses Grundrechts im Ergebnis eröffnet.

b) Benachteiligung aufgrund der Behinderung

Art. 3 Abs. 3 S. 2 GG verbietet die nachteilige Ungleichbehandlung von Personen mit Behinderungen im Vergleich zu Personen ohne Behinderungen.[551] Verboten sind damit vor allem der Ausschluss von Entfaltungs- und Betätigungsmöglichkeiten sowie der Nichtzugang zu Einrichtungen oder Veranstaltungen durch die öffentliche Gewalt.[552] Dies setzt folglich voraus, dass die Möglichkeit der Handlung, Entfaltung oder Teilhabe grundsätzlich besteht und diese nur aufgrund von staatlichen Maßnahmen ausgeschlossen ist.[553] Aus der abwehrrechtlichen Funktion ergibt sich demnach ein Anspruch auf Abwehr von staatlicher Ungleichbehandlung aufgrund der Behinderung einer Person. Ist die Nutzung einer öffent-

---

548 *Langenfeld*, in: *Maunz/Dürig* (Hrsg.), GG, 92. EL August 2020, Art. 3 Abs. 3 Rn. 112; *Umbach*, in: *Umbach/Clemens* (Hrsg.), GG, 2002, Art. 3 III 2 Rn. 402; *Caspar*, Das Diskriminierungsverbot behinderter Personen nach Art. 3 Abs. 3 S. 2 GG und seine Bedeutung in der aktuellen Rechtsprechung, in: EuGRZ 2000, S. 135, 137.

549 BVerfGE 151, 1, 23f. – Wahlrechtsausschuss Bundestagswahl.

550 *Langenfeld*, in: *Maunz/Dürig* (Hrsg.), GG, 92. EL August 2020, Art. 3 Abs. 3 Rn. 108.

551 Vgl. BVerfGE 99, 341, 357.

552 BVerfGE 96, 288, 303; zur abweichenden Einordnung von Fördermaßnahmen bei der Rechtfertigung: *Heun*, in: *Dreier* (Hrsg.), GG, Band I, 3. Aufl. 2013, Art. 3 Rn. 138.

553 *Kischel*, in: *Epping/Hillgruber* (Hrsg.), BeckOK GG, 46. Ed. Stand: 15.02.2021, Art. 3 Rn. 234.

lichen Einrichtung für eine behinderte Person faktisch nicht möglich[554], so liegt keine Benachteiligung vor. Die möglicherweise notwendige Umgestaltung der öffentlichen Einrichtung ist dann eine Frage des Leistungsrechts (→ S. 194ff.).[555]

Existiert an einer Hochschule keine Trigger-Warnungs-Maßnahme, behandelt die Hochschule alle Studierenden gleich; sie behandelt alle Studierenden so, als ob sie die gleichen Voraussetzungen hätten und mithin gleichsam am Unterricht teilnehmen könnten. Ist der Zugang zu einer Veranstaltung für eine behinderte Person mangels Trigger-Warnung faktisch nicht möglich, so liegt keine Benachteiligung vor. Ob Trigger-Warnungen eingeführt werden müssen, ist eine Frage des Leistungsrechts.

c) Teilnahmerecht: Anspruch auf Einführung von Trigger-Warnungen

Es gibt zwei Arten von Leistungsrechten: Zum einen originäre Leistungsrechte, die echte Leistungsansprüche gegen die öffentliche Gewalt begründen. Bei ihnen bildet das Grundrecht selbst die Grundlage für einen Anspruch auf Leistung gegen die öffentliche Gewalt (→ S. 101). Und zum anderen Teilnahmerechte (→ S. 101), welche Rechte auf Teilnahme oder Teilhabe an bestehenden staatlichen Leistungen, Einrichtungen oder Verfahren beschreiben, die sich vor allem aus dem Gleichheitsgrundsatz aus Art. 3 Abs. 1 GG in Verbindung mit den Freiheitsrechten und dem Sozialstaatsprinzip ergeben.

Aus Art. 3 Abs. 3 S. 2 GG folgt somit ein Anspruch auf gleiche Teilhabe in Bezug auf staatliche bereits gewährte Leistungen und öffentliche Einrichtungen unter dem Vorbehalt des „finanziell, personell, sachlich und organisatorisch Möglichen“[556]. So muss der Staat Teilhabe beispielsweise durch Fördermaßnahmen ermöglichen. Dies bedeutet, dass der Ausschluss der Handlungs- oder Entfaltungsmöglichkeit durch staatliche Maßnahmen nur dann gerechtfertigt ist, wenn es für den Staat durch Fördermaßnahmen oder Assistenzsysteme unmöglich ist, die Einschränkungen, von denen Menschen mit Behinderungen betroffen sind, zu beseitigen.[557]

---

554 BVerfGE 96, 288, 303.

555 *Baer/Markard*, in: *v. Mangoldt/Klein/Starck* (Hrsg.), GG, 7. Aufl. 2018, Art. 3 Rn. 543.

556 BVerfGE 96, 288, 308.

557 BVerfGE 151, 1, 25.

Ähnlich wie das Fehlen einer Rampe vor dem Hörsaal oder von Untertiteln beim Zeigen eines Videos könnte das Fehlen von Trigger-Warnungen eine Zugangs- bzw. Teilnahmebehinderung von Personen mit einer psychischen Störung, die als Behinderung zu qualifizieren ist, darstellen. Studierende mit psychischen Behinderungen werden an Veranstaltungen, welche sie triggern, nicht gleichermaßen teilnehmen können wie ihre Kommiliton*innen ohne Behinderung. Eine Teilnahme unter höchstem psychischem Stress ist grundsätzlich nicht gleichwertig zu einer Teilnahme in einem normalen emotionalen Zustand. Trigger-Warnungen vor Veranstaltungen mit Themen, welche psychischen Stress auslösen können, sorgen dafür, dass betroffene Studierende sich entweder für ein Fernbleiben entscheiden oder mit dem Wissen und der Vorbereitung auf die Konfrontation mit dem Thema teilnehmen können.

Trotzdem gibt es ein gravierendes Problem bezüglich der Einführung einer Trigger-Warnungs-Maßnahme, um Zugangsmöglichkeiten für Studierende mit psychischen Behinderungen zu schaffen, nämlich die Unmöglichkeit: Traumata können durch eine unzählige Anzahl von Erlebnissen entstehen und vor allem können sie durch eine große Zahl von Auslösereizen hervorgerufen werden. Das Trauma jeder Person ist so individuell wie die Person – selbst wenn die Traumata zweier Studierender auf Gewalterfahrungen beruhen, so können vollkommen unterschiedliche Auslösereize diese wieder hervorrufen. Der Auslösereiz muss noch nicht einmal eine Geschichte über Gewalterfahrungen sein, manchmal sind es vollkommen andere Faktoren wie Gerüche oder Erzählungen über Gefühle. So kann für eine Person, die sexuelle Gewalt erfahren hat, eine Beschreibung von sexueller Gewalt triggernd sein, ebenso kann aber die Beschreibung eines bestimmten Geruchs oder sogar nur der Geruch selbst der ausschlaggebende Auslösereiz sein. Die Warnung vor der Behandlung von Themen, welche sexuelle Gewalt thematisieren, ist dann nicht besonders hilfreich für diese Person. Ein Fahrstuhl wird allen Personen mit Bewegungsbeeinträchtigungen in sehr ähnlichem Maße helfen. Im Gegensatz dazu helfen Trigger-Warnungen vor bestimmten Themen nicht allen Personen mit psychischen Störungen oder Traumata in gleichem Maße. Es ist der Hochschule letztendlich unmöglich, durch das Einführen einer Trigger-Warnungs-Maßnahme Studierenden mit psychischen Störungen eine bessere Teilhabe an Veranstaltungen zu ermöglichen. Die in der Trigger-Warnungs-Maßnahme genannten Themen werden nie die Komplexität einer psychischen Störung ausreichend abbilden können. Eine allgemeine und pauschale Trigger-Warnungs-Maßnahme für bestimmte, möglicherweise triggernde Inhalte kann Studierende mit komplexen psychischen

Behinderungen ebenso gut unterstützen wie ein Fahrstuhl einer Person mit Hörschwierigkeiten einen besseren Zugang bietet – überhaupt nicht.

Die Ermöglichung eines gleichgestellten Zugangs zur Hochschulbildung kann nur ein sich verändernder, offener Diskurs über sichtbare und unsichtbare Behinderungen zwischen allen Hochschulmitgliedern schaffen. Einzelmaßnahmen wie das Einführen von bestimmten, auf die Bedürfnisse einer Person mit psychischer Störung zugeschnittenen Trigger-Warnungen auf Antrag der betroffenen Person können ein Teil davon sein, den Diskurs gesamtheitlich zu verändern. Eine allgemeine Trigger-Warnungs-Maßnahme kann aber keinen gleichgestellten Zugang zur Hochschulbildung ermöglichen.

III. Art. 3 Abs. 1 i.V.m. Art. 12 Abs. 1 GG und dem Sozialstaatsprinzip

Ein weiteres Teilnahmerecht könnte sich aus Art. 3 Abs. 1 i.V.m. Art. 12 GG und dem Sozialstaatsprinzip ergeben.

Auch wenn sich direkt aus Art. 12 Abs. 1 GG kein soziales Recht auf Bildung und Ausbildung ergibt, hat das BVerfG aus Art. 12 Abs. 1 i.V.m. Art. 3 Abs. 1 GG und dem Sozialstaatsprinzip ein „(partielles) soziales Recht auf Ausbildung“[558] für das Hochschulstudium entwickelt[559] (→ S. 180). Dabei gliedert sich das soziale Recht auf akademische Ausbildung in zwei Teile, zum einen in das Recht auf gleichen Zugang zu den vorhandenen Studienplätzen und zum anderen in das Recht auf Erweiterung des vorhandenen Studienplatzangebots, soweit dies erforderlich und möglich ist.[560]

Der Teilhabeanspruch, welcher sich aus dem Gleichheitssatz i.V.m. Art. 12 Abs. 1 GG und dem Sozialstaatsprinzip herleiten lässt, bezieht sich daher nur auf die *Zulassung* zu Studiengängen, welche staatlich monopolisiert und kapazitätsbegrenzt sind. Die Zulassung zum Studiengang wird aber durch die Existenz oder Nichtexistenz von Trigger-Warnungen nicht beeinträchtigt. Der Teilhabeanspruch soll sicherstellen, dass Studierende diskriminierungsfrei einen gleichen Zugang zum Numerus-clausus-Studiengang haben, ohne dass dieser durch (willkürliche) staatliche Begrenzung oder Auswahl beschränkt wird. Fehlende Trigger-Warnungen setzen aber nicht schon bei der allgemeinen Zulassung zum Studiengang oder zu

---

558 *Scholz*, in: *Maunz/Dürig* (Hrsg.), GG, 92. EL August 2020, Art. 12 Rn. 70.
559 BVerfGE 33, 303, 331f.
560 *Scholz*, in: *Maunz/Dürig* (Hrsg.), GG, 92. EL August 2020, Art. 12 Rn. 71.

einer bestimmten Veranstaltung an, denn es handelt sich dabei nicht um eine staatliche Maßnahme, welche den Zugang zum Studiengang oder zu Veranstaltungen künstlich oder willkürlich begrenzt.

Fehlende Trigger-Warnungen stellen keine staatliche Zulassungsbegrenzung dar. So kommt ein Anspruch auf Trigger-Warnungen, hergeleitet aus einem Teilhabeanspruch aus dem Gleichheitssatz i.V.m. Art. 12 Abs. 1 GG und dem Sozialstaatsprinzip nicht in Betracht.

IV. Resümee

Im Ergebnis verletzt die Nichtexistenz einer Trigger-Warnungs-Maßnahme weder Art. 3 Abs. 3 S. 1 GG noch Art. 3 Abs. 3 S. 2 GG.

Problematisch könnte jedoch sein, dass bei der Existenz einer Trigger-Warnungs-Maßnahme Personen mit anderen als den in der Trigger-Warnungs-Maßnahmen genannten Trigger einen Anspruch auf Gleichstellung haben könnten.

D. Das Recht auf körperliche Unversehrtheit, Art. 2 Abs. 2 GG

Werden Traumata durch triggernde Inhalte wieder hervorgerufen, kann dies zu körperlichen und psychischen Schmerzen führen. So können Auslösereize Flashbacks hervorrufen, welche oft mit physischen Symptomen wie Herzrasen, Schweißausbrüchen, Atemnot usw. einhergehen. Ein Auslösereiz kann auch das Wiedererleben oder eine Re-Traumatisierung bewirken, dies kann psychische Schmerzen wie Angstzustände oder depressive Episoden verursachen. Allerdings gilt das nicht allgemein für alle Auslösereize, denn die Reaktionen auf Auslösereize sind ebenso vielfältig wie die Personen, die diese Auslösereize erleben. So sind Auslösereize, die von unangenehmen Erfahrungen wie beispielsweise Sexismus stammen, in aller Regel nicht dazu geeignet, körperliche Symptome in der Form von Schmerz zu verursachen. Dies ist aber nicht auszuschließen.[561]

---

561 So ist für rassistische Erfahrungen nachgewiesen ist, dass aufgrund der ständigen Konfrontation mit rassistischen Erfahrungen die Wahrscheinlichkeit psychisch zu erkranken für Schwarze Personen und People of Color höher ist als für Personen, die von Rassismus nicht betroffen sind: *Matsuda*, in: Michigan Law Review 87 (1989), S. 2320, 2336.

Jedenfalls müsste der Tatbestand der Verletzung der körperlichen Unversehrtheit erfüllt und die fehlende Trigger-Warnung Auslöser dieser Verletzung sein. Andererseits könnten Hochschulen auch zur Einführung von Trigger-Warnungen mittels einer Trigger-Warnungs-Maßnahme verpflichtet sein, um das Recht auf körperliche Unversehrtheit zu schützen.

I. Sachlicher Schutzbereich

Das Recht auf körperliche Unversehrtheit schützt die Gesundheit und körperliche Integrität des Einzelnen.[562]

1. Gesundheit im biologisch-physiologischen Sinn

Zum einen ist die Gesundheit im biologisch-physiologischen Bereich erfasst[563], das heißt nicht das Wohlbefinden als solches, sondern die Gesundheit als Freiheit von Krankheiten, Verletzungen oder Schmerzen.[564] Die physische Gesundheit wird aber erst dann berührt, wenn das staatliche Handeln mit körperlichem Schmerz vergleichbar ist.[565]

Ruft der entsprechende Auslösereiz eine schmerzliche physische Reaktion hervor, ist die körperliche Unversehrtheit beeinträchtigt. Bei Schweißausbrüchen ist eine Vergleichbarkeit mit körperlichem Schmerz wohl zu verneinen, während Atemnot oder Herzrasen demgegenüber als körperlicher Schmerz wahrgenommen werden (können), sodass hier wohl die Gesundheit im biologisch-physiologischen Sinn beeinträchtigt sein könnte. Es wird jedoch im Einzelfall auf die konkreten physischen Symptome der betroffenen Person und deren Qualifikation als physischer Schmerz ankommen.

---

562 *Horn*, in: *Stern/Becker* (Hrsg.), Grundrechte-Kommentar, 2. Aufl. 2016, Art. 2 Rn. 58.

563 BVerfGE 56, 54, 73 – Fluglärm; *Schulze-Fielitz*, in: *Dreier* (Hrsg.), GG, Band I, 3. Aufl. 2013, Art. 2 II Rn. 34.

564 *Horn*, in: *Stern/Becker* (Hrsg.), Grundrechte-Kommentar, 2. Aufl. 2016, Art. 2 Rn. 58.

565 BVerfGE 56, 54, 75.

2. Schutz der psychischen Gesundheit

Es ist umstritten, ob auch der Schutz der psychischen Gesundheit von Art. 2 Abs. 2 GG umfasst ist.[566] Für den Schutz der psychischen Gesundheit spricht vor allem der systematische Zusammenhang mit der Menschenwürde und der Entstehungshintergrund der Vorschrift. Diese wurde vor dem Hintergrund der nationalsozialistischen Gräueltaten formuliert und sollte ein nochmaliges Geschehen dieser verhindern. Während des Nationalsozialismus wurden aber nicht nur Verbrechen der physischen Vernichtung begangen, sondern insbesondere auch Verbrechen des psychischen Terrors, der seelischen Folter und entsprechender Verhörmethoden.[567] Außerdem ist anerkannt, dass in vielen Fällen physische Beeinträchtigungen zu Verletzungen der psychischen Integrität führen können.[568] So können schwere körperliche Misshandlungen zu psychischen Ausfallerscheinungen führen, wie auch viele körperliche Funktionsstörungen ihren Ursprung in psychischen Störungen haben. Ein fehlender Schutz vor psychischer Krankheit würde daher den Menschenwürdegehalt als Wesenskern von Art. 2 Abs. 2 S. 1 GG verletzen.[569]

Allerdings geht im psychischen Bereich der Schutzbereich nur soweit, wie die Einwirkungen zu körperlichen Schmerzen oder mit anderen körperlichen Beeinträchtigungen vergleichbaren Wirkungen führen.[570] Nicht geschützt ist hingegen das soziale Wohlbefinden, welches Eingang in die Gesundheitsdefinition der WHO fand.[571] Auch im Rahmen der psychi-

566 Dafür: *Di Fabio*, in: *Maunz/Dürig* (Hrsg.), 92. EL August 2020, Art. 2 Abs. 2 Nr. 1 Rn. 55; *Jarass*, in: *Jarass/Pieroth* (Hrsg.), GG, 16. Aufl. 2020, Art. 2 Rn. 83; vgl. auch: BVerfGE 56, 54, 73ff.; dagegen: *Müller-Terpitz*, in: *Isensee/Kirchhof* (Hrsg.), Handbuch des Staatsrechts, Band VII, 3. Aufl. 2009, § 147 Rn. 44.

567 *Lang*, in: *Epping/Hillgruber* (Hrsg.), BeckOK GG, 45. Ed. Stand: 15.02.2021, Art. 2 Rn. 62; BVerfGE 56, 54, 74f.; *Starck*, in: *v. Mangoldt/Klein/Starck* (Hrsg.), GG, 7. Aufl. 2018, Art. 2 Rn. 193f.

568 Ausführlich hierzu: BVerfGE 45, 187, 223ff. – Lebenslange Freiheitsstrafe.

569 *Seewald*, Zum Verfassungsrecht Gesundheit, 1981, S. 44ff.

570 BVerfGE 56, 54, 75; *Jarass*, in: *Jarass/Pieroth* (Hrsg.), GG, 16. Aufl. 2020, Art. 2 Rn. 83; *Hermes*, Das Grundrecht auf Schutz von Leben und Gesundheit, 1987, S. 225; *Murswiek/Rixen*, in: *Sachs* (Hrsg.), GG, 8. Aufl. 2018, Art. 2 Rn. 149, will über die Schmerzen hinaus auch andere pathologische Zustände und psychische Krankheiten in den Schutzbereich einbeziehen.

571 Zur Definition der WHO: BGBl. 1974 II, S. 45: „Health is a status of complete physical, mental and *social* well-being". – *Hervorhebung der Autorin*. Gegen eine Einbeziehung des geistigen und sozialen Wohlbefindens: BVerfGE 56, 54, 74f.; *Schmidt-Aßmann*, Anwendungsprobleme des Art. 2 Abs. 2 GG im Immissionsschutzrecht, in: AöR 106 (1981), S. 205, 209f.; *Jarass*, in: *Jarass/Pieroth* (Hrsg.),

schen Gesundheit wird nicht das Wohlbefinden als solches, sondern die Gesundheit, das heißt die Abwesenheit von psychosomatischen Störungen und „manifesten psychopathischen Zuständen", geschützt.[572] Psychosomatische Störungen werden oftmals durch Symptome wie Atemnot, Beeinträchtigungen des Herz-Kreislauf-Systems, Brustschmerz oder Herzstechen, aber auch Bauchschmerzen, Übelkeit oder Völlegefühl, welche keine körperlichen Ursachen haben, gekennzeichnet. Psychische Störungen sind Krankheiten wie beispielsweise Depressionen oder Angststörungen.

Wichtig ist jedoch, dass nicht nur das psychische Wohlbefinden beeinträchtigt ist, sondern darüber hinaus auch die körperliche Unversehrtheit.[573] Ist Voraussetzung für die Einbeziehung von Einwirkungen auf die Psyche eine schmerzgleiche Wirkung, so fallen herabwürdigende Äußerungen, die keine schmerzgleiche Wirkung haben, nicht unter Art. 2 Abs. 2 S. 1 GG, sondern sind nur am allgemeinen Persönlichkeitsrecht (→ S. 206ff.) zu messen.[574]

Es sind Situationen denkbar, in denen die Einwirkungen auf die Psyche aufgrund von Inhalten oder Diskussionen ohne Trigger-Warnungen einen schmerzgleichen Effekt haben. Dies ist vor allem dann der Fall, wenn sich Flashbacks oder die Re-Traumatisierung in einer schmerzlichen Weise – beispielsweise durch schmerzhafte psychosomatische Beschwerden – äußern. Allerdings reichen allein unangenehme Auswirkungen oder soziales Unwohlsein dafür nicht aus.

3. Fazit

Der Schutz der körperlichen Unversehrtheit geht über den einfachen Schutz der Gesundheit hinaus, denn Art. 2 Abs. 2 S. 1 GG soll nicht nur Verletzungen der Gesundheit verhindern, sondern auch die Missachtung der körperlichen Integrität und des Lebens, wie dies während des Nationalsozialismus geschah. Dabei besteht kein Unterschied zwischen Verlet-

---

GG, 16. Aufl. 2020, Art. 2 Rn. 83. A.A.: OVG Koblenz, Urt. v. 24.07.1997 – 8 A 12820-96, NJW 1998, S. 1422, 1423 – Fassadenbemalung; BVerwG, B. v. 13.04.1995 – 4 B 70/95, NJW 1995, S. 2648, 2649 – Außenbereichsschutz; *Kloepfer*, Zum Grundrecht auf Umweltschutz, 1978, S. 28.

572 *Horn*, in: *Stern/Becker* (Hrsg.), Grundrechte-Kommentar, 2. Aufl. 2016, Art. 2 Rn. 58.

573 *Di Fabio*, in: *Maunz/Dürig* (Hrsg.), GG, 92. EL August 2020, Art. 2 Abs. 2 Nr. 1 Rn. 60.

574 *Jarass*, in: *Jarass/Pieroth* (Hrsg.), GG, 16. Aufl. 2020, Art. 2 Rn. 83.

zungen der physischen wie psychischen Gesundheit, soweit diese eine schmerzgleiche Wirkung haben.

II. Persönlicher Schutzbereich

Art. 2 Abs. 2 S. 1 GG ist ein Jedermann-Grundrecht – es steht allen Personen gleichermaßen zu. Eine Unterscheidung zwischen lebenswertem und lebensunwürdigem Leben steht niemandem zu. Der Grundrechtsschutz beginnt mit der Existenz menschlichen Lebens.[575] Allen Studierenden an Hochschulen steht somit das Recht auf körperliche Unversehrtheit zu.

III. Fehlende Trigger-Warnungen als Eingriff?

Art. 2 Abs. 2 S. 1 GG ist in erster Linie ein Abwehrrecht gegen staatliche Maßnahmen, welche die körperliche Unversehrtheit verletzen. Damit soll jede Schädigung oder Minderung der körperlichen Integrität und physischen wie psychischen Gesundheit unterbunden werden.

Für Eingriffe in Art. 2 Abs. 2 GG gelten allgemein die Grundsätze für Grundrechtseingriffe, das heißt auch hier kann der moderne Eingriffsbegriff verwendet werden. Danach ist das Faktum der Beeinträchtigung zentral, wohingegen es unwichtig ist, mit welchem Mittel diese eingetreten ist.[576] Im Mittelpunkt steht der grundrechtswidrige Effekt einer Maßnahme (→ S. 108f.).[577] So liegt ein Eingriff in Art. 2 Abs. 2 GG etwa dann vor, wenn der Schutzbereich gegen den Willen der Grundrechtsträger*innen gezielt durch eine staatliche Maßnahme beeinträchtigt wird.[578] Darunter fallen sowohl körperliche Strafen als auch staatliche medizinische Zwangsbehandlungen oder heftiger Lärm.[579]

---

575 *Müller-Terpitz*, in: *Isensee/Kirchhof* (Hrsg.), Handbuch des Staatsrechts, Band VII, 3. Aufl. 2009, § 147 Rn. 33. Ausführlich zur hier nebensächlichen Diskussion des Lebensbeginns und -endes: *Müller-Terpitz*, in: *Isensee/Kirchhof* (Hrsg.), Handbuch des Staatsrechts, Band VII, 3. Aufl. 2009, § 147 Rn. 12ff.

576 BVerfGE 13, 290, 299.

577 BVerfGE 116, 202, 222; so auch *Bethge*, in: VVDStRL 55 (1998), S. 7, 40.

578 *Schulze-Fielitz*, in: *Dreier* (Hrsg.), GG, Band I, 3. Aufl. 2013, Art. 2 II Rn. 42.

579 *Lang*, in: *Epping/Hillgruber* (Hrsg.), BeckOK GG, 45. Ed. Stand: 15.02.2021, Art. 2 Rn. 67.

Die herrschende Meinung geht von einem Bagatellvorbehalt für Eingriffe aus.[580] Dies ist allerdings abzulehnen, da sich eine solche Bagatellgrenze nicht überzeugend festlegen lassen würde.[581] Außerdem würde das Vorliegen eines Eingriffs dann letztendlich von der subjektiven Auffassung der beteiligten Parteien abhängig gemacht werden und damit von der Frage, ob eine Partei eine Belästigung noch als Bagatelle wahrnehmen könnte oder nicht. Die Unerheblichkeit eines Verhaltens sollte höchstens auf der Rechtfertigungsebene in den Abwägungsprozess einbezogen werden.[582]

Die körperliche Unversehrtheit von Studierenden könnte dann verletzt werden, wenn die Konfrontation mit triggernden Themen ohne die Existenz von Trigger-Warnungen mangels Trigger-Warnungs-Maßnahme einen Eingriff im verfassungsrechtlichen Sinne darstellt. Der moderne Eingriffsbegriff ist denkbar weit und umfasst auch ungewollte Wirkungen, nicht vorhersehbare oder mittelbar verursachte Beeinträchtigungen und sogar das Auslösen von Betroffenheitsgefühlen.[583] Es bleibt zu überlegen, ob das Unterlassen einer Handlung, das heißt die Nichteinführung einer Trigger-Warnungs-Maßnahme, einen Eingriff in ein Grundrecht darstellen kann. Orientiert man sich an dem modernen Grundrechtseingriff, so bleibt zu fragen, ob der Staat durch das Fehlen einer Trigger-Warnungs-Maßnahme eine Grundrechtsposition aktiv schmälert oder ob er es lediglich unterlässt, eine Grundrechtsposition zu schützen. Da es beim modernen Eingriff auf den grundrechtswidrigen Effekt der Maßnahme ankommt, kann nur dann ein Grundrechtseingriff angenommen werden, wenn das Unterlassen des Staates die Grundrechtsposition aktiv verletzt.

Existiert an einer Hochschule keine Trigger-Warnungs-Maßnahme, handelt es sich dabei um ein Unterlassen des Staates, welches nicht aktiv die körperliche Unversehrtheit der Studierenden verletzt. Die Grundrechtsposition der Studierenden wird nicht schon durch die Nichtexistenz einer Trigger-Warnungs-Maßnahme verletzt, sondern vielmehr erst dann, wenn

---

580 BVerwG, Urt. v. 29.07.1977 – IV C 51/75, NJW 1978, S. 554, 555ff. – Bebauungspläne; *Correll*, in: *Denninger/Hoffmann-Riem/Schneider/Stein* (Hrsg.), GG-AK, 3. Auf. 2001, Art. 2 Abs. 2 Rn. 110.

581 *Müller-Terpitz*, in: *Isensee/Kirchhof* (Hrsg.), Handbuch des Staatsrechts, Band VII, 3. Aufl. 2009, § 147 Rn. 43.

582 *Müller-Terpitz*, in: *Isensee/Kirchhof* (Hrsg.), Handbuch des Staatsrechts, Band VII, 3. Aufl. 2009, § 147 Rn. 43; *Murswiek/Rixen*, in: *Sachs* (Hrsg.), GG, 8. Aufl. 2018, Art. 2 Rn. 162f.; *Schulze-Fielitz*, in: *Dreier* (Hrsg.), GG, Band I, 3. Aufl. 2013, Art. 2 II Rn. 49f.

583 *Isensee*, in: *Isensee/Kirchhof* (Hrsg.), Handbuch des Staatsrechts, Band IX, 3. Aufl. 2011, § 191 Rn. 113.

bestimmte Themen überhaupt Inhalt der Lehrveranstaltung werden und dort in einer Weise besprochen werden, welche triggernde Auswirkungen auf die betroffenen Studierenden hat. Es ist aber denkbar, dass trotz mangelnder Trigger-Warnungs-Maßnahme betroffene Studierende bei der Besprechung der triggernden Themen nicht verletzt werden – beispielsweise aufgrund der angenehmen Lernatmosphäre oder den didaktischen Methoden, welche die Lehrpersonen anwenden. Eine fehlende Trigger-Warnungs-Maßnahme führt nicht direkt und aktiv zur Verletzung der körperlichen Unversehrtheit der Studierenden.

IV. Staatliche Schutzpflicht und Trigger-Warnungen

Durch das Unterlassen der Einführung einer Trigger-Warnungs-Maßnahme wird nicht aktiv in die Grundrechtsposition der Studierenden eingegriffen, allerdings könnte die Hochschule es unterlassen, eine Grundrechtsposition der Studierenden angemessen zu schützen.

1. Trigger-Warnungs-Maßnahme und grundrechtliche Schutzpflicht

Staatliche Schutzpflichten für Grundrechte bestehen, weil der Staat Menschen nicht nur vor Eingriffen durch den Staat selbst zu schützen hat, sondern auch vor Eingriffen oder Übergriffen Dritter, denn auch durch Eingriffe seitens (privater) Dritter kann der grundrechtliche Freiheitsbereich verletzt werden. In dieser Rolle hat der Staat folglich die Pflicht, die Freiheit der Betroffenen zu garantieren.[584]

So kann das Unterlassen der Einführung einer Trigger-Warnungs-Maßnahme zu Eingriffen in Art. 2 Abs. 2 S. 1 GG durch die Lehrenden, die Lehrinhalte oder die Studierenden führen. Der Eingriff durch die Lehrinhalte wäre den Lehrenden zuzurechnen, da diese für die Auswahl und Zusammenstellung der Inhalte verantwortlich sind.

---

584 *Murswiek*, Die staatliche Verantwortung für die Risiken der Technik, 1985, S. 88, 101ff.; vgl. weiter ausführlich: *Robbers*, Sicherheit als Menschenrecht, 1987; *Isensee*, Das Grundrecht auf Sicherheit, 1983; *Scholz/Pitschas*, Informationelle Selbstbestimmung und staatliche Informationsverantwortung, 1984.

Der Staat muss erst dann tätig werden, wenn er durch sein Unterlassen das Untermaßverbot verletzen würde.[585] Bei der Begründung staatlicher Schutzpflichten ist vor allem der Unterschied zur abwehrrechtlichen Dimension von Grundrechten zu beachten. Im Unterschied zur abwehrrechtlichen Dimension liegt kein Eingriff seitens des Staats vor, vielmehr versucht der Staat einen Eingriff durch andere zu verhindern. Dies greift dann wiederum in die Grundrechte der eingreifenden Personen ein, sodass der Staat in Bezug auf die Grundrechte der eingreifenden Personen an das Übermaßverbot gebunden ist. Das staatliche Handeln aufgrund staatlicher Schutzpflichten bewegt sich demnach in einem „Korridor zwischen Untermaßverbot einerseits und Übermaßverbot andererseits."[586] Allerdings steht dem Staat beim Ergreifen staatlicher Schutzpflichten ein weiter Spielraum zu. So hat das BVerfG entschieden, dass erst dann korrigierend eingegriffen werden kann, wenn die Vorkehrungen, welche der Staat zum Schutz der Grundrechte trifft, „völlig ungeeignet oder völlig unzulänglich" seien.[587]

Die Entscheidung, ob die Hochschule zum Schutz der körperlichen Unversehrtheit eine Trigger-Warnungs-Maßnahme einzuführen hat, ist deshalb auf dem Korridor zwischen Untermaßverbot für die körperliche Unversehrtheit und Übermaßverbot für die Lehr- bzw. Meinungsfreiheit (→ S. 99ff., 124ff.) der Lehrenden und anderer Studierender zu treffen. Zum einen müsste das Recht auf körperliche Unversehrtheit mit einem wirksamen und angemessenen Mindeststandard geschützt sein, zum anderen müsste der Eingriff, welcher durch das Einführen der Trigger-Warnungs-Maßnahme im Rahmen der staatlichen Schutzpflicht eintreten würde, verhältnismäßig sein.

Dreh- und Angelpunkt ist die Frage, ob eine Trigger-Warnungs-Maßnahme einen wirksamen und angemessenen Mindestschutz des Rechts auf körperliche Unversehrtheit bietet. Die Trigger-Warnungs-Maßnahme verbietet zwar nicht grundsätzlich triggernde Aussagen oder Themen, sondern gibt den betroffenen Studierenden lediglich die Möglichkeit, an entsprechenden Lehrveranstaltungen nicht teilzunehmen oder nur nach bewusster Vorbereitung. Jedoch ist fraglich, inwieweit Blankett-Trigger-Warnungs-Maßnahmen die realen und konkreten Traumata sowie psychi-

---

585 BVerfGE 88, 203, 254f.; vgl. jüngst BVerfGE 142, 313, 337f. – Zwangsbehandlung.

586 *Lang*, in: *Epping/Hillgruber* (Hrsg.), BeckOK GG, 45. Ed. Stand: 15.02.2021, Art. 2 Rn. 76.

587 BVerfGE 77, 170, 215; BVerfGE 79, 174, 202; BVerfGE 88, 203, 263.

schen Erkrankungen der betroffenen Studierenden ansprechen sollen. Eine Maßnahme, die Trigger-Warnungen für Themen wie Rassismus oder Essstörungen vorschreibt, hat letztlich keinen Effekt für Studierende mit Emetophobie (→ Fn. 542). Und selbst wenn das konkrete schmerzgleiche Trauma von Studierenden in der Trigger-Warnungs-Maßnahme abgebildet ist, so können Studierende bestimmte Darstellungen triggern, welche von Dritten oder anderen Betroffenen nicht als dieses Trauma wahrgenommen werden. Da nicht alle Reaktionen auf bestimmte Traumata eine Verletzung der körperlichen Unversehrtheit darstellen, ist die Einführung einer Trigger-Warnungs-Maßnahme für generelle traumatische Erfahrungen und psychische Störungen nicht förderlich für den Schutz des Rechts der körperlichen Unversehrtheit. Der Mindestschutz des Rechts auf körperliche Unversehrtheit kann nicht durch die Einführung einer Trigger-Warnungs-Maßnahme seitens der Hochschule erreicht werden.

2. Individueller Schutz- oder Leistungsanspruch auf Trigger-Warnungen

Auch Art. 2 Abs. 2 S. 1 GG begründet keine Ansprüche gegen den Staat auf bestimmte gesetzliche Regelungen von Ansprüchen.[588] Allerdings sind bestimmte Konstellationen denkbar, in denen der Einzelne in besonderer Weise auf die Hilfe und Vorsorge der öffentlichen Gewalt angewiesen ist.[589] Daraus kann sich dann ein Recht auf Gesundheit im Sinne eines Leistungsrechts ergeben.[590] Allerdings ist ein solches Recht nicht auf die Einführung einer bestimmten (gewünschten) Maßnahme gerichtet, sondern vielmehr nur darauf, dass der Staat die individuelle Verletzung des Rechts auf körperliche Unversehrtheit abzuwehren hat. Dem Staat steht dann wiederum offen, wie er dieser Schutzpflicht nachkommt.

Aus Art. 2 Abs. 2 S. 1 GG lässt sich demnach nicht direkt ein Anspruch auf Einführung von Trigger-Warnungen herleiten – selbst wenn grundsätzlich eine Verletzung der körperlichen Unversehrtheit aufgrund von bestimmten Triggern in Lehrveranstaltungen vorliegt. Vielmehr obliegt es der Hochschule in einem solchen Fall zu entscheiden, wie im konkreten Fall die Grundrechtsverletzung abgewendet werden kann.

---

588 BVerfGE 1, 97, 104f. – Hinterbliebenenrente I.

589 *Di Fabio*, in: *Maunz/Dürig* (Hrsg.), GG, 92. EL August 2020, Art. 2 Abs. 2 Nr. 1 Rn. 51.

590 Zur Herleitung eines solchen Rechts: *Seewald*, Gesundheit als Grundrecht, 1982.

V. Fazit

Grundsätzlich besteht die Möglichkeit, dass Trigger in Lehrveranstaltungen die körperliche Unversehrtheit im Sinne von Art. 2 Abs. 2 S. 1 GG verletzen. Allerdings ergibt sich daraus weder eine Schutzpflicht der Hochschule, eine Trigger-Warnungs-Maßnahme einzuführen noch ein individueller Schutzanspruch auf Verwendung bestimmter Trigger-Warnungen.

E. Das allgemeine Persönlichkeitsrecht

Die Nichtverwendung von Trigger-Warnungen könnte eine Verletzung des allgemeinen Persönlichkeitsrechts der Studierenden sein.

Geschütztes Rechtsgut des allgemeinen Persönlichkeitsrechts ist der Geltungsanspruch der Menschen in der sozialen Welt.[591] Im Mittelpunkt des Schutzes steht das Recht auf Selbstbestimmung jeder einzelnen Person. Der Schutzbereich des Grundrechts ist nicht abschließend bestimmt, denn er ist insbesondere durch seine Entwicklungsoffenheit[592] gekennzeichnet, um auf die Entwicklung neuer Gefährdungslagen reagieren zu können. Innerhalb der Literatur wird der Schutzbereich vor allem anhand von Fallgruppen[593] bestimmt. Allgemein wird der sachliche Schutzbereich dabei regelmäßig in drei Sphären eingeteilt – die Intimsphäre, die Privatsphäre und die Sozialsphäre (→ S. 208f.), welche wiederum durch unterschiedliche Fallgruppen detaillierter beschrieben werden.[594]

Für Studierende ist die Zeit an einer Hochschule eine formende Erfahrung. Dabei werden durch die Konfrontation mit Wissenschaft sowie mit anderen Personen, deren Meinungen, Erfahrungen und Interessen wichtige Erkenntnisse für die eigene Selbstbestimmung und den eigenen Geltungsanspruch in dieser Welt gezogen (→ S. 43ff.). Es stellt sich die Frage,

---

591 *Di Fabio*, in: *Maunz/Dürig* (Hrsg.), GG, 92. EL August 2020, Art. 2 Abs. 1 Rn. 127.

592 Bspw.: BVerfGE 54, 148, 153f. – Eppler; BVerfGE 72, 155, 170 – Erbfall; BVerfGE 79, 256, 268 – Kenntnis der eigenen Abstammung.

593 Vgl. *Ehmann*, Zur Struktur des Allgemeinen Persönlichkeitsrechts, in: JuS 1997, S. 193, 197ff.; *Murswiek/Rixen*, in: *Sachs* (Hrsg.), GG, 8. Aufl. 2018, Art. 2 Rn. 68ff.; *Jarass*, Das allgemeine Persönlichkeitsrecht im Grundgesetz, in: NJW 1989, S. 857, 858ff.; *Degenhart*, Das allgemeine Persönlichkeitsrecht, Art. 2 I i.V.m. Art. 1 I GG, in: JuS 1992, S. 361, 363ff.

594 Eine umfassende Übersicht finden Sie hier: *Lang*, in: *Epping/Hillgruber* (Hrsg.), BeckOK GG, 46. Ed. Stand: 15.02.2021, Art. 2 Rn. 35ff.

inwiefern die Selbstbestimmung und Selbstdarstellung von Studierenden durch die Konfrontation mit triggernden Inhalten verletzt werden könnte.

I. Dogmatische Grundlagen des allgemeinen Persönlichkeitsrechts

Das allgemeine Persönlichkeitsrecht ist ein sog. unbenanntes Grundrecht, welches sich aus der Zusammenschau zweier Grundrechte, nämlich der allgemeinen Handlungsfreiheit, Art. 2 Abs. 1 S. 1 GG, und der Menschenwürde, Art. 1 Abs. 1 S. 1 GG, ergibt. Über die dogmatischen Grundlagen dieses Grundrechts wurden schon zahlreiche ausführliche Texte veröffentlicht (vgl. Auswahl → Fn. 596), so gehören diese zum Grundlagenstoff eines jeden Jurastudiums. Aus diesem Grund soll hier nur noch kurz auf die für die vorliegende Arbeit wichtigen Punkte des allgemeinen Persönlichkeitsrechts eingegangen werden.

1. Allgemeines

Sowohl der Begriff als auch die Dogmatik zum allgemeinen Persönlichkeitsrecht kommen aus der Rechtsprechung. Es begann alles mit der wegweisenden Entscheidung des BGH, welche 1954 das erste Mal vom „in Art. 1 und 2 GG verankerten Schutz der Persönlichkeit“[595] spricht, von dort an wurde der Persönlichkeitsschutz zuerst punktuell und später dann gesamthaft unter dem Begriff allgemeines Persönlichkeitsrecht ausgeformt.[596] Dogmatisch ist das allgemeine Persönlichkeitsrecht in Art. 2 Abs. 1 i.V.m. Art. 1 Abs. 1 GG verankert. Dabei müssen aber jeweils nicht gleichzeitig Verletzungen beider Grundrechte vorliegen, vielmehr findet

595 BGHZ 13, 334, Ls. – Leserbrief.

596 *Di Fabio*, in: *Maunz/Dürig* (Hrsg.), GG, 92. EL August 2020, Art. 2 Abs. 1 Rn. 127. Zur Entwicklung des allgemeinen Persönlichkeitsrechts in Literatur und Rechtsprechung des BGH und des BVerfG: *Vogelgesang*, Grundrecht auf informationelle Selbstbestimmung?, 1987, S. 39ff.; *Brandner*, Das Allgemeine Persönlichkeitsrecht in der Entwicklung der Rechtsprechung, in: JZ 1983, S. 689, 689ff.; *Seifert*, Postmortaler Schutz des Persönlichkeitsrechts und Schadensersatz – Zugleich ein Streifzug durch die Geschichte des allgemeinen Persönlichkeitsrechts in: NJW 1999, S. 1889ff.; *Jarass*, in: *Erichsen/Kollhosser/Welp* (Hrsg.), Recht der Persönlichkeit, 1996, S. 89ff.; *Jarass*, in: NJW 1989, S. 857ff.; *Aulehner*, Polizeiliche Gefahren- und Informationsvorsorge, 1998, S. 361ff.; *Duttge*, Recht auf Datenschutz?, in: Der Staat 36 (1997), S. 281, 286ff.

das allgemeine Persönlichkeitsrecht seine subjektiven Gewährleistungen in Art. 2 Abs. 1 GG, wohingegen Art. 1 Abs. 1 GG nur „als Auslegungsmaßstab für die Ermittlung des Inhalts und der Reichweite des Schutzumfangs[597]" dient.[598] So sind Eingriffe und entsprechende Rechtfertigungen dieser anhand der in Art. 2 Abs. 1 GG festgeschriebenen Schranken zu bestimmen.

2. Sphärentheorie

Im Mittelpunkt des Schutzes des allgemeinen Persönlichkeitsrechts steht die Selbstbestimmung und -darstellung. Diese kann jedoch auf unterschiedlichen Ebenen der menschlichen Erfahrung beeinträchtigt werden, so kann durch eine Überwachung des Schlafraums eine Verletzung der Selbstbestimmung eintreten, genauso wie durch die Veröffentlichung von Bildern aus dem Familienurlaub – jedoch wird einer der beiden Eingriffe als intimer als der andere angesehen. Die Sphärentheorie wurde im Zivilrecht zur Konturierung und Einordnung der unterschiedlichen Fallgruppen erarbeitet.[599] Die verfassungsrechtliche Rechtsprechung hat diese aufgenommen und dogmatisch weiterentwickelt.[600] So handelt es sich bei

---

597 So: *Starck*, in: *v. Mangoldt/Klein/Starck* (Hrsg.), GG, 7. Aufl. 2018, Art. 2 Rn. 15, 56f., 87; *Murswiek/Rixen*, in: *Sachs* (Hrsg.), Grundgesetz, 8. Aufl. 2018, Art. 2 Rn. 63; *Kunig/Kämmerer*, in: *v. Münch/Kunig* (Hrsg.), GG, 7. Aufl. 2021, Art. 2 Rn. 52; *Dreier*, in: *Dreier* (Hrsg.), GG, Band I, 3. Aufl. 2013, Art. 2 I Rn. 69. In diese Richtung auch: BVerfGE 27, 344, 350f. – Ehescheidungsakten; BVerfGE 34, 238, 245; BVerfGE 79, 256, 268.

598 *Di Fabio*, in: *Maunz/Dürig* (Hrsg.), GG, 92. EL August 2020, Art. 2 Abs. 1 Rn. 128.

599 *v. Arnauld*, Strukturelle Fragen des allgemeinen Persönlichkeitsrechts, in: ZUM 1996, S. 286, 290; *Geis*, Der Kernbereich des Persönlichkeitsrechts, in: JZ 1991, S. 112, 113; vgl. *Sprau*, in: *Palandt*, Bürgerliches Gesetzbuch mit Nebengesetzen, 80. Aufl. 2021, § 823 Rn. 83ff., insb. Rn. 87; OLG Hamburg, Urt. v. 11.05.1967 – 3 U 200/66, NJW 1967, S. 2314, 2316 – politischer Meinungsstreit.

600 BVerfGE 27, 1, 6 – Mikrozensus; BVerfGE 27, 344, 350ff.; BVerfGE 33, 367, 376f. – Zeugnisverweigerungsrecht für Sozialarbeiter [sic]; BVerfGE 49, 286, 298 – Transsexuelle [sic] I; BVerfGE 54, 148, 151ff.; s.a.: *Geis*, in: JZ 1991, S. 112, 113. Umfassende Zustimmung in der Literatur: *Wintrich*, Die Bedeutung der „Menschenwürde" für die Anwendung des Rechts, in: BayVBl 1957, S. 137ff.; *Dürig*, Der Grundrechtssatz von der Menschenwürde, in: AöR 81 (1956), S. 117, 129; *Podlech*, in: *Denninger/Hoffmann-Riem/Schneider/Stein* (Hrsg.), AK-GG, Band I, 3. Aufl. 2001, Art. 2 Abs. 1 Rn. 35ff.; *Wolfslast*, Beweisführung durch heimliche Tonbandaufzeichnung – Besprechung des BGH-

der Sphärentheorie dogmatisch um eine Ausprägung des Verhältnismäßigkeitsgrundsatzes, welche aber nicht nur zur Abwägung dient, sondern schon bei der Umschreibung des Schutzgehalts hilft. Auf Abwägungsebene bietet die Sphärentheorie eine stufenlose Abwägungsmöglichkeit zwischen Stärke des Eingriffs und angemessenem Schutzniveau.[601]

Die Sphärentheorie unterscheidet grundsätzlich zwischen der inneren und der äußeren Sphäre (Sozialsphäre) und teilt die innere Sphäre in die prinzipiell unantastbare Intimsphäre sowie die Privatsphäre auf. Die Intimsphäre schützt den Kernbereich der privaten Lebensgestaltung, die Privatsphäre umfasst den engeren persönlichen Lebensbereich und die Sozialsphäre umfasst die gesamte Teilnahme am öffentlichen Leben. Jeder Sphäre werden unterschiedliche Fallkonstellationen zugeordnet. Beispielhaft umfasst die Intimsphäre Tagebuchaufzeichnungen[602] und die sexuelle Selbstbestimmung[603], der Privatsphäre werden der Schutz der vertraulichen Kommunikation[604] oder Arzt-Patienten-Gespräche[605] zugeordnet und die Sozialsphäre beinhaltet Fallkonstellationen bezüglich dem Ehrschutz oder dem Recht am eigenen Bild[606], Wort[607] und Namen[608].[609]

Die Teilnahme der Studierenden am Campusleben ist Teil der Sozialsphäre, geschützt ist das Ansehen der einzelnen Studierenden in der Hochschulgesellschaft. Soweit Studierende an der Hochschule am gesellschaftlichen Leben teilnehmen, ist dies von Art. 2 Abs. 1 i.V.m. Art. 1 Abs. 1 GG in unterschiedlichen Fallkonstellationen ebenso geschützt wie die Teilnahme aller Grundrechtsträger*innen am gesamten gesellschaftlichen Leben. Aufgrund des Bezugs zur Gesellschaft sind Eingriffe in die Sozialsphäre unter geringen Voraussetzungen zulässig.

Urteils vom 09.04.1986 – 3 StR 551/85 (NStZ 1987, 133), in: NStZ 1987, S. 103, 106; *v. Arnauld*, in: ZUM 1996, S. 286, 290f.; aktuelle umfassende Darstellung: *Enders*, in: *Merten/Papier* (Hrsg.), Handbuch der Grundreche, Band IV, 2011, § 89.

601 *v. Arnauld*, in: ZUM 1996, S. 286, 291.

602 Bspw.: BVerfGE 80, 367, 373ff. – Tagebuch.

603 Bspw.: BVerwG, Urt. v. 21.05.1996 – 2 WD 22/95, NVwZ 1997, S. 504, 505 – Dienstvergehen.

604 Bspw.: *Lenckner*, in: *Schönke/Schröder* (Hrsg.), Strafgesetzbuch. Kommentar, 30. Aufl. 2019, Vor §§ 185ff. Rn. 9b.

605 Bspw.: BVerfGE 32, 373, 378ff. – Ärztliche Schweigepflicht.

606 Bspw.: BVerfGE 101, 361, 380ff. – Caroline von Monaco II.

607 Bspw.: BVerfGE 106, 28, 39ff. – Mithörvorrichtung.

608 Bspw.: BVerfGE 97, 391, 399ff. – Missbrauchsbezichtigung.

609 *Lang*, in: *Epping/Hillgruber* (Hrsg.), BeckOK GG, 45. Ed. Stand: 15.02.2021, Art. 2 Rn. 38ff.

II. Ehrschutz

Im Diskurs um die Verwendung oder Nichtverwendung von Trigger-Warnungen in der akademischen Lehre spielt vor allem der Schutz der Darstellung der eigenen Person in Ausprägung des Ehrschutzes eine Rolle. Die Hochschulumgebung ist ein Bereich der sozialen Öffentlichkeit und trotzdem ist er aufgrund seiner diskursiven, gemeinschaftlichen, sozialen Öffentlichkeit ein Ort, der die Persönlichkeitsentwicklung der Studierenden besonders prägt (→ S. 43ff.). Es soll verhindert werden, dass Studierende in ihrem gesellschaftlichen Ansehen geschmälert, ihre sozialen Kontakte als Reaktion auf diffamierende Äußerungen und Darstellungen Dritter geschwächt und als weitere Folge ihr Selbstwertgefühl untergraben wird.[610]

1. Allgemeines

Der Ehrschutz soll die soziale Anerkennung schützen (sog. sozialer Geltungsanspruchs[611]).[612] Ehrverletzungen sind durch unwahre Tatsachenbehauptungen[613], aber auch herabsetzende, wertende Äußerungen, Darstellungen oder Handlungen denkbar.[614] Dabei äußert sich der Ehrschutz in aller Regel durch die mittelbare Drittwirkung des allgemeinen Persönlichkeitsrechts, das zivilrechtliche allgemeine Persönlichkeitsrecht oder einfachgesetzliche Verbote von ehrverletzenden Äußerungen wie den Beleidigungsdelikten der §§ 185ff. StGB[615]. In der verfassungsrechtlichen Betrachtung ist zu überprüfen, inwiefern bei Rechtsanwendung der Ehrschutz aus Art. 2 Abs. 1 i.V.m. Art. 1 Abs. 1 GG angemessen in die Abwägung

610 BVerfGE 99, 185, 193f.

611 Zu diesem Begriff: BVerwG, Urt. v. 23.05.1989 – 7 C 2/87, NJW 1989, S. 2272, 2273 – „Transzendentale Meditation“; s.a.: BVerwG, B. v. 23.04.1980 – 1 WB 265.77, BeckRS 1980, 106526 – Öffentliche Kritik; *Faber*, Der Schutz der Ehre und des Rufs vor herabsetzenden Äußerungen des Staates, 1999, S. 72f. Zurückhaltend hinsichtlich der grundrechtlichen Fundierung des Ehrenschutzes: *Kübler*, Ehrenschutz, Selbstbestimmung und Demokratie, in: NJW 1999, S. 1281, 1285.

612 Hierzu etwa: *Mackeprang*, Ehrenschutz im Verfassungsstaat, 1990, S. 27ff.

613 BVerfGE 99, 185, 193f.; BVerfGE 54, 208, 217f. – Böll.

614 Äußerungen: BVerfGE 82, 272, 282; BGH, Urt. v. 25.11.1986 – VI ZR 57/86, NJW 1987, S. 1400ff. – Oberfaschist; Darstellungen: BVerfGE 75, 369, 378ff. – Strauß-Karikatur; Handlungen: AG Grünstadt, Urt. v. 11.02.1994 – 2a C 334/93, NJW 1995, S. 889f. – Frustzwerge.

615 BVerfGE 67, 213, 228 – Anachronistischer Zug; BVerfGE 75, 369, 379ff.

im Einzelfall eingeflossen ist. Auch in der klassischen Abwehrsituation gegen den Staat kommt Ehrschutz in Betracht, allerdings müsste der Staat dafür eine rufschädigende Aussage, Darstellung oder Handlung selbst verbreitet haben[616] – eine selten auftretende Konstellation, welche aber dann relevant werden könnte, wenn Hochschullehrer*innen sich in ihrem Amt als Beamt*innen mit ehrverletzenden Aussagen hervortun.

Die Besonderheit des Ehrschutzes ist jedoch, dass Ehrverletzungen in aller Regel durch Meinungsäußerungen Dritter auftreten. Ob eine Aussage sanktioniert werden kann, hängt auch davon ab, ob es sich um eine legitime Meinungsäußerung handelt und folglich manche Ehrverletzungen geduldet werden müssen. Der Ehrschutz darf nicht so ausufernd ausgelegt werden, dass die Meinungsfreiheit über Gebühr eingeschränkt wird.

Um seiner Schutzpflicht umfassend nachzukommen, ist der Staat dazu verpflichtet, ein Regelungsregime zu entwerfen, welches ehrverletzende Äußerungen usw. entweder verhindert oder zumindest sanktioniert, beispielsweise dadurch, dass Regelungen wie §§ 185ff. StGB geschaffen werden.[617] Sollte die Nichtverwendung von Trigger-Warnungen zu Ehrschutzverletzungen führen, könnten Hochschulen zur Einführung von Trigger-Warnungs-Maßnahmen verpflichtet sein.

2. Diskriminierende Themenauswahl als Ehrverletzung

Dafür müsste aber die Nichtverwendung von Trigger-Warnungen durch Lehrende tatsächlich zu Ehrverletzungen der Studierenden führen und mithin eine typische Gefährdungssituation des allgemeinen Persönlichkeitsrechts bestehen. Trigger-Warnungs-Maßnahmen schreiben Warnungen zu bestimmten – vor allem (re-)traumatisierenden – Inhalten vor (Anschauungsbeispiel: → S. 39ff.). Eine Ehrverletzung könnte möglicherweise darin liegen, dass Lehrende diskriminierende Themen (bspw. rassistische oder sexistische Themen) auswählen.[618] Fraglich ist, ob die Behandlung von diskriminierenden Themen innerhalb einer Lehrveranstaltung eine Ehrverletzung für Betroffene darstellen könnte – und außerdem, ob eine

616 Wie bspw. hier: BVerwG, NJW 1989, S. 2272, 2272ff.

617 *Di Fabio*, in: *Maunz/Dürig* (Hrsg.), GG, 92. EL August 2020, Art. 2 Abs. 1 Rn. 135.

618 Aber auch außerhalb des gewählten Beispiels kommen nur Themenkomplexe in Frage, die mit der Identität der Studierenden in Verbindung stehen.

solche Ehrverletzung durch die Verpflichtung zur Trigger-Warnung verhindert werden könnte.

a) Themenauswahl mit diskriminierenden Motiven

Grundsätzlich können diskriminierende Aussagen durch das Lehrpersonal innerhalb von Lehrveranstaltungen eine Ehrverletzung der betroffenen Studierenden darstellen. Dies gilt umso mehr, wenn das Lehrpersonal eine konkrete Bezugsperson für die Äußerung gewählt hat. Allerdings kommt es auf den Einzelfall an, sodass aufgrund der Meinungsfreiheit manche Ehrverletzungen geduldet werden müssen. Konkrete Ehrverletzungen im Sinne von Beleidigungen oder Verleumdungen nach §§ 185ff. StGB gegenüber ausgewählten Studierenden sind selbstverständlich zu unterlassen, diese fallen in aller Regel auch nicht in den Schutzbereich der Lehrfreiheit, da es am wissenschaftlichen Bezug von Ehrverletzungen fehlt. Auch die Meinungsfreiheit der Lehrenden hat vor dem allgemeinen Persönlichkeitsrecht der betroffenen Studierenden zurückzutreten. Allerdings würden Trigger-Warnungen vor diskriminierenden Äußerungen nicht schützen bzw. diese nicht unterbinden.

Da Trigger-Warnungen vor bestimmten Inhalten schützen sollen, ist zu begutachten, wie mit diskriminierenden Inhalten umzugehen ist. Grundsätzlich ist festzustellen, dass nicht alle Inhalte, welche diskriminierende Motive wie Sexismus oder Rassismus beinhalten, auch diskriminierend sind. Im Regelfall geht eine Diskriminierung erst aus dem Verhalten des Lehrpersonals, der didaktischen Methode und der Aufbereitung des Inhaltes hervor. So enthält das Buch *Jane Eyre* – der Zeit entsprechende – sexistische Motive. Ob der Inhalt diskriminierend wirkt, hängt jedoch von der Aufbereitung und dem Verhalten des Lehrpersonals ab. Außerdem gibt es Lehrinhalte, welche direkt diskriminierend wirken – ohne Zutun der Lehrperson. Dies ist beispielsweise der Fall, wenn Übungsfälle in der juristischen Lehre explizit diskriminierende Klischees reproduzieren.[619] Hierbei kommt es nicht auf das individuelle Verhalten der Lehrperson an, sondern der Lehrinhalt wirkt von allein.

---

619 Bspw.: Der heutzutage im Archiv der ZJS nicht mehr online abrufbare Fall „Schantal versucht zu kellnern“, in: ZJS 1/2019, S. 21ff.

b) Verletzung des allgemeinen Persönlichkeitsrechts

Verletzt das Lehren von Inhalten mit diskriminierenden Motiven nun das allgemeine Persönlichkeitsrecht der Betroffenen?

Zum einen dient das allgemeine Persönlichkeitsrecht dem Schutz des individuellen Selbstwertgefühls[620], so formuliert *Di Fabio*, Ehre ist „Essentiale moderner Individualität“[621]. Man könnte annehmen, dass das allgemeine abstrakte Lehren von diskriminierenden Inhalten nicht die Ehre von betroffenen Studierenden verletzen kann, da sich diese Inhalte nicht konkret gegen deren Ehrgefühl wenden. Zum anderen ist aber zu beachten, dass das allgemeine Persönlichkeitsrecht insbesondere das Selbstwertgefühl in Relation zum gesellschaftlichen Ansehen schützen soll. Durch das Lehren von Inhalten mit diskriminierenden Motiven können bestimmte gesellschaftliche Bias reproduziert werden, welche dazu beitragen könnten, das Ansehen der betroffenen gesellschaftlichen Gruppen herabzusetzen. Dies führt dazu, dass sich die individuelle Person, die dieser Gruppe angehört, in ihrem gesellschaftlichen Ansehen herabgesetzt fühlen könnte. Allerdings wurde eine solche Fallgruppe im allgemeinen Persönlichkeitsrechtsschutz bisher nicht entwickelt.

Betrachtet man die Fallgruppe des Ehrschutzes, lassen sich klare dogmatische Voraussetzungen des Ehrschutzes herausarbeiten, welche sich in einer neu kreierten Verletzung des Ehrschutzes wiederfinden lassen müssten. An einer individuellen Verletzung des allgemeinen Persönlichkeitsrechts durch Lehrinhalte mit diskriminierenden Motiven sind die zwei folgenden Punkte auszusetzen.

Erstens gibt es im Ehrschutz positivrechtlich ausgestaltete verbotene Ehrverletzungen für die Missachtung oder Nichtachtung von Kollektiven oder Personengemeinschaften, vgl. bspw. § 130 StGB. Unbestritten ist, dass die Ehre einer einzelnen Person auch dann verletzt sein kann, wenn das Kollektiv, dem diese Person angehört, beleidigt wird.[622] Voraussetzung ist dafür zumindest, dass der Personenkreis aus der Allgemeinheit hervortritt, abgrenzbar und überschaubar ist und die Mitglieder zweifelsfrei bestimm-

---

620 BVerfGE 99, 185, 193f.

621 *Di Fabio*, in: *Maunz/Dürig* (Hrsg.), GG, 92. EL August 2020, Art. 2 Abs. 1 Rn. 169.

622 „Soldaten der Bundeswehr“; zusf.: *Geppert*, Zur passiven Beleidigungsfähigkeit von Personengemeinschaften und Einzelpersonen unter einer Kollektivbezeichnung, in: JURA 2005, S. 244, 244ff.; speziell zum Ehrenschutz der Bundeswehr: *Dau*, Der strafrechtliche Ehrschutz der Bundeswehr in: NJW 1988, S. 2650, 2652ff.

bar sind.[623] Für den Personenkreis der Frauen wurden Kollektivbeleidigungen beispielsweise ausdrücklich abgelehnt.[624] Außerdem kommt die Beleidigung von Personengemeinschaften in Frage, welche allerdings eine rechtlich anerkannte soziale Funktion erfüllen müssten und einen einheitlichen Willen bilden können müssten. Auch dies trifft weder auf Frauen noch auf von Rassismus betroffenen Personen zu.[625] Zusätzlich finden sich im kodifizierten Ehrschutz noch weitere Regelungen zum Schutz der Ehre von Kollektiven – so gibt es Regelungen für die Volksverhetzung oder die Leugnung des Holocausts.[626] Unser Recht kennt neben diesen Regelungen kaum Gruppenrechte[627] oder Regelungen, die Einzelpersonen Ansprüche zusprechen, weil sie Teil einer Gruppe sind. Dort, wo sich im allgemeinen Persönlichkeitsrecht solche Ansprüche finden, werden konkrete Voraussetzungen an die Gruppendefinition gestellt.

Zweitens wurden Ehrverletzungen des allgemeinen Persönlichkeitsrechts, welche nicht zu dulden sind, aufgrund der Schutzpflicht des Staates (→ S. 103) einfachgesetzlich positivrechtlich ausgestaltet – vor allem in den §§ 185ff. StGB. Diese Regelungen können grundsätzlich erweitert werden. Allerdings stellen die Regelungen der Beleidigungsdelikte eine gewisse Untergrenze an anstandslose Inhalte und Äußerungen: So muss eine Beleidigung einen gewissen Grad an Missachtung oder Nichtachtung für bestimmte Personen (oder Gruppen) enthalten. Es reicht nicht aus, dass beispielsweise ein besonders schweres Schicksal geleugnet wird.[628] Zum

---

623 Kriterien nach h.M. ähnlich, hier aus: *Valerius*, in: *v. Heintschel-Heinegg* (Hrsg.), BeckOK StGB, 49. Ed. Stand: 01.02.2021, § 185 Rn. 9.

624 BGH, Urt. v. 19.01.1989 – 1 StR 641/88, NJW 1989, S. 1365, 1365ff. – Kollektive Beleidigung von Soldaten; LG Hamburg, Urt. v. 26.07.1978 – 74 O 235/78, NJW 1980, S. 56, 57 – „Die Frauen".

625 Kriterien nach h.M. ähnlich, hier aus: *Valerius*, in: *v. Heintschel-Heinegg* (Hrsg.), BeckOK StGB, 49. Ed. Stand: 01.02.2021, § 185 Rn. 12.

626 Ein Lehrinhalt, der diese Straftatbestände – genauso wie Beleidigungstatbestände – erfüllt, ist natürlich verboten – der strafrechtliche Schutz des allgemeinen Persönlichkeitsrechts steht der Lehrfreiheit hier vor. Jedoch geht es bei der Verwendung von Trigger-Warnungen insbesondere um Inhalte, die nicht strafrechtlich verboten sind.

627 Ausführlich hierzu: *v. Lewinski*, Von Frauen, Sorben und Hohenzollern – Grundrechte gesellschaftlicher Gruppen, in: NJ 2020, S. 93ff.

628 *Eisele/Schittenhelm*, in: *Schönke/Schröder* (Hrsg.), StGB, 30. Aufl. 2019, § 185 Rn. 3; *Regge/Pegel*, in: Münchner Kommentar zum Strafgesetzbuch, Band 4, 3. Aufl. 2017, § 185 Rn. 11; *Zaczyk*, in: *Kindhäuser/Neumann/Paeffgen* (Hrsg.), Strafgesetzbuch, Band 2, 5. Aufl. 2017, § 185 Rn. 10; etwas anderes gilt für die Leugnung des Holocausts, die durch § 130 Abs. 3 StGB unter Strafe gestellt ist: BVerfGE 90, 241, 251ff. – Auschwitzlüge; BGH, Urt. v. 15.03.1994 – 1 StR

Schutz der Meinungsfreiheit muss bei einer denkbaren Ausweitung der Ehrschutzdelikte trotzdem eine gewissen Untergrenze beibehalten werden. Sicherlich produzieren sexistische und rassistische Lehrinhalte oftmals unangenehme Vorurteile gegenüber betroffenen Studierenden, allerdings handelt es sich bei der Lehrfreiheit – ähnlich wie bei der Meinungsfreiheit – um eine kommunikative Freiheit, welche ausreichend Entfaltungsraum benötigt. Aus diesem Grund werden an Ehrverletzungen gewisse Ansprüche gestellt, welche bei Inhalten, die sexistische oder rassistische Bias reproduzieren, in der Regel nicht erreicht sind. Somit handelt es sich bei diesen Inhalten grundsätzlich nicht um das allgemeine Persönlichkeitsrecht verletzende Inhalte.[629]

3. Fazit

Werden Themen gelehrt, welche diskriminierende Motive beinhalten, so liegt im Lehren dieser Inhalte keine Verletzung des allgemeinen Persönlichkeitsrechts der Studierenden vor. Dies bedeutet nicht, dass diese Inhalte nicht verletzend sein können und die persönliche Selbstbestimmung und den sozialen Geltungsanspruch beeinträchtigen können, sondern nur, dass das allgemeine Persönlichkeitsrecht aufgrund der Sphärentheorie keinen ausreichenden Schutz für diese Verletzungen in einer abgeschlossenen, aber sozialen Sphäre bieten kann.

III. Effektivität von Trigger-Warnungen

Aber selbst wenn man eine Verletzung des allgemeinen Persönlichkeitsrechts durch Lehrinhalte mit diskriminierenden Motiven annimmt, ist

---

179/93 – NStZ 1994, S. 390 – Leugnung des Massenmordes an den Juden; BayObLG, Urt. v. 17.12.1996 – 2 St RR 178/96, NStZ 1997, S. 283, 285 – Leugnung des Holocausts; *Otto*, Persönliche Leistung und persönliches Schicksals Elemente des strafrechtlich geschützten Anspruchs auf Achtung der Menschenwürde, in: JURA 1995, S. 277, 279f; *Peglau*, Leugnung des Massenmordes an Juden, in: NStZ 1998, S. 196, 197.

629 Eine Notiz am Rande: Dies bedeutet nicht, dass die Verwendung solcher Inhalte nicht kritisiert werden sollte und eine Diskussion über die didaktische und menschliche Notwendigkeit der Verwendung solcher Inhalte nicht ständig stattfinden sollte. Universitäre Lehre lebt vom kritischen Diskurs – dieser sollte von beiden Seiten willkommen geheißen werden.

zu fragen, ob diese durch Trigger-Warnungen verhindert werden. Trigger-Warnungen würden betroffenen Studierenden die Möglichkeit geben, die Veranstaltung zu meiden oder mit Vorwissen über den Lehrinhalt an dieser dennoch teilzunehmen. Bei Nichtteilnahme der betroffenen Studierenden würde der Inhalt mit diskriminierendem Motiv trotzdem gelehrt werden. Dies würde zwar verhindern, dass die betroffenen Studierenden in der konkreten Situation in ihrem Selbstwertgefühl gemindert werden – nimmt man aber an, dass eine Verletzung schon aufgrund der Lehre eines solchen Inhalts vorliegt, so mindert das Fernbleiben die Verletzung des allgemeine Persönlichkeitsrechts nicht. Dies wird auch dadurch unterstrichen, dass insbesondere der soziale Geltungsanspruch durch diskriminierende Aussagen gemindert werden kann und zwar sowohl bei An- als auch bei Abwesenheit. Genauso wenig würde die „Vorbereitung“, dass ein solcher Inhalt gelehrt wird, die Verletzung abwenden.

Geht man im Gegensatz davon aus, dass das Lehren von Inhalten mit diskriminierenden Motiven keine Verletzung des allgemeinen Persönlichkeitsrechts ist, sondern nur eine Verletzung von rechtlich unerheblichen Befindlichkeiten, dann fehlt es bereits an der Rechtsverletzung, die Trigger-Warnungen verhindern sollten.

Die Trigger-Warnung ist letztlich kein geeignetes Mittel, um Verletzungen des allgemeinen Persönlichkeitsrechts in Ausgestaltung des Ehrschutzes zu verhindern.

IV. Fazit

Persönlichkeitsrechte der Studierenden sind auch an der Hochschule geschützt. Verletzt werden diese, wenn Studierende durch die Äußerungen der Lehrenden in ihrem gesellschaftlichen Ansehen beeinträchtigt oder in ihrem Selbstwertgefühl verletzt werden. Dies kommt jedoch erst in Frage, wenn es sich beispielsweise um strafbare Beleidigungen handelt, aber auch rassistische oder sexistische Aussagen gegenüber einer bestimmten Person können das allgemeine Persönlichkeitsrecht verletzen.

Allerdings verletzt das Lehren von Inhalten mit diskriminierenden Motiven das allgemeine Persönlichkeitsrecht von Studierenden nicht. Dazu kommt, dass Trigger-Warnungen eine mögliche Verletzung nicht abwenden könnten. Das allgemeine Persönlichkeitsrecht kann nicht Rechtsgrund für die Einführung von Trigger-Warnungen sein.

F. Meinungsfreiheit

Weiterhin steht Studierenden an Hochschulen ein Recht auf freie Meinungsäußerung zu. Neben der Einführung einer Trigger-Warnungs-Maßnahme durch die Hochschulen kommt außerdem das – an deutschen Hochschulen wohl wahrscheinlichere – Szenario in Frage, dass die Studierenden auf die Lehrenden zugehen und die Benutzung von Trigger-Warnungen fordern. Außerdem könnte die Einführung von Trigger-Warnungen möglich sein, um sicherzustellen, dass eine Umgebung gewährleistet wird, welche allen Personen die gleiche Möglichkeit gibt, frei ihre Meinung zu äußern.

I. Einführung einer Trigger-Warnungs-Maßnahme seitens der Hochschule

Sowie Lehrende von der Einführung einer Trigger-Warnungs-Maßnahme im Lehrbetrieb und im sonstigen Veranstaltungsbetrieb tangiert werden, gilt dies gleichermaßen für Studierende. Allerdings ist zu beachten, dass den Studierenden kein spiegelbildliches Grundrecht zur Lehrfreiheit der Lehrenden zusteht, sodass Äußerungen von Studierenden im Lehrkontext nicht unter eine sog. (nicht existente) Studierfreiheit fallen (und offensichtlich nicht unter die Ausbildungsfreiheit, da diese kein kommunikatives Grundrecht ist), sondern nur allgemein durch die allen zustehende Meinungsfreiheit gedeckt sind.

Für Studierende ist folglich nicht zwischen Lehrveranstaltungen und anderen Hochschulveranstaltungen zu unterscheiden (wie dies bei Lehrenden der Fall ist (→ S. 122ff.)), eine Trigger-Warnungs-Maßnahme könnte in beiden Konstellationen die Meinungsfreiheit der Studierenden verletzen.

1. Eingriff

Die Trigger-Warnungs-Maßnahme müsste Studierende in ihrem Recht auf Meinungsfreiheit verletzen. Einen Eingriff in das Grundrecht der Meinungsfreiheit stellt jede staatliche Handlung dar, die mittelbar[630],

630 *Di Fabio*, in: *Maunz/Dürig* (Hrsg.), GG, 92. EL August 2020, Art. 2 Abs. 1 Rn. 49; *Schwabe*, Probleme der Grundrechtsdogmatik, 2. Aufl. 1997, S. 180.

indirekt[631] oder faktisch[632] die Grundrechtsausübung beeinträchtigt (→ S. 108). Ausschlaggebend ist, dass die Handlung dem Staat zurechenbar ist, unabhängig von der staatlichen Handlungsform.[633] Neben klassischen Eingriffen sollen auch solche Grundrechtsverkürzungen erfasst sein, für welche der Staat zwar nicht unmittelbar verantwortlich ist, aber bei denen die staatliche Maßnahme eine gesellschaftliche Dynamik bedient, welche intentionell, erfahrungsgemäß oder ungewollt zu einer Verkürzung des grundrechtlich geschützten Freiheitsbereichs führt.[634]

Sollte eine Trigger-Warnungs-Maßnahme an einer Hochschule eingeführt werden, so folgt daraus, dass Lehrveranstaltungen wie auch andere Hochschulveranstaltungen, welche sich mit den in der Trigger-Warnungs-Maßnahme benannten Themen befassen, durch eine Trigger-Warnung gekennzeichnet werden müssten. Dies würde dazu führen, dass Studierende, die nicht mit dem Thema konfrontiert werden wollen, der (Lehr-)Veranstaltung fernbleiben können, während die Studierenden, die an der (Lehr-)Veranstaltung teilnehmen wollen, wissen, was sie erwartet. Die Diskussion innerhalb der (Lehr-)Veranstaltung kann grundsätzlich unter normalen Umständen stattfinden, denn die Trigger-Warnung hat keinen direkten Einfluss auf die Behandlung der Themen, insbesondere wird nicht verboten, bestimmte Themen zu thematisieren oder bestimmte Meinungen zu äußern. Die Trigger-Warnungs-Maßnahme schränkt nicht unmittelbar das Äußern einer bestimmten Meinung ein. Auf den ersten Blick scheint eine Trigger-Warnungs-Maßnahme die Ausübung der Meinungsfreiheit nicht ganz oder teilweise unmöglich zu machen.

Ein Einschüchterungseffekt nach dem BVerfG tritt hier zwar nicht ein, da die Studierenden keinerlei Sanktionen treffen können. Dies gilt insbesondere dann, wenn Studierende eine Veranstaltung organisieren und diese ohne Trigger-Warnungs-Maßnahme stattfindet, obwohl eine solche notwendig gewesen wäre. Darüber hinaus sind Studierende in Lehrveranstaltungen bezüglich der Trigger-Warnungs-Maßnahme nur passive Rezipient*innen. Allerdings wurde oben bereits über den befürchteten

631 *Hoffmann, W.*, Rechtsfragen der Währungsparität, 1969, S. 70; auf *Hoffmann, W.* Bezug nehmend: *Schwabe*, Probleme der Grundrechtsdogmatik, 2. Aufl. 1997, S. 180.

632 *Gallwas*, Faktische Beeinträchtigungen im Bereich der Grundrechte, 1970, S. 12ff.

633 *Ruschemeier*, Der additive Grundrechtseingriff, 2019, S. 94.

634 *Gallwas*, Faktische Beeinträchtigungen im Bereich der Grundrechte, 1970, S. 35; *Schwabe*, in: DVBl. 1988, S. 1055, 1055: weist kritisch darauf hin, dass der Terminus der Unmittelbarkeit schon historisch nicht begründet werden könne.

gesellschaftlichen *chilling effect* gesprochen (→ S. 110ff.), welcher dadurch eintreten könnte, dass in (Lehr-)Veranstaltungen unter Umständen nicht mehr „frei" gesprochen wird, da bei (Lehr-)Veranstaltungen ohne Trigger-Warnung das Gefühl bestehen könnte, triggernde Themen können nicht angesprochen werden und in (Lehr-)Veranstaltungen mit Trigger-Warnungen möglicherweise nichts Triggerndes gesagt werden möchte.

Die Trigger-Warnungs-Maßnahme ist eine universitäre Maßnahme, welche nicht unmittelbar dazu führt, dass die Meinungsfreiheit eingeschränkt wird: Das Äußern einer bestimmten Meinung oder das Besprechen eines bestimmten Themas bleibt weiterhin möglich. Und doch könnte die Trigger-Warnungs-Maßnahme mittelbar dafür verantwortlich sein, dass sich eine gesellschaftliche Dynamik entwickelt, in welcher ein offener Diskurs über bestimmte Themen nicht mehr möglich scheint. Es komme dann also ungewollt zu einer Verkürzung der Meinungsfreiheit, sodass ein mittelbarer Eingriff in die Meinungsfreiheit der Studierenden durch die Trigger-Warnungs-Maßnahme vorläge.

2. Trigger-Warnungs-Maßnahme als Schranke der Meinungsfreiheit

Zur Frage, ob die Trigger-Warnungs-Maßnahme eine Schranke der Meinungsfreiheit sein könnte, ist grundsätzlich auf die Ausführungen zur Meinungsfreiheit von Lehrenden in Hochschulveranstaltungen zu verweisen (→ S. 132ff.).

Grundsätzlich taugt eine Trigger-Warnungs-Maßnahme als Schranke im Sinne eines allgemeinen Gesetzes nach Art. 5 Abs. 2 S. 1 GG. Allerdings sind Trigger-Warnungen nicht erforderlich (→ S. 135), sodass die Einführung einer Trigger-Warnungs-Maßnahme im Ergebnis unverhältnismäßig ist (→ S. 136).[635]

3. Fazit

Tritt der befürchtete gesellschaftliche *chilling effect* ein, so wird in die Meinungsfreiheit der Studierenden durch eine Trigger-Warnungs-Maßnahme eingegriffen. Dieser Eingriff ist nicht gerechtfertigt.

---

635 Die mangelnde Erforderlichkeit der abstrakt-generellen Trigger-Warnungs-Maßnahme hat jedoch keine Aussage für alle, vor allem nicht für einzelfallbezogene Trigger-Warnungs-Maßnahmen.

II. Eingriff in die Meinungsfreiheit durch die freiwillige, eigenständige Verwendung von Trigger-Warnungen

Trigger-Warnungen könnten aber nicht nur durch eine hochschulweite Trigger-Warnungs-Maßnahme verpflichtend eingeführt werden, sondern auch durch die eigenständige und freiwillige Verwendung von Trigger-Warnungen. Eine solche Verwendung kommt zum einen durch Lehrende in Lehrveranstaltungen, zum anderen durch Hochschullehrer*innen oder wissenschaftliches Hochschulpersonal in anderen Hochschulveranstaltungen in Frage. Viele Veranstaltungen an Hochschulen werden von Studierenden organisiert, sodass auch eine Verwendung von Trigger-Warnungen durch Studierende bei der Organisation von Hochschulveranstaltungen in Frage kommt.

1. Verwendung durch Lehrende in Lehrveranstaltungen

Die Verwendung von Trigger-Warnungen durch Lehrende in Lehrveranstaltungen ist grundsätzlich als Didaktik- oder Methodenwahl von der Lehrfreiheit umfasst (→ S. 118). Aber grundsätzlich kann auch ein grundrechtlich geschütztes Verhalten einer Person den grundrechtlich geschützten Bereich einer anderen Person verletzen. Die didaktische und methodische Entscheidung zur Verwendung von Trigger-Warnungen in einer Lehrveranstaltung könnte eine Einschränkung der Meinungsfreiheit der Studierenden in dieser Veranstaltung darstellen.

a) Eingriff durch Verwendung von Trigger-Warnungen

Oben wurde schon geklärt, dass die Einführung einer Trigger-Warnungs-Maßnahme für Lehrveranstaltungen für Studierende eine Einschränkung der Meinungsfreiheit darstellen könnte (→ S. 217). Nutzen Lehrende Trigger-Warnungen in ihren Lehrveranstaltungen freiwillig, so wirkt dies offensichtlich für Studierende ähnlich wie die Verwendung von Trigger-Warnungen durch Lehrende aufgrund einer Trigger-Warnungs-Maßnahme. Ein gesellschaftlicher *chilling effect* wird in beiden Situationen befürchtet. Auch bei der freiwilligen Verwendung von Trigger-Warnungen durch Lehrende könnte es dazu kommen, dass Studierende sich nicht mehr frei zu den entsprechenden Themen äußern, um andere nicht zu triggern oder triggernde Themen nicht außerhalb entsprechend gekennzeichneten

Veranstaltungen anzusprechen. Sollte dieser Effekt eintreten, so ist er dem Staat zuzurechnen, da Lehrende gegenüber den Studierenden als Teil der staatlichen Institution Hochschule auftreten.

Demnach läge auch dann ein Eingriff in die Meinungsfreiheit vor, wenn die Lehrenden eigenständig und freiwillig Trigger-Warnungen in Lehrveranstaltungen verwenden.

b) Abwägung zwischen Lehrfreiheit und Meinungsfreiheit

Die Entscheidung der Lehrenden, Trigger-Warnungen zu verwenden, könnte einen Eingriff in die Meinungsfreiheit der Studierenden darstellen, ist aber eine von der Lehrfreiheit geschützte Handlung. Hier kollidieren zwei Grundrechte miteinander. Die aus dem kollidierenden Verfassungsrecht entstehenden Konflikte sind „nach Maßgabe der grundgesetzlichen Wertordnung und unter Berücksichtigung der Einheit dieses grundlegenden Wertesystems"[636] aufzulösen. Im Rahmen der „praktischen Konkordanz"[637] sind die betroffenen Grundrechte so in Ausgleich zu bringen, dass beide ihre optimale Wirksamkeit entfalten können.

Viele Entscheidungen, welche Lehrende bei der Gestaltung ihrer Lehrveranstaltungen treffen, können jedoch indirekt und ungewollt die Meinungsfreiheit der Studierenden beeinträchtigen. So kann durch die Wahl eines frontalen Vortragsstils eine Umgebung erzeugt werden, welche Studierenden das Gefühl vermittelt, dass ihre Meinung hier nicht angebracht sei. Aber auch im Rahmen didaktischer Methoden gibt es solche, die die aktive Teilnahme und Diskussion von Studierenden fördern und solche, welche den Studierenden ein Gefühl vermitteln, ihre Meinung nicht aussprechen zu können. Letztendlich spielt auch die Persönlichkeit des*r Lehrenden eine Rolle dabei, ob eine Umgebung entsteht, welche das Äußern der eigenen Meinung fördert oder Studierende gegebenenfalls sogar dazu bringt, sich selbst zu „zensieren". Grundsätzlich steht es Lehrenden frei, den Ablauf ihrer Lehrveranstaltung zu strukturieren. Dazu gehört auch die Freiheit, Möglichkeiten zur freien Meinungsäußerung zu geben und diese in anderen Momenten nicht zu geben.[638] Solange es nicht dazu kommt,

636 BVerfGE 30, 173, 193; BVerfGE 33, 23, 29 – Eidesverweigerung.

637 *Hesse*, Grundzüge des Verfassungsrechts der Bundesrepublik Deutschland, 20. Aufl. 1995, Rn. 72, 318.

638 So auch angedeutet durch *Gärditz*: *Gärditz*, in: WissR 51 (2018), S. 5, 39.

dass Diskurs oder Widerspruch überhaupt nicht mehr möglich sind, geht die Lehrfreiheit hier der Meinungsfreiheit der Studierenden vor.

2. Verwendung durch Hochschullehrer*innen oder wissenschaftliches Hochschulpersonal in Hochschulveranstaltungen

Für Hochschulveranstaltungen gilt im Ergebnis dasselbe wie für Lehrveranstaltungen: Die Verwendung von Trigger-Warnungen könnte die Meinungsfreiheit durch den befürchteten sozialen *chilling effect* einschränken, allerdings haben Hochschullehrer*innen und wissenschaftliches Hochschulpersonal bei der Organisation von Hochschulveranstaltungen Gestaltungsfreiheit – zumindest aus Art. 2 Abs. 1 GG heraus. Das Überlegen eines Konzepts, der Gästeliste und auch wie und in welchem Rahmen Meinungsäußerungen möglich sind, obliegt den Organisator*innen. Solange keine vollständige Unterdrückung der Meinungsfreiheit stattfindet, ist es eine organisatorische Entscheidung der Veranstalter*innen, ob die Veranstaltung mit einer Trigger-Warnung versehen werden soll oder nicht.

3. Verwendung durch Studierende in Hochschulveranstaltungen

Aber nicht nur Hochschullehrer*innen und wissenschaftliches Hochschulpersonal organisieren Veranstaltungen an Hochschulen, sondern auch Studierende. Allerdings ist deren Verhalten in aller Regel der Hochschule nicht in der Art und Weise zurechenbar, dass es sich bei der Verwendung von Trigger-Warnungen um einen dem Staat zurechenbaren Eingriff in die Meinungsfreiheit handeln könnte.

Die Verwendung von Trigger-Warnungen bei von Studierenden organisierten Hochschulveranstaltungen ist kein Eingriff in die Meinungsfreiheit von anderen Studierenden.

4. Fazit

Werden Trigger-Warnungen eigenständig und freiwillig von Hochschullehrer*innen oder wissenschaftlichem Hochschulpersonal verwendet und es tritt der befürchtete *chilling effect* ein, so handelt es sich sowohl bei Lehrveranstaltungen als auch bei anderen Veranstaltungen grundsätzlich um einen Eingriff in die Meinungsfreiheit der Studierenden. Allerdings ist die Verwendung von Trigger-Warnungen durch die Grundrechte der Lehrenden bzw. Veranstalter*innen gedeckt, sodass hier in der Abwägung die freie Gestaltung der Veranstaltungen vorgeht.

Soweit Studierende Hochschulveranstaltungen mit Trigger-Warnungen organisieren, ist dieses Verhalten der Hochschule schon gar nicht zuzurechnen, sodass es sogar nach dem weiten Eingriffsbegriff an einer Grundrechtsverletzung fehlt.

III. Notwendigkeit von Trigger-Warnungen aufgrund von staatlichen Schutzpflichten

Teilweise wird argumentiert, dass Personen, die von entsprechenden Traumata betroffen sind, keine Chance haben, von ihrer Meinungsfreiheit Gebrauch zu machen, wenn es keine Trigger-Warnungen gibt (→ S. 28ff.). Um die Meinungsfreiheit für alle Studierenden gleichermaßen zu gewährleisten, benötige es Trigger-Warnungen.

Auch die Meinungsfreiheit hat objektiv-rechtlichen Gehalt (→ S. 102ff.), welcher sich vor allem in der Existenz von Schutzpflichten ausdrückt (→ S. 103). So ist der Staat nicht nur verpflichtet, die Bürger*innen vor Grundrechtsverletzungen durch den Staat zu schützen, sondern er muss auch sicherstellen, dass die Grundrechte nicht durch Privatpersonen verletzt werden.[639] Der Staat hat zumindest insofern eine Schutzpflicht als die Voraussetzungen, die den Prozess der öffentlichen Kommunikation ermöglichen, durch ihn gesichert werden müssen.[640] Die Schutzpflichten des Staates beginnen im Hinblick auf die Meinungsfreiheit zumindest dort, wo der Kommunikationsprozess und damit „die ständige geistige Auseinandersetzung, den Kampf der Meinungen“[641] überhaupt erst durch sein Tätigwerden ermöglicht wird. So formuliert *Grabenwarter* zutreffend: „Umstände, die die ‚freie Meinungsbildung als Voraussetzung sowohl der Per-

639 Vgl. für viele: *Dreier*, in: *Dreier* (Hrsg.), GG, Band I, 3. Aufl. 2013, Vorb. Rn. 101; *Calliess*, in: *Merten/Papier* (Hrsg.), Handbuch der Grundrechte, Band II, 2006, § 44 Rn. 3; *Jarass*, in: *Merten/Papier* (Hrsg.), Handbuch der Grundrechte, Band II, 2006, § 38 Rn. 24; *Stern*, in *Stern/Becker* (Hrsg.), Grundrechte-Kommentar, 3. Aufl. 2019, Einl. Rn. 61ff.; *Isensee*, in: *Isensee/Kirchhof* (Hrsg.) Handbuch des Staatsrechts, Band IX, 3. Aufl. 2011, § 191 Rn. 2, 144.

640 *Grabenwarter*, in: *Maunz/Dürig* (Hrsg.), GG, 92. EL August 2020, Art. 5 Abs. 1, Abs. 2 Rn. 109.

641 BVerfGE 7, 198, 208.

sönlichkeitsentfaltung als auch der demokratischen Ordnung'[642] und die Freiheit der Meinungsäußerung als ,die Lebensluft des freiheitlich-demokratischen Staates'[643] ernsthaft bedrohen, lösen eine solche Schutzpflicht aus."[644] Fraglich ist daher, ob für einen Teil der Gesellschaft, welcher (gesellschaftliche) Traumata erlebt hat, die Ausübung in einer Art und Weise unmöglich ist, die den gesamthaften demokratischen Kommunikationsprozess gefährdet. Sicherlich ist zuzugeben, dass manche Personen in unserer Gesellschaft ein größeres Sprachrohr haben als andere Personen und vor allem marginalisierten Personen oftmals weniger Raum im Kommunikationsprozess gegeben wird als Personen, welche der Mehrheitsgesellschaft angehören. Es ist sicherlich so, dass an Hochschulen durch ihren hierarchischen Aufbau der Meinungsäußerung von Hochschullehrer*innen aufgrund ihrer Ausbildung und ihrer Stellung in der Hochschule oftmals mehr Gewicht gegeben wird als dies (marginalisierten) Studierenden an Hochschulen zukommt. Allerdings greifen die Schutzpflichten des Staates im Hinblick auf die Meinungsfreiheit erst dann, wenn „die Lebensluft des freiheitlich-demokratischen Staates"[645] ernsthaft gefährdet ist und die bestehenden Umstände die „Persönlichkeitsentfaltung [...] [und die] demokratische Ordnung"[646] bedrohen. Zum einen kann wohl nicht argumentiert werden, dass das an Hochschulen gegebene Ungleichgewicht an Meinungsautorität in einem Maße besteht, welches die demokratische Ordnung gefährdet. Zum anderen muss angezweifelt werden, dass Trigger-Warnungen einen Beitrag zur Umkehr der Meinungsautorität an Hochschulen leisten würden, denn Trigger-Warnungen geben weder (marginalisierten) Studierenden mehr Redezeit noch mehr Autorität. Sie ermöglichen nur, dass Studierende fern bleiben von Diskursen, an denen sie nicht teilnehmen möchten, oder bieten höchstens die Möglichkeit, vorbereitet in Diskursen aufzutreten. Die Vorbereitung an sich ermöglicht aber weder mehr Redezeit noch mehr Autorität.

Trigger-Warnungen sind letztlich nicht notwendig, um einen gleichwertigen Diskurs an Hochschulen zu gewährleisten.

---

642 Hier zitiert *Grabenwarter* fälschlicherweise: BVerfGE 90, 1, 20 – das Zitat ergibt sich tatsächlich aus BVerfGE 90, 60, 87.

643 Hier zitiert *Grabenwarter* fälschlicherweise: BVerfGE 72, 183, 187 (eine Entscheidung, die gar nicht existiert) – das Zitat ergibt sich tatsächlich nur aus der Entscheidung des OVG Münster, BeckRS 2015, 49753.

644 *Grabenwarter*, in: *Maunz/Dürig* (Hrsg.), GG, 92. EL August 2020, Art. 5 Abs. 1, Abs. 2 Rn. 109.

645 OVG Münster, BeckRS 2015, 49753.

646 BVerfGE 90, 60, 87.

IV. Fazit

Das Einführen einer Trigger-Warnungs-Maßnahme an Hochschulen würde die Meinungsfreiheit von Studierenden verletzen, sollte der befürchtete *chilling effect* eintreten. Allerdings können Trigger-Warnungen trotzdem im Rahmen von didaktischen, methodischen oder organisatorischen Entscheidungen der Lehrenden oder von studentischen oder wissenschaftlichen Organisator*innen von Hochschulveranstaltungen ihren Weg an die Hochschule finden.

G. Negative Informationsfreiheit

Die Studierenden möchten sich vor der Konfrontation mit bestimmten Themen schützen, dabei sollen Trigger-Warnungen helfen. Fraglich ist, ob ein solcher Schutz vor der Konfrontation mit bestimmten Themen oder Informationen auch im Grundgesetz zu finden ist.

Als Gegenstück zur Meinungsäußerungsfreiheit und den Medienfreiheiten gewährt Art. 5 Abs. 1 GG die Informationsfreiheit, welche den Vorgang schützt, sich frei aus allgemein zugänglichen Quellen zu unterrichten. Die Informationsfreiheit entsprang den negativen Erfahrungen aus der Diktatur des Nationalsozialismus, in welcher der Informationsfluss innerhalb der Gesellschaft streng kontrolliert und beschränkt wurde.[647]

Im Gegensatz dazu wollen die Studierenden die Konfrontation mit Informationen verhindern, dies ist jedoch nicht vom Wortlaut der Informationsfreiheit in Art. 5 Abs. 1 S. 1 GG umfasst. Allerdings könnte sich ein grundrechtlicher Schutz einer sog. negativen Informationsfreiheit entweder dann ergeben, wenn die Grundrechte generell immer auch die jeweilige negative Freiheit mitverbürgen oder wenn zumindest für die Informationsfreiheit auch ein negativer Grundrechtsschutz festgestellt werden kann.

647 BVerfGE 27, 71, 80; *Hoffmann-Riem*, in: *Denninger/Hoffmann-Riem/Schneider/Stein* (Hrsg.), AK-GG, Band I, 3. Aufl. 2001, Art. 5 Abs. 1, 2 Rn. 97; *Starck/Paulus*, in: *v. Mangoldt/Klein/Starck* (Hrsg.), GG, 7. Aufl. 2018, Art. 5 Rn. 102; *Fenchel*, Negative Informationsfreiheit, 1997, S. 82; *Langer, M.*, Informationsfreiheit als Grenze informationeller Selbstbestimmung, 1992, S. 42f.

I. Genereller negativer Grundrechtsschutz?

Unter negativem Grundrechtsschutz versteht man allgemein, die jeweilige grundrechtlich geschützte Handlung auch unterlassen zu dürfen. Geschützt wird das „Ob“ der Grundrechtswahrnehmung.[648] Diese negative Komponente könnte allen Grundrechten immanent sein, sodass dies gleichermaßen für die negative Informationsfreiheit gelten würde. Durch die herrschende Meinung anerkannt ist der Schutz der negativen Grundrechtsfreiheit beispielsweise für die Vereinigungsfreiheit nach Art. 9 Abs. 1 GG[649], die Versammlungsfreiheit nach Art. 8 Abs. 1 GG[650], die Meinungsfreiheit nach Art. 5 Abs. 1 GG[651] oder dem Freizügigkeitsrecht nach Art. 11 Abs. 1 GG.[652] Für andere Grundrechte ist der Schutz ihrer negativen Komponente jedoch umstritten (bspw.: Art. 6 Abs. 1 GG[653] oder Art. 38 Abs. 1 S. 1 GG[654]) bzw. wird sogar abgelehnt (bspw. Art. 6

---

648 *Starck*, in: *v. Mangoldt/Klein/Starck* (Hrsg.), GG, 7. Aufl. 2018, Art. 1 Rn. 177.

649 Schutz vor Zwangszusammenschlüssen: BVerfGE 10, 89, 102 – Zwangszusammenschluss; BVerfGE 38, 281, 297f. – Arbeitnehmerkammern; Auswahl der Literatur: *Jarass*, in: *Jarass/Pieroth* (Hrsg.), GG, 16. Aufl. 2020, Art. 9 Rn. 7; *Scholz*, in: *Isensee/Kirchhof*, Handbuch des Staatsrechts, Band VIII, § 175 Rn. 93ff.

650 BVerfGE 69, 315, 343 – Brokdorf; Auswahl der Literatur: *Depenheuer*, in: *Maunz/Dürig* (Hrsg.), GG, 92. EL August 2020, Art. 8 Rn. 111; *Jarass*, in: *Jarass/Pieroth* (Hrsg.), GG, 16. Aufl. 2020, Art. 8 Rn. 5.

651 BVerfGE 57, 170, 192 – Briefkontrolle in der U-Haft; Auswahl der Literatur: *Merten*, Zur negativen Meinungsfreiheit, in: DÖV 1990, S. 761, 761ff.; *Schmidt-Jortzig*, in: *Isensee/Kirchhof* (Hrsg.), Handbuch des Staatsrechts, Band VI, 3. Aufl. 2009, § 162 Rn. 31.

652 *Durner*, in: *Maunz/Dürig* (Hrsg.), GG, 92. EL August 2020, Art. 11 Rn. 88; *Merten*, Inhalt des Freizügigkeitsrechts, 1970, S. 41ff.

653 Fraglich ist hier nur, ob sich das Recht, keine Ehe einzugehen, aus der negativen Eheschließungsfreiheit des Art. 6 GG herleitet oder ob sich dieses aus Art. 2 Abs. 1 GG ergibt: für Art. 2 Abs. 1 GG: BVerfGE 56, 363, 384 – Sorgerecht; für Art. 6 Abs. 1 GG: *Jarass*, in: *Pieroth/Jarass*, GG, 16. Aufl. 2020, Art. 6 Rn. 6; *Schwenzer*, Gesetzliche Regelung der Rechtsprobleme nichtehelicher Lebensgemeinschaften?, in: JZ 1988, S. 781, 782; *v. Campenhausen*, Verfassungsgarantie und sozialer Wandel – Das Beispiel von Ehe und Familie, in: VVDStRL 45 (1987), S. 7, 19 Fn. 48.

654 Mit einer negativen Wahlfreiheit ginge einher, dass die Einführung einer Wahlpflicht verfassungswidrig wäre: dafür bspw.: *Grzeszick*, in: *Stern/Becker* (Hrsg.), Grundrechte-Kommentar, 3. Aufl. 2019, Art. 38 Rn. 25; *Erichsen*, Die Wahlrechtsgrundsätze des Grundgesetzes, in: JURA 1983, S. 635, 641; dagegen bspw.: *Kluth*, in: *Schmidt-Bleibtreu/Klein* (Hrsg.), Grundgesetz Kommentar, 14. Aufl. 2018, Art. 38 Rn. 26; *Klein*, in: *Maunz/Dürig* (Hrsg.), GG, 92. EL August 2020, Art. 38 Rn. 108.

Abs. 2 GG – kein negatives Elternrecht[655]). Aus dem Schutz vieler negativer Grundrechtskomponenten kann folglich nicht grundsätzlich auf den Schutz von negativen Komponenten aller Grundrechte geschlossen werden, vielmehr ist jedes Grundrecht einzeln zu interpretieren und zu untersuchen, ob und falls ja, inwiefern auch das negative Grundrechtsverhalten geschützt ist.[656]

Als Indizien für einen negativen Grundrechtsschutz können vor allem das Menschenwürdeprinzip und die allgemeine Handlungsfreiheit sprechen – allerdings machen diese eine Auslegung der einzelnen Grundrechte nach ihrem Gehalt nicht obsolet. Die gesamte Verfassung steht unter dem Prinzip des Menschenwürdeschutzes, so liegt es nahe, dass Freiheitsgrundrechte oftmals auch die negative Komponente ihrer Schutzhandlungen umfassen, denn die Frage, ob eine Person eine bestimmte Handlung vornimmt, ist eine Entscheidung, welche dem Menschen in seiner Selbstbestimmung überlassen werden sollte. Dazu passt auch, dass Art. 2 Abs. 1 GG zumindest als Auffanggrundrecht[657] die Handlungsfreiheit aller Menschen schützt. Zweifellos gehört dazu, auch jede beliebige Handlung zu unterlassen.[658]

Im Ergebnis sprechen Indizien für den Schutz negativer Grundrechte, eine Auslegung des konkreten Grundrechts ist im Hinblick auf diese Frage aber trotzdem notwendig.

II. Negative Informationsfreiheit

Art. 5 Abs. 1 S. 1 GG ist danach auszulegen, ob neben der Freiheit, sich zu informieren auch die Freiheit, sich nicht zu informieren oder sich vor Informationen zu verschließen, geschützt ist.

1. Schutz der negativen Informationsfreiheit

Zum Schutz der negativen Informationsfreiheit ist vom BVerfG noch nicht Stellung bezogen worden, die herrschende Lehre geht aber zumin-

---

655 *Fenchel*, Negative Informationsfreiheit, 1997, S. 34.

656 *Fenchel*, Negative Informationsfreiheit, 1997, S. 36ff., 68.

657 Teilweise auch als Hauptgrundrecht bezeichnet, vgl. *Fenchel*, Negative Informationsfreiheit, 1997, S. 68.

658 Ausführlich: *Fenchel*, Negative Informationsfreiheit, 1997, S. 51ff., 56ff., 68f.

dest davon aus, dass dieser existiert.[659] Dieser Befund ist jedoch in aller Kürze zu belegen.

Zumindest aus dem Wortlaut von Art. 5 Abs. 1 S. 1 GG ergibt sich nicht, dass auch das Nichtinformieren grundrechtlich geschützt sein soll. Dort heißt es nur, dass jede*r das Recht hat, sich aus allgemein zugänglichen Quellen ungehindert zu unterrichten, womit das aktive Tun der Kenntnis- und Informationsverschaffung gemeint ist.[660] Das „ungehindert" weist zwar darauf hin, dass der „Aspekt des Auswählenkönnens [...] der Grundtatbestand jeder Information"[661] ist. Dies statuiert aber nur den Schutz der positiven Auswahlentscheidung aus mehreren Quellen, nicht auch den positiven Schutz der negativen Entscheidung, gar nicht auszuwählen.

Aus der Historie lässt sich die Wichtigkeit der Informationsfreiheit für das Verständnis der freien Meinungsbildung nachvollziehen. So wurde die Informationsfreiheit in erster Linie ins Grundgesetz aufgenommen, um Schutz vor staatlicher Meinungslenkung und Indoktrination zu gewährleisten.[662] Im Gegensatz zu den Informationsverboten fanden sich im Nationalsozialismus nur wenige Informationsgebote im Sinne von aufgedrängten Informationen und zudem wurden diese vermutlich kaum mit Zwang durchgesetzt.[663] Somit liegt die ausdrückliche Einbeziehung eines

---

659 So wird regelmäßig nonchalant statuiert, dass auch die negative Informationsfreiheit vom Schutzbereich umfasst wird, vgl. bspw.: *Grabenwarter*, in: *Maunz/Dürig* (Hrsg.), GG, 92. EL August 2020, Art. 5 Abs. 1, Abs. 2 Rn. 1018; *Schemmer*, in: *Epping/Hillgruber* (Hrsg.), BeckOK GG, 46. Ed. Stand: 15.02.2021, Art. 5 Rn. 31f.; *Zeidler*, in: *Zeidler/Vogel/Merten/Schreiber* (Hrsg.), Das Recht auf Demonstration, 1969, S. 8; *Etzrodt*, Der Grundrechtsschutz der negativen Vereinigungsfreiheit, 1980, S. 117.

660 *Fenchel*, Negative Informationsfreiheit, 1997, S. 76f.

661 BVerfGE 27, 71, 83; BVerfGE 34, 384, 402 – Beschränkung des Besuchs- und Briefverkehrs in U-Haft.

662 BVerfGE 27, 71, 80; *Hoffmann-Riem*, in: *Denninger/Hoffmann-Riem/Schneider/Stein* (Hrsg.), AK-GG, Band I, 3. Aufl. 2001, Art. 5 Abs. 1, 2 Rn. 97; *Starck/Paulus*, in: *v. Mangoldt/Klein/Starck* (Hrsg.), GG, 7. Aufl. 2018, Art. 5 Rn. 26; *Fenchel*, Negative Informationsfreiheit, 1997, S. 82; *Langer, M.*, Informationsfreiheit als Grenze informationeller Selbstbestimmung, 1992, S. 42f.

663 *Fenchel*, Negative Informationsfreiheit, 1997, S. 82f.; So gab es einen Runderlass des Reichsministers der Inneren Beamten vom 11.06.1933, welcher die Behördenleiter dazu verpflichtete, die ihnen untergeordneten Beamten zur Beschäftigung mit dem nationalsozialistischen Gedankenguts „anzuhalten", allerdings wurde in einem zweiten Runderlass deutlich gemacht, dass diese Beschäftigung nicht erzwungen werden darf, sondern die Beschäftigung mit nationalsozialistischem Gedankengut durch Beamte „selbstverständlich" sei, beide Erlasse abgedruckt bei *Stuckart/Hoffmann* (Hrsg.), Handbuch des Beamtenrechts, 1938, S. 241f., 243f.

Abwehrrechts gegen aufgedrängte Information nicht besonders nahe. Aus den Entwürfen des Grundgesetzes ergibt sich, dass es bei der Verfassung des Grundgesetzes vor allem um einen umfassenden Schutz des gesamten Meinungsbildungsprozesses ging.[664]

Zuletzt lässt sich noch die systematische Frage stellen, ob der grundrechtliche Schutz der negativen Informationsfreiheit für den Kommunikations- und Meinungsbildungsprozess unabdingbar und daher aus systematischen Gründen aus dem umfassenden Grundrechtsschutz der Meinungsbildungs- und -äußerungsfreiheit nicht wegzudenken ist. Die Gesamtheit der Gewährleistungen aus Art. 5 Abs. 1 S. 1 GG dient dem Schutz der freiheitlichen individuellen und öffentlichen Meinungsbildung,[665] so muss dies auch für die Informationsfreiheit gelten. Weiterhin lässt sich aus der aus dem Menschenwürdeprinzip ausfließenden Autonomiefreiheit ableiten, dass der Meinungsbildungsprozess ein selbstbestimmter eigenverantwortlicher Prozess sein muss. Die geistige Freiheit der Menschen ist Grundbaustein einer freiheitlichen demokratischen Gesellschaft.[666] Folglich ist auch für die Informationsfreiheit die in der Menschenwürde begründete Selbstbestimmung ausschlaggebend.[667] Zur Selbstbestimmung gehört, dass der Mensch eigenständig auswählen kann, welche Informationen er*sie erhalten will und welche nicht. Weiterhin ist die Abschottung von jeglicher Information und somit die Wahl, sich nicht zu informieren, umfasst. Die Rezipient*innen von Informationen sind nicht reines Objekt der Meinungsvermittlung, sondern aktiver Teil eines gleichberechtigten Kommunikationsprozesses.[668] So bezeichnet *Fenchel* die negative Informationsfreiheit nicht als „*'logisches*', so doch *‚normativ notwendiges Korrelat*' der positiven Informationsfreiheit".[669]

Als Ausdruck der Selbstbestimmtheit des Individuums steht jedem*r neben der positiven Informationsfreiheit, sich zu informieren, auch die

---

664 Vgl. die ausführlichere Analyse bei: *Fenchel*, Negative Informationsfreiheit, 1997, S. 83f.

665 Für die Rundfunkfreiheit: BVerfGE 57, 295, 319; für die Gesamtheit der in Art. 5 Abs. 1 GG normierten Freiheiten: BVerfGE 61, 1, 8.

666 BVerfGE 5, 85, 204f.

667 *Fenchel*, Negative Informationsfreiheit, 1997, S. 90.

668 *Kimminich*, Die Freiheit, nicht zu hören, in: Der Staat 3 (1964), S. 61, 81; *Fenchel*, Negative Informationsfreiheit, 1997, S. 101; *Hoffmann-Riem*, in: *Denninger/Hoffmann-Riem/Schneider/Stein* (Hrsg.), AK-GG, Band I, 3. Aufl. 2001, Art. 5 Abs. 1, 2 Rn. 99ff.; *Rüpke*, Der verfassungsrechtliche Schutz der Privatheit, 1976, S. 96.

669 *Fenchel*, Negative Informationsfreiheit, 1997, S. 101 – *Hervorhebungen im Original.*

negative Informationsfreiheit zu, sich vor aufgedrängten Informationen zu schützen.

2. Schutzbereich

Der Schutzbereich der negativen Informationsfreiheit ist „unklar".[670] Die positive Informationsfreiheit umfasst, sich aus allgemein zugänglichen Quellen ungehindert zu unterrichten. Unter Quellen werden allgemein alle Träger von Informationen verstanden, dabei sind jegliche Arten von Informationen, Meinungen, Tatsachen oder andere Mitteilungen gemeint.[671] Allgemein zugänglich ist eine Information, wenn sie für die Öffentlichkeit bestimmt ist und mithin „geeignet und bestimmt ist, der Allgemeinheit, also einem individuell nicht bestimmbaren Personenkreis, Informationen zu beschaffen".[672] Die negative Informationsfreiheit als negatives Korrelat sollte folglich den Schutz umfassen, sich nicht aus allgemein zugänglichen Quellen ungehindert zu unterrichten.[673] Allerdings ist der Schutzbereich der positiven Informationsfreiheit denkbar weit gefasst. Um den Schutz der negativen Informationsfreiheit nicht ad absurdum zu führen („kein Recht auf Ruhe"), ist dieser dahingehend einzuschränken, dass die Informationen, denen man sich verwehrt, meinungsbildend sein müssen und die Entscheidung über deren Aufnahme oder Nichtaufnahme für den Meinungsbildungsprozess erheblich ist. Dies liegt unter anderem darin begründet, dass die negative Informationsfreiheit ihre Begründung gerade in der systematischen Wichtigkeit für den gleichberechtigten Meinungsbildungsprozess findet.[674]

Grabenwarter beschreibt den Schutzumfang als Schutz vor der Indoktrination durch Informationen seitens des Staates und aufgedrängter Infor-

670 *Schemmer*, in: *Epping/Hillgruber* (Hrsg.), BeckOK GG, 46. Ed. Stand: 15.02.2021, Art. 5 Rn. 31.

671 *Schulze-Fielitz*, in: *Dreier* (Hrsg.), GG, Band I, 3. Aufl. 2013, Art. 5 I, II Rn. 77.

672 St. Rspr.: BVerfGE 27, 71, 83; BVerfGE 33, 52, 65; BVerfGE 90, 27, 32; BVerfGE 103, 44, 60 – Fernsehaufnahmen im Gerichtssaal II.

673 Zum korrelierenden Schutz der negativen Grundrechte: *Merten*, in: DÖV 1990, S. 761, 761ff.; *Monjau*, in: *Mayer* (Hrsg.), Staat und Gesellschaft. Festgabe für Küchenhoff, 1967, S. 130; *Cornils*, in: *Isensee/Kirchhof* (Hrsg.), Handbuch des Staatsrechts, Band VII, 3. Aufl. 2009, § 168 Rn. 9ff.

674 *Fenchel*, Negative Informationsfreiheit, 1997, S. 131f.

mationen durch Privatpersonen, hier vor allem Werbung.[675]Ein „absoluter Konfrontationsschutz" existiert aber nicht.[676] Weiterhin besteht allgemein Konsens, dass die negative Informationsfreiheit nicht bei staatlichem Informationshandeln zum Schutze der Bevölkerung greift.[677]

Da es an Hochschulen um die Weitergabe von Informationen seitens des Staates an die Studierenden geht, ist damit Genüge getan, hier festzustellen, dass dieses Szenario, zumindest soweit es meinungsbildenden Einfluss auf die Studierenden hat und nicht von Unerheblichkeit ist, in den Schutzbereich der negativen Informationsfreiheit fällt.

3. Schutzdimensionen

Auch die negative Informationsfreiheit ist in erster Linie Abwehrrecht gegen staatliches Handeln, das heißt die Indoktrination seitens des Staates.

Allerdings können sich vor allem in Bezug auf die Belästigung mit Informationen durch Privatpersonen auch Schutzpflichten des Staates ergeben.[678] Für den Standardfall der unerwünschten Werbung bedeutet dies, dass der Gesetzgeber aufgrund seiner Schutzpflicht dazu verpflichtet ist, eine Rechtslage zu schaffen, welche es den Betroffenen ermöglicht, sich faktisch wirksam von Versandlisten zu streichen.[679]

III. Schutz vor erzwungener Informationsaufnahme durch Trigger-Warnungen?

Die negative Informationsfreiheit schützt Individuen vor der erzwungenen Informationsaufnahme. An Hochschulen herrscht in aller Regel keine An-

---

675 *Grabenwarter*, in: *Maunz/Dürig* (Hrsg.), GG, 92. EL August 2020, Art. 5 Abs. 1, Abs. 2 Rn. 1018.

676 *Fenchel*, Negative Informationsfreiheit, 1997, S. 138ff.; *Kühling*, in *Gersdorf/Paal* (Hrsg.), BeckOK Informations- und Medienrecht, 31. Ed. Stand: 01.02.2021, Art. 5 GG Rn. 44; ähnlich: *Degenhart*, in: *Kahl/Waldhoff/Walter* (Hrsg.), Bonner Kommentar, 185. Lfg. Juli 2017, Art. 5 Abs. 1 und 2 Rn. 174.

677 BVerfGE 105, 252, 265 – Glykolwarnung; BVerfGE 105, 279, 294ff., 299ff.; BVerfGE 113, 63, 76ff. – Junge Freiheit; *Schemmer*, in: *Epping/Hillgruber* (Hrsg.), BeckOK GG, 46. Ed. Stand: 15.02.2021, Art. 5 Rn. 31.1.

678 *Fenchel*, Negative Informationsfreiheit, 1997, S. 124ff.

679 *Schulze-Fielitz*, in: *Dreier* (Hrsg.), GG, Band I, 3. Aufl. 2013, Art. 5 I, II Rn. 223 m.w.N.

wesenheitspflicht für die Veranstaltungen. Den Studierenden steht oftmals die Möglichkeit offen, Veranstaltungen nicht zu besuchen und trotzdem an den Abschlussprüfungen teilzunehmen. Außerdem steht es ihnen frei, alternative Veranstaltungen im selben oder in einem späteren Semester zu besuchen. Zur Ausbildungsfreiheit der Studierenden gehört neben der Wahl der Ausbildungsstätte auch die Wahl der Ausbildenden und der Veranstaltungen (→ S. 175f.). Sollten in einer Veranstaltung Informationen verbreitet werden, welcher sich die Studierenden nicht aussetzen wollen, so steht es ihnen jederzeit frei, den Hörsaal zu verlassen. Die Studierenden sind nicht Teil einer „gefangenen Zuhörerschaft“[680], die der Situation nicht aus kann und der Konfrontation mit Informationen ausgesetzt ist.

Weiterhin sind die Studierenden nicht verpflichtet, bestimmte Informationen zu verinnerlichen, als ihre eigenen Meinungen in Prüfungen wiederzugeben oder den Eindruck zu erwecken, dass sie mit den in Vorlesungen verbreiteten Informationen übereinstimmen. Insbesondere das Bilden einer wissenschaftlichen Meinung ist ein grundrechtlich geschützter Prozess für die Studierenden (→ S. 176, 183), dabei können diese den Meinungen der Lehrenden widersprechen. Die Hochschule ist kein Platz der Informationsindoktrination, an welchem am Ende des Semesters nur abgefragt wird, wie gut die „vorgekauten“ Informationen wiedergegeben werden können. Weder die Wissenschafts- noch die Meinungsfreiheit beinhalten eine Indoktrinationsfreiheit für Lehrende an Hochschulen.

Gegen die mögliche Gefahr einer solchen Indoktrination oder – abgeschwächt – nur der Benotung und Belohnung der einfachen Wiedergabe

---

680 Das Bild der „gefangenen Zuhörerschaft“ („*captive audience*“) kommt aus dem US-amerikanischen Recht und ist dort unter der *Captive-Audience*-Doktrin bekannt (begründet in: *Public Utilities Commission v. Pollack*, 343 US 451, in: 96 Lawyer‘s Edition, 1952, S. 1068, 1080f. Diese ist ein objektives Prinzip, welches in Szenarien in denen die Zuhörerschaft den Raum nicht einfach verlassen kann, den Grundrechtsschutz der aktiv Kommunizierenden abschwächt, vgl. bspw.: *Frisby v. Schultz*, 487 US 474, in: 101 Lawyer‘s Edition 2d, 1988, S. 420, 433. Eine *captive-audience* liegt aber nur dann vor, wenn die Rezipient*innen die Konfrontation mit der Information nicht vermeiden können, vgl. *Consolidated Edison Co. v. Public Svc. Comm’n*, 447 US 530, in: 65 Lawyer‘s Edition 2d, 1980, S. 319, 330f. Ausführliche Beschreibungen der zugrunde liegenden Fälle: *Fenchel*, in: Negative Informationsfreiheit, 1997, S. 103ff. Zur Besprechung in der deutschen rechtswissenschaftlichen Literatur: *Götzfried*, Das Recht nicht hören zu müssen, in: NJW 1963, S. 1961ff.; *Kimminich*, in: Der Staat 3 (1964), S. 61ff.; *Etzrodt*, Der Grundrechtsschutz der negativen Vereinigungsfreiheit, 1980, S. 118f.; *Kloepfer*, Grundrechte als Entstehenssicherung und Bestandsschutz, 1970, S. 66f.; *Faber*, Innere Geistesfreiheit und suggestive Beeinflussung, 1968, S. 62f.

von Informationen der Lehrenden entgegen der eigenen Überzeugung, steht den Studierenden Grundrechtsschutz zu. Zum einen schützt die Wissenschaftsfreiheit der Studierenden den Prozess der wissenschaftlichen Meinungsbildung, zum anderen beinhaltet die Ausbildungsfreiheit das Recht, den*die Lehrende*n zu wechseln. Zuletzt gewährt die negative Informationsfreiheit den Studierenden die Freiheit, die Vorlesung jederzeit zu verlassen und sich nicht länger mit den Informationen konfrontieren zu lassen.

Die negative Informationsfreiheit wird deswegen geschützt, weil es zu einem selbstbestimmten Kommunikationsprozess gehört, dass man sich selbst sowohl die Art der Informationen als auch das „Ob“ der Informationen aussuchen kann. Als Teil der Kommunikationsgrundrechte dient daher auch die negative Informationsfreiheit als Voraussetzung sowohl der Persönlichkeitsentfaltung als auch der demokratischen Ordnung.[681] Es ist eine persönlichkeitsbildende Entscheidung, ob man eine Information aufnehmen möchte oder nicht.

Die Existenz von Trigger-Warnungen kann die Entscheidung, ob eine Information aufgenommen werden soll oder nicht, erleichtern, denn ist schon der Syllabus einer Vorlesung mit Trigger-Warnungen versehen, so können Studierende bereits vor den Vorlesungen entscheiden, ob sie sich über bestimmte Themen informieren lassen wollen oder lieber nicht.

Trigger-Warnungen können daher hilfreich sein; bedeutet dies aber auch, dass sie notwendig sind, um das Abwehrrecht der Studierenden gegen erzwungene Informationsaufnahme zu realisieren? Dem ist wohl zu widersprechen – die einzige Möglichkeit einer erzwungenen Informationsaufnahme entgegenzuwirken, ist es, die Rechte der Studierenden in Bezug auf den Besuch und die Auswahl von Veranstaltungen zu stärken. So ist eine Anwesenheitspflicht nicht mit der negativen Informationsfreiheit (und auch nicht mit der Ausbildungsfreiheit) der Studierenden vereinbar, weiterhin muss das Verlassen des Hörsaales zu jedem Zeitpunkt möglich sein. Außerdem sollte es wirksame Mechanismen an Hochschulen geben, welche es verhindern, dass die Benotung einzig darauf beruht, wie gut die Informationen wiedergegeben werden und das Formulieren eigener Meinungen sowie die Interpretation der Informationen durch die Studierenden durch schlechtere Noten „bestraft“ wird.

Trigger-Warnungen sind demnach sicherlich ein hilfreicher Mechanismus, um über den Gebrauch der negativen Informationsfreiheit zu entscheiden. Sie sind aber nicht unbedingt notwendig, um Eingriffe in die

681 Angelehnt an: BVerfGE 90, 60, 87.

negative Informationsfreiheit zu verhindern. Um die Studierenden vor staatlicher Indoktrination zu schützen, gibt es wichtigere und wirksamere Mechanismen.

IV. Schutzpflicht des Staates vor der Aufdrängung von Informationen durch Dritte

Orientiert man sich an der Idee der „gefangenen Zuhörerschaft“ aus den USA, kann man aus den dazu ergangenen Entscheidungen erkennen,[682] dass es bei der Frage nach der Schutzbedürftigkeit der Rezipient*innen auch auf das jeweilige Forum, in welchem Informationen aufgedrängt werden, ankommt. So erkennt der Supreme Court eine höhere Schutzbedürftigkeit zu Hause an, geringere an öffentlichen Orten und gar keine in sog. „öffentlichen Foren“, also Orten, die dem Informationsaustausch gewidmet sind.[683] Daneben gilt, dass die „Gefangenheit“ der Rezipient*innen nur dann bejaht werden kann, wenn man die Konfrontation nicht verhindern kann.[684]

Hochschulen kann man wohl als „öffentliches Forum“ ansehen, zumindest sind sie der Wissenschaft, Lehre und Forschung wie auch der Ausbildung gewidmet. Dabei handelt es sich ausschließlich um Tätigkeiten, die in erster Linie durch den Austausch von Informationen stattfinden können. Zum anderen können Studierende die jeweiligen Vorlesungen jederzeit verlassen: Es besteht keine Pflicht zum Zuhören. Die Schutzbedürftigkeit der Studierenden ist nach diesen Maßstäben gering genug, sodass eine Schutzpflicht des Staates nicht hergeleitet werden kann.

Die in der US-amerikanischen Rechtsprechung entwickelten Grundsätze der *Captive-Audience*-Doktrin können wohl auch auf die Grundsätze der Schutzpflichten bei Kommunikationsfreiheiten übertragen werden. So spricht die deutsche Rechtsprechung davon, dass eine Schutzpflicht für die Meinungsfreiheit erst dann entsteht, wenn die freie Meinungsbildung als Voraussetzung der Persönlichkeitsentfaltung und der demokratischen Ordnung[685] und die Freiheit der Meinungsäußerung als Lebensluft des

682 Ausführliche Übersicht: *Fenchel*, Negative Informationsfreiheit, 1997, S. 103ff.

683 Vgl.: *Frisby v. Schultz*, in: 101 Lawyer's Edition 2d, 1988, S. 420, 423, 428f.; *Kovacs v. Cooper*, in: 93 Lawyer's Edition, 1949, S. 513, 522; *Götzfried*, in: NJW 1963, S. 1961, 1962.

684 *Consolidated Edison Co. v. Public Svc. Comm'n*, in: 65 Lawyer's Ed 2d 1980, S. 319, 330f.

685 BVerfGE 90, 60, 87.

freiheitlich-demokratischen Staates[686] ernsthaft bedroht ist (→ S. 142ff.). Diese Grundsätze für die Schutzpflichten bezüglich der Meinungsfreiheit könnten allgemein auf die Kommunikationsgrundsätze übertragen werden – und so auch auf die negative Informationsfreiheit. Die Informationskommunikation in öffentlichen, dafür vorgesehenen Foren wie Hochschulen gehört zur Lebensluft des freiheitlich-demokratischen Staates – dasselbe gilt für die Möglichkeit, dieses Forum jederzeit zu verlassen, was sowohl zur Meinungsbildung als auch Persönlichkeitsbildung beiträgt. In einem öffentlichen, der Meinungsbildung gewidmeten Forum, welches jederzeit verlassen werden kann, besteht keine Gefahr, dass die Kommunikationsfreiheiten ernsthaft bedroht sind. Es bestehen keine Schutzpflichten seitens der Hochschulen.

V. Fazit

Die negative Informationsfreiheit ist ein weiterer wichtiger Grundpfeiler der Kommunikationsgrundrechte und spielt somit auch für Studierende an Hochschulen eine wichtige Rolle. Insbesondere für die an Hochschulen stattfindende Persönlichkeitsentwicklung (→ S. 46) ist die Auswahl sowohl der Art als auch des „Obs“ der Informationsaufnahme von Bedeutung. An Hochschulen müssen geeignete Mechanismen existieren, die eine Indoktrination der Studierenden verhindern. Dazu gehört beispielsweise das Fehlen von Anwesenheitspflichten, die Auswahlmöglichkeiten zwischen unterschiedlichen Veranstaltungen und Hochschullehrer*innen sowie Möglichkeiten, Klausuren darauf überprüfen zu lassen, ob einzig die Wiedergabe der Meinungen des*r Lehrenden abgefragt wurde. Trigger-Warnungen sind sicherlich *„nice-to-have“*, da sie die Auswahl von Informationen unterstützen können: Allerdings liegt ohne die Existenz von Trigger-Warnungen kein Eingriff in die negative Informationsfreiheit vor. Solange die Studierenden keine Anwesenheitspflicht haben und daher der Konfrontation mit aufgedrängten Informationen entgehen können, greift keine Schutzpflicht der Hochschule, die Studierenden vor Informationsaufdrängung Dritter zu schützen.

---

686 OVG Münster, BeckRS 2015, 49753.

H. Fazit

Betrachtet man den oben skizzierten Grundrechtsschutz, so könnte man davon ausgehen, dass der Schutz der Studierenden an Hochschulen eigentlich umfassend gegeben ist. Zumindest durch den fragmentierten Schutz aus Ausbildungsfreiheit und anderen allgemeinen Grundrechten scheinen Studierende an der Hochschule doch schon in gewisser Hinsicht Schutz zu genießen. So sind mindestens die in der einfachgesetzlichen Studierfreiheit umfassten Schutzbereiche (insbesondere die freie Wahl von Lehrveranstaltungen, das Recht, innerhalb eines Studiengangs Schwerpunkte nach eigener Wahl zu bestimmen, sowie die Erarbeitung und Äußerung wissenschaftlicher und künstlerischer Meinungen (vgl. § 4 Abs. 4 HRG) durch die Ausbildungs- und Wissenschaftsfreiheit grundrechtlich geschützt.

Allerdings liegt in der Fragmentierung des Schutzes die Schutzlücke: Durch den fragmentierten Grundrechtsschutz bleibt der aus all diesen Tätigkeiten entstehende Prozess der Selbstbestimmung, Identitätsfindung und Selbstdarstellung ungeschützt. Für die Hochschullehrer*innen schützt Art. 5 Abs. 3 GG deren gesamten akademischen Lebensbereich, im Gegensatz dazu müssen Studierende sich den Schutz vereinzelter, kleinteiliger Lebensabschnitte an der Hochschule „zusammenkratzen“.

Dieser fragmentierte Schutz ist lebensfern und spaltet einen gesamthaften Prozess der Selbstbestimmung und Identitätsfindung an der Hochschule in viele künstlich getrennte Mini-Prozesse auf. Dadurch verliert letztendlich vor allem der Schutz des Selbstbestimmungs- und Identitätsbildungsprozesses. Dies fällt vor allem dort auf, wo dem Recht die Möglichkeit fehlt, die Sondersituation an der Hochschule anzuerkennen, insbesondere beim Schutz des allgemeinen Persönlichkeitsrechts. Während für die aus den Fallgruppen abgeleiteten Wertungen des Vorrangs der Meinungsfreiheit gegenüber dem Ehrschutz innerhalb der Sozialsphäre für die gesamtgesellschaftliche Welt passend ist, scheinen diese auf den begrenzten Kosmos der Hochschule nicht übertragbar zu sein.

Studierende, die einer Minderheit angehören, fühlen sich marginalisiert, diskriminiert und durch dauernde Konfrontation mit ihren (oftmals gesellschaftlichen) Traumata an einem fairen und wettbewerbsgleichen Hochschul- und Lehralltag gehindert. Dabei wird deren allgemeines Persönlichkeitsrecht nicht verletzt, sie werden auch nicht nach Art. 3 Abs. 3 GG diskriminiert, der Zugang zur Ausbildung wird ihnen nicht grundsätzlich verwehrt und sie werden nicht in ihrer körperlichen oder psychischen Unversehrtheit verletzt. Und trotzdem werden sie in der abgeschlossenen Hochschulgesellschaft regelmäßig mit Bias konfrontiert, müssen gegen die Fremdwahrnehmung ankämpfen, sollen gleichzeitig ihre Mitmenschen informieren und bilden, dennoch aber nicht zu viel Platz einnehmen. Sie haben einerseits kein gleichwertiges Sprachrohr, andererseits wird ihre Stimme regelmäßig, teilweise ungewollt amplifiziert. Auch wenn unser Recht keine Gruppenrechte kennt und es somit kaum Tatbestände gibt, die aufgrund von diskriminierenden Aussagen gegenüber Gruppen als Ehrverletzung im Sinne des allgemeinen Persönlichkeitsrechts gelten, so beeinträchtigen wiederholte Aussagen zum sozialen Geltungsanspruch mancher Hochschulmitglieder die individuelle Selbstbestimmung und Identitätsbildung an der Hochschule.

Vesting hat schon 1997 über das Verhältnis zwischen Meinungsfreiheit und Ehrschutz in fragmentierten Gesellschaften geschrieben und festgestellt, dass der Meinungsfreiheit im Gegensatz zum Ehrschutz nur dann der Vorrang gegeben werden sollte, wenn Ausgleichsmechanismen innerhalb der sich fortschreitend fragmentierenden und pluralisierenden Gesellschaft existieren. Er führt aus, dass „Beeinträchtigungen von Ehre und Ansehen [...] daraufhin geprüft werden [müssen], inwiefern sie in einer bestimmten Teilöffentlichkeit [*Anm. d. A.: Presse, Rundfunk, Versammlung etc.*] oder in einem bestimmten sozialen Milieu durch Mechanismen der Selbstregulierung kompensiert werden können.“[687] Welche wirksamen Mechanismen der Selbstregulierung kennen die Hochschulen, um den notwendigen Ausgleich zwischen der akademischen Freiheit, der Selbstbestimmung und der Identitätsbildung zu schaffen?

687 *Vesting*, Soziale Geltungsansprüche in fragmentierten Öffentlichkeiten, in: AöR 122 (1997), S. 337ff.

Teil 3 – Erweiterung des Grundrechtsschutzes – das Recht auf akademische Selbstbestimmung

Dass an Hochschulen Forderungen nach Trigger-Warnungen und *Political Correctness* entstehen, liegt auch daran, dass Rechtsungleichheit im akademischen Kontext besteht: Während die freie Entfaltung der Lehrenden und Wissenschaftler*innen durch Art. 5 Abs. 3 S. 1 GG umfänglich abgedeckt ist, steht den Studierenden kein Grundrecht zu, welches deren Persönlichkeitsentfaltung im Kosmos der Hochschule umfangreich schützt. Vielmehr ergibt sich nur ein (lückenhafter) Schutz einzelner Teilaspekte des Studierens, vorwiegend im Rahmen des aktiven Tuns ohne einen gesamthaften Schutz, wie ihn die Lehrenden und Wissenschaftler*innen kennen.

So ergeben sich unterhalb der Schwelle von Ehrverletzungen (→ S. 210ff.) keine Gegenrechte von Studierenden aus der Verfassung, welche die Einführung einer Trigger-Warnungs-Maßnahme rechtfertigen könnten. Sollte sich jedoch eine regelungsbedürftige Schutzlücke ergeben, könnte die Notwendigkeit bestehen, ein *neues* (→ S. 272) Grundrecht zu schaffen.

Kapitel 9. Grundrechtsinventionen und -innovationen

Innovation beschreibt den Prozess der Einführung von etwas Neuem, eine Neuerung oder eine Reform.[688] Der Begriff der Innovation findet sich häufiger in der technischen oder wirtschaftswissenschaftlichen Forschung[689] und wird in der Umgangssprache oft mit neuen Produkten, die

---

688 Duden – Deutsches Universalwörterbuch, 7. Aufl. 2011: Innovation.

689 Auswahl: *Schumpeter*, Theorie der wirtschaftlichen Entwicklung, 2. Aufl. 2006; *Mensch*, Das technologische Patt, 1975; *Uhlmann*, Der Innovationsprozess in westeuropäischen Industrieländern, Band 2, 1978; *Gerybadze*, Innovation, Wettbewerb und Evolution, 1982; *Dosi*, Technical Change and Industrial Transformation, 1984; *Bollmann*, Technischer Fortschritt und wirtschaftlicher Wandel, 1990; u.v.m.

auf den Markt drängen, verbunden.[690] Aber auch andere Bereiche der Wissenschaft betreiben heutzutage Innovationsforschung und entwickeln dadurch eigenständige Innovationsbegriffe.[691] Der Innovationsprozess kann grob in drei Stufen gegliedert werden, die Invention, die Innovation und die Diffusion.[692] Die Invention ist der Prozess der Ideenfindung und -entwicklung. Ein solcher Ideenfindungsprozess kann spontan vor sich gehen oder dadurch angestoßen werden, dass ein Innovationsbedarf besteht. Die Invention wird dann zur Innovation, wenn sie in die gesellschaftliche Situation übertragen wird. Die Diffusion tritt dann ein, wenn die Innovation sich in der gesellschaftlichen Gruppe etabliert.[693]

Auf den grundrechtlichen Kontext übertragen ist die Invention beispielsweise ein Gutachten, welches das Recht auf informationelle Selbstbestimmung konzipiert,[694] die Innovation dann die Rechtsprechung des BVerfG,[695] welches dieses Recht übernimmt und auf den Einzelfall ausformt und die Diffusion, die Übernahme des Rechts auf informationelle Selbstbestimmung in die ständige Rechtsprechung des BVerfG und der Fachgerichte und die Akzeptanz dieses Rechts in der Wissenschaft. Der Gesamtprozess ist der Innovationsprozess. Allerdings sind die drei unterschiedlichen Stufen des Innovationsprozesses nicht immer streng voneinander zu unterscheiden, denn ein Prozesses ist eine fließende Entwicklung.

---

690 Bspw.: *Europäische Kommission*, Beilage 5/95: Grünbuch zur Innovation, 1995, S. 9 mit einer Liste aus Beispielen, die einzig aus Wirtschaft und Verwaltungsorganisation bestehen.

691 Bspw.: Soziologie: *McGrath*, in: *Merritt, R./Merritt, A.* (Hrsg.), Innovation in the Public Sector, 1985, S. 74ff.; *Braun-Thürmann*, Innovation, 2005, S. 18ff.; *Barnett*, Innovation: The Basis of Cultural Change, 1953 u.v.m.; Politikwissenschaft: *Polsby*, Political Innovation in America, 1984.

692 Nach *Schumpeter*, The Creative Response in Economic History, in: JEH 1947, S. 149, 152ff.; Es gibt verschiedene Modelle mit unterschiedlichen Abstufungen, die sich aber alle nicht widersprechen, bspw.: *Roßnagel*, in: *Marburger* (Red.), Jahrbuch des Umwelt- und Technikrechts, 1994, S. 440ff. oder *Miles*, in: *Miles* (Red.), Innovation in Education, 1964, S. 19ff.

693 *Hornung*, Grundrechtsinnovationen, 2015, S. 152ff.

694 *Steinmüller/Lutterbeck/Mallmann/Harbort/Kolb/Schneider*, Grundfragen des Datenschutzes. Gutachten im Auftrag des Bundesministeriums des Innern, 1971, S. 88ff., 139, abgedruckt in: BT-Drs. VI/3826.

695 Wegweisend: BVerfGE 65, 1.

A. Verfassungswandel durch Innovation

Grundrechtsinnovationen können als „signifikante Änderungen der Grundrechte, die durch unterschiedliche Innovatoren (Verfassungsgeber, verfassungsändernde Gesetzgeber, Verfassungsgerichte) vorgenommen werden, sich auf unterschiedliche Bereiche der Normenstruktur eines oder mehrerer Grundrechte erstrecken (Schutzbereich, Schranken, Schranken-Schranken, grundrechtsübergreifende Meta-Innovationen) und entweder als Basisinnovation plötzlich auftreten oder sich als inkrementelle Innovationen über einen kürzeren oder längeren Zeitraum entwickeln"[696] beschrieben werden.

Durch den Grundrechtsinnovationsprozess wird die Verfassung verändert. Geht es um die Veränderung der Verfassung, so kann man allgemein zwischen Verfassungsänderung und Verfassungswandel unterscheiden. Verfassungsänderung ist dabei jegliche textliche Änderung der Verfassung, während ein Verfassungswandel alle inhaltlichen Veränderungen ohne textliche Änderungen beschreibt.[697]

Eine textliche Änderung kann nur innerhalb der vom Grundgesetz vorgegebenen Grenzen stattfinden.[698] So regelt Art. 79 Abs. 1 GG, dass das Grundgesetz geändert werden kann. Hierfür benötigt es ein Gesetz, das den Wortlaut des Grundgesetzes ausdrücklich verändert oder ergänzt und nach Art. 79 Abs. 2 GG bedarf das verfassungsändernde Gesetz der Zweidrittelmehrheit des Bundestags sowie des Bundesrats. Dabei wurden die Grundrechte – im Vergleich zu anderen Vorschriften des Grundgesetzes – wenig verändert.[699] Änderungen der deutschen Verfassung obliegen nach deren Regelungen folglich dem deutschen Gesetzgeber.[700] Eine signifikan-

---

696 *Hornung*, Grundrechtsinnovationen, 2015, S. 214f. – Dieser Definition wird sich angeschlossen.

697 *Stern*, Staatsrecht, Band I, 2. Aufl. 1984, S. 160; *Hesse*, in: *Ehmke/Kaiser/Kewenig/Meessen/Rüfner* (Hrsg.), Festschrift für Ulrich Scheuner zum 70. Geburtstag, 1973, S. 128; *Hesse*, Grundzüge des Verfassungsrechts der Bundesrepublik Deutschland, 20. Aufl. 1995, Rn. 39.

698 Ausführlich hierzu: *Bryde*, Verfassungsentwicklung, 1982, S. 224.

699 *Bryde*, Verfassungsentwicklung, 1982, S. 117ff.; *Hufen*, Entstehung und Entwicklung der Grundrechte, in: NJW 1999, S. 1504, 1504; *Klein*, in: *Merten/Papier* (Hrsg.), Handbuch der Grundrechte, Band I, 2004, § 6 Rn. 8ff.; *Hofmann*, in: Isensee/Kirchhof (Hrsg.), Handbuch des Staatsrechts, Band I, 3. Aufl. 2003, § 9 Rn. 66; *Bauer*, in: *Isensee/Kirchhof* (Hrsg.), Handbuch des Staatsrechts, Band I, 3. Aufl. 2003, § 14 Rn. 55ff.

700 Dasselbe gilt auch für die Landesverfassungen, dort sind die Landesgesetzgeber zuständig.

te Änderung der Grundrechte durch Textänderungen steht daher nur der verfassungsändernden Gesetzgebung zu.

Jedoch hat das BVerfG durch seine Rechtsprechung auch über den Einzelfall hinaus die Möglichkeit – und Aufgabe – die grundgesetzlichen Regelungen auszulegen und anzuwenden. Das BVerfG ist damit in einer Situation, in welcher es durch die Auslegung des Grundgesetzes maßgeblich auf die Bedeutung und Anwendung einzelner Regelungen Einfluss nimmt. Das Gericht verändert durch die Grundrechtsinterpretation nicht den Wortlaut, aber dennoch den normativen Inhalt der Verfassung.[701] Die Grundrechtsinterpretation durch das BVerfG ist eine Form des Verfassungswandels, denn es handelt sich um eine inhaltliche Veränderung ohne textliche Änderungen. Das BVerfG kann nicht nur den Inhalt einer Norm auslegen, sondern auch über die rein textliche Interpretation hinaus Bedeutungsänderungen oder -neuerungen erarbeiten, dies nennt man Grundrechtsinnovation.[702] Grundrechtsinnovationen sind demnach neben Grundrechtsinterpretationen Formen des Verfassungswandels.

Nun könnte Art. 79 Abs. 1 GG jedoch der Zulässigkeit von Verfassungswandel ohne textliche Änderung des Grundgesetzes entgegenstehen. Art. 79 Abs. 1 GG schreibt vor, dass Änderungen der Verfassung nur durch Gesetze möglich sind, die ausdrücklich den Text der Verfassung ändern. Der Verfassungswandel entwickelt die Verfassung jedoch durch inhaltliche Veränderung ohne textliche Änderung fort. Dem könnte Art. 79 Abs. 1 GG entgegenstehen. Allerdings widerspricht dem die sprachliche Offenheit der Verfassung; Begriffe wie „allgemeine Gesetze“ oder „Sittengesetz“ sind symbolisch für die Auslegungsnotwendigkeit des Grundgesetzes. Diese Begriffe lassen – vor allem vor dem Hintergrund gesellschaftlichen Wandels – eine eindeutige, endliche Definition nicht zu und sind daher Hinweis darauf, dass die Verfassungsinterpretation ein andauernder und fortschreitender Prozess ist.[703]

Ein Indiz für die Zulässigkeit von Verfassungswandel durch das BVerfG ist die Existenz des BVerfG selbst: Denn, dass das BVerfG einzig Normen in ihrem schon vorgegebenen Sinn anwendet, widerspricht der Konzeption eines letztinstanzlichen Gerichts für verfassungsrechtliche Streitigkei-

701 *Stein*, in: *Denninger/Hoffmann-Riem/Schneider/Stein* (Hrsg.), AK-GG, 3. Aufl. 2001, Einl. II Rn. 92; *Grimm*, Das Grundgesetz nach 40 Jahren, in: NJW 1989, S. 1305, 1308f.; *Hesse*, Verfassungsgeschichte im geschichtlichen Wandel, in: JZ 1995, S. 265ff.; *Böckenförde*, Verfassungsgerichtsbarkeit: Strukturfragen, Organisation, Legitimation, in: NJW 1999, S. 9ff.

702 *Hornung*, Grundrechtsinnovationen, 2015, S. 103.

703 *Bryde*, Verfassungsentwicklung, 1982, S. 265.

ten. Der Parlamentarische Rat war sich der historischen Diskussion um die Rolle von Verfassungsgerichten bei dessen Einführung bewusst[704] und scheute die richterliche Rechtsfortbildung nicht.[705] Als durchschlagendes Argument gegen ein Verfassungswandelverbot in Art. 79 Abs. 1 GG spricht das offene Verfassungsverständnis. Eine Verfassung, die nicht durch richterlichen Verfassungswandel verändert werden kann, könnte ihre Rolle als „umfassende Regelung von gesellschaftlichem und politischem Prozess"[706] nicht erfüllen.[707] Alles in allem spricht Art. 79 Abs. 1 GG nicht grundsätzlich gegen einen Verfassungswandel, sondern nur für einen Verfassungswandel in bestimmten Grenzen (→ S. 269ff.).[708]

Blickt man auf die Geschichte der Verfassung, kann man Grundrechtswandel durch Grundrechtsinnovationen an einigen Stellen erkennen: Angefangen bei der Herausarbeitung des objektiven Gehalts von Grundrechten[709] über die Schutzbereichserweiterung der allgemeinen Handlungsfreiheit[710] und der Kreation des allgemeinen Persönlichkeitsrechts[711] mit seinen Schutzbereichskonkretisierungen im Recht auf informationelle Selbstbestimmung[712] sowie Recht auf Gewährleistung der Integrität und Vertraulichkeit informationstechnischer Systeme[713] bis hin zum Recht auf Gewährleistung eines menschenwürdigen Existenzminimums[714] hat das

---

704 *Doemming/Füsslein/Matz*, Entstehungsgeschichte der Artikel des Grundgesetzes: im Auftrage der Abwicklungsstelle des Parlamentarischen Rates und des Bundesministers des Innern auf Grund der Verhandlungen des Parlamentarischen Rates, 1951, S. 665, 673ff.

705 *Süsterhenn* (CDU), in: *Parlamentarischer Rat*, Stenographischer Bericht, Zweite Sitzung, 8. September 1948, S. 25.

706 *Bryde*, Verfassungsentwicklung, 1982, S. 266.

707 *Bryde*, Verfassungsentwicklung, 1982, S. 266f.

708 *Bryde*, Verfassungsentwicklung, 1982, S. 267.

709 BVerfGE 7, 198, 205ff.

710 BVerfGE 6, 32, 42ff. – Elfes.

711 BGHZ 13, 334, 337ff.; BGHZ 26, 349 – Herrenreiter; BVerfGE 18, 146, 146f. – Tagebücher; BVerfGE 27, 1, 5ff.; BVerfGE 34, 269, 271ff.

712 Maßgebliche Innovation zwar in der Wissenschaft aus dem (Steinmüller-)Gutachten: *Steinmüller/Lutterbeck/Mallmann/Harbort/Kolb/Schneider*, Grundfragen des Datenschutzes, 1971, S. 88ff., abgedruckt in: BT-Drs. VI/3826; zur Entstehungsgeschichte und Hintergründen: *Steinmüller*, Das informationelle Selbstbestimmungsrecht – Wie es entstand und was man daraus lernen kann, in: RDV 2007, S. 158ff.; erstmalige Verwendung des Begriffs „informationelle Selbstbestimmung" vom BVerfG: BVerfGE 57, 170, 201f. im Sondervotum des Richters *Hirsch* mit Hinweis auf das Steinmüller-Gutachten. Vom BVerfG endgültig aufgenommen: BVerfGE 65, 1.

713 BVerfGE 120, 274.

714 BVerfGE 25, 175, 220ff. – Hartz IV.

BVerfG immer wieder über den eigentlichen Text der Verfassung hinaus neue Strukturen und Systeme zum Schutz der Grundrechtsträger*innen geschaffen. Analysiert man all die vorhergenannten signifikanten Änderungen von Grundrechten durch das BVerfG, unabhängig davon, ob diese nun Basis- oder Folgeinnovationen sind, so lassen sich – mehr oder weniger genau[715] – folgende Gemeinsamkeiten herausarbeiten, die es zur Schaffung eines neuen Grundrechts oder Grundrechtssystem bedarf: Innovationsbedarf, eine treibende Kraft der Innovation und eine eindeutige und markante Innovationsentscheidung.[716]

B. Grundrechtsinvention

Einer Grundrechtsinnovation durch das (Bundes-)Verfassungsgericht geht jedoch immer eine Invention, das heißt eine Erfindung voraus. Für diese Invention können sowohl die Wissenschaft als auch das (Bundes-)Verfassungsgericht oder Fachgerichte verantwortlich sein. Bei der Schutzbereichsinnovation des Rechts auf informationelle Selbstbestimmung geht die Invention dieses Rechts beispielsweise auf das sog. *Steinmüller*-Gutachten[717] zurück – das heißt auf die Wissenschaft. Das BVerfG hat dann in seiner Innovationsentscheidung die Invention aus dem *Steinmüller*-Gutachten in die Rechtsprechung übernommen.[718] Im Gegensatz dazu geht die Invention des Rechts auf Gewährleistung der Vertraulichkeit und Integrität informationstechnischer Systeme eindeutig auf das BVerfG zurück. Ein solches

715 Abweichend zwar bei der Schaffung des allgemeinen Persönlichkeitsrechts: Zur Frage, ob es tatsächlichen Innovationsbedarf gab und warum das allgemeine Persönlichkeitsrecht auch ohne einen solchen eine Basisinnovation darstellt: *Hornung*, Grundrechtsinnovation, 2015, S. 264f.

716 *Hornung*, Grundrechtsinnovation, 2015, S. 239ff. et pass.

717 *Steinmüller/Lutterbeck/Mallmann/Harbort/Kolb/Schneider*, Grundfragen des Datenschutzes, 1971, S. 88ff. abgedruckt in: BT-Drs.: VI/3826; Hintergrund und Entstehungsgeschichte: *Steinmüller*, in: RDV 2007, S. 158ff. Ausführlich zu den verschiedenen Ideengebern: *Podlech*, Die Begrenzung staatlicher Informationsverarbeitung durch die Verfassung angesichts der Möglichkeit unbegrenzter Informationsverarbeitung mittels der Technik, in: Leviathan 1984, S. 85, 91 Fn. 14. Vertiefend hierzu: *Pohle*, Datenschutz und Technikgestaltung, 2018, S. 144ff. Der das Volkszählungsurteil des BVerfG sogar als „Plagiat" der Kommentierung von Art. 1 Abs. 1 und Art. 2 Abs. 1 GG von *Podlech* bezeichnet (S. 144).

718 Passagen des *Steinmüller*-Gutachtens zum Recht auf informationelle Selbstbestimmung wurden nahezu wortgleich übernommen: BVerfGE 65, 1, 43ff.

Recht war bis zur Entscheidung zur Online-Durchsuchung des BVerfG in keiner anderen Gerichtsentscheidung und auch nicht in der Literatur angeklungen. Die Diskussion um die Zulässigkeit von Online-Durchsuchungen konzentrierte sich einzig auf die Art. 10 und Art. 13 GG.[719] Die Invention des Rechts auf Gewährleistung der Vertraulichkeit und Integrität informationstechnischer Systeme wurde erst mit der Verkündung der Innovation im Urteil selbst veröffentlicht. Aber nicht immer lässt sich eine Invention auf eine konkret treibende Kraft zurückführen: So befürworteten sowohl Stimmen in der Literatur[720] als auch Fachgerichte[721] die unmittelbare Bindung Privater an die Grundrechte, während das BVerfG sich dann (bekanntlich) in der Lüth-Entscheidung für eine mittelbare Drittwirkung der Grundrechte entschied und dies mit der objektiven Wertordnung der Grundrechte begründete.[722] Es handelte sich letztlich um einen Inventionsdialog – nicht einen konkreten, alleinstehenden Inventionsmoment. Erst der Innovationsmoment der mittelbaren Drittwirkung kann dann konkret auf die Lüth-Entscheidung zurückgeführt werden.

Eine Invention kann von einer Vielzahl unterschiedlicher Inventor*innen aus Rechtswissenschaft, Gesetzgebung oder Rechtsprechung ausgehen. Darüber, wie eine Invention vor sich geht, ist wenig zu erfahren.[723] Zum einen kann es sich laut *Hornung* bei einer Invention sowohl um einen „Geistesblitz“ handeln als auch um eine konkrete Antwort auf ein neuauf-

---

719 *Hornung*, Grundrechtsinnovation, 2015, S. 277f. m.w.N. zum damaligen Diskussionsstand vor BVerfGE 120, 274.

720 *Nipperdey*, Gleicher Lohn der Frau für gleiche Arbeit, in: RdA 1950, S. 121, 121f.; zur Entwicklung mit weiteren Nachweisen aus dem Schrifttum: *Rupp*, Vom Wandel der Grundrechte, in: AöR 101 (1976), S. 161, 167ff.; *Stern*, Staatsrecht, Band III/1, 1988, S. 1531ff.; *Dürig*, Zum „Lüth-Urteil“ des BVerfG vom 15.1.1958, in: DÖV 1958, S. 194, 196f.

721 Vgl. bspw.: BAG, Urt. v. 03.12.1954 – 1 AZR 150/54, NJW 1955, S. 606, 607f. – Parteipolitische Agitation im Betrieb; BAG, Urt. v. 15.01.1955 – 1 AZR 305/54, NJW 1955, S. 684, 686f. – Gleicher Lohn bei gleicher Arbeit; BAG, Urt. v. 10.05.1957 – 1 AZR 249/56, NJW 1957, S. 1688, 1689 – Zölibatsklauseln; BAG, Urt. v. 29.06.1962 – 1 AZR 343/61, NJW 1962, S. 1981, 1982 – freie Wahl des Arbeitsplatzes; angedeutet in: BGHZ 13, 334, 338; ausdrücklich: BGHZ 24, 72, 76f.; BGH, Urt. v. 20.05.1958 – VI ZR 104/57, GRUR 1958, S. 615, 615f. – Tonbandaufnahmen.

722 BVerfGE 7, 198, 205 mit Verweis auf: BVerfGE 2, 1, 12 – SRP-Verbot; BVerfGE 5, 85, 134ff., 197ff.; BVerfGE 6, 32, 40ff.; *Klein*, in: *v. Mangoldt/Klein* (Hrsg.), Das Bonner Grundgesetz, 1957, Vorbem. B III 4 vor Art. 1, S. 93.

723 Zum Mythos „rechtswissenschaftliche Forschung“: *Thommen/Eschle*, in: *Meier/Zurkinden/Staffler* (Hrsg.), Recht und Innovation, 2020, S. 3f.

getretenes Problem,[724] zum anderen ist es schwierig, kreative Gedankengänge – unabhängig davon, ob sie spontan oder planmäßig auftreten – in ein vorgeschriebenes Korsett zu „zwängen“. Außerdem sind Inventionen selten auf eine*n konkrete*n Inventor*in zurückzuführen. Inventionen entwickeln sich teilweise aus einem allgemeinen wissenschaftlichen Dialog heraus, oft arbeiten verschiedene Inventor*innen zusammen, übernehmen Gedanken von anderen und entwickeln diese weiter. Der Inventionsprozess ist in den seltensten Fällen ein abgeschlossener, leicht nachvollziehbarer Prozess, sondern ist insbesondere durch sein organisches Wachsen im wissenschaftlichen Dialog gekennzeichnet.[725] Dem kann jedoch entgegnet werden, dass die Schwierigkeit der Bestimmbarkeit eines Prozesses nicht bedeutet, dass dieser überhaupt nicht bestimmbar ist. Des Weiteren gilt, dass im Recht nicht jeder Gedankenblitz schon Inventionsqualität hat, denn eine rechtliche Invention muss in ein normatives und dogmatisches Rechtssystem passen, sie muss – um es mit der Sprache der Klausurkorrektor*innen auszudrücken – „vertretbar sein“. Dies sind Voraussetzungen, die zwar für manche spontane, kreative Geistesblitze zutreffen können, aber nicht für alle. So hatte die Ausarbeitung des Rechts auf informationelle Selbstbestimmung schon im Inventionsstadium im *Steinmüller*-Gutachten von 1971[726] dogmatische und normative Qualität, während Erfindungen von (verzweifelten) Jurastudierenden in Klausursituationen zwar sicher Geistesblitz-Charakter haben, aber in der Regel jegliche dogmatische und normative Qualität vermissen lassen. Nicht jede Idee oder Erfindung kann eine rechtliche Invention im Sinn des Innovationsprozesses sein. Aus diesem Grund ergibt es Sinn, spontane wie planmäßige Geistesblitze an einem (zu bestimmenden → S. 264ff.) Maßstab zu messen, um zu entscheiden, ob diese Inventionsqualität haben. Auch an eine rechtliche Invention sind deshalb bestimmte Anforderungen zu stellen, es ist nur zu bestimmen, welche.

C. Voraussetzungen des Inventionsprozess

Analysiert man die bisherigen Innovationsentscheidungen des BVerfG, kommt man zu dem Schluss, dass dieses neben der Feststellung von Inno-

---

724 *Hornung*, Grundrechtsinnovationen, 2015, S. 153f.
725 *Hornung*, Grundrechtsinnovationen, 2015, S. 337ff.
726 *Steinmüller/Lutterbeck/Mallmann/Harbort/Kolb/Schneider*, Grundfragen des Datenschutzes, 1971, S. 88ff. abgedruckt in: BT-Drs.: VI/3826.

vationsbedarf außerdem auf Auslegungsmethoden, Schutzlücken, Normbereichsanalysen, gesellschaftsbezogene Argumente und Diffusionen im Ausland abstellt.[727] Fraglich ist nun, inwieweit diese von *Hornung* empirisch nachvollzogenen Innovationstechniken auch normativ für die Entwicklung eines Inventionsprozesses fruchtbar gemacht werden können.

I. Innovationsbedarf

Inventionen entstehen nicht im luftleeren Raum, oftmals gehen ihnen vielschichtige Dialoge, vorherige Ideen oder die lange Suche nach einer Lösung für bestehende Probleme voraus. Innovationsbedarf ist treibende Kraft des Innovationsprozesses als Gesamteinheit, so ist es nur schlüssig, dass die Notwendigkeit einer Grundgesetzveränderung auch jede einzelne Stufe des Innovationsprozesses antreibt. Genauso wie das BVerfG und der Gesetzgeber eine Grundrechtsinnovation nur unter der Notwendigkeit einer solchen vornehmen werden, kann der Innovationsprozess nur mit einer Invention begonnen werden, wenn Innovationsbedarf besteht. Der Innovationsbedarf ist also der Dominostein, der den Innovationsprozess, dessen erste Stufe die Invention ist, anstößt.[728]

Innovationsbedarf besteht dann, wenn sich neue Herausforderungen an das Rechtssystem stellen. Neue Herausforderungen treten in der Regel durch Veränderungen auf – diese können gesellschaftlicher, technischer, wirtschaftlicher usw. Natur sein. Manche der Herausforderungen können konkret andere abstrakt sein. Die Entwicklung neuer Technologien beispielsweise sind konkrete Veränderungen, die konkrete Herausforderungen an das Rechtssystem stellen, während soziale und gesellschaftliche Veränderungen oftmals abstrakt sind und daher abstrakte Herausforderungen an das Rechtssystem stellen.[729] Das BVerfG hat in Innovationsentscheidungen mehrmals auf wissenschaftlich-technischen Fortschritt und gewandelte Lebensverhältnisse hingewiesen,[730] sodass sich hieraus ableiten lässt, dass diese Innovationsbedarf indizieren und eine Invention anstoßen könnten.

727 *Hornung*, Grundrechtsinnovationen, 2015, S. 352ff.

728 Davon zu unterscheiden ist der formelle Innovationsanlass, welcher das rechtliche Verfahren vor dem verfassungsändernden Gericht oder Gesetzgeber beschreibt.

729 *Hornung*, Grundrechtsinnovationen, 2015, S. 331ff.

730 BVerfGE 54, 148, 153; BVerfGE 65, 1, 41; BVerfGE 106, 28, 39; BVerfGE 11, 168, 183ff. – Taxi-Beschluss; BVerfGE 120, 274, 303.

Darüber, ob Innovationsbedarf vorliegt, kann unter anderem durch die Existenz von Schutzlücken, gesellschaftliche Leitbilder und rechtsvergleichende Impulse entschieden werden. Das Vorliegen eines oder mehrerer dieser Marker kann den kreativen Prozess der Invention durch Impulse von außen formen. Die Existenz einer Schutzlücke stößt in manchen Fällen erst den gedanklichen Prozess an, welcher dann letztendlich in einer Grundrechtsinvention mündet. Die Verfolgung eines bestimmten gesellschaftlichen Leitbilds macht erst deutlich, an welchen Stellen die Grundrechte unzureichend sind.

1. Schutzlücke

Ausgangspunkt einer Invention sollte die Existenz einer Schutzlücke sein, denn nur wenn sich eine Schutzlücke ergibt, besteht überhaupt Bedarf für eine Invention. Das Vorliegen einer Schutzlücke und die Schutzbedürftigkeit der Grundrechtsträger*innen spielt auch in der Innovationsrechtsprechung des BVerfG eine große Rolle – vor allem dann, wenn es um die Erweiterung des Schutzes des allgemeinen Persönlichkeitsrechts geht.[731] Die Voraussetzung für eine neue Erfindung ist das Erkennen eines neuen Problems, welches nicht mit den bisher existierenden Mitteln gelöst werden kann. Nur wenn eine Lücke im System entsteht oder besteht, ist Raum für neue kreative Ideen und Lösungsansätze. Eben weil die Invention ein kreativer Prozess ist, muss dieser Kreativität genügend Raum gegeben werden, sich zu entfalten. So spielt die Existenz einer Schutzlücke im Innovationsschritt des BVerfG zwar eine Rolle, weil es ohne Schutzlücke oftmals am Innovationsbedarf fehlen wird – im Inventionsprozess der Rechtswissenschaft hingegen sollte die Existenz einer regelungsbedürftigen Schutzlücke die entscheidende Rolle spielen, weil ohne eine Schutzlücke schon der Nährboden für kreative Neuschöpfungen fehlt.

2. Gesellschaftliche Leitbilder

Erfindungen resultieren nicht einzig aus besonderen Kenntnissen des entsprechenden Fachgebiets, sondern insbesondere daraus, wie dieses Fachgebiet in Beziehung zur Gesellschaft tritt. Während das BVerfG bei Grundrechtsinnovationen in erster Linie eine Einzelfallentscheidung über einen

731 Bspw.: BVerfGE 34, 269, 281; BVerfGE 65, 1, 41ff., BVerfGE 120, 274, 303ff.

konkreten Sachverhalt trifft, welche zwar gesellschaftliche Argumente inkorporieren kann[732], ist das Ziel von Inventionen, gesellschaftliche Leitbilder zu entwickeln und diese Leitbilder durch Inventionen zur Erfüllung zu bringen. Ob die Invention dann konkret passend auf bestimmte Sachverhalte anzuwenden ist, ist eine Entscheidung der Innovationsstufe. So unterscheidet sich die Invention von der Innovation vor allem durch ihre Abstraktheit und Leitbildgetragenheit. Die Invention ist sozusagen eine „träumerische“ Idee, die sich an einem für die Inventor*innen idealen gesellschaftlichen Leitbild orientiert. In der Innovationsstufe geht es vor allem darum, die Spannung zwischen dem Individuum (im konkreten Einzelfall) und der Gemeinschaft zu einem optimalen Ausgleich zu bringen. Im Inventionsstadium muss ein solcher optimaler Ausgleich nicht erreicht werden, denn es reicht aus, dass die Invention ihr optimales Leitbild erreicht. Während die Innovation eine Folge aus Kompromissen und Abwägungen ist, verfolgt die Invention einzig ihr sich selbst gesetztes Ziel – unabhängig von Gegenrechten, widersprechenden Interessen und praktischer Konkordanz.

3. Rechtsvergleichende Impulse

Das BVerfG macht sich im Innovationsstadium auch immer wieder rechtsvergleichenden Input zunutze.[733] Gerade in der Inventionsphase können sich Impulse aus anderen Rechtsordnungen positiv auf die Ideenfindung auswirken. Allerdings ist im Rahmen sämtlicher Ideenfindung in fremden Rechtsordnungen immer zu beachten, dass fremde Rechtsordnungen auch in vielen Punkten auf fremde Gesellschaftsleitbilder und Schutzlücken reagieren. Weiterhin sind nicht alle gut funktionierenden Regelungen aus anderen Rechtsordnungen in gleicher Weise in unser Rechtssystem zu übertragen – dies spielt aber meist nur in der konkreten Innovationsphase beim BVerfG eine Rolle. Der Ideenfindung tut dies dennoch keinen direkten Abbruch.

---

732 Bspw.: BVerfGE 7, 198, 205: „...innerhalb der sozialen Gemeinschaft...“; BVerfGE 65, 1, 43: „...eine Gesellschaftsordnung...“, „...Gemeinwohl...“, „...freiheitlichen demokratischen Gemeinwesens...“.

733 Ausführlich hierzu: *Paulsen*, Über die Rechtsvergleichung in der Rechtsprechung des BVerfG. Analyse der Heranziehung ausländischer Judikatur, 2009, S. 6, 31f., 79, et pass. Zum Innovationsgehalt von normativen Übersetzungen: *Hächler*, in: *Meier/Zurkinden/Staffler* (Hrsg.), Recht und Innovation, 2020, S. 19, 31f.

II. Inventionsmethodik

Nachdem nun die Hauptgründe für Inventionsbedarf – die Schutzlücke und das gesellschaftliche Leitbild – herausgearbeitet wurden, bleibt die Frage offen, wie methodisch vorgegangen werden sollte. Während das BVerfG das Vorliegen von Schutzlücken und gesellschaftlichen Leitbildern im Rahmen der Innovationstechniken verortet[734], sind diese im Rahmen der Invention vor die Klammer – zum Innovationsbedarf – zu ziehen. Im Inventionsprozess liegen zuerst Innovationsbedarf, eine Schutzlücke oder gesellschaftliche Leitbilder vor, welche dann den Ideenfunken zünden. Erst wenn eine zündende Idee zur Lösung der Probleme vorliegt, kann diese mithilfe der hier nachgezeichneten Inventionsmethodik ausgearbeitet und in das Stadium einer Grundrechtsinvention gebracht werden.

Unter juristischer Methodik versteht man die „wissenschaftspraktische *Technik normtext- bzw. normorientierter Entscheidungsprozesse*"[735], so ist die Inventionsmethodik eine *wissenschaftspraktische Technik normorientierter Inventionsprozesse*.

1. Auslegungsmethoden

In der neueren Rechtsprechung des BVerfG[736] spielen die rechtlichen Auslegungsmethoden (→ S. 71ff.) nur eine nachrangige Rolle. Dasselbe sollte bei der Invention neuer Grundrechte gelten, denn eine Grundrechtsinvention kommt in aller Regel erst dort in Frage, wo das Auslegen der benannten Grundrechte nicht mehr ausreicht, um den vorliegenden Sachverhalt zu lösen. Der kreative Prozess der Invention beginnt dort, wo die Auslegungsmethoden nicht mehr hinreichen. Die Auslegungsmethoden können herangezogen werden, um zu analysieren, ob eine weitreichende Auslegung den Grundrechtsschutz noch leisten kann, aber in aller Regel ist erst dort, wo dies nicht mehr der Fall ist, Raum für eine Invention.

---

734 *Hornung*, Grundrechtsinnovationen, 2015, S. 352ff.

735 *Müller/Christensen*, Juristische Methodik, Band 1, 11. Aufl. 2013, S. 518 Rn. 466 – *Hervorhebungen im Original.*

736 *Hornung*, Grundrechtsinnovationen, 2015, S. 352ff.

2. Müller'sche Normbereichsanalyse zur Normprogrammanalyse

Neben anderen Werkzeugen der juristischen Methodik[737] wird im Rahmen der Grundrechtsinnovation vor allem der Normbereichsanalyse Aufmerksamkeit geschenkt. Die Normbereichsanalyse nach *Müller* besteht aus drei Schritten: der Feststellung des Sachbereichs, der Festlegung des Normprogramms und dem daraus folgenden Normbereich.[738] Liegt ein konkreter Sachverhalt vor, werden zuerst die einschlägigen Normtexte gewählt. Der Sachverhalt gemeinsam mit den einschlägigen Rechtsnormen ergibt den Sachbereich. Im zweiten Schritt wird durch die rechtliche Auslegung (→ S. 71ff.) der einschlägigen Rechtsnormen das Normprogramm definiert. Aus Sachbereich und Normprogramm ergibt sich dann der von der Norm geregelte Ausschnitt der sozialen Wirklichkeit in seinen Grundstrukturen, sog. Normbereich.[739] Durch die Zusammensetzung des Normprogramms und Normbereichs wird dann die Einzelfallentscheidung, das heißt die Lösung, erarbeitet.[740]

Auch das BVerfG orientiert sich bei der Grundrechtsinnovation deutlich an dieser Methodik. Dies zeichnet *Hornung* anhand der Rechtsprechung zum Recht auf informationelle Selbstbestimmung sowie zum Recht auf Gewährleistung der Vertraulichkeit und Integrität informationstechnischer Systeme nach: Zuerst legt es den allgemeinen Sachbereich fest, indem es ausführlich den allgemeinen informationstechnischen Stand in der Gesellschaft schildert, allerdings geht das Gericht erst dann zur eigentlichen rechtlichen Prüfung über und kommt zum Ergebnis, dass das Normprogramm des allgemeinen Persönlichkeitsrechts anwendbar sein könnte, da es nicht abschließend ist. Im nächsten Schritt kehrt das Gericht zu den Ausführungen aus dem Schritt zum Sachbereich zurück und überträgt diese auf den vorliegenden Einzelfall.[741] Der Normbereich ist dann der konkret im Fall relevante Realitätsausschnitt aus dem allgemein gefassten Sachbereich.[742] Aus den Erkenntnissen der Normbereichsanalyse heraus

---

737 Ausführlich: *Müller/Christensen*, Juristische Methodik, Band I, 11. Aufl. 2013, S. 517ff. Rn. 466ff.; et pass.

738 *Müller/Christensen*, Juristische Methodik, Band I, 11. Aufl. 2013, S. 526ff. Rn. 481ff.

739 *Müller/Christensen*, Juristische Methodik, Band I, 11. Aufl. 2013, S. 526ff. Rn. 518, Rn. 468.

740 *Müller/Christensen*, Juristische Methodik, Band I, 11. Aufl. 2013, S. 526ff. Rn. 518, Rn. 468.

741 *Hornung*, Grundrechtsinnovationen, 2015, S. 356f.

742 *Müller/Christensen*, Juristische Methodik, Band 1, 11. Aufl. 2013, S. 529 Rn. 485.

entwickelt das Gericht die jeweiligen Schutzbereichserweiterungen des allgemeinen Persönlichkeitsrechts im konkreten Einzelfall.[743]

Versucht man, normative Grundsätze für eine Inventionsmethodik aufzustellen, lohnt es sich, einen genaueren Blick auf die vom BVerfG verwendeten Grundsätze der Normbereichsanalyse zu werfen. Die Grundidee ist es, eine methodische Formel aufzustellen, welche bei der Entwicklung einer Lösung für das Einzelfallproblem hilft. Für die Invention gelten aber „andere Vorzeichen“: So ist das Ziel der Invention nicht eine Lösung für ein Einzelfallproblem zu finden, sondern eine Formel zu entwickeln, die zur Schließung einer Schutzlücke oder der Erreichung eines gesellschaftlichen Leitbilds beiträgt. Außerdem besteht noch kein Normprogramm, welches zur Entwicklung des Normbereichs herangezogen werden könnte. Während bei der Normbereichsanalyse nach *Müller* der Normbereich bestimmt wird, damit dieser dann der Lösung zugrunde gelegt werden kann, liegt bei der erfinderischen Normbereichsanalyse bereits eine Idee des abstrakten Normbereichs vor: Dieser soll ein Idealausschnitt aus der sozialen Realität sein – die kreative Idee, wie das Problem am Ende gelöst werden sollte, besteht schon, denn damit begann der Inventionsprozess.

Um den Prozess leichter nachvollziehbar zu machen, wird hier ein allen Jurist*innen bekannter Prozess – die juristische Klausur – zur Veranschaulichung verwendet: Am Anfang besteht eine Klausur nur aus einem Sachverhalt, dieser stellt in der Normprogrammanalyse den Sachbereich dar, dort wird mit allen nötigen und unnötigen Details die Gesamtsituation beschrieben. Ohne zu wissen, welche Normen anzuwenden sind, kann man jedoch noch nicht sagen, welche Details aus dem Sachverhalt für die Lösung relevant sind und welche nicht. Der Normbereich kann daher nicht eindeutig bestimmt werden, ohne dass das Normprogramm vorliegt. Wurde das anzuwendende Normprogramm bestimmt, so können die im Sachverhalt für die Lösung der Aufgabe wichtigen Details bestimmt werden, dies ist der sog. Normbereich. Dieser wird dann der Lösung zugrunde gelegt. Die Grundrechtsinvention unterscheidet sich von einer Klausur dahingehend, dass die Lösung schon feststeht, der Normbereich beliebig bestimmt werden kann und das Normprogramm noch nicht existiert. Die Lösung ist der Schluss der Schutzlücke, das heißt die Kreation eines umfassenden Schutzes für die im Sachverhalt betroffenen Personen. Der Normbereich besteht aus all den Aspekten des Sachverhalts, die für das Erreichen der Lösung eine Rolle spielen, diese können allerdings je nach Lösungsvorstellung variieren. Zu bestimmen ist dann nicht der Normbe-

743 *Hornung*, Grundrechtsinnovationen, 2015, S. 356f.

reich, sondern das Normprogramm, welches es der*m Inventor*in ermöglicht, dieses Ziel zu erreichen.

Um es mit technischen Begriffen zu umschreiben: Der *Sachbereich* ist wie auch in der *Müller*'schen Normbereichsanalyse die soziale oder technische (usw.) Realität, welche den Innovationsbedarf ausmacht. Das *Normprogramm* ist noch zu bestimmen, denn eben darin liegt die Invention. Der *Normbereich* besteht aus all den Aspekten der sozialen (usw.) Realität, welche für die schon vorüberlegte Lösung ausschlaggebend sind. Durch das neu erfundene Normprogramm (der Invention!) wird dann die von vornherein feststehende Lösung erreicht, nämlich der Schluss der Schutzlücke. Somit ist die Methodik der Invention wohl als Normprogrammanalyse zu betiteln.

Das Ziel der Normbereichsanalyse ist, dass nach Zusammensetzung des Normprogramms und des Normbereichs eine konkrete Rechtsnorm entwickelt werden kann, welche dann der Einzelfalllösung zugrunde gelegt wird. Ziel der Normprogrammanalyse ist hingegen das Finden eines Normprogramms, welches dann der Schließung der Schutzlücke und damit der „Auflösung" des Innovationsbedarfs zugrunde gelegt werden kann.

Zusammengefasst legen die verschiedenen Analysen demnach ihrer Lösung folgende „Formeln" zugrunde:

die *Müller*'sche Normbereichsanalyse:
- Sachbereich + Normprogramm = Normbereich
- Lösung: Einzelfalllösung

die Normbereichsanalyse des BVerfG:
- Sachbereich + offenes, unbestimmtes Normprogramm = Normbereich
- Lösung: Einzelfalllösung

Normprogrammanalyse:
- Sachbereich + unbekanntes Normprogramm x (Invention) = Normbereich
- Lösung: Auflösung des Innovationsbedarfs

Daraus folgt, dass nach mathematischen Termini die Inventionsmethodik darin besteht, nach x aufzulösen. In rechtliche Termini übertragen, ist das Normprogramm danach zu bestimmen, dass durch das grundrechtliche Normprogramm der Schluss der Schutzlücke bewirkt werden kann.

III. Grenzen der Grundrechtsinvention

Wie oben ausgearbeitet wurde, steht Art. 79 Abs. 1 GG dem Verfassungswandel durch Grundrechtsinnovation nicht grundsätzlich entgegen, sondern fordert nur bestimmte Grenzen des Verfassungswandels (→ S. 269ff.). *Bryde* beschäftigt sich ausführlich mit den Grenzen des Verfassungswandels durch Verfassungsinterpretation, keine Beachtung wird bei diesen Ausführungen dem Verfassungswandel durch Grundrechtsinnovation – und schon gar nicht der Grundrechtsinvention – geschenkt.[744] Es ist folglich auszuarbeiten, inwieweit die Grenzen des Verfassungswandels durch Interpretation auch Grenzen für die Grundrechtsinvention aufzeigen können.

Eine Grenze für den Verfassungswandel erkennt *Bryde* im Verfassungswortlaut: Art. 79 Abs. 1 GG fordert für die textliche Veränderung der Verfassung das Tätigwerden des Gesetzgebers mit Quorum. Daraus folgt, dass die Verfassungsinterpretation durch den Wortlaut der Verfassung begrenzt ist, eine Interpretation kann nur insoweit geschehen, als diese noch vom vorgegebenen Wortlaut der Verfassung gedeckt ist. Allerdings gibt es auch Gerichtsentscheidungen, welche den Wortlaut der Verfassung fortbilden und damit übersteigen – beispielsweise die Entscheidung zum PostverwaltungsG.[745] So ist die Wortlautgrenze zwar wichtig, aber nicht unüberwindbar.[746]

Eine feste Grenze des Verfassungswandels ergibt sich aus Art. 79 Abs. 3 GG, welcher die Ewigkeitsgarantie enthält und mithin den Kernge-

---

744 *Bryde*, Verfassungsentwicklung, 1982, S. 264ff.

745 BVerfGE 28, 66 – Postgebühren: Art. 80 Abs. 2 GG formuliert zwar ausdrücklich nur, dass Rechtsverordnungen (...), vorbehaltlich anderweitiger bundesgesetzlicher Regelung, nicht ohne Zustimmung des Bundesrates ergehen, das BVerfG hat hingegen zutreffend ausgeführt, dass „es [...] aber von der Natur der Sache her widersinnig [wäre] und [...] zu einer von der Verfassung nicht gewollten Verkürzung der Mitwirkung des Bundesrates an der Rechtsetzung führen [würde], wenn das Erfordernis der Zustimmung zu diesen Rechtsverordnungen durch ein späteres einfaches Bundesgesetz ohne Zustimmung des Bundesrates beseitigt werden könnte. Daraus folgt, man kann den Satz ‚vorbehaltlich anderweitiger bundesgesetzlicher Regelung', da er für beide Fallgruppen gilt, nicht dahin auslegen, daß damit auch ein einfaches Bundesgesetz und nicht nur ein Zustimmungsgesetz gemeint sein kann." Obwohl der Wortlaut des GG ausdrücklich nur von ‚anderweitigen bundesgesetzlichen Regelungen' spricht, bildete das BVerfG hier fort, dass es sich dabei nicht um einfache Bundesgesetze, sondern nur Zustimmungsgesetze handeln kann.

746 *Bryde*, Verfassungsentwicklung, 1982, S. 267ff.

halt der Verfassung formuliert, der unveränderlich ist. Würde sich diese Regelung nur an den verfassungsändernden Gesetzgeber richten, könnte sie durch Verfassungswandel unterlaufen werden und dies würde eine derartige Regelung in ihrer Wirksamkeit aufheben.[747]

Weiterhin ist auf die allgemein geltenden Verfassungsprinzipien zu rekurrieren: Dem grundrechtlichen Wandel sind aus der Verfassung heraus Grenzen gesetzt, welche nicht missachtet werden können. So schrieb *Bernhardt* 1970: „Auch die Grundrechte unseres Grundgesetzes sind unterschiedlicher Auslegung fähig, und ihr Verständnis kann sich mit der Zeit wandeln. Einem derartigen Wandel sind jedoch Grenzen gesetzt, die nicht überschritten werden können, ohne dass die Verfassung selbst denaturiert wird. So ist weder eine völlige Identifizierung von Gemeinschaftsbelangen und Individualinteressen möglich, noch können die Grundrechte generell in Teilhaberechte umgedeutet werden, noch ist es zulässig, im Rahmen des geltenden Verfassungsrechts bestimmte Grundrechte, [...], allen anderen Rechten überzuordnen. Das Grundgesetz konstituiert eine wertgebundene und wertorientierte Ordnung, es schließt damit nicht jeden Wandel, wohl aber eine beliebige Deutung und Neuordnung der Grundrechte aus."[748] *Bernhardt* spricht hier zwar nicht von der Grundrechtsinvention oder Grundrechtsinnovation, sondern vom Wandel schon existierender Grundrechte, beispielsweise durch Interpretation, allerdings kann für eine Neufindung von Grundrechten nichts anderes gelten als für den Wandel schon existierender Grundrechte: Die Verfassung darf nicht denaturiert werden.

Neu geschaffene Grundrechte dürfen folglich nicht diametral zu schon vorgegebenen Verfassungsprinzipien (bspw.: Art. 20 GG) stehen oder mit der Systematik der Verfassung konfligieren. Bei der Grundrechtsinvention spielen hier vor allem die Prinzipien des verfassungsrechtlichen Rechtsstaatsgebots (Normklarheit, Methodenklarheit, Übermaßverbot) eine tragende Rolle.

Weiterhin dürfen neu geschaffene Grundrechte nicht mit schon bestehenden Grundrechten konfligieren. Dies bedeutet nicht, dass keine durch praktische Konkordanz, Auslegung und verfassungsrechtliche Abwägung aufzulösenden Konflikte mit anderen Grundrechten entstehen dürfen, sondern nur, dass neu geschaffene Grundrechte nicht den Kerngehalt schon bestehender unterwandern dürfen.

---

747 *Hesse*, in: *Ehmke/Kaiser/Kewenig/Meessen/Rüfner* (Hrsg.), Festschrift für Ulrich Scheuner zum 70. Geburtstag, 1973, S. 124.

748 *Bernhardt*, Wandlungen der Grundrechte, 1970, S. 26f.

Zuletzt darf das neu geschaffene Grundrecht nicht dem liberalen Verfassungsstaat entgegenstehen. Grundprinzip des Liberalismus ist, dass Individuen möglichst weitgehende Freiheit vom Staat haben sollen. Bei der Ausweitung, Lückenfüllung und weiteren Neufindungen von Grundrechten – vor allem in ihren subjektiven und objektiven leistungsrechtlichen Dimensionen – könnte diese Freiheit vom Staat jedoch immer weiter reduziert werden.

D. Fazit

Über die Voraussetzungen des Inventionsprozesses lässt sich letztlich vieles sagen, aber wenig Konkretes. Dies liegt insbesondere daran, dass es sich dabei um einen höchstpersönlichen, kreativen, intellektuellen Prozess handelt, welcher jedem*r Jurist*in selbst überlassen ist. Die wissenschaftlichen Prozesse, welche sich im „stillen Kämmerchen" der Juristerei abspielen, lassen sich schlecht in einen vorgefertigten Ablauf einfügen.

Und trotzdem konnten normative Aspekte des Inventionsprozesses für die zukünftige Arbeit an Grundrechtsinventionen herausgearbeitet werden. So ist Innovationsbedarf notwendig: Dieser kann sich aus der Existenz von Schutzlücken, aus der Verfolgung gesellschaftlicher Leitbilder oder aus rechtsvergleichenden Impulsen ergeben. Hier ist die Aufzählung nicht abschließend, denn Innovationsbedarf kann sich auch aus zahlreichen anderen – vielleicht noch unbekannten – Impulsen ergeben, vorliegend wurden nur die prominentesten herausgearbeitet.

Allein Innovationsbedarf reicht aber nicht aus, denn eine Invention muss einer rechtlichen Methodik folgen – nicht jede Idee ist auch gleich rechtliche Invention. Schon über die Methodik der inhaltlichen Verfassungswandlung kann deutlich weniger gesagt werden als über die der textlichen Verfassungsänderung.[749] So wird der inhaltliche Verfassungswandlung methodisch schlussendlich auf die normativen Grenzen eines solchen Verfassungswandels begrenzt[750], anstelle eine feste Methodik für den inhaltlichen Verfassungswandel nach- oder vorzeichnen zu können. Über die Verfassungsinnovation als Untergruppe des Verfassungswandels lässt sich nach Analyse der Innovationsentscheidungen empirisch herausarbeiten, dass – ohne namentliche und begriffliche Erwähnung – der Methodik der Normbereichsanalyse gefolgt wird. Diese Normbereichsanalyse

749 *Bryde*, Verfassungsentwicklung, 1982, S. 224ff., 254ff., et pass.
750 *Bryde*, Verfassungsentwicklung, 1982, S. 264.

wird dann der Innovation des Grundrechts zugrunde gelegt.[751] Nimmt man nun normative Anleihen aus diesen zwei Feststellungen, so kann gefolgert werden, dass die Normbereichsanalyse auch eine abgewandelte Rolle bei der Grundrechtsinvention spielen sollte. Im Versuch, die Normbereichsanalyse auf die Grundrechtsinvention anzuwenden, fällt jedoch auf, dass eine direkte Anwendung nicht möglich ist – dies liegt darin begründet, dass bei der *Müller*'schen Normbereichsanalyse die Unbekannte *x* der Normbereich ist, dieser soll durch die Zusammenschau von Sachbereich und Normprogramm analysiert werden. Im Gegensatz dazu ist bei der Grundrechtsinvention die Unbekannte *x* aber das Normprogramm, denn der Normbereich ist durch das Idealbild, das durch die Invention erreicht werden soll, vorgegeben. Im Ergebnis ist die Methodik bei der Grundrechtsinvention demnach keine Norm<u>bereichs</u>analyse, sondern eine Norm<u>programm</u>analyse.

Daneben ist aber auch die methodische Negativentscheidung aus den Ausführungen zum Verfassungswandel zu beachten: Auch der Grundrechtsinvention sind bestimmte Grenzen zu setzen, welche sich in den allgemeinen Verfassungsprinzipien, Art. 79 Abs. 3 GG und der Liberalität des Grundgesetzes finden. Die Grundrechtsinvention darf dem Grundgesetz nicht in seinem Wesensgehalt widersprechen.

Kapitel 10. Invention des Rechts auf akademische Selbstbestimmung, Art. 2 Abs. 1 GG i.V.m. Art. 5 Abs. 3 GG

Das Recht auf akademische Selbstbestimmung war zwar eine spontane Idee, welche in einem Austausch mit meinem Doktorvater entstand, dies macht dieses Recht aber noch lange nicht zu einer Invention, die sich in die Verfassungssystematik einfügen lässt. Aus diesem Grund ist nun zu überlegen, ob ein solches Recht überhaupt notwendig ist, ob es das vorliegende Problem methodisch lösen kann und ob es mit anderen Verfassungsprinzipien konfligiert.

751 *Hornung*, Grundrechtsinnovationen, 2015, S. 355ff.

A. Inventionsidee

I. Schutz des aktiven Seins in Academia: das Recht auf akademische Selbstbestimmung

Wie oben dargelegt existiert im Grundrechtskatalog kein Recht, welches den Eingriff in die Lehrfreiheit durch eine Trigger-Warnungs-Maßnahme rechtfertigen könnte. Allerdings lässt sich darüber hinaus feststellen, dass den Studierenden an Hochschulen kaum spezielle Rechte über die freie Wahl des Ausbildungsplatzes und den allgemeinen Zugang zu Bildung hinauszustehen. Während die Lehrfreiheit den Lehrenden auch in ihrer Funktion als Mittel zur Selbstverwirklichung beiseite steht, ist ein ähnliches Recht für Studierende in *Academia* nicht ersichtlich. Durch die Ausbildungsfreiheit wird zwar der Zugang zu universitären Einrichtungen und die freie Gestaltung des Studiums im Rahmen der vorgegeben Studienregelungen geschützt, nicht aber die Bildung als aktueller Prozess der Persönlichkeitsentfaltung (→ S. 43ff.).

Auch wenn Trigger-Warnungen oft als Mechanismen zur Förderung der Gleichberechtigung bezeichnet werden, ist dies höchstens in einem sozialen Kontext richtig, nicht aber in einem rechtlichen. Denn rechtlich bietet Art. 3 GG keinen Schutz vor Re-Traumatisierung, verletzenden Aussagen im Lehrkontext, usw. Art. 3 Abs. 3 GG beinhaltet keinen Anspruch auf Neuausrichtung des Diskurses oder darauf, dass Studierende eine Stimme im Hochschulalltag bekommen. Art. 3 Abs. 3 GG setzt nur dort an, wo es zu tatsächlichen Ungleichbehandlungen aufgrund bestimmter Merkmale kommt. Damit greift der Gleichbehandlungsgrundsatz dort zu kurz, wo es nicht um rechtliche Gleichbehandlung geht, sondern um das soziale Gefühl der Gleichstellung von Studierenden, die Minderheiten angehören, mit denen, die der Mehrheitsgesellschaft angehören. Art. 3 Abs. 2 GG ist kein geeignetes Mittel, um die Persönlichkeitsentfaltung aller Studierenden gleichermaßen zu schützen und zu fördern.

Und auch das allgemeine Persönlichkeitsrecht, welches insbesondere der freien Entfaltung der Persönlichkeit dienen sollte, kann in seiner Fallgruppengebundenheit einen aufgrund der besonderen Situation in der akademischen Bildung notwendigen (→ S. 48ff.) besonderen Schutz der Persönlichkeitsentfaltung über die Fallgruppen und einfachgesetzlichen Ausprägungen hinaus nicht garantieren. So sind ehrverletzende Äußerungen erst ab einer bestimmten Schwere dementsprechend persönlichkeitsverletzend, dass die Meinungsfreiheit zurückstehen muss (→ S. 210ff.). Dieses Ergebnis missachtet aber, dass in einer abgeschlossenen Teilöffentlichkeit wie der Hochschule Ehrverletzungen und andere Angriffe auf das Persönlichkeitsrecht eine andere Wirkung haben können, als dies in der Gesamtgesellschaft der Fall ist. Zum einen trägt das Hierarchiegefälle an Hochschulen dazu bei, dass den Aussagen einiger weniger Personen – vorwiegend Professor*innen, aber auch anderen Hochschullehrenden – mehr Gewicht zukommt als Aussagen von Studierenden. Zum anderen spielt die Interaktion zwischen den Hochschulmitgliedern aufgrund der Beschränktheit des tatsächlichen und fachlichen Raums eine größere Rolle und diese kann eben durch persönlichkeitsverletzende Aussagen in stärkerem Maße gestört werden. Auf einem Hochschulcampus kann man der Konfrontation mit anderen nur in geringem Maße ausweichen. Somit bleibt die Frage, ob diese Teilöffentlichkeit effektive Selbstregulierungsmaßnahmen kennt, welche den Vorrang der Meinungsfreiheit vor dem Ehrschutz erlauben (→ S. 236ff.).

Letztendlich lässt sich nur wiederholen, dass der grundrechtliche Schutz der Studierenden an Hochschulen fragmentiert ist und in dieser Fragmentierung einen wichtigen Aspekt der Entfaltung der Studierenden an Hochschulen missachtet. Schutz bieten die Grundrechte ausschließlich für das aktive Tun der Studierenden, das heißt beispielsweise für die Wahl der Hochschule oder die Ausgestaltung ihres Studiums, für aktives Handeln im Bereich der Forschung und Wissenschaft oder für die aktive Teilnahme am meinungsrechtlichen Diskurs. Zwar schützt das allgemeine Persönlichkeitsrecht neben dem aktiven Tun auch das aktive Sein,[752] wie jedoch oben gezeigt wurde, greift dieser allgemeine Schutz des aktiven Seins aus dem allgemeinen Persönlichkeitsrecht in der Sondersituation der Hochschule zu kurz, da es die besonderen Dynamiken der dort bestehenden Teilöffentlichkeit missachtet. Im Gegensatz dazu ist für wissenschaftliches Hochschulpersonal sehr wohl auch der Schutz des aktiven Seins gesichert, so schützt die Lehrfreiheit der Lehrenden ausdrücklich auch deren Selbstentfaltung in der Lehre (→ S. 88ff.) und die Forschungs- sowie Wissenschaftsfreiheit sind eng mit der Selbstdarstellung und Selbstentfaltung der Wissenschaftler*innen (→ S. 88ff.) verbunden. Dasselbe gilt zwar für Studierende dann, wenn diese Grundrechtsträger*innen der genannten Grundrechte sind, dies ist aber – wie oben gezeigt wurde – nicht der Dauerzustand für Studierende an Hochschulen.

---

752 *Kube*, in: *Isensee/Kirchhof* (Hrsg.), Handbuch des Staatsrechts, Band VII, 3. Aufl. 2009, § 148 Rn. 28; *Murswiek/Rixen*, in: *Sachs* (Hrsg.), Grundgesetz, 8. Aufl. 2018, Art. 2 Rn. 60; vgl. auch BVerfGE 54, 148, 153ff.

Hinter den Forderungen nach Trigger-Warnungen, *Safe Spaces* und *Political Correctness* liegt die Sorge der Studierenden, dass ihre Identitätsbildung und Selbstdarstellung als zentrale Aspekte der studentischen Selbstbestimmung an Hochschulen nicht nur kaum Raum bekommen, sondern aktiv behindert werden könnten. Die existierenden Lücken im Grundrechtsschutz sollen durch diese Forderungen geschlossen werden. Allerdings kann durch die punktuelle Forderung von Trigger-Warnungen nicht das grundsätzliche Ungleichgewicht bezüglich des Grundrechtsschutzes an Hochschulen aufgehoben werden. Vielmehr ist es notwendig, einen Schritt zurückzumachen und das sog. „*Big Picture*" zu betrachten, um Lösungen für die vielen unterschiedlichen, kleinteiligen Debatten an Hochschulen zu entwickeln.

Eine solche Lösung könnte das Recht auf akademische Selbstbestimmung sein. Die grundrechtliche Schutzlücke könnte durch eine Erweiterung des Rechts auf freie Entfaltung der Persönlichkeit durch Art. 5 Abs. 3 GG zum Recht auf akademische Selbstbestimmung geschlossen werden. Dies würde dazu führen, dass neben dem aktiven Tun der Studierenden an den Hochschulen auch deren *aktives Sein in Academia*, also der Prozess der Identitätsbildung und Selbstdarstellung, geschützt wäre.

Die Invention eines neuen Rechts auf akademische Selbstbestimmung unterliegt aber zum einen der Voraussetzung, dass überhaupt Innovationsbedarf (→ S. 259ff.) besteht, zum anderen, dass sich ein solches Grundrecht methodisch (→ S. 264ff.) sauber – ohne die Verfassung zu denaturieren – kreieren lässt.

II. Innovationsbedarf

Innovationsbedarf ergibt sich oftmals aus der Existenz neuer (nicht-rechtlicher) Innovationen. Bei der Entwicklung des Grundrechts auf informationelle Selbstbestimmung oder des Grundrechts auf Vertraulichkeit und Integrität informationstechnischer Systeme war der Innovationsanstoß die Entwicklung des Internets und informationstechnischer Systeme und die damit einhergehende höhere Gefährdungslage des Privatlebens. Die Schutzbereichsinnovationen im Bereich des allgemeinen Persönlichkeitsschutzes wurden ziemlich eindeutig durch technische Entwicklungen (neue Möglichkeiten der Datenverarbeitung, neue technische Überwachungsmittel, neue Medien) veranlasst.[753] Eine solche technische Inno-

---

753 *Hornung*, Grundrechtsinnovationen, 2015, S. 258ff., 332f.

vation liegt jedoch hier nicht vor. Andererseits gibt es auch rechtliche Innovationen, die nicht durch faktische (bspw. technische) Innovationen getrieben wurden, wie beispielsweise die Entwicklung des objektiven Gehalts der Grundrechte[754] oder der allgemeinen Handlungsfreiheit[755].

Der Innovationsbedarf ergibt sich für das Recht auf akademische Selbstbestimmung nicht aus einer nicht-rechtlichen Innovation in der Gesellschaft, welche neue Risiken für Grundrechtsträger*innen begründet, sondern vielmehr daraus, dass eine Schutzlücke im Grundrechtsschutz für Studierende existiert. Es handelt sich hier nicht um eine Invention aufgrund bestimmter gesellschaftlicher Entwicklungen: Die Rolle von Studierenden wurde grundrechtlich noch nie umfänglich geschützt und diese hat sich gesellschaftlich auch nicht derart entwickelt, dass ein vollkommen neuer Schutz nun notwendig wäre. Es wird vielmehr eine Schutzlücke geschlossen, die schon seit Konzeption des Art. 5 Abs. 3 GG als Schutz der Wissenschaft, Forschung und Lehre sowie deren Vermittler*innen ohne Beachtung der Studierenden, die neben der Rolle als Belehrte sich an Hochschulen zu vollausgebildeten und akademisch denkenden und handelnden Menschen entwickeln, besteht. Es mag sein, dass das Konzept der studentischen Identitätsbildung und Selbstdarstellung dadurch, dass die Hochschulen diverser und inklusiver werden – und daher unterschiedlichere Identitäten gebildet werden als noch vor 70 Jahren – dazu führt, dass dieses Thema mehr in den Vordergrund der rechtlichen Debatte rückt. Ein tatsächlicher gesellschaftlicher Wandel, der eine solche Schutzlücke auftäte, hat sich aber nicht vollzogen. Die Schutzlücke bestand schon immer.

1. Fehlende Rechte für Studierende

Es fehlt grundsätzlich an Rechten der Studierenden im spezifischen akademischen Ausbildungsprozess. Natürlich können sich diese auf die allgemeinen Grundrechte berufen, es gibt allerdings Gründe für den besonderen Schutz der akademischen Lehre und der akademischen Lehrenden (→ S. 78ff.). Im Gegensatz zur Lehre und den Lehrenden erfahren Studierende kaum spezifischen Schutz ihrer akademischen Bildung. So sind die Studierenden nur in ihrem aktiven Tun geschützt, das heißt der Wahl des Studienganges, der Hochschule und der Organisation des Studiums in den vorgegebenen Regelungen (vgl. Art. 12 GG: (→ S. 173ff.)). Aus Art. 5 GG

754 Ausführlich: *Hornung*, Grundrechtsinnovationen, 2015, S. 240ff.
755 Ausführlich: *Hornung*, Grundrechtsinnovationen, 2015, S. 253ff.

ergeben sich zwar vereinzelt auch Rechte für Studierende, die forschen oder wissenschaftlich arbeiten, dabei werden aber nur vereinzelte, verstreute Ausbildungsprozesse geschützt (→ S. 182ff.). Während die Lehr- und Ausbildungsfreiheit zwar den bildenden, kommunikativen Inhalt und den Zugang zu diesem schützen, schützen sie nicht die Bildung als aktuellen Prozess der Identitätsbildung und Selbstdarstellung.

Das BVerfG stellt zwar fest, dass „[d]er Student [sic] [...] nicht bloßes Objekt der Wissenschaftsvermittlung [ist], sondern [dass] er [...] ein selbständig mitarbeitendes, an der wissenschaftlichen Erörterung beteiligtes Mitglied der Hochschule sein [soll]".[756] Und außerdem: „Innerhalb dieses Freiheitsrechts wird den Studenten auch das Recht eingeräumt, im Rahmen einzelner Lehrveranstaltungen ihre Meinung zu deren Inhalt, Gestaltung und Durchführung in einer der Lehrveranstaltung entsprechenden Form zu äußern."[757] Jedoch werden die Studierenden hier auch trotz ihrer Selbstständigkeit und Beteiligung einzig in Relation zum gelehrten wissenschaftlichen Inhalt wahrgenommen, denn „die Universität ist auf aktive Teilnahme am Wissenschaftsprozess hin angelegt [...]."[758] Der Studierprozess an der Hochschule beschränkt sich aber nicht auf die wissenschaftliche Ausbildung und die aktive Mitwirkung der Studierenden am Wissenschaftsprozess. Vielmehr ist der Studierprozess auch ein Prozess der Identitätsbildung und Selbstdarstellung durch den akademischen Prozess und im akademischen Raum, aber dies steht nicht einzig im Zusammenhang mit der (wissenschaftlichen) Ausbildung der Studierenden: Zur Entwicklung der oftmals jungen Erwachsenen an Hochschulen trägt der Austausch mit anderen Studierenden und den Lehrenden bei, die Konfrontation mit Themen, der Leistungsdruck, das Erlernen neuer wissenschaftlicher Methoden, Sprachen oder kultureller Themenkomplexe – die Erfahrungen, die Hochschulen bieten, sind prägend und für die Studierenden ein zentraler Baustein ihrer eigenen Persönlichkeitsentwicklung (→ S. 43ff.). Aufgrund dieser Zentralität der akademischen Erfahrung für die Identitätsbildung und Selbstdarstellung besteht die Notwendigkeit, diesen Lebensbereich angemessen grundrechtlich zu schützen.

---

756 BVerfGE 55, 37, 67.
757 BVerfGE 55, 37, 67.
758 BVerfGE 55, 37, 67.

2. Spezifische Risiken und spezifische Gefährdungslage

Fraglich ist, ob die Persönlichkeitsentfaltung an Hochschulen spezifischen Risiken ausgesetzt ist, die eine spezifische Gefährdungslage begründen, welche nicht durch schon vorhandene Grundrechte abgewehrt werden kann. Lehre ist letztendlich „nur" Kommunikation – Kommunikation bestimmter Inhalte, aber auch bestimmter Wertungen und Ansichten. Auch wenn im Schutzbereich der Lehre regelmäßig davon gesprochen wird, dass einzig wissenschaftlicher Inhalt geschützt sei und somit beispielsweise politische Aussagen der Lehrenden nicht in den Schutzbereich fallen (→ S. 88), so wird auch wissenschaftliche Lehre durch bestimmte „weiche" Faktoren beeinflusst. Vor allem in der geisteswissenschaftlichen Lehre obliegt beispielsweise die Auswahl des Literaturkanons den Lehrenden. Die Auswahl wird daher auch davon gesteuert, was diese Person konkret interessant und lesenswert findet. Aber auch in „härteren" Disziplinen wie den Naturwissenschaften steht den Lehrenden das Recht zu, Lehrinhalte nach ihrem Belieben auszuwählen, wobei ebenfalls nicht nur rein wissenschaftliche Faktoren mit einfließen. Mithin ist der gelehrte wissenschaftliche Inhalt nicht frei von Wertungen oder Ansichten.

Kommunikation ist das Medium der Identitätsbildung und Selbstdarstellung: „Identität entsteht nur in Kommunikation, Individualität wird nur in der durch Kommunikation vermittelten Erfahrung des Andersseins gebildet. Selbstständiges Lernen und selbstbestimmtes Aneignen von Werten und Beurteilungskriterien setzen Kommunikation voraus."[759] All dies erfordert jedoch einen offenen Kommunikationsprozess, die Lehre an der Hochschule ist aber in vielen Fällen kein offener Kommunikationsprozess. Schon aufgrund der Vortragsweise (Frontalvortrag) fällt es oftmals schwer, über Themen zu diskutieren, dazu kommt die Hierarchie zwischen Lehrenden und Studierenden, vor allem, wenn die Lehrenden Professor*innen sind.

So besteht eine Gefährdungslage, in welcher Lehrende durch die Reproduktion von Stereotypen zwar keine Ehrverletzung im Sinne des allgemeinen Persönlichkeitsrechts vornehmen, aber doch Personen, die der stereotypierten Gruppe angehören, in ihrer Selbstdarstellung und Identi-

759 Direktes Zitat: *Roßnagel*, Das Recht auf (tele-)kommunikative Selbstbestimmung, in: KJ 1990, S. 267, 271f. ähnlich auch: *Podlech*, in: *Denninger/Hoffmann-Riem/Schneider/Stein* (Hrsg.), GG-AK, 3. Aufl. 2001, Art. 1 Rn. 39 und Art. 2 I Rn. 13, 38; *Luhmann*, Grundrechte als Institution, 6. Aufl. 2019, S. 84ff.; *Suhr*, Entfaltung der Menschen durch die Menschen, 1976, S. 80ff., 88f.

tätsbildung verletzen können. Diese Gefährdungslage wäre dann akzeptabel, wenn die Möglichkeit bestehen würde, einen solchen Konflikt durch Diskussion oder Widerspruch zu lösen, aber in aller Regel bleibt dafür in der Lehre kein Raum. Ein weiteres spezifisches Risiko der Hochschullehre ist die Konfrontation mit triggernden Inhalten – unabhängig davon, wie die praktische Konkordanz beider Grundrechte aussehen könnte – ist nicht abzustreiten, dass die Konfrontation mit triggernden Inhalten in der Hochschullehre einen anderen Effekt hat als beispielsweise in den Medien oder dem normalen Alltag. Auch wenn eine Teilnahme an den meisten Veranstaltungen nicht verpflichtend ist, so können durch die Nichtteilnahme Nachteile für die jeweilige Leistungskontrolle entstehen. Das Verlassen der Veranstaltung ist zwar grundsätzlich jederzeit möglich, trotzdem ist dies oftmals mindestens mit sozialen Nachteilen verbunden.

Die Schutzlücke besteht nicht darin, dass Hochschulen keine „Wohlfühlatmosphäre"[760] kreieren oder eine „Wohlfühlatmosphäre" nicht grundrechtlich geschützt ist, sondern darin, den Entwicklungsprozess der Studierenden angemessen grundrechtlich zu schützen – auch in all seiner Unkomfortabilität für andere Studierende. Es geht nicht darum, einen „konstruierten Opferstatus auszukosten", wie *Bender* in seinem Aufsatz emotional beschreibt: „Kurzum: Wie man als Dozent seine Lehrveranstaltung auch immer plant, es kann sich immer eine von ideologisierten Sozialwissenschaftlern konstruierte Opfergruppe finden, die ihren angeblichen Benachteiligtenstatus effektvoll auskosten kann."[761] Das Ziel eines Rechts auf akademische Selbstbestimmung ist nicht die „Säuberung"[762] der Hochschule, Lehre und Wissenschaft von „inhaltlichen und personalen Zumutungen aller Art"[763], sondern der Schutz aller Entfaltungsmöglichkeiten von Studierenden – nicht nur in ihrem aktiven Handeln, sondern auch ihrem aktiven Sein. Denn auch wenn das Recht der akademischen Selbstbestimmung die Identitätsbildung und Selbstdarstellung aller schützt, so ist die Konfrontation mit unangenehmen Lehrinhalten, Thesen oder Aussagen eine der Bedingungen wechselseitiger Freiheit,[764] allerdings nur, solange ein Diskursraum besteht, der eine kritische Auseinandersetzung und Widerspruch ermöglicht. Dieser Diskursraum fehlt jedoch an vielen Hochschulen; dem Austausch unterschiedlicher Ansichten auf Augenhöhe

---

760 Ausführlich hierzu: *Froese*, in: JZ 2018, S. 480ff.

761 *Bender*, in: WissR 52 (2019), S. 27, 28.

762 Wörtlich so: *Bender*, in: WissR 52 (2019), S. 27, 28.

763 *Bender*, in: WissR 52 (2019), S. 27, 28.

764 *Kempen*, in: Forschung & Lehre 2017, S. 391f.

ist oft nicht genügend Raum gegeben. Dies ist eine spezifische Gefährdungslage an der Hochschule, die sich negativ auf die Identitätsbildung und Selbstdarstellung der Studierenden auswirken kann.

III. Ergebnis

Innovationsbedarf besteht folglich nicht grundsätzlich, weil an Hochschulen keine Trigger-Warnungen existieren oder weil es keine Rechtsgrundlage für die Verwendung von Trigger-Warnungen gibt. Es bleibt zu diesem Zeitpunkt offen, ob das Recht auf akademische Selbstbestimmung überhaupt Trigger-Warnungen tangiert. Der Innovationsbedarf ergibt sich vielmehr daraus, dass die eingeschränkte Möglichkeit zur identitätsbildenden Kommunikation in der Lehre für Studierende eine bisher noch nicht beachtete Gefährdungslage für die Identitätsbildung und Selbstdarstellung der Studierenden darstellt und diese Schutzlücke durch keines der schon existierenden Grundrechte geschlossen werden kann.

B. Methodik

Nun, da der Innovationsbedarf des Rechts auf akademische Selbstbestimmung herausgearbeitet wurde, ist mithilfe der Normprogrammanalyse und anhand der Grenzen der Grundrechtsinvention herauszuarbeiten, ob die Idee des Rechts auf akademische Selbstbestimmung methodisch begründet werden kann.

I. Normprogrammanalyse

1. Analyse

Es wurde herausgearbeitet, dass sich die Invention von Grundrechten methodisch normativ an der *Müller*'schen Normbereichsanalyse (→ S. 250ff.) orientiert – aufgrund der anderen fehlenden Variablen bei der Invention im Vergleich zur Anwendung oder Innovation wurde die Methodik abgewandelt und die Normprogrammanalyse begründet.

Zuerst muss definiert werden, welche Lösung hier angestrebt wird, denn im Unterschied zur Normbereichsanalyse steht das Ergebnis der Normprogrammanalyse schon fest (→ S. 250ff.). Durch die gesuchte Invention soll vor allem das Ziel erreicht werden, die bestehende Schutzlücke der Studierenden in ihrer akademischen Bildung zu schließen. Durch die Invention soll der Schutz des aktiven Seins der Studierenden in *Academia* umfassend geschützt werden. Ziel der Normprogrammanalyse ist, ein Normprogramm zu finden, welches die Rechte der Studierenden bezüglich ihrer Selbstbestimmung im Rahmen der Identitätsbildung und Selbstdarstellung sichert.

Um ein Grundgerüst für die Schließung der Schutzlücke zu entwickeln, wird die oben herausgearbeitete Formel (→ S. 250ff.) verwendet: Sachbereich + unbekanntes Normprogramm *x* = Normbereich. Nun kann man hier (leider) nicht einfach nach der Unbekannten *x* auflösen, indem man die Formel zu Normbereich – Sachbereich = Normprogramm *x* umstellt, aber man kann sich trotzdem insoweit an der Mathematik orientieren, dass man zuerst den Sachbereich und dann den Normbereich definiert und dann Überlegungen anstellt, wie man rechtlich vom Sachbereich zum Normbereich kommen könnte.

Als Sachbereich wird die allgemeine gesamte Lebenswirklichkeit zugrundegelegt, hier folglich den momentanen realen Status quo an Hochschulen (→ S. 35ff., 43ff.).

Der Normbereich besteht normalerweise aus allen normativ relevanten Realdaten, das heißt allen aus dem Sachbereich wichtigen Daten, die das Normprogramm zur Lösung des Falles benötigt.[765] Für die angestrebte Lösung, den Schutz der akademischen Selbstbestimmung der Studierenden, sind daher vor allem diejenigen Lebensvorgänge an Hochschulen von Interesse, welche sich mit der Selbstbestimmung, Identitätsbildung und Selbstdarstellung der Studierenden beschäftigen.

Das Normprogramm muss so gestrickt sein, dass die im Normbereich als relevant bezeichneten Realdaten durch das Normprogramm geregelt werden können. Das Normprogramm muss die persönliche Entfaltung, Identitätsbildung, Selbstdarstellung und Selbstbestimmung von Studierenden schützen.

Auf einfachgesetzlicher Ebene könnte man sich vorstellen, dass das Normprogramm die Trigger-Warnungs-Maßnahme ist, denn Normprogramm kann grundsätzlich jede rechtliche Regelung sein. Allerdings kann eine einfachgesetzliche Trigger-Warnungs-Maßnahme an einer Hochschule nicht die oben herausgearbeiteten Lücken im Grundrechtsschutz der Selbstbestimmung der Studierenden schließen. Das hier zu entwickelnde Normprogramm muss sich auf der gleichen rechtlichen Ebene befinden

765 *Müller/Christensen*, Juristische Methodik, Band I, 11. Aufl. 2013, S. 529f. Rn. 485.

wie die aufgetanen Probleme, das heißt das Normprogramm muss ein grundrechtliches sein.

Das Ziel dieses grundrechtlichen Normprogramms ist ein umfassender Schutz der persönlichen Entfaltung, Identitätsbildung, Selbstdarstellung und Selbstbestimmung von Studierenden.

Es ist nun zu klären, aus welchen konkreten Normen sich dieses ergeben könnte. Ein solches Normprogramm existiert nicht schon, da durch die besondere Erwähnung der Lehre in Art. 5 Abs. 3 GG nur die akademische Lehre einen besonderen Stellenwert und Schutz erhält. Ein ebenso umfassender Schutz der Studierenden fehlt jedoch, weil aus der Lehrfreiheit nicht auch eine Lernfreiheit abgeleitet werden kann (→ S. 173ff.) und das Studieren an Hochschulen mithin nur (unzureichend (→ S. 178ff.)) durch die Ausbildungsfreiheit der Studierenden abgesichert ist. Die Ausbildungsfreiheit kann aber nicht auch den besonderen Entwicklungs- und Entfaltungsprozess, der dem Studieren inne ist, schützen. Es ist zu klären, wie der Schutz des Entwicklungs- und Entfaltungsprozesses in *Academia* erreicht werden kann.

2. Dogmatik

Wie oben (→ S. 257ff.) schon kurz angeschnitten wurde, könnte sich ein Schutz der akademischen Selbstbestimmung aus Art. 2 Abs. 1 GG i.V.m. Art. 5 Abs. 3 GG ergeben. Dieses Konzept soll nun dogmatisch begründet werden.

Das Recht auf akademische Selbstbestimmung soll ein zusammengesetztes Recht sein – der Grundrechtsschutz soll aus der Zusammenschau zweier eigenständiger Grundrechte kreiert werden. Dabei soll dieses Recht aufgrund der Einrichtungsgarantie aus Art. 5 Abs. 3 GG hergeleitet werden. Art. 5 Abs. 3 GG ist eine wertentscheidende Grundsatznorm, deren Ausstrahlungswirkung zwar keinen Grundrechtsschutz aus Art. 5 Abs. 3 GG für die Studierenden schafft,[766] aber die Ausstrahlungswirkung kann gemeinsam mit anderen Grundrechten umfassenden Grundrechtsschutz bieten. Der neue Grundrechtsschutz soll der besonderen Situation an der Hochschule gerecht werden. Aus diesem Grund wird hier nicht auf die in Art. 12 Abs. 1 GG allgemein garantierten Ausbildungsfreiheiten abgestellt,

766 *Kimminich*, in: DVBl. 1968, S. 679, 683; *Kimminich*, in: *Flämig/Kimminich/Krüger/Meusel/Rupp/Scheven/Schuster/Graf Stenbock-Fermor* (Hrsg.), Handbuch des Wissenschaftsrechts, Band I, 2. Aufl. 1996, S. 139.

denn deren Schutzgehalt stellt auf die allgemeine Ausbildungssituation ab – unabhängig davon, ob dies eine berufliche Ausbildung in einem Ausbildungsbetrieb oder eine wissenschaftliche Ausbildung an einer Hochschule ist. Und in diesem allgemeinen Ausbildungsschutz liegt die hier identifizierte Schutzlücke. Kurz gesagt, gerade weil keine Studier- oder Lernfreiheit der Studierenden aus Art. 5 Abs. 3 GG hergeleitet werden kann, sollen die daraus entstehenden Schutzlücken durch die Zusammensetzung des Art. 5 Abs. 3 GG mit dem Recht auf freie Entfaltung der Persönlichkeit hergeleitet werden.

Fraglich ist nun, ob sich der Schutz des Rechts auf akademische Selbstbestimmung aus der Erweiterung des allgemeinen Persönlichkeitsrechts durch Art. 5 Abs. 3 GG ergibt oder ob sich dieser Schutz nur aus der allgemeinen Persönlichkeitsentfaltungsfreiheit zusammen mit Art. 5 Abs. 3 GG ergibt.

Art. 2 Abs. 1 GG gewährleistet das Recht auf freie Entfaltung der Persönlichkeit; durch das Zusammenspiel mit Art. 1 Abs. 1 GG ergibt sich der Schutz des allgemeinen Persönlichkeitsrechts. So erweitert das allgemeine Persönlichkeitsrecht den Schutz des aktiven Tuns aus Art. 2 Abs. 1 GG durch den Schutz des aktiven Seins aus Art. 1 Abs. 1 GG.[767] Schutzgut des allgemeinen Persönlichkeitsrechts ist der Geltungsanspruch der Menschen in der sozialen Welt. Die Menschen stehen in einer wechselseitigen Abhängigkeit zur Welt, zum einen prägen sie diese, zum anderen werden sie von dieser geprägt.[768]

Erweitert man das allgemeine Persönlichkeitsrecht aus Art. 2 Abs. 1 GG i.V.m. Art. 1 Abs. 1 GG um die besondere Komponente der akademischen Lehre, Wissenschaft und Forschung aus Art. 5 Abs. 3 GG, so führt dies dazu, dass man den besonderen Schutz der Persönlichkeitsentfaltung und -entwicklung, der durch das allgemeine Persönlichkeitsrecht geschützt wird, durch die Besonderheiten der Wissenschafts-, Lehr- und Forschungsfreiheit ergänzen könnte. Allerdings würde dies dogmatische Schwierigkeiten mit sich bringen: Zum einen würden bei einer Kombination von drei Grundrechten eine Vielzahl von Problemen im Schrankenbereich entstehen, zum anderen ist aber fraglich, wie sich das Recht auf akademische Selbstbestimmung in die schon bestehende, fallgruppenorientierte Recht-

767 *Kube*, in: *Isensee/Kirchhof* (Hrsg.) Handbuch des Staatsrechts, Band VII, 3. Aufl. 2009, § 148 Rn. 28ff.; *Murswiek/Rixen*, in: *Sachs* (Hrsg.), GG, 8. Aufl. 2018, Art. 2 Rn. 60; vgl. auch BVerfGE 54, 148, 153ff.

768 *Di Fabio*, in: *Maunz/Dürig* (Hrsg.), GG, 92. EL August 2020, Art. 2 Abs. 1 Rn. 127.

sprechung zum allgemeinen Persönlichkeitsrecht einpassen würde. Und selbst wenn man annehmen würde, dass es sich dabei um eine Ausprägung des allgemeinen Persönlichkeitsrechts – ähnlich des Rechts auf informationelle Selbstbestimmung oder des Rechts auf Vertraulichkeit und Integrität informationstechnischer Systeme – handeln würde, würde dies zu systematischen und dogmatischen Inkonsistenzen führen, da diese Ausprägungen des allgemeinen Persönlichkeitsrechts nicht in Zusammenhang mit einem weiteren Grundrecht kreiert wurden.

Zum anderen könnte argumentiert werden, dass der Fokus des Rechts auf akademische Selbstbestimmung auf der Entfaltung der Persönlichkeit und Handlungsfreiheit im akademischen Raum liegt und nicht auf dem Aspekt der Menschenwürde. Erstrebenswert für die Invention des Rechts auf akademische Selbstbestimmung ist der Schutz der Entfaltung und Bildung der eigenen Identität – ein Schutzkonzept, welches sich so auch schon direkt aus Art. 2 Abs. 1 GG ergibt.[769] Der wünschenswerte Schutz der Komponente des *aktiven Seins* ergibt sich zwar im allgemeinen Persönlichkeitsrecht aus Art. 1 Abs. 1 GG, allerdings findet sich dieser Grundgedanke auch in Art. 5 Abs. 3 GG: Für die Grundrechtsträger*innen schützt Art. 5 Abs. 3 GG mit seinen drei Einzelgrundrechten nicht nur die aktiven Handlungen der Forschung, Lehre und Wissenschaft, sondern auch das *aktive Sein* in *Academia* (→ S. 88ff.). Ein kongruenter Rechtsschutz für die Studierenden fehlt jedoch. Dieser lückenhafte Schutz könnte durch eine Erweiterung des Rechts auf freie Entfaltung der Persönlichkeit durch Art. 5 Abs. 3 GG zum Recht auf akademische Selbstbestimmung geschlossen werden.

Für diese Herleitung spricht auch, dass in der Ausarbeitung des allgemeinen Persönlichkeitsrechts durch Fallgruppen das Augenmerk vor allem auf den Schutz der persönlichen Sphären und die Abgrenzung des persönlichen Raums zur Öffentlichkeit gelegt wird. Dies spielt jedoch beim Recht auf akademische Selbstbestimmung keine Rolle – es gibt keine Intimsphäre in der Bildung. Es soll ein Identitätsbildungs- und Selbstdarstellungsprozess geschützt werden, der in der universitären Teilöffentlichkeit stattfindet. Das allgemeine Persönlichkeitsrecht schützt unter anderem die Persönlichkeitsentfaltung ohne Einfluss des Staates oder der Öffentlichkeit – es soll verhindert werden, dass durch zu viel Öffentlichkeit in die persönliche Ehre der Einzelpersonen eingegriffen werden kann. Bildung findet aber in der universitären Teilöffentlichkeit statt; geschützt werden

769 *Britz*, Freie Entfaltung durch Selbstdarstellung, 2007, S. 16ff.

soll die optimale Identitätsbildung und Selbstdarstellung trotz und eben wegen der Öffentlichkeit der Bildung.

Im Ergebnis leitet sich das Recht auf akademische Selbstbestimmung aus Art. 2 Abs. 1 GG i.V.m. Art. 5 Abs. 3 GG her. Dabei schützt dieses neue (→ S. 272ff.) Grundrecht nicht einzig die Studierenden, sondern die Selbstbestimmung all derjenigen, die an Hochschulen mit der Wissenschaft, Lehre oder Forschung in Kontakt kommende Personen. Es handelt sich daher nicht um ein „Studierendengrundrecht", sondern um den generellen Schutz des aktiven Seins in der akademischen Bildung. So kann es beispielsweise auch Lehrenden zustehen, wenn es nicht um deren Selbstentfaltung in der wissenschaftlichen Lehre (Art. 5 Abs. 3 GG) geht, sondern um deren Selbstbestimmung in Academia an sich, wie beispielsweise dann, wenn die Lehrverpflichtung mit der eigenen Identitätsbildung konfligiert.[770]

Dabei ist das Grundrecht auf akademische Selbstbestimmung kein „Trigger-Warnungs"-Grundrecht, welches nur zum Inhalt hat, an deutschen Hochschulen Trigger-Warnungs-Maßnahmen zu ermöglichen. Das Grundrecht hat den Schutz der akademischen Selbstbestimmung zum Inhalt und ist zuvorderst – wie alle Grundrechte – Abwehrrecht und nicht Leistungsrecht. Es handelt sich nicht um ein soziales Grundrecht, welches Studierenden subjektive Ansprüche auf Leistungen zuteilt. Wie das Grundrecht konkret angewendet und ausgestaltet wird, ist nicht Gegenstand dieser Arbeit und steht in erster Linie den Gerichten in der Innovationsstufe zu.

Der Schluss der Schutzlücke mittels eines Normprogramms, welches als Schutzgut den Schutz der Identitätsbildung und Selbstdarstellung im akademischen Bereich hat, ist erreicht.

II. Grenzen der Grundrechtsinvention

Die Grundrechtsinvention darf die Verfassung nicht denaturieren (→ S. 253ff.), so findet die Erfindung neuer Grundrechte – wie auch generell die Verfassungsinterpretation – ihre Grenzen in der Verfassung selbst, den dort formulierten Verfassungsprinzipien, den Grundrechten und den Grundprinzipien des Verfassungsstaats. Auch die Erfindung des Rechts

770 z.B,; Weigerung von 150 Akademiker*innen der *University of Oxford* Studierende des *Oriel Colleges* zu lehren, solange die Statue des Imperialisten *Cecil Rhodes* an der Fassade verbleibt, vgl. F.A.Z. v. 11.06.2021, Nr. 132, S. 11.

auf akademische Selbstbestimmung darf nicht gegen die der Verfassung immanenten Grenzen des Erfindertums verstoßen.

1. Grundrechte

Ein Konflikt kann dadurch entstehen, dass die Grundrechtsinvention im Konflikt mit anderen schon bestehenden Grundrechten stehen könnte. Allerdings muss die Grundrechtsinvention für einen solchen Konflikt ausdrücklich im Widerspruch zu bestehenden Grundrechten stehen, denn jeder andere Konflikt muss und kann im Wege der praktischen Konkordanz aufgehoben werden. So konfligieren das allgemeine Persönlichkeitsrecht und die Pressefreiheit regelmäßig miteinander, daraus wird aber nicht gefolgert, dass eines der beiden Grundrechte endgültig weichen muss. Vielmehr muss lediglich im Konfliktfall eine Abwägung zwischen beiden vorgenommen werden, durch welche beide Grundrechte optimal zu Geltung kommen. Ein die Verfassung denaturierender Widerspruch mit schon bestehenden Grundrechten ist demnach vorliegend nicht festzustellen. Sicherlich werden auch die Lehrfreiheit und das Recht auf akademische Selbstbestimmung regelmäßig konfligieren, aber genau aus diesem Konflikt heraus werden beide Grundrechte zukünftig weiter ausgeformt werden. Die Lehrfreiheit begrenzt die Grundrechtsinvention nicht.

2. Liberale Verfassung

In der Verfassung selbst nicht ausdrücklich erwähnt ist der Grundgedanke der Verfassung und des Verfassungsstaates: Der Liberalismus, welcher im Individualismus wurzelt und die in gesellschaftlicher und politischer Hinsicht freie Entfaltung und Autonomie des Individuums fordert. Staatliche Eingriffe sind folglich auf ein Minimum zu beschränken.[771] Wird die Ausweitung des (Grund-)Rechtsschutzes – vor allem für Minderheiten unter dem Schlagwort *Political Correctness* – diskutiert, wird diese Entwicklung oft als das Ende des Liberalismus konstruiert.[772] Allerdings ist hier zu unterscheiden zwischen der einfachen Invention neuer Grundrechte und deren funktionaler Ausgestaltung einerseits oder der Erweiterung der Funktionen von bestehenden Grundrechten andererseits.

---

771 Duden – Deutsches Universalwörterbuch, 7. Aufl. 2011: Liberalismus.
772 Vgl. bspw.: *Furedi*, What's Happened to the University?, 2017, pass.

Das Recht auf akademische Selbstbestimmung ist zumindest in erster Linie ein Abwehrrecht gegen den Staat, wie das der liberale Staatsgedanke wünscht. Den Studierenden soll ein Recht zustehen, welches ihre Bildung und Selbstbestimmung vor Eingriffen durch die Hochschulen und deren staatliche Angestellte schützt. Probleme mit dem Liberalismus ergeben sich oftmals erst aus anderen Grundrechtsfunktionen, insbesondere wenn argumentiert wird, dass sich aus Grundrechten Teilhabeansprüche, Teilnahmerechte oder Schutzpflichten des Staates ableiten ließen. Die Funktionen eines Grundrechts ergeben sich aber nicht schon in dessen Inventionsstadium, sondern erst durch die Innovation und Diffusion, in welcher die Gerichte den normativen Inhalt und die Funktionen des neuen Grundrechts erarbeiten. Die Invention des Rechts auf akademische Selbstbestimmung konfligiert deshalb nicht mit der liberalen Verfassung.

Im Übrigen steht und fällt der liberale Verfassungsstaat nicht mit mehr oder weniger *Political Correctness*, sondern damit, ob Probleme im sozialen und wirtschaftlichen Bereich gemeistert werden können. Die Stärkung der Rechte der Studierenden kann dazu beitragen, dass die an Hochschulen auftretenden sozialen Probleme durch rechtliche Rahmenprogramme gelöst werden können. Denn mit dem Recht auf akademische Selbstbestimmung steht den Studierenden ein Recht zu, welches diese gegenüber der Lehrfreiheit geltend machen können. Dies führt nicht grundsätzlich dazu, dass die Studierenden recht bekommen, es führt aber dazu, dass Lösungen gefunden werden, welche die Freiheiten aller Beteiligten optimal zur Geltung bringen.

C. Fazit

Ob das Recht auf akademische Selbstbestimmung die Verwendung von Trigger-Warnungs-Maßnahmen verfassungsrechtlich rechtfertigen mag, muss hier dahingestellt bleiben. Dies bedeutet aber nicht grundsätzlich, dass ein Recht auf akademische Selbstbestimmung nicht existieren sollte.

Das Recht auf akademische Selbstbestimmung kann durchgesetzt werden, indem es im Falle einer Verletzung eingeklagt wird. Es ist dann für den Einzelfall zu klären, welche Funktionen das Grundrecht hat. Dies ist aber in der Einzelfallprüfung herauszuarbeiten.[773] Dasselbe gilt auch für die Ausgestaltung des Grundrechts an sich. Die Fragen, wie der Schutzbereich bestimmt wird und welchen Schranken das Recht auf akademische

773 Vgl. *Roßnagel*, in: KJ 1990, S. 267, 288.

Selbstbestimmung unterliegt, sind solche, die in Innovationsentscheidungen durch Gerichte zu klären sind. Die Invention beschränkt sich darauf, dass methodisch sauber ein Recht auf akademische Selbstbestimmung aus Art. 2 Abs. 1 GG i.V.m. Art. 5 Abs. 3 GG hergeleitet werden kann, um die bestehenden Lücken im Grundrechtsschutz der Identitätsbildung und Selbstdarstellung von Studierenden in *Academia* zu schließen.

Kapitel 11. Ist das Recht auf akademische Selbstbestimmung ein neues Grundrecht?

Nachdem nun geklärt ist, wie und unter welchen Umständen Grundrechtsinnovationen vorgenommen werden, bleibt zuletzt zu klären, ob das eben erfundene Recht auf akademische Selbstbestimmung ein „neues“ Grundrecht darstellt.

Das BVerfG hat schon mehrere Innovationen von Schutzbereichen vorgenommen (→ S. 240ff.), fraglich ist aber, wann eine solche Basisinnovation von Schutzbereichen auch tatsächlich ein „neues“ eigenständiges Grundrecht schafft. So hat das BVerfG erst das allgemeine Persönlichkeitsrecht geschaffen und dann in darauffolgenden Entscheidungen daraus das Recht auf informationelle Selbstbestimmung sowie das Recht auf Gewährleistung der Vertraulichkeit und Integrität informationstechnischer Systeme entwickelt. Beispiele für die Bezeichnung als neue Grundrechte,[774] die Verwendung von „neu“ nur mit Anführungszeichen[775] oder die Bezeichnung der späteren beiden Schutzbereiche allein als Ausprägungen des allgemeinen Persönlichkeitsrechts[776] lassen sich alle im Schrifttum finden.

---

774 Bspw.: *Rudolf*, in: *Merten/Papier* (Hrsg.), Handbuch der Grundrechte, Band IV, 2011, § 90 Rn. 9; F.A.Z. v. 17.12.1983, S. 12; für das Recht auf Gewährleistung der Vertraulichkeit und Integrität informationstechnischer Systeme: *Kutscha*, Mehr Schutz von Computerdaten durch ein neues Grundrecht?, in: NJW 2008, S. 1042ff.; *Hornung*, Ein neues Grundrecht, in: CR 2008, S. 299ff.; *Lepsius*, in: *Roggan* (Hrsg.), Online-Durchsuchungen, 2008, S. 21; *Uerpmann-Wittzack* (Hrsg.), Das neue Computergrundrecht, 2009.

775 Bspw.: *Voßkuhle*, Stabilität, Zukunftsoffenheit und Vielfaltssicherung – Die Pflege des verfassungsrechtlichen „Quellcodes“ durch das BVerfG, in: JZ 2009, S. 917, 920; *Hirsch*, Das Grundrecht auf Gewährleistung der Vertraulichkeit und Integrität informationstechnischer Systeme, in: NJOZ 2008, S. 1907, 1910; *Hömig*, „Neues“ Grundrecht, neue Fragen?, in: JURA 2009, S. 207, 207.

776 *Voßkuhle*, in: JZ 2009, S. 917, 920; *Luch*, Das neue „IT-Grundrecht“, in: MMR 2011, S. 75, 76; *Holznagel/Schumacher*, Auswirkungen des Grundrechts auf Vertraulichkeit und Integrität informationstechnischer Systeme auf RFID-Chips,

Auch das Recht auf akademische Selbstbestimmung leitet sich grundsätzlich aus den Grundsteinen des allgemeinen Persönlichkeitsrechts ab – auch wenn eine abweichende Grundrechtskombination gewählt wurde.

Der Schaffung neuer Grundrechte durch Innovator*innen außerhalb des verfassungsändernden Gesetzgebers ist entgegenzuhalten, dass nur der verfassungsändernde Gesetzgeber überhaupt die Kompetenz hat, neue Grundrechte zu schaffen und daher andere Grundrechtsinnovator*innen keine neuen Grundrechte schaffen könnten.[777] Grundrechte bilden selbstständige Normkomplexe, die zwar grundsätzlich auf ein übergeordnetes philosophisches Ideenkonstrukt oder -system zurückgeführt werden können, aber nicht „als logisches Gesamtsystem aus diese[m] abgeleitet" wurden.[778] Die Grundrechte stehen nebeneinander, auch wenn sie sich teilweise überschneiden. Tut sich eine Schutzlücke auf, welche dann mithilfe einer Schutzbereichsinnovation geschlossen wird, handelt es sich dabei um ein eigenständiges Grundrecht. Das allgemeine Persönlichkeitsrecht ist demnach ein neues Grundrecht, welches noch offene Schutzlücken schließt. Allerdings können nach diesem Maßstab keine weiteren neuen Grundrechte geschaffen werden, weil aufgrund der Auffangrolle des allgemeinen Persönlichkeitsrechts, der allgemeinen Handlungsfreiheit und Art. 3 Abs. 1 GG im abwehrrechtlichen Bereich keine Schutzlücken mehr bestehen.[779] Das Datenschutz- und das Computergrundrecht (und auch das Recht auf akademische Selbstbestimmung) wären demnach keine eigenständigen neuen Grundrechte, sondern nur Ausprägungen des allgemeinen Persönlichkeitsrechts. Jedoch hat die Innovation des allgemeinen Persönlichkeitsrechts (und der allgemeinen Handlungsfreiheit) zur Folge, dass alle anderen Grundrechte nur Ausgestaltungen dieser Auffanggrund-

---

in: MMR 2009, S. 3, 3; *Kunig*, Der Grundsatz informationeller Selbstbestimmung, in: JURA 1993, S. 595, 596f.; *Simitis*, Die informationelle Selbstbestimmung – Grundbedingungen einer verfassungskonformen Informationsordnung, in: NJW 1984, S. 398, 399; *Hufen*, Das Volkszählungsurteil des Bundesverfassungsgerichts und das Grundrecht auf informationelle Selbstbestimmung – eine juristische Antwort auf „1984"?, in: JZ 1984, S. 1072, 1073f.; *Duttge*, in: Der Staat 36 (1997), S. 281, 288; *Di Fabio*, in: *Maunz/Dürig* (Hrsg.), GG, 92. EL August 2020, Art. 2 Abs. 1 Rn. 128ff., 173.

777 So, allerdings zirkelschlüssig: *Hömig*, in: JURA 2009, S. 207, 207; *Kloepfer*, Datenschutz als Grundrecht, 1980, S. 40; *Krause*, Das Recht auf informationelle Selbstbestimmung – BVerfGE 65, 1, in: JuS 1984, S. 268, 268.

778 *Hornung*, Grundrechtsinnovationen, 2015, S. 381.

779 Somit gibt es nur noch leistungsrechtliche Schutzlücken, da das Grundgesetz keine Leistungsrechte kennt, sodass nur noch das Recht auf Existenzminimum (BVerfGE 125, 175ff.) als neues Grundrecht gelten kann.

rechte sind, weil die Tatbestände der beiden Auffanggrundrechte so weit gefasst sind, dass alle anderen Grundrechte wie spezialgesetzliche Ausgestaltungen dieser auftreten. Mit der Innovation des allgemeinen Persönlichkeitsrechts und der allgemeinen Handlungsfreiheit würde unter diesen Umständen die Eigenständigkeit aller anderen (vom verfassungsgebenden Gesetzgeber) kodifizierten Grundrechte wegfallen – diese wären alle nur noch Ausprägungen des allgemeinen Persönlichkeitsrechts und der allgemeinen Handlungsfreiheit. Dies würde aber sowohl die historische Genese als auch Dogmatik der Grundrechte ausblenden und die generelle Sinnhaftigkeit einer solchen Betrachtungsweise lässt wohl zu wünschen übrig. Der Schluss einer Schutzlücke, welche anderweitig nicht schließbar wäre, ist nicht notwendig für die Einordnung einer Grundrechtsinnovation als neues Grundrecht, vielmehr sind Basisinnovationen der Schutzbereiche auch dann, wenn sie eine reine Ausdifferenzierung eines schon bestehenden Schutzbereiches darstellen, eigenständige und neue Grundrechte.[780]

Unter diesen Voraussetzungen ist das Recht auf akademische Selbstbestimmung ein neues Grundrecht.

Kapitel 12. Das Recht auf akademische Selbstbestimmung als Grundlage für die Einführung von Trigger-Warnungen?

Ob das Recht auf akademische Selbstbestimmung tatsächlich als Grundlage für Trigger-Warnungen gelten kann, ist trotzdem fragwürdig. Dies kommt in erster Linie auf die genaue Ausgestaltung des Schutzbereichs des Rechts auf akademische Selbstbestimmung an, welcher erst in der Innovationsstufe konkreter ausgestaltet werden kann, allerdings können einige generelle Aussagen trotzdem getroffen werden.

Das Recht auf akademische Selbstbestimmung schützt die Bildung der Studierenden als Prozess ihrer Identitätsbildung und Selbstdarstellung. Die Studierenden sollen davor geschützt werden, dass ihr akademischer Selbstentwicklungsprozess durch staatlichen Einfluss behindert wird. Auch das Recht auf akademische Selbstbestimmung ist in erster Linie ein Abwehrrecht gegen staatliche Eingriffe in den Prozess der Identitätsbildung und Selbstdarstellung.

Denkbar wäre grundsätzlich ein Anspruch auf Trigger-Warnungen auf Grundlage des Rechts auf akademische Selbstbestimmung. Allerdings ist schwer zu beantworten, woher sich ein subjektiver Anspruch auf Einfüh-

---

780 *Hornung*, Grundrechtsinnovationen, 2015, S. 382ff.

rung einer Trigger-Warnungs-Maßnahme aus dem Recht auf akademische Selbstbestimmung herleiten lassen sollte. Als Abwehrrecht ergeben sich auch für das Recht auf akademische Selbstbestimmung keine subjektiven Ansprüche auf die Umsetzung bestimmter staatlicher Maßnahmen. Ein Anspruch auf Einführung einer Trigger-Warnungs-Maßnahme aufgrund des Rechts auf akademische Selbstbestimmung scheidet jedenfalls aus.

Als zweite Option kommt nur in Frage, dass die Lehre ohne Trigger-Warnungen für bestimmte Studierende eine Verletzung ihres Rechts auf akademische Selbstbestimmung darstellen könnte. Dies könnte bei bestimmten Traumata oder psychischen Störungen möglicherweise der Fall sein (→ S. 203ff.). Jedoch müsste eine solche Grundrechtsverletzung im Einzelfall geprüft werden; die Möglichkeit besteht grundsätzlich – jedoch steht auch fest, dass nicht jede Lehre ohne Trigger-Warnungen eine Verletzung des Rechts auf akademische Selbstbestimmung ist. Einer Grundrechtsverletzung im Einzelfall muss aber in der Regel mit einer Einzelfalllösung entgegengetreten werden, welche in Abwägung zu den entgegenstehenden Grundrechten gewählt werden muss. Selbst wenn eine Trigger-Warnung in einem Einzelfall notwendig sein könnte, so ist das mildeste Mittel zu wählen, um den daraus resultierenden Eingriff in die Lehrfreiheit abzumildern. Als mildestes Mittel könnte beispielsweise statt der Geltung einer generellen hochschulweiten Trigger-Warnungs-Maßnahme, eine individuelle Absprache zwischen Studierenden und Lehrenden beim Vorliegen bestimmter vermeidbarer Auslösereize (→ S. 206ff.) angestrebt werden.

Kapitel 13. Fazit

Es besteht eine grundrechtliche Schutzlücke für den persönlichen Entwicklungs- und Entfaltungsprozess der Studierenden in *Academia*. Diese Schutzlücke kann methodisch bei Anwendung der Normprogrammanalyse durch das Recht auf akademische Selbstbestimmung geschlossen werden. Schutzgut des Rechts auf akademische Selbstbestimmung ist die Bildung als Prozess der Identitätsbildung und Selbstdarstellung. Auch wenn das Recht auf akademische Selbstbestimmung den Studierenden als Schutz ihres aktiven Seins in der Bildung zusteht, ergibt sich daraus kein Anspruch auf Einführung von Trigger-Warnungs-Maßnahmen.

Auch wenn Hochschulen in Bezug auf die Achtung von Minderheiten sicherlich noch einen weiten Weg zu gehen haben, besteht an Hochschulen kein Recht auf konfliktfreie Bildung. Vielmehr sind die Parameter einer Lehre, die Minderheiten ihren angemessenen Raum gibt, immer wieder im Diskurs zwischen Lehrenden und Studierenden auszutarieren. Der gesellschaftliche Wandel hin zu einer inklusiven, diversen und antidiskriminierenden Umgebung für alle Hochschulmitglieder ist ein Wandel, der nur durch Kommunikation erreicht werden kann. Mit der Stärkung der Rechte der Studierenden kann der notwendige Dialog jedoch nun auf (grundrechtlicher) Augenhöhe geführt werden. Die Parameter einer inklusiven, diversen und antidiskriminierenden Hochschule können in praktischer Konkordanz zwischen Art. 5 Abs. 3 GG und Art. 2 Abs. 1 GG i.V.m. Art. 5 Abs. 3 GG gefunden werden.

Schluss

Im Ergebnis lässt sich sagen, dass an Hochschulen eingeführte Trigger-Warnungs-Maßnahmen, welche die Verwendung von Trigger-Warnungen für bestimmte Themen obligatorisch vorschreiben, sowohl für die Lehrenden als auch für die Studierenden mehrere Grundrechte verletzen. In die Lehrfreiheit greift eine Trigger-Warnungs-Maßnahme deswegen ein, weil alle didaktischen Vorgaben in die Lehrfreiheit eingreifen und auch die Trigger-Warnungs-Maßnahme letztendlich eine didaktische Methode ist. Die Meinungsfreiheit sowohl der Lehrenden als auch der Studierenden kann durch diese verletzt werden, da Trigger-Warnungs-Maßnahmen einen gesellschaftlichen *chilling effect* auf den Kommunikationsprozess haben könnten. So könnte der spontane Themenwechsel eingeschränkt sein und Studierende wie Lehrende könnten sich selbst zurückhalten, um nichts Triggerndes zu sagen.

Andererseits kann festgestellt werden, dass die freiwillige Verwendung von Trigger-Warnungen durch Lehrende in Lehrveranstaltungen oder Studierende bei der Organisation von Hochschulveranstaltungen kein Eingriff in die Grundrechte von anderen Hochschulmitgliedern darstellt. Die Verwendung solcher Warnungen ist eine freie Entscheidung über didaktische oder organisatorische Mittel einer Veranstaltung, die andere Hochschulmitglieder ertragen müssen.

Die Forderung nach Trigger-Warnungen muss geduldet werden. Als Teil der Kommunikation an Hochschulen sind Forderungen nach verschiedenen Inhalten oder Methoden auch Teil des akademischen Diskurses. Es ist wichtig, dass alle Hochschulmitglieder ihre Forderungen an den Hochschulunterricht und das Hochschulleben kommunizieren können, genauso wichtig ist es aber auch festzuhalten, dass es keinen direkten Anspruch auf Trigger-Warnungen aus dem Grundgesetz oder einem anderen Regelwerk gibt. Die Ablehnung einer solchen Forderung durch Lehrende oder Veranstalter*innen ist grundsätzlich zu akzeptieren (dies muss aber nicht ohne Kritik getan werden).

Daneben ist aber vor allem aufgefallen, dass der Identitätsbildungs- und Selbstdarstellungsprozess von Studierenden an Hochschulen nicht umfangreich geschützt ist. So ist das Sphären-Model des allgemeinen Persönlichkeitsrechts auf Hochschulen nicht direkt übertragbar. Ehrverletzungen und Verletzungen des sozialen Geltungsanspruches haben in einer abgeschlossenen Teilöffentlichkeit wie der Hochschule einen anderen Einfluss auf die Identitätsbildung und Selbstdarstellung. Folge davon ist, dass es schwerfällt, die eigene Persönlichkeit in einer Art und Weise zu entfalten, die in der Öffentlichkeit immer wieder abgelehnt wird. Dies ist umso schwerer, desto abgeschlossener und kleiner die Teilöffentlichkeit ist. Die Meinungsfreiheit der anderen muss weiterhin in die Abwägung miteinbezogen werden, allerdings ist gerade der Einfluss von herabsetzenden Äußerungen und Verletzungen des sozialen Geltungsanspruchs in einer abgeschlossenen Gesellschaft für die Identitätsbildung und Selbstdarstellung angemessen zu beachten.

Erst durch das Recht auf akademische Selbstbestimmung aus Art. 2 Abs. 1 GG i.V.m. Art. 5 Abs. 3 GG kann der Identitätsbildung und Selbstdarstellung von Studierenden in *Academia* Schutz von Verfassungsrang zu kommen. Und erst wenn gleichwertiger grundrechtlicher Schutz für diesen Prozess besteht, kann der Schutz der Persönlichkeitsentwicklung an der Hochschule in angemessene Abwägung mit den Grundrechten der Lehr-, Meinungs- und Ausbildungsfreiheit gebracht werden.

Allerdings muss anerkannt werden, dass die hier vorgeschlagene rechtliche Lösung nur ein Anfangspunkt sein kann und die Lösung der an Hochschulen bestehenden Konflikte nicht nur eine rein rechtliche sein darf.

Gärditz und *Froese* schreiben in ihren Aufsätzen[781], dass Trigger-Warnungen und *Safe Spaces* der Idee der Hochschule widersprechen würden, denn diese sei auf der Grundidee der freien Kommunikation begründet und die mentale Abschottung durch „konfliktscheu sterilisierte Wohlfühlräume" sei damit nicht zu vereinbaren. Dem ist grundsätzlich zuzustimmen – der Hochschule ist sicherlich nichts Gutes getan, wenn sich dort sterile, konfliktfreie Räume ausbreiten. Denn genau betrachtet existieren konfliktfreie Räume schon längst: Sie existieren überall dort, wo wissenschaftliches Hochschulpersonal seine Machtposition dafür nutzt, sich nicht kritisieren zu lassen, Kritik grundsätzlich als *Cancel Culture* bezeichnet und eine offene Diskussion darüber, was und wie etwas thematisiert wird, nicht zulässt. Die generelle Problematik ist nicht, dass Studierende zu sensibel sind und deswegen nicht mehr mit Themen konfrontiert werden wollen. Die Problematik ist vielmehr, dass die Hochschulgesellschaft keine ausgeprägte Streitkultur kennt. Es scheint fast so, als ob das Streiten gerade erst erlernt werden würden – und vielleicht ist dem auch so. Denn Forderungen nach bestimmten Verhaltensweisen sind nicht der Untergang

---

781 *Gärditz*, in: WissR 51 (2018), S. 5ff.; *Froese*, in: JZ 2018, S. 480ff.

jeglicher freier Kommunikation oder der Grundidee der Hochschule, diese Forderungen sind Teil des Kommunikationsprozesses. Fordern Studierende Trigger-Warnungen oder die (Nicht-)Thematisierung bestimmter Inhalte[782], so ist das nicht das Ende des offenen demokratischen Kommunikationsprozesses, sondern ein legitimer Beitrag zum Diskurs. Diesem Beitrag kann man widersprechen, aber es gehört zu einer offenen Streitkultur, dass man sich regelmäßig mit Forderungen und Inhalten auseinandersetzt, welche man unnötig findet und ablehnt. Und dies gilt nicht nur für die Studierenden, sondern für alle Hochschulmitglieder.

Zum Schluss ist noch darauf hinzuweisen, dass wir de facto in einer Welt voller Trigger-Warnungen leben – wir haben diese nur nie so genannt. Auch im alltäglichen Leben machen wir von Inhaltsbeschreibungen Gebrauch, um zu entscheiden, ob wir einen Inhalt konsumieren wollen oder nicht. Sei es, wenn wir uns vor der Buchung eines Kinotickets den Trailer ansehen oder vor dem Besuch eines Theaterstücks eine Rezension durchlesen. Dies alles tun wir, um sicherzustellen, dass der folgende Inhalt für uns interessant und unterhaltsam wird. Oftmals werden wir entscheiden, dass wir heute keinen Film anschauen möchten, in dem der Hund stirbt,[783] weil unser eigenes Haustier erst kurz vorher verstorben ist, wir keine Filme mit toten Hunden mögen oder einfach heute keine Lust auf einen solchen Film haben. Es gibt wenige Situationen im Leben, in denen wir uns vollkommen ohne Vorwissen auf eine Erfahrung einlassen.

Und auch an Hochschulen existieren Trigger-Warnungen schon lange: Jede*r Lehrende, die*der eine Liste mit dem Syllabus und Kurzbeschreibungen der Bücher zur Verfügung stellt, informiert die Studierenden darüber, was sie erwarten wird. Jede Person, die ihren Kurs in einer Kurzbeschreibung zusammenfasst, teilt mit, welche Inhalte zu erwarten sind. Sogar im akademischen Kontext lesen wir in der Regel zuerst das Exzerpt eines Buches oder Papers, bevor wir entscheiden, ob dieses es wert ist, sich länger damit zu beschäftigen.

Die Hochschule ist ein Ort, der vor allem junge Studierende jeden Tag mit unzähligen neuen Informationen, Eindrücken und Erfahrungen konfrontiert, und dies ist wichtig für den Prozess der Identitätsbildung und Selbstdarstellung. Zur Identitätsbildung gehört aber auch das Erlernen, selbstbestimmt Entscheidungen zu treffen, welche Inhalte interessant, unterhaltsam, spannend sind und welche Inhalte man einfach nicht gerne

---

782 Oder sonst etwas – niedrigere Preise in der Mensa, längere Bibliotheksöffnungszeiten usw.

783 https://www.doesthedogdie.com (zuletzt abgerufen: 25.06.2021).

konsumieren möchte. Dieser Prozess wird bestmöglich unterstützt durch eine offene Kommunikation darüber, was Studierende erwarten wird. Wir müssen es nicht Trigger-Warnungen nennen – sollten wir vielleicht auch nicht – es handelt sich in den meisten Fällen einfach um gute Kommunikation im akademischen Kontext.

Anhang

Bildnachweise

Bildnachweise zu Fn. 108 und Fn. 121:

Aufnahme am 29.4.2021, auf der Instagram-Seite @zdfheute

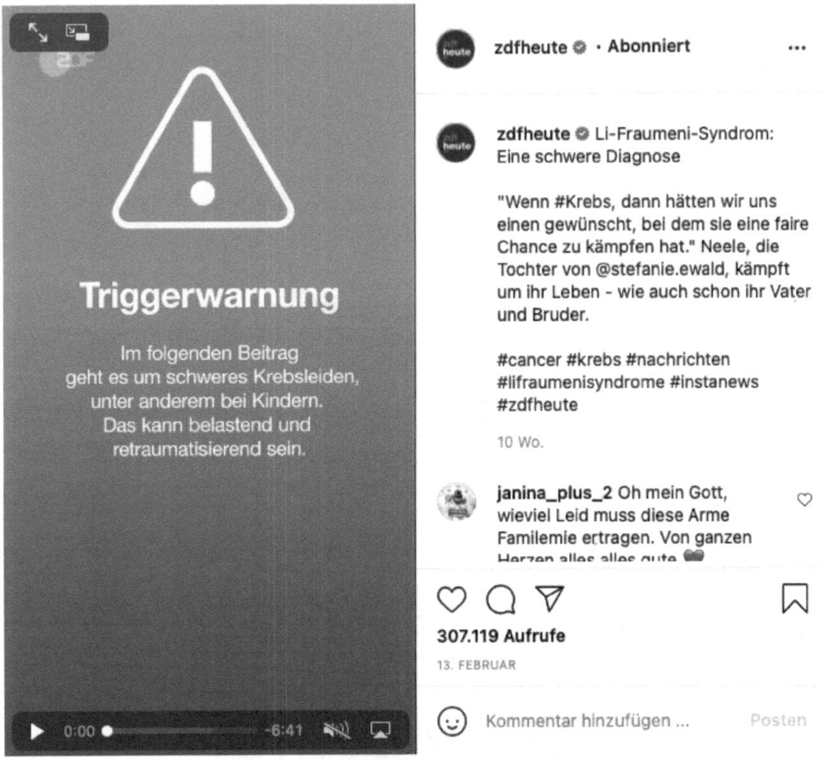

Aufnahme am 29.4.2021, auf der Instagram-Seite @zdfheute

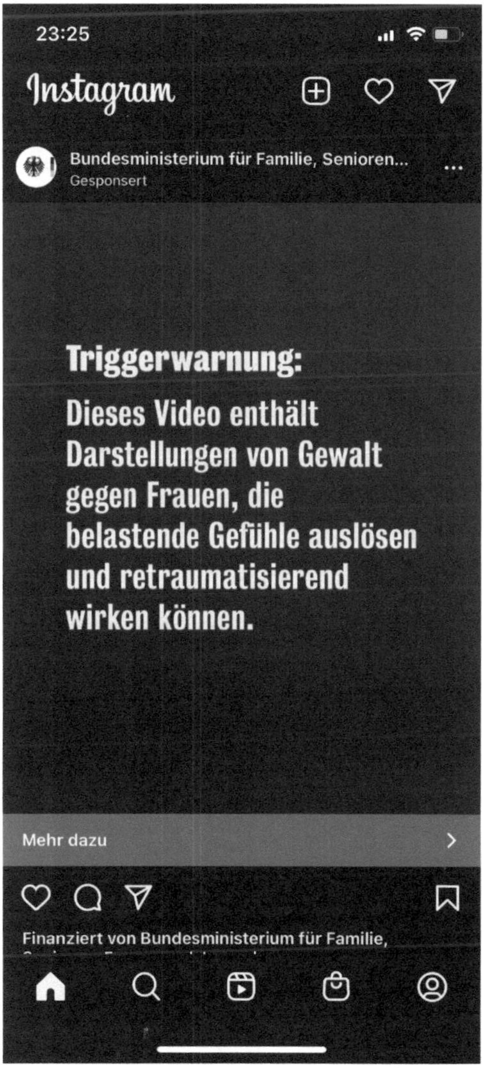

Aufnahme vom 14.2.2021 – gesponserte Werbung des Bundesministeriums für Familie, Senioren, Frauen und Jugend auf dem Main-Feed des Instagram-Accounts der Autorin

Rechtsprechungsübersicht

Entscheidungen des Bundesverfassungsgerichts

1. Entscheidungsbände

BVerfGE 1, 14	Urt. v. 23.10.1951	2 BvG 1/51	Südweststaat
BVerfGE 1, 97	B. v. 19.12.1951	1 BvR 220/51	Hinterbliebenenrente I
BVerfGE 1, 208	Urt. v. 5.4.1952	2 BvH 1/52	7,5 %-Sperrklausel
BVerfGE 1, 264	Urt. v. 30.4.1952	1 BvR 14, 25, 167/52	Bezirksschornsteinfeger
BVerfGE 2, 1	Urt. v. 23.10.1952	1 BvB 1/51	SRP-Verbot
BVerfGE 2, 118	B. v. 30.1.1953	1 BvR 377/51	Sicherungsverwahrung
BVerfGE 2, 380	Urt. v. 1.7.1953	1 BvL 23/51	Haftentschädigung
BVerfGE 3, 225	Urt. v. 18.12.1953	1 BvL 106/53	Gleichberechtigung
BVerfGE 5, 85	Urt. v. 17.8.1956	1 BvB 2/51	KPD-Verbot
BVerfGE 6, 32	Urt. v. 16.1.1957	1 BvR 253/56	Elfes
BVerfGE 7, 198	Urt. v. 15.1.1958	1 BvR 400/51	Lüth
BVerfGE 9, 124	B. v. 22.1.1959	1 BvR 154/55	Armenrecht
BVerfGE 10, 89	Urt. v. 29.7.1959	1 BvR 394/58	Zwangszusammenschluss
BVerfGE 10, 302	B. v. 10.2.1960	1 BvR526/53, 29/58	Vormundschaft
BVerfGE 11, 168	B. v. 8.6.1960	1 BvL 53/55, 16, 31, 53/56, 7, 18, 24/57	Taxi-Beschluss
BVerfGE 13, 290	Urt. v. 24.1.1962	1 BvL 32/57	Ehegatten-Arbeitsverhältnisse
BVerfGE 13, 318	Urt. v. 24.1.1962	1 BvR 232/60	Ehegatten-Arbeitsverhältnisse
BVerfGE 15, 256	B. v. 16.1.1963	1 BvR 316/60	Universitäre Selbstverwaltung
BVerfGE 16, 147	Urt. v. 22.5.1963	1 BvR 78/56	Werkfernverkehr
BVerfGE 17, 306	B. v. 7.4.1964	1 BvL 12/63	Mitfahrzentrale
BVerfGE 18, 146	B. v. 14.7.1964	1 BvR 352/64	Tagebücher
BVerfGE 19, 119	B. v. 24.9.1965	1 BvR 228/65	Couponsteuer
BVerfGE 21, 362	B. v. 2.5.1967	1 BvR 578/63	Sozialversicherungsträger
BVerfGE 25, 256	B. v. 26.2.1969	1 BvR 619/63	Blinkfüer
BVerfGE 26, 228	B. v. 24.6.1969	2 BvR 446/64	Sorsum
BVerfGE 27, 1	B. v. 16.7.1969	1 BvL 19/63	Mikrozensus
BVerfGE 27, 71	B. v. 3.10.1969	1 BvR 46/65	Leipziger Volkszeitung
BVerfGE 27, 344	B. v. 15.1.1970	1 BvR 13/68	Ehescheidungsakten
BVerfGE 28, 66	B. v. 24.2.1970	2 BvL 12/69, 2 BvR 665/65, 26/66, 467/68	Postgebühren

BVerfGE 28, 175	B. v. 5.04.1970	2 BvR 396/69	Porst-Fall
BVerfGE 30, 173	B. v. 24.2.1971	1 BvR 435/68	Mephisto
BVerfGE 30, 250	B. v. 9.3.1971	2 BvR 326, 327, 341, 342, 343, 344, 345/69	Absicherungsgesetz
BVerfGE 32, 373	B. v. 8.3.1972	2 BvR 28/71	Ärztliche Schweigepflicht
BVerfGE 33, 23	B. v. 11.4.1972	2 BvR 75/71	Eidesverweigerung
BVerfGE 33, 52	B. v. 25.4.1972	1 BvL 13/67	Zensur
BVerfGE 33, 171	B. v. 10.5.1972	1 BvR 286, 293, 295/65	Honorarverteilung
BVerfGE 33, 303	Urt. v. 18.7.1972	1 BvL 32/70	Numerus Clausus I
BVerfGE 33, 367	B. v. 19.7.1972	2 BvL 7/71	Zeugnisverweigerungsrecht für Sozialarbeiter [sic]
BVerfGE 34, 165	Urt. v. 6.12.1972	1 BvR 230/70, 95/71	Förderstufe
BVerfGE 34, 238	B. v. 31.1.1973	2 BvR 454/71	Tonband
BVerfGE 34, 269	Urt. v. 14.2.1973	1 BvR 112/65	Soraya
BVerfGE 34, 384	B. v. 14.3.1973	2 BvR 621/72, 2 BvR 622/72, 2 BvR 635/72, 2 BvR 912/72	Beschränkung des Besuchs- und Briefverkehrs in U-Haft
BVerfGE 35, 79	Urt. v. 29.5.1973	1 BvR 424/71, 325/72	Hochschul-Urteil
BVerfGE 38, 225	B. v. 13.11.1974	1 BvL 27/73	Eisenbahnkreuzungsgesetz
BVerfGE 38, 281	B. v. 18.12.1974	1 BvR 430/65, 259/66	Arbeitnehmerkammern
BVerfGE 39, 1	Urt. v. 25.2.1975	1 BvF 1, 2, 3, 4, 5, 6/74	Schwangerschaftsabbruch I
BVerfGE 41, 1	B. v. 16.12.1975	2 BvL 7/74	Richterwahl
BVerfGE 42, 143	B. v. 11.5.1976	1 BvR 671/70	Deutschland-Magazin
BVerfGE 43, 130	B. v. 7.12.1976	1 BvR 460/72	Flugblatt
BVerfGE 45, 187	Urt. v. 21.6.1977	1 BvL 14/76	Lebenslange Freiheitsstrafe
BVerfGE 46, 160	Urt. v. 16.10.1977	1 BvQ 5/77	Schleyer
BVerfGE 47, 198	B. v. 14.2.1978	2 BvR 523/75, 958, 977/76	Wahlwerbesendungen
BVerfGE 47, 327	B. v. 1.3.1978	1 BvR 333/75	Hessisches Universitätsgesetz
BVerfGE 49, 24	B. v. 1.8.1978	2 BvR 1013, 1019, 1034/77	Kontaktsperre-Gesetz
BVerfGE 49, 89	Urt. v. 8.8.1978	2 BvL 8/77	Kalkar I
BVerfGE 49, 286	B. v. 11.10.1978	1 BvR 16/72	Transsexuelle [sic] I
BVerfGE 54, 148	B. v. 3.6.1980	1 BvR 185/99	Eppler
BVerfGE 54, 208	B. v. 3.6.1980	1 BvR 797/78	Böll
BVerfGE 55, 37	B. v. 7.10.1980	1 BvR 1289/78	Bremer Modell

BVerfGE 56, 54	B. v. 14.1.1981	1 BvR 612/72	Fluglärm
BVerfGE 56, 363	Urt. v. 24.3.1981	1 BvR 1516/78, 964, 1337/80	Sorgerecht
BVerfGE 57, 170	B. v. 5.2.1981	2 BvR 646/80	Briefkontrolle in der U-Haft
BVerfGE 57, 295	Urt. v. 16.6.1981	1 BvL 89/78	3. Rundfunk-Entscheidung
BVerfGE 57, 250	B. v. 26.5.1981	2 BvR 215/81	V-Mann
BVerfGE 59, 172	B. v. 21.10.1981	1 BvR 802/78, 1 BvR 839/78, 1 BvR 841/78	Studienplatzvergabe
BVerfGE 59, 231	B. v. 13.1.1982	1 BvR 848, 1047/77, 916, 1307/78, 350/79 und 475, 902, 965, 1177, 1238, 1461/80	Freie Mitarbeiter
BVerfGE 60, 234	B. v. 20.4.1982	1 BvR 426/80	Kredithaie
BVerfGE 61, 1	B. v. 22.6.1982	1 BvR 1376/79	Wahlkampf/"CSU: NPD Europas"
BVerfGE 61, 82	B. v. 8.7.1982	1 BvR 1187/80	Sasbach
BVerfGE 65, 1	Urt. v. 15.12.1983	1 BvR 209, 269, 362, 420, 440, 484/83	Volkszählung
BVerfGE 67, 213	B. v. 17.7.1984	1 BvR 816/82	Anachronistischer Zug
BVerfGE 69, 315	B. v. 14.5.1985	1 BvR 233, 341/81	Brokdorf
BVerfGE 72, 155	B. v. 13.5.1986	1 BvR 1542/84	Erbfall
BVerfGE 72, 330	Urt. v. 4.06.1986	2 BvF 1, 5, 6/83, 1/84, 1, 2/85	Finanzausgleich I
BVerfGE 73, 118	Urt. v. 4.11.1986	1 BvF 1/84	4. Rundfunk-Entscheidung
BVerfGE 74, 182	Urt. v. 10.2.1987	1 BvL 18/81	Einheitswerte I
BVerfGE 74, 297	Urt. v. 24.3.1987	1 BvR 147, 478/86	5. Rundfunk- Entscheidung
BVerfGE 75, 369	B. v. 3.6.1987	1 BvR 313/85	Strauß-Karikatur
BVerfGE 77, 170	Urt. v. 29.10.1987	2 BvR 624, 1080, 2029/83	Lagerung chemischer Waffen
BVerfGE 78, 179	B. v. 10.5.1988	1 BvR 482/84, 1166/85	Heilpraktikergesetz
BVerfGE 79, 174	B. v. 30.11.1988	1 BvR 1301/84	Straßenverkehrslärm
BVerfGE 79, 256	Urt. v. 31.1.1989	1 BvL 17/87	Kenntnis der eigenen Abstammung
BVerfGE 80, 367	B. v. 14.9.1989	2 BvR 1062/87	Tagebuch
BVerfGE 81, 108	B. v. 29.11.1989	1 BvR 1402, 1528/87	Einkommenssteuergesetz
BVerfGE 81, 156	Urt. v. 23.1.1990	1 BvL 44/86, 48/87	Arbeitsförderungsgesetz 1981
BVerfGE 81, 242	B. v. 7.2.1990	1 BvR 26/84	Handelsvertreter

BVerfGE 81, 278	B. v. 7.3.1990	1 BvR 266/86, 913/87	Bundesflagge
BVerfGE 82, 43	B. v. 19.4.1990	1 BvR 40, 42/86	Anti-Strauß-Komitee
BVerfGE 82, 272	B. v. 26.7.1990	1 BvR 1165/89	Postmortale Schmähkritik
BVerfGE 83, 130	B. v. 27.11.1990	1 BvR 402/87	Josefine Mutzenbacher
BVerfGE 83, 238	Urt. v. 5.02.1991	1 BvF 1/85, 1/88	6. Rundfunk- Entscheidung
BVerfGE 85, 1	B. v. 9.10.1991	1 BvR 1555/88	Bayer-Aktionäre
BVerfGE 85, 23	B. v. 9.10.1991	1 BvR 221/90	Rhetorische Frage I
BVerfGE 85, 360	Urt. v. 10.3.1992	1 BvR 454, 479, 602, 616, 905, 939 – 955, 957 – 963, 1128, 1315 – 1318, 1453/91	Akademie-Auflösung
BVerfGE 86, 148	Urt. v. 27.5.1992	2 BvF 1, 2/88, 1/89, 1/90	Finanzausgleich II
BVerfGE 87, 209	B. v. 20.10.1992	1 BvR 698/89	Tanz der Teufel
BVerfGE 88, 129	B. v. 3.3.1993	1 BvR 557/88	Promotionsberechtigung
BVerfGE 88, 203	Urt. v. 28.5.1993	2 BvF 2/90 und 4, 5/92	Schwangerschaftsabbruch II
BVerfGE 90, 1	B. v. 11.1.1994	1BvR 434/87	Jugendgefährdende Schriften
BVerfGE 90, 27	B. v. 9.2.1994	1 BvR 1687/92	Parabolantenne I
BVerfGE 90, 60	Urt. v. 2202.1994	BvL 30/88	8. Rundfunk-Entscheidung
BVerfGE 90, 241	B. v. 13.4.1994	1 BvR 23/94	Auschwitzlüge
BVerfGE 92, 26	Urt. v. 10.1.1995	1 BvF 1/90	Zweitregister
BVerfGE 93, 85	B. v. 31.5.1995	1 BvR 1379/94	Universitätsgesetz NRW
BVerfGE 93, 266	B. v. 10.10.1995	1 BvR 1476, 1980/91 und 102, 221/92	„Soldaten sind Mörder“
BVerfGE 96, 56	B. v. 6.5.1997	1 BvR 409/90	Vaterschaftsauskunft
BVerfGE 96, 288	B. v. 8.10.1997	1 BvR 9/97	Integrative Beschulung
BVerfGE 97, 35	B. v. 27.11.1997	1 BvL 12/91	Hamburger Ruhegeldgesetz
BVerfGE 97, 125	B. v. 14.1.1998	1 BvR 1861/93, 1864/96, 2073/97	Caroline von Monaco I
BVerfGE 97, 391	B. v. 24.3.1998	1 BvR 131/96	Missbrauchsbezichtigung
BVerfGE 98, 365	B. v. 15.7.1998	1 BvR 1554/89, 963, 964/94	Versorgungsanwart-schaften
BVerfGE 99, 185	B. v. 10.11.1998	1 BvR 1531/96	Scientology
BVerfGE 99, 341	B. v. 19.1.1999	1 BvR 2161/94	Testierausschluss Taubstummer
BVerfGE 100, 313	Urt. v. 14.7.1999	1 BvR 2226/94, 2420/95, 2437/95	Telekommunikations-überwachung I
BVerfGE 101, 361	Urt. v. 15.12.1999	1 BvR 653/96	Caroline von Monaco II

BVerfGE 102, 254	Urt. v. 21.11.2000	1 BvR 2307/94, 1120/95, 1408/95, 2460/95, 2471/95	EALG
BVerfGE 102, 347	Urt. v. 12.12.2000	1 BvR 1762/95, 1 BvR 1787/95	Schockwerbung I
BVerfGE 103, 44	Urt. v. 24.1.2001	1 BvR 2623/95, 622/99	Fernsehaufnahmen im Gerichtssaal II
BVerfGE 103, 242	Urt. v. 3.4.2001	1 BvR 1629/94	Pflegeversicherung III
BVerfGE 104, 337	Urt. v. 15.1.2002	1 BvR 1783/99	Schächten
BVerfGE 105, 252	B. v. 26.6.2002	1 BvR 558, 1428/91	Glykolwarnung
BVerfGE 105, 279	B. v. 26.6.2002	1 BvR 670/91	Osho
BVerfGE 106, 28	B. v. 9.10.2002	1 BvR 1611/96, 805/98	Mithörvorrichtung
BVerfGE 107, 299	Urt. v. 12.3.2003	1 BvR 330/96, 348/99	Telefonverbindungsdaten
BVerfGE 109, 279	Urt. v. 3.3.2004	1 BvR 2378/98, 1084/99	Großer Lauschangriff
BVerfGE 110, 412	B. v. 8.6.2004	2 BvL 5/00	Teilkindergeld
BVerfGE 111, 333	B. v. 26.10. 2004	1 BvR 911, 927, 928/00	Brandenburgisches Hochschulgesetz
BVerfGE 113, 29	B. v. 12.4.2005	2 BvR 1027/02	Anwaltsdaten
BVerfGE 113, 63	B. v. 24.5.2005	1 BvR 1072/01	Junge Freiheit
BVerfGE 114, 339	B. v. 25.10.2005	1 BvR 1696/98	IM-Sekretär
BVerfGE 115, 166	Urt. v. 2.3.2006	2 BvR 2099/04	Kommunikations-verbindungsdaten
BVerfGE 115, 320	Urt. v. 4.4.2006	1 BvR 518/02	Rasterfahndung II
BVerfGE 116, 202	B. v. 11.7.2002	1 BvL 4/00	Tariftreuerklärung
BVerfGE 117, 244	Urt. v. 27.2.2007	1 BvR 538, 2045/06	Cicero
BVerfGE 118, 168	B. v. 13.7.2007	1 BvR 1550/03, 2357/04, 603/05	Kontostammdaten
BVerfGE 119, 394	B. v. 15.1.2008	2 BvF 4/05	Reichsvermögens-Gesetz Berlin (West)
BVerfGE 120, 274	Urt. v. 27.2.2008	1 BvR 370, 595/07	Online-Durchsuchung
BVerfGE 121, 1	B. v. 11.3.2008	1 BvR 256/08	Vorratsdatenspeicherung
BVerfGE 122, 342	B. v. 17.2.2009	1 BvR 2492/08	Bayerisches Versammlungsgesetz
BVerfGE 124, 300	B. v. 4.11.2009	1 BvR 2150/08	Wunsiedel
BVerfGE 125, 175	Urt. v. 9.2.2010	1 BvL 1, 3, 4/09	Hartz IV
BVerfGE 126, 1	B. v. 13.4.2010	1 BvR 216/07	Fachhochschullehrer
BVerfGE 128, 226	Urt. v. 22.2.2011	1 BvR 699/06	Fraport-AG
BVerfGE 141, 143	B. v. 17.2.2016	1 BvL 8/10	Akkreditierung von Studiengängen
BVerfGE 142, 313	B. v. 26.7.2016	1 BvL 8/15	Zwangsbehandlung
BVerfGE 147, 253	Urt. v. 19.12.2017	1 BvL 3, 4/14	Numerus-Clausus III

BVerfGE 151, 1	B. v. 29.1.2019	2 BvC 62/14	Wahlrechtsausschuss Bundestagswahl

2. Andere Fundstellen

B. v. 24.5.2006	1 BvR 49/00	NJW 2006, S. 3769	Babycaust
B. v. 19.12.2007	1 BvR 967/05	NJW 2008, S. 1654	Verdeckte Aussagen
B. v. 15.9.2008	1 BvR 1565/05	NJW 2009, S. 908	Verunglimpfung staatlicher Symbole
B. v. 4.02.2010	1 BvR 369/04	NJW 2010, S. 2193	Volksverhetzung
Urt. v. 8.12.2010	1 BvR 1106/08	ZUM-RD 2011, S. 205	Publikationsverbot
B. v. 3.9.2014	1 BvR 3048/13	NVwZ 2015, S. 432	Fachbereichsfremde Lehrverpflichtung
B. v. 3.9.2014	1 BvR 3353/13	NVwZ 2014, S. 1571	Unwürdigkeit

Entscheidungen des Bundesverwaltungsgerichts

Urt. v. 15.11.1974	VII C 12/74	NJW 1975, S. 1182	Schulorganisatorische Maßnahmen
Urt. v. 29.7.1977	IV C 51/75	NJW 1978, S. 554	Bebauungspläne
B. v. 2.7.1979	7 B 139/79	VerwRspr. 1980, S. 644	Erweiterung des Unterrichtsangebots
B. v. 13.4.1995	4 B 70/95	NJW 1995, S. 2648	Außenbereichsschutz
Urt. v. 18.6.1997	6 C 5/96	NVwZ 1998, S. 853	Tierversuche
Urt. v. 14.7.1978	7 C 11/76	NJW 1979, S. 229	Klassenversetzung
B. v. 23.4.1980	1 WB 265.77	BeckRS 1980, 106526	Öffentliche Kritik
Urt. v. 23.5.1989	7 C 2/87	NJW 1989, S. 2272	„Transzendentale Meditation“
Urt. v. 21.5.1996	2 WD 22/95	NVwZ 1997, S. 504	Dienstvergehen

Entscheidungen der Verwaltungsgerichtshöfe der Länder

VGH München	B. v. 12.9.1984	7 CE 84 A.1563	DÖV 1985, S. 496	Lehrfreiheit des Prüfer
VGH Mannheim	B. v. 3.4.1985	9 S 2913/84	NVwZ 1985, S. 667	Ausbildungsziel des rechtswissenschaftlichen Studiums
VGH München	B. v. 18.10.1988	7 CE 88.2150	NVwZ-RR 1989, S. 549	Präparierübung

OVG Münster	B. v. 23.1.1989	13 A 202/88	BeckRS 2015, 49753	Postsendung
VGH Kassel	B. v. 29.08. 1990	6 N 3630/87	NVwZ-RR 1991, S. 80	Leistungsüber-prüfung
VGH Kassel	B. v. 29.12.1993	11 TH 2796/93	NJW 1994, S. 1608	Tötung von Tieren
OVG Münster	B. v. 23.8.1994	13 C 129/94	NWVBl. 1995, S. 18	Unmittelbare Geltung des Diskriminierungs-verbots
OVG Koblenz	Urt. v. 9.5.1997	2 A 10914.96	DVBl. 1997, S. 1242	Gegenstand, Art und Umfang von Lehrveranstaltungen
OVG Koblenz	Urt. v. 24.7.1997	8 A 12820–96	NJW 1998, S. 1422	Fassadenbemalung
VGH München	B. v. 3.6.2002	7 CE 02.637	NVwZ-RR 2002, S. 839	Übertragung einer Lehrveranstaltung
VGH Mannheim	B. v. 11.12.2002	DL 17 S 9/02	DÖV 2003, S. 379	Lehrverpflichtung
VGH München	B. v. 21.2.2003	4 CS 03.462	BayVBl. 2003, S. 339	Körperwelten

Entscheidungen des Bundesgerichtshofs

1. Entscheidungsbände

BGHZ 13, 334	Urt. v. 25.5.1954	I ZR 211/53	Leserbriefe
BGHZ 24, 72	Urt. v. 2.4.1957	VI ZR 9/56	Persönlichkeitsrecht
BGHZ 26, 349	Urt. v. 14.2.1958	I ZR 151/56	Herrenreiter

2. Andere Fundstellen

Urt. v. 25.11.1986	VI ZR 57/86	NJW 1987, S. 1400	Oberfaschist
Urt. v. 19.1.1989	1 StR 641/88	NJW 1989, S. 1365	Kollektive Beleidigung von Soldaten
Urt. v. 15.3.1994	1 StR 179/93	NStZ 1994, S. 390	Leugnung des Massenmordes an den Juden
Urt. v. 20.5.1958	VI ZR 104/57	GRUR 1958, S. 615	Tonbandaufnahmen

Entscheidungen des Bundesarbeitsgerichts

Urt. v. 3.12.1954	1 AZR 150/54	NJW 1955, S. 606	Parteipolitische Agitation im Betrieb
Urt. v. 15.1.1955	1 AZR 305/54	NJW 1955, S. 684	Gleicher Lohn bei gleicher Arbeit
Urt. v. 10.5.1957	1 AZR 249/56	NJW 1957, S. 1688	Zölibatsklauseln
Urt. v. 29.6.1962	1 AZR 343/61	NJW 1962, S. 1981	Freie Wahl des Arbeitsplatzes

Entscheidungen der zivilrechtlichen Instanzgerichte

OLG Hamburg	Urt. v. 11.5.1967	3 U 200/66	NJW 1967, S. 2314	Politischer Meinungsstreit
LG Hamburg	Urt. v. 26.7.1978	74 O 235/78	NJW 1980, S. 56	„Die Frauen“
AG Grünstadt	Urt. v. 11.2.1994	2a C 334/93	NJW 1995, S. 889	Frustzwerge
BayObLG	Urt. v. 17.12.1996	2 St RR 178/96	NStZ 1997, S. 283	Leugnung des Holocausts

Entscheidungen des Supreme Courts

343 US 451	E. v. 26.5.1952	96 Lawyer's Edition, 1952, S. 1068ff.	Public Utilities Commision v. Pollack,
447 US 530	E. v. 20.5.1980	65 Lawyers Edition 2d., 1980, S. 319ff.	Consolidated Edison Co. v. Public Svc. Comm'n
487 US 474	E. v. 27.6.1988	101 Lawyer's Edition 2d., 1988, S. 420ff.	Frisby v. Schultz

Literaturverzeichnis

Achterberg, Norbert / Püttner, Günter / Würtenberger, Thomas (Hrsg.), Besonderes Verwaltungsrecht, Band I, 2. Aufl. 2000, C.F. Müller Heidelberg.

Akbarian, Samira, Der Hörsaal – Safe Space oder Brave Space?, in: WissR 53 (2020), S. 5ff.

Akkreditierungsrat, Beschluss AR 104/2008 i.d.F. v. 29.2.2008.

Albert, Mathias / Quenzel, Gudrun / Hurrelmann, Klaus, Zusammenfassung der 18. Shell Jugendstudie, abrufbar: https://www.shell.de/about-us/shell-youth-study/_jcr_content/par/toptasks.stream/1570708341213/4a002dff58a7a9540cb9e83ee0a37a0ed8a0fd55/shell-youth-study-summary-2019-de.pdf (zuletzt abgerufen: 21.6.2021).

Albrecht, Günter / Groenemeyer, Axel (Hrsg.), Handbuch soziale Probleme, Band 1, 2. Aufl. 2012, Springer Verlag Wiesbaden.

Alexy, Robert, Theorie der Grundrechte, 1986, Suhrkamp Taschenbuch Frankfurt am Main.

American Psychological Association, What Is Exposure Therapy?, in: PTSD-Guideline, https://www.apa.org/ptsd-guideline/patients-and-families/exposure-therapy.pdf (zuletzt abgerufen: 20.5.2021).

Anschütz, Gerhard, 3. Aussprache über die Berichte zum ersten Beratungsgegenstand, in: VVDStRL 4 (1928), S. 74ff.
-Die Verfassung des Deutschen Reichs vom 11. August 1919. Ein Kommentar für Wissenschaft und Praxis, 14. Aufl. 1933, Verlag von Georg Stilte in Berlin.

Aulehner, Josef, Polizeiliche Gefahren- und Informationsvorsorge, 1998, Duncker & Humblot Berlin.

v. Arnauld, Andreas, Strukturelle Fragen des allgemeinen Persönlichkeitsrechts, in: ZUM 1996, S. 286ff.

Avenarius, Hermann / Heckel, Hans, Schulrechtskunde, 7. Aufl. 2000, Luchterhand Neuwied Kriftel.

Bachof, Otto / Heigl, Ludwig / Redeker, Konrad (Hrsg.), Verwaltungsrecht zwischen Freiheit, Teilhabe und Bindung. Festgabe aus Anlaß des 25jährigen Bestehens des Bundesverwaltungsgerichts, 1978, C. H. Beck München.

Badura, Peter, Staatsrecht. Systematische Erläuterung des Grundgesetzes, 7. Aufl. 2018, C.H. Beck München.

Barnett, H.G., Innovation: The Basis of Cultural Change, 1953, McGraw-Hill Book Company, Inc. New York Toronto London.

Barskanmaz, Cengiz / Samour, Nahed, Das Diskriminierungsverbot aufgrund der Rasse, in: Verfassungsblog, 16. Juni 2020, abrufbar: https://verfassungsblog.de/das-diskriminierungsverbot-aufgrund-der-rasse/ (zuletzt abgerufen: 31.5.2021).

Bartsch, Hellmuth, Die Studentenschaft in der Bundesrepublik Deutschland, 1969.

Bauer, Tomas, Wissenschaftsfreiheit in Lehre und Studium, 1980, Duncker & Humblot Berlin.

Beck, Ekkehard, Die Geltung der Lehrfreiheit des Art. 5 Abs. III GG für die Lehrer an den Schulen, 1975.

Ben-Porath, Sigal R., Free Speech on Campus, 2017, University of Pennsylvania Press Pennsylvania.

Benda, Ernst / Maihofer, Werner / Vogel, Hans-Jochen (Hrsg.), Handbuch des Verfassungsrechts der Bundesrepublik Deutschland, 2. Aufl. 1994, Walter de Gruyter Berlin New York.

Bender, Philipp, Die Schutzverantwortung des Staates für eine freie Lehre, in: WissR 52 (2019), S. 27ff.

Berendsen, Eva / Cheema, Saba-Nur / Mendel, Meron (Hrsg.), Trigger Warnung. Identitätspolitik zwischen Abwehr, Abschottung und Allianzen, 2019, Verbrecher Verlag Berlin.

Bernhardt, Rudolf, Wandlungen der Grundrechte, 1970, Frankfurter Juristische Gesellschaft.

Bethge, Herbert, Der Grundrechtseingriff, in: VVDStRL 55 (1998), S. 7ff.

Blankenagel, Alexander, Wissenschaftsfreiheit aus der Sicht der Wissenschaftssoziologie, in: AöR 105 (1980), S. 35ff.

-Vom Recht der Wissenschaft und der versteckten Ratlosigkeit der Rechtswissenschaftler bei der Betrachtung des- und derselben in: AöR 125 (2000), S. 70ff.

Bleckmann, Albert, Staatsrecht II – Die Grundrechte, 4. Aufl. 1997, Heymann Köln.

Bluntschli, J. C. / Brater, Karl (Hrsg.), Deutsches Staats-Wörterbuch, Band VI, 1861, Expedition des Staats-Wörterbuchs.

Boeters, Max, Lehrer. Eine wortgeschichtliche Untersuchung, 1962, Hamburg.

Bollmann, Petra, Technischer Fortschritt und wirtschaftlicher Wandel, 1990, Physica-Verlag Heidelberg.

Bommarius, Christian, Die neue Zensur: Wie wir selbst unsere Meinungsfreiheit bedrohen, 2019, Dudenverlag Berlin.

Böckenförde, Ernst-Wolfgang, Grundrechte als Grundsatznormen, in: Der Staat 29 (1990), S. 1ff.

-Grundrechtstheorie und Grundrechtsinterpretation, in: NJW 1974, S. 1529ff.

-Verfassungsgerichtsbarkeit: Strukturfragen, Organisation, Legitimation, in: NJW 1999, S. 9ff.

Brandner, Hans Erich Das Allgemeine Persönlichkeitsrecht in der Entwicklung der Rechtsprechung, in: JZ 1983, 689ff.

Braun-Thürmann, Holger, Innovation, 2005, transcript Verlag Bielefeld.

Bridgland, Victoria M. E. / Green, Deanne M. / Oulton, Jacinta M. / Takarangi, Melanie K. T., Expecting the worst: Investigating the effects of trigger warnings on reactions to ambiguously themed photos, in: Journal of Experimental Psychology: Applied 25 (2019), S. 602ff.

Brinktrine, Ralf / Schollendorf, Kai (Hrsg.), BeckOK Beamtenrecht Bund, 21. Ed. Stand: 1.1.2021, C.H. Beck München.

Britz, Gabriele, Freie Entfaltung durch Selbstdarstellung, 2007, Mohr Siebeck Tübingen.

Brownlie, Ian, Principles of Public International Law, 7. Aufl. 2008, Oxford University Press Oxford.

Bryde, Brun-Otto, Verfassungsentwicklung. Stabilität und Dynamik im Verfassungsrecht der Bunderepublik Deutschland, 1982, Nomos Baden-Baden.

Bushman, Brad J., Effects of Warning and Information Labels on Attraction to Television Violence in Viewers of Different Ages, in: Journal of Applied Social Psychology 36 (2006), S. 2073ff.

Campbell, Bradley Keith / Manning, Jason, The Rise of Victimhood Culture, 2018, Palgrave Macmillan London.

Canaris, Claus-Wilhelm, Systemdenken und Systembegriff in der Jurisprudenz, 2. Aufl. 1983, Duncker & Humblot Berlin.

Frhr. v. Campenhausen, Axel, Verfassungsgarantie und sozialer Wandel – Das Beispiel von Ehe und Familie, in: VVDStRL 45 (1987), S. 7ff.

Caspar, Johannes, Das Diskriminierungsverbot behinderter Personen nach Art. 3 Abs. 3 S. 2 GG und seine Bedeutung in der aktuellen Rechtsprechung, in: EuGRZ 2000, S. 135ff.

Cazmac, What I've Learned From Trauma-Informed Teaching v. 12.11.2019, in: Thrive Global: https://thriveglobal.com/stories/what-ive-learned-from-trauma-informed-teaching/ (zuletzt abgerufen: 20.5.2021).

Classen Claus Dieter, Wissenschaftsfreiheit außerhalb der Hochschule, 1994, J. C. B. Mohr (Paul Siebeck) Tübingen.

v. Coelln, Christian, Hochschullehre zwischen Äußerungsfreiheit, Political Correctness und Mäßigungsgebot, in: WissR 52 (2019), S. 3ff.

Dau, Klaus, Der strafrechtliche Ehrschutz der Bundeswehr in: NJW 1988, S. 2650ff.

Degenhart, Christoph, Das allgemeine Persönlichkeitsrecht, Art. 2 I i.V.m. Art. 1 I GG, in: JuS 1992, S. 361ff.

Delgado, Richard / Stefancic, Jean, Must We Defend Nazis?: Why the First Amendment Should Not Protect Hate Speech and White Supremacy, 2018, Combined Academic Publishers.

Denninger, Erhard / Becker, Peter (Hrsg.), Hochschulrahmengesetz: Kommentar, 1984, C.H. Beck München.

Denninger, Erhard / Hoffmann-Riem, Wolfgang / Schneider, Hans P. / Stein, Ekkehart (Hrsg.), Kommentar zum Grundgesetz für die Bundesrepublik Deutschland – Reihe Alternativkommentare, Band I, 3. Aufl. 2001, Luchterhand Neuwied Kriftel.

Deutscher Bundestag/Ausschuss für Bildung und Wissenschaft, § 3 des Entwurfs eines HochschulrahmenG i.d.F. v. 15. 6. 1972 – BT-Drucks. VI/3506.

Deutscher Bundestag/Bundesarchiv, Der Parlamentarischer Rat 1948–1949, Akten und Protokolle, Band 14, 2009.

Deutscher Bundestag/Der Bundesminister für wissenschaftliche Forschung, Bundesbericht Forschung III, BT-Drucks. V/4335, Bonn, 12. Juni 1969.

Deutscher Bundestag/Wissenschaftliche Dienste, Mäßigungsgebot für Bedienstete im Öffentlichen Dienst, Az: WD 6 – 3000 – 045/19, 28. März 2019.

Dickert, Thomas, Naturwissenschaften und Forschungsfreiheit, 1991, Duncker & Humblot Berlin.

Diemer, Alwin (Hrsg.), Der Wissenschaftsbegriff. Historische und systematische Untersuchungen 1970, Verlag Anton Hain Meisenheim am Glan.

-Konzeption und Begriff der Forschung in den Wissenschaften des 19. Jahrhunderts, 1978, Verlag Anton Hain Meisenheim am Glan.

Dietlein, Johannes, Die Lehre von den grundrechtlichen Schutzpflichten, 1992, Duncker & Humblot Berlin.

Doeberl, Michael / Scheel, Otto / Schlink, Wilhelm / Sperl, Hans / Spranger Eduard / Bitter, Hans / Frank, Paul (Hrsg.) Das akademische Deutschland, Band III, 1930, C.A. Weller Verlag Berlin.

Doehring, Karl, Das Staatsrecht der Bundesrepublik Deutschland, 3. Aufl. 1984, Alfred Metzner Verlag Frankfurt am Main.

Doemming, Klaus-Berto / Füsslein, Rudolf Werner / Matz, Werner, Entstehungsgeschichte der Artikel des Grundgesetzes: im Auftrage der Abwicklungsstelle des Parlamentarischen Rates und des Bundesministers des Innern auf Grund der Verhandlungen des Parlamentarischen Rates, 1951, J.C.B. Mohr (Paul Siebeck) Tübingen.

Dolderer, Michael, Objektive Grundrechtsgehalte, 2000, Duncker & Humblot Berlin.

Dosi, Giovanni, Technical Change and Industrial Transformation, 1984, St. Martin's Press New York.

Dörr, Oliver / Grote, Rainer / Marauhn, Thilo (Hrsg.), EMR/GG, Konkordanzkommentar, Band II, 2. Aufl. 2013, Mohr Siebeck Tübingen.

Dreier, Horst (Hrsg.), Grundgesetz-Kommentar, Band I – III, 3. Aufl. 2013, Mohr Siebeck Tübingen.

Dreier, Ralf / Schwegmann, Friedrich, Probleme der Verfassungsinterpretation, 1976, Nomos Verlag Baden-Baden.

Duden – Deutsches Universalwörterbuch, 7. Auf. 2011, Dudenverlag Berlin.

Duttge, Gunnar, Recht auf Datenschutz?, in: Der Staat 36 (1997), S. 281ff.

Dürig, Günter, Der Grundrechtssatz von der Menschenwürde, in: AöR 81 (1956), S. 117ff.

-Zum „Lüth-Urteil" des Bundesverfassungsgerichts vom 15.1.1958, in: DÖV 1958, S. 194ff.

Ehlers, Dirk, Die Weiterentwicklung des Staatshaftungsrechts durch das europäische Gemeinschaftsrecht, in: JZ 1996, S. 776ff.

Ehlers, Dirk / Fehling, Michael / Pünder, Hermann (Hrsg.), Besonderes Verwaltungsrecht, Band 3, 3. Aufl. 2013, C.F. Müller Heidelberg.

Ehmann, Horst, Zur Struktur des Allgemeinen Persönlichkeitsrechts, in: JuS 1997, S. 193ff.

Ehmke, Horst / Kaiser, Joseph H. /Kewenig, Wilhelm A. / Meessen, Karl Matthias / Rüfner, Wolfgang (Hrsg.), Festschrift für Ulrich Scheuner zum 70. Geburtstag, 1973, Duncker & Humblot Berlin.

Ellison, John, Dear Class of 2020, August 2016, https://news.uchicago.edu/sites/default/files/attachments/Dear_Class_of_2020_Students.pdf (zuletzt abgerufen: 20.5.2021).

Enders, Christoph, Die Menschenwürde in der Verfassungsordnung. Zur Dogmatik des Art. 1 GG, 1997, Mohr Siebeck Tübingen.

Epping, Volker, Grundrechte, 8. Aufl. 2019, Springer Berlin.

Epping, Volker / Hillgruber, Christian (Hrsg.), BeckOK GG, 46. Ed. Stand: 15.2.2021, C.H. Beck München.

Erichsen, Hans-Uwe, Die Wahlrechtsgrundsätze des Grundgesetzes, in: JURA 1983, S. 635ff.

Erichsen, Hans-Uwe / Kollhosser, Helmut / Welp, Jürgen (Hrsg.), Recht der Persönlichkeit, 1996, Duncker & Humblot Berlin.

Europäische Kommission, Beilage 5/95: Grünbuch zur Innovation, 1995, EGKS-EG-EAG Brüssel Luxemburg.

Etzrodt, Wolf, Der Grundrechtsschutz der negativen Vereinigungsfreiheit, 1980, Peter D. Lang Frankfurt am Main Bern Cirencester/U.K.

Faber, Heiko, Innere Geistesfreiheit und suggestive Beeinflussung, 1968, Duncker & Humblot Berlin.

Faber, Martina, Der Schutz der Ehre und des Rufs vor herabsetzenden Äußerungen des Staates, 1999, Boorberg Stuttgart.

Fenchel, Jörg, Negative Informationsfreiheit, 1997, Duncker & Humblot Berlin.

Fiedler, Christoph, Die formale Seite der Äußerungsfreiheit – Zensurverbot und Äußerungsgrundrechte, 1999, Duncker & Humblot Berlin.

Flämig, Christian / Kimminich, Otto / Krüger, Hartmut / Meusel, Ernst-Joachim / Rupp, Hans-Heinrich / Scheven, Dieter / Schuster, Hermann Josef / Graf Stenbock-Fermor, Friedrich (Hrsg.), Handbuch des Wissenschaftsrechts, Band I, 2. Aufl. 1996, Springer Verlag Berlin Heidelberg.

Florêncio, João, Why I Won't Be Issuing Trigger Warnings to Students, 19.10.2016, in: The Conversation: http:/theconversation.com/why-i-wont-be-issuing-trigger-warnings-to-students-66624 (zuletzt abgerufen: 20.5.2021).

Forman-Hoffman, Valerie L. / Cunningham, Cassie L., Geographical clustering of eating disordered behaviors in U.S. high school students, in: International Journal of Eating Disorders, 2008, S. 209ff.

Friauf, Karl-Heinricht / Höfling, Wolfram (Hrsg.), Berliner Kommentar zum Grundgesetz, Band I, Stand: Dez. 2019, Erich Schmidt Verlag Berlin.

Fries, Günter, Die Rechtsstellung des Studenten innerhalb der wissenschaftlichen Hochschule, 1974, Gerold und Appel Verlag Hamburg.

Froese, Judith, Der Universitätscampus als „Safe Space": Verlangt die Rechtsordnung die Gewährleistung einer Wohlfühlatmosphäre? in: JZ 2018, S. 480ff.

Furedi, Frank, What's Happened to the University? A sociological exploration of its infantilisation, 2017, Routledge London.

Gainsburg, Izzy / Earl, Allison, Trigger Warnings as an Interpersonal Emotion-Regulation Tool: Avoidance, Attention, and Affect Depend on Beliefs, in: Journal of Experimental Social Psychology 79 (2018), S. 252ff.

Gallwas, Hans-Ullrich, Faktische Beeinträchtigungen im Bereich der Grundrechte, 1970, Duncker & Humblot Berlin.

Gärditz, Klaus Ferdinand, Die äußeren und inneren Grenzen der Wissenschaftsfreiheit, in: WissR 51 (2018), S. 5ff.

-Die Lehrfreiheit – Wiederentdeckung oder Rückbau?, in: WissR 40 (2007), S. 67ff.

-Hochschulorganisation und verwaltungsrechtliche Systembildung, 2009, Mohr Siebeck Tübingen.

-Wie viel Freiheit darf sich ein Wissenschaftler nehmen?, in: Forschung & Lehre 2018, S. 116ff.

Geck, Wilhelm, Karl, Die Stellung der Studenten in der Universität, in: VVDStRL 27 (1969), S. 143ff.

Geis, Max-Emanuel, Der Kernbereich des Persönlichkeitsrechts, in: JZ 1991, S. 112ff.

-Hochschulrecht im Freistaat Bayern. Ein Handbuch für die Praxis, 2. Aufl. 2017, C.F. Müller Heidelberg.

Geppert, Klaus, Zur passiven Beleidigungsfähigkeit von Personengemeinschaften und Einzelpersonen unter einer Kollektivbezeichnung, in: JURA 2005, S. 244ff.

Gersdorf, Hubertus / Paal, Boris P. (Hrsg.), BeckOK Informations- und Medienrecht, 31. Ed. Stand: 1.2.2021, C.H. Beck München.

Gerybadze, Alexander, Innovation, Wettbewerb und Evolution. Eine mikro- und mesoökonomische Untersuchung des Anpassungsprozesses von Herstellern und Anwendern neuer Produzentengüter, 1982, J.C.B. Mohr (Paul Siebeck) Tübingen.

Glaser, Andreas, Die Studierfreiheit. Analyse eines ungeklärten „Grundrechts" in historischer und europäischer Perspektive, in: Der Staat 47 (2008), S. 213ff.

Gleichstellungsbüro Universität Bonn, Informationen und Anregungen zum Umgang mit Inhaltshinweisen in der Lehre, September 2021: https://www.gleichstellung.uni-bonn.de/de/universitaetskultur/material-inhaltshinweise/Inhaltshinweise%20in%20der%20Lehre_ZGB_30.09.21.pdf (zuletzt abgerufen: 10.10.2021)

Götzfried, Eva, Das Recht nicht hören zu müssen, in: NJW 1963, S. 1961ff.

Grimm, Dieter, Das Grundgesetz nach 40 Jahren, in: NJW 1989, 1305ff.

Gröpl, Christoph / Windthorst, Kay / v. Coelln, Christian (Hrsg.), Grundgesetz Studienkommentar, 4. Aufl. 2020, C.H. Beck München.

Gucht, Christiane, Das Zensurverbot im Gefüge der grundrechtlichen Eingriffskautelen, 2000, Peter Lang Berlin.

Gudjons, Herbert, Frontalunterricht – neu entdeckt, 3. Aufl. 2011, Verlag Julius Klinkhardt Bad Heilbrunn.

Gusy, Christoph, Der Gleichheitssatz, in: NJW 1988, S. 2505ff.

Gümüşay, Kübra, Sprache und Sein, 2020, Hanser Berlin.

Günther, Cécile, Die Auslegung des Rechts auf Bildung in der europäischen Grundrechtsordnung, 2007, Peter Lang Berlin.

Günther, Thomas, Zur Zulässigkeit der Errichtung privater Volksschulen als Bekenntnisschulen religiös-ethnischer Minderheiten nach Art. 7 Abs. 5 GG, 2006, Peter Lang Frankfurt am Main.

Hailbronner, Kay, Die Freiheit der Forschung und Lehre als Funktionsgrundrecht, 1979, Joachim Heitmann Verlag Hamburg.

Halberstam, Jack, Trigger Happy: From Content Warning to Censorship, in: Signs: Journal of Women in Culture and Society 42 (2017), S. 535ff.

v. Hartlieb, Horst (Hrgs.), Handbuch des Film-, Fernseh- und Videorechts, 3. Aufl. 1991, C.H. Beck München.

Hartmer, Michael / Detmer, Hubert (Hrsg.), Hochschulrecht, 3. Aufl. 2017, C.F. Müller Heidelberg.

Häberle, Peter, Die Freiheit der Wissenschaften im Verfassungsstaat, in: AöR 110 (1985), S. 329ff.
-Die Wesensgehaltsgarantie des Art. 19 Abs. 2 Grundgesetz, 3. Aufl. 1983, C.F. Müller Karlsruhe.

v. Heintschel-Heinegg, Bernd (Hrsg.), BeckOK StGB, 49. Ed. Stand: 1.2.2021, C.H. Beck München.

Herman, Judith, Trauma and Recovery: The Aftermath of Violence – From Domestic Abuse to Political Terror, 3. Aufl. 2015, Basic Books New York.

Hermes, Georg, Das Grundrecht auf Schutz von Leben und Gesundheit, 1987, C.F. Müller Heidelberg.

Herzmann, Karsten, „Friedlichkeitsforderungen“ an die universitäre Forschung als rechtliche Sackgasse? Zur Vereinbarkeit von Zivilklauseln mit der Wissenschaftsfreiheit in: WissR 44 (2011), S. 375ff.

Hesse, Konrad, Grundzüge des Verfassungsrechts der Bundesrepublik Deutschland, 20. Aufl. 1995, C.H. Beck München.
-Verfassungsrechtsprechung im geschichtlichen Wandel, in: JZ 1995, S. 265ff.

Hirsch, Burkhard, Das Grundrecht auf Gewährleistung der Vertraulichkeit und Integrität informationstechnischer Systeme, in: NJOZ 2008, S. 1907ff.

Hoffmann, Arne, Political Correctness. Zwischen Sprachzensur und Minderheitenschutz, 1996, Tectum Verlag Baden-Baden.

Hoffmann, Wolfgang, Rechtsfragen der Währungsparität, 1969, C. H. Beck München (später: *Hoffmann-Riem*).

Hofmann, Hasso, Menschenrechtliche Autonomieansprüche, in: JZ 1992, S. 165ff.

Holznagel, Bernd / Schumacher, Pascal, Auswirkungen des Grundrechts auf Vertraulichkeit und Integrität informationstechnischer Systeme auf RFID-Chips, in: MMR 2009, S. 3ff.

Hong, Mathias, Das Sonderrechtsverbot als Verbot der Standpunktdiskriminierung – der Wunsiedel-Beschluss und aktuelle versammlungsgesetzliche Regelungen und Vorhaben, in: DVBl. 2010, S. 1267ff.
-Hassrede und extremistische Meinungsäußerungen in der Rechtsprechung des EGMR und nach dem *Wunsiedel*-Beschluss des BVerfG, in: ZaöRV 2010, S. 73ff.

Hopf, Wilhelm (Hrsg.), Die Freiheit der Wissenschaft und ihre „Feinde", 2019, LIT Verlag Münster.

Hornung, Gerrit, Ein neues Grundrecht, in: CR 2008, 299ff.
-Grundrechtsinnovationen, 2015, Mohr Siebeck Tübingen.

Hömig, Dieter, „Neues" Grundrecht, neue Fragen?, in: JURA 2009, 207ff.

Huber, Ernst Rudolf, Deutsche Verfassungsgeschichte, Band 3, 3. Aufl. 1988, W. Kohlhammer Verlag Stuttgart.

Huber, Peter M., Die Habilitation – eine Bestandsaufnahme, in: WissR 36 (2003), S. 2ff.

Hufen, Friedhelm, Das Volkszählungsurteil des Bundesverfassungsgerichts und das Grundrecht auf informationelle Selbstbestimmung – eine juristische Antwort auf „1984"?, in: JZ 1984, S. 1072ff.
-Die Freiheit der Kunst in staatlichen Institutionen, 1982, Nomos Verlagsgesellschaft Baden-Baden.
-Entstehung und Entwicklung der Grundrechte, in: NJW 1999, 1504ff.

Hughes, Geoffrey, Political Correctness. A History of Semantics and Culture, 2009, Wiley-Blackwell Hoboken New Jersey.

Isensee, Josef, Das Grundrecht auf Sicherheit, 1983, De Gruyter Berlin.

Isensee, Josef / Kirchhof, Paul (Hrsg.), Handbuch des Staatsrechts der Bundesrepublik Deutschland, C.F. Müller Heidelberg.
-Band VI: Freiheitsrechte, 2. Aufl. 2001 – Vorauflage, da neu kommentiert.
-Band VII: Freiheitsrechte, 3. Aufl. 2009.
-Band VIII: Grundrechte: Wirtschaft, Verfahren, Gleichheit, 3. Aufl. 2010.
-Band XI: Internationale Bezüge, 3. Aufl. 2011.

Jarass, Hans D., Das allgemeine Persönlichkeitsrecht im Grundgesetz, in: NJW 1989, S. 857ff.
-Grundrechte als Wertentscheidungen bzw. objektivrechtliche Prinzipien in der Rechtsprechung des Bundesverfassungsgerichts, in: AöR 110 (1985), S. 363ff.

Jarass, Hans D. / Pieroth, Bodo, Grundgesetz für die Bundesrepublik Deutschland. Kommentar, 16. Aufl. 2020, C.H. Beck München.

Jellinek, Georg, System der subjektiv öffentlichen Rechte, 1892, Mohr Freiburg.

Kahl, Wolfgang, Das Grundrecht der Sprachenfreiheit, in: JuS 2007, S. 201ff.
-Hochschule und Staat, 2004, Mohr Siebeck Tübingen.
-Sprache als Kultur und Rechtsgut, in: VVDStRL 65 (2006), S. 386ff.

Kahl, Wolfgang / Waldhoff, Christian / Walter, Christian (Hrsg.), Bonner Kommentar, Loseblattsammlung, C.F. Müller Heidelberg.

Karpen, Ulrich Auslegung und Anwendung des Grundgesetzes, 1987, Duncker & Humblot Berlin.

Kaufhold, Ann-Katrin, Die Lehrfreiheit – ein verlorenes Grundrecht?, 2006, Duncker & Humblot Berlin.

Kehm, Barbara M., Deutsche Hochschulen: Entwicklung, Probleme, Perspektiven, 28.4.2015, in: bpb – Dossier Bildung (abrufbar: https://www.bpb.de/gesellschaft/bildung/zukunft-bildung/205721/hochschulen-in-deutschland (zuletzt abgerufen: 20.5.2021).

Kempen, Bernhard, Anspruchsvolle Zumutung, in: Forschung & Lehre 2017, 390ff.

Kempen, Bernhard / Hillgruber, Christian, Völkerrecht, 2. Aufl. 2012, C.H. Beck München.

Kemper, Gerd Heinrich, Pressefreiheit und Polizei, 1964, Duncker & Humblot Berlin.

Kimminich, Otto, Die Freiheit, nicht zu hören, in: Der Staat 3 (1964), S. 61ff.
-Rechtsstellung der Studenten in der Universität, in: DVBl. 1968, S. 679ff.

Kindhäuser, Urs / Neumann, Ulfried / Paeffgen, Hans-Ullrich (Hrsg.), Strafgesetzbuch, Band 2, 5. Aufl. 2017, Nomos Baden-Baden.

Kingreen, Thorsten / Poscher, Ralf, Grundrechte Staatsrecht II, 32. Aufl. 2016, C.F. Müller Heidelberg.

Kirchhof, Ferdinand, Rechtliche Grundsätze der Universitätsfinanzierung, in: JZ 1998, S. 275ff.

Kirchhof, Paul, Ist die Lehrfreiheit bedroht?, in: MittHV 2 (1981), S. 71ff.

Klein, Hans, Gedanken über neuere Entwicklungen im Hochschulrecht, in: AöR 90 (1965), S. 129ff.

Kloepfer, Michael, Datenschutz als Grundrecht. Verfassungsprobleme der Einführung eines Grundrechts auf Datenschutz, 1980, Athenäum Verlag Königstein/Ts.
-Grundrechte als Entstehenssicherung und Bestandsschutz, 1970, C.H. Beck München.
-Verfassungsrecht II (Grundrechte), 2010, C.H. Beck München.
-Zum Grundrecht auf Umweltschutz, 1978, De Gruyter Berlin New York.

Kluth, Winfried, Das Grundrecht der Berufsfreiheit – Art. 12 Abs. 1 GG, in: JURA 2001, S. 371ff.

Knemeyer, Ludwig, Lehrfreiheit, 1969, Verlag Gehlen Bad Homburg v. d. H. Berlin Zürich.

Knight Foundation, Students confident First Amendment rights are secure, but nearly half say some campus speech restrictions can be justified, Gallup survey shows, 4.4.2016, in: Knight Foundation: https://www.knightfoundation.org/press/releases/students-confident-first-amendment-rights-are-secu (zuletzt abgerufen: 20.5.2021).
-College students show strong support for First Amendment, but some say diversity and inclusion is more important to a democracy than free speech, Gallup-Knight survey shows, 12.3.2018, in: Knight Foundation: https://knightfoundation.org/press/releases/college-students-show-strong-support-for-first-amendment-but-some-say-diversity-and-inclusion-is-more-important-to-a-democracy-than-free-speech-gallup-knight-survey-shows (zuletzt abgerufen: 20.5.2021).

Knox, Emily J. M. (Hrsg.), Trigger Warnings: History, Theory, Context, 2017, Rowman & Littlefield Publishers Maryland.

Koch, Hans-Joachim / Rüßmann, Helmut, Juristische Begründungslehre, 1982, C. H. Beck München.

Institut für Demoskopie Allensbach und Akademie der Konrad Adenauer Stiftung/Petersen, Thomas, Forschungsfreiheit an deutschen Universitäten. Ergebnisse einer Umfrage unter Hochschullehrern, 12. Februar 2020, Berlin: https://www.kas.de/documents/252038/7995358/Stu%20die+des+Instituts+für+Demoskopie+Allensbach+zur+Forschungsfreiheit+an%20+deutschen+Universitäten.pdf/01252a6a-38eb-a647-fb74–7d39b1890382?t=15%2081610619899.

Köttgen, Arnold, Das Grundrecht der deutschen Universität, 1959, Verlag Otto Schwarz & Co. Göttingen.

Krause, Peter, Das Recht auf informationelle Selbstbestimmung – BVerfGE 65, 1, in: JuS 1984, S. 268ff.

Kuhn, Gustav, Grundrechte und Minderjährigkeit, 1965, Hermann Luchterhand Verlag.

Kunig, Philip, Der Grundsatz informationeller Selbstbestimmung, in: JURA 1993, S. 595ff.

Kutscha, Martin, Mehr Schutz von Computerdaten durch ein neues Grundrecht?, in: NJW 2008, S. 1042ff.

Kübler, Friedrich, Ehrenschutz, Selbstbestimmung und Demokratie, in: NJW 1999, S. 1281ff.

Küchenhoff, Dietrich Das Grundgesetz und die Hochschulreform, in: DÖV 1964, S. 601ff.

Langenfeld, Christine, Integration und kulturelle Identität zugewanderter Minderheiten, 2001, Mohr Siebeck Tübingen.

Langer, Margit, Informationsfreiheit als Grenze informationeller Selbstbestimmung, 1992, Duncker & Humblot Berlin.

Larenz, Karl / Canaris, Claus-Wilhelm, Methodenlehre der Rechtswissenschaft, 3. Aufl. 1995, Springer Berlin.

v. Lewinski, Kai, Medienrecht, 1. Aufl. 2020, C.H. Beck München.
-Von Frauen, Sorben und Hohenzollern – Grundrechte gesellschaftlicher Gruppen, in: NJ 2020, S. 93ff.

Liebscher, Doris, Das Problem heißt Rassismus, in: Verfassungsblog, 11. Juni 2020, abrufbar: https://verfassungsblog.de/das-problem-heisst-rassismus/ (zuletzt abgerufen: 31.5.2021).

Liesching, Marc, Jugendschutzgesetz, 1. Online-Aufl. 2018, Nomos Baden-Baden.

Lindner, Josef Franz, „Grundrechtseingriff" oder „grundrechtswidriger Effekt"?, in: DÖV 2004, S. 765ff.

Losch, Bernhard, Wissenschaftsfreiheit, Wissenschaftsschranken, Wissenschaftsverantwortung, 1993, Duncker & Humblot Berlin.

Lovelace, Amanda, the princess saves herself in this one, 2017, Simon + Schuster New York.

Löffler, Martin, Presserecht. Kommentar, 5. Aufl. 2016, C.H. Beck München.
-Selbstkontrolle von Presse, Funk und Film, 1960, C.H. Beck München.

Löwer, Wolfgang, Art. 5 Abs. III GG im Blick – „Kunst, Wissenschaft, Forschung und Lehre sind frei“, in: WissR 50 (2017), S. 317ff.

LSA Inclusive Teaching, University of Michigan, An Introduction to Content Warnings and Trigger Warnings, in: LSA Inclusive Teaching, University of Michigan: https://sites.lsa.umich.edu/inclusive-teaching-sandbox/wp-content/uploads/sites/853/2021/02/An-Introduction-to-Content-Warnings-and-Trigger-Warnings-Draft.pdf (zuletzt abgerufen: 20.5.2021).

Luch, Anika D., Das neue „IT-Grundrecht“, in: MMR 2011, S. 75ff.

Luhmann, Niklas, Grundrechte als Institution. Ein Beitrag zur politischen Soziologie, 6. Aufl. 2019, Duncker & Humblot Berlin.

Lukianoff, Greg, Unlearning Liberty. Campus Censorship and the End of the American Debate, 2. Aufl. 2014, Encounter Books New York.

Lücke, Jörg, Die „allgemeinen“ Gesetze (Art. 5 Abs. 2 GG), 1998, C. F. Müller Verlag Heidelberg.

Mackeprang, Rudolf, Ehrenschutz im Verfassungsstaat, 1990, Duncker & Humblot Berlin.

Mallmann, Otto, Zielfunktionen des Datenschutzes. Schutz der Privatsphäre – Korrekte Information, 1977, Alfred Metzner Verlag GmbH Frankfurt am Main.

v. Mangoldt, Hermann / Klein, Friedrich / Starck, Christian, Grundgesetz Kommentar, Band I, 7. Aufl. 2018, C.H. Beck München.

Marburger, Peter (Red.), Jahrbuch des Umwelt- und Technikrechts, 1994, R. v. Decker's Verlag G. Schenk Heidelberg.

Martens, Wolfgang, Grundrechte im Leistungsstaat, in: VVDStRL 30 (1972), S. 7ff.

Matsuda, Mari J., Public Response to Racist Speech: Considering the Victim's Story, in: Michigan Law Review 87 (1989), S. 2320ff.

Maunz, Theodor / Dürig, Günter (Hrsg.), Grundgesetz-Kommentar, Band I – IV, 92. EL August 2020, C.H. Beck München.

Maurer, Hartmut, Staatsrecht I, 6. Aufl. 2010, C.H. Beck München.

Mayer, Franz (Hrsg.), Staat und Gesellschaft. Festgabe für Küchenhoff zum 60. Geburtstag am 21. August 1967, 1967, Verlag Otto Schwartz & Co Göttingen.

McClelland, Mac, Irritable Hearts: A PTSD Love Story, 2015, Flatiron Books New York.

Meggle, Georg (Hrsg.), Handlung, Kommunikation, Bedeutung, 1993, Suhrkamp Verlag Frankfurt am Main.

Meier, Julia / Zurkinden, Nadine / Staffler, Lukas (Hrsg.), Recht und Innovation. Innovation durch Recht, im Recht und als Herausforderung für das Recht, 2020, DIKE Verlag Zürich.

Mensch, Gerhard, Das technologische Patt. Innovationen überwinden die Depression, 1975, Umschau Verlag Breidenstein KG Frankfurt am Main.

Merritt, Richard L. / Merritt, Anna J. (Hrsg.), Innovation in the Public Sector, 1985, Sage Publications Beverly Hills London New Delhi.

Merten, Detlef, Inhalt des Freizügigkeitsrechts, 1970, Duncker & Humblot Berlin.
-Zur negativen Meinungsfreiheit, in: DÖV 1990, S. 761ff.

Merten, Detlef / Papier, Hans-Jürgen (Hrsg.), Handbuch der Grundrechte in Deutschland und Europa, C.F. Müller Heidelberg.
-Band I: Entwicklung und Grundlagen, 2004.
-Band II: Allgemeine Lehren I, 2006.
-Band III: Allgemeine Lehren II, 2009.
-Band IV: Grundrechte in Deutschland – Einzelgrundrechte I, 2011.
-Band V: Grundrechte in Deutschland – Einzelgrundrechte II, 2013.
-Band VI/1: Europäische Grundrechte, 2010.

Merton, Robert King, Entwicklung und Wandel von Forschungsinteressen, 1985, suhrkamp

Miles, Matthew B. (Red.), Innovation in Education, 1964, Teachers College Presse Teachers College Columbia University New York.

Mithani, Jasmine, „Dear Dean Ellison", August 2016, abrufbar: https://docs.google.com/document/d/1nzWOhkUjHlLJQFZlX8NauSxEXY_EKumGrkMQQdpjTwk/edit?usp=embed_facebook (zuletzt abgerufen: 31.5.2021).

Murswiek, Dietrich, Die staatliche Verantwortung für die Risiken der Technik, 1985, Duncker & Humblot Berlin.

Müller, Max, Die Lehr- und Lernfreiheit, 1911, Verlag v. H.R. Sauerländer & Co Aarau.

Müller, Friedrich / Christensen, Ralph, Juristische Methodik, Band 1, 11. Aufl. 2013, Duncker & Humblot Berlin.

Müller-Franken, Sebastian, Meinungsfreiheit im freiheitlichen Staat, 2013, Ferdinand Schöningh Paderborn München Wien Zürich.

v. Münch, Ingo / Kunig, Philip, Grundgesetz Kommentar, Band I, 7. Aufl. 2018, C.H. Beck München.

Münchner Kommentar zum Strafgesetzbuch, Band 4, 3. Aufl. 2017, C.H. Beck München.

National Coalition Against Censorship, What's All This About Trigger Warnings, Dezember 2015: https://ncac.org/wp-content/uploads/2015/11/NCAC-TriggerWarningReport.pdf (zuletzt abgerufen: 20.5.2021).

Neumann, Franz L. / Nipperdey, Hans Carl / Scheuner, Ulrich (Hrsg.), Die Grundrechte. Handbuch der Theorie und Praxis der Grundrechte, Band 2, 1954, Duncker & Humblot Berlin.

Nipperdey, Hans Carl, Gleicher Lohn der Frau für gleiche Arbeit, in: RdA 1950, S. 121ff.

Noltenius, Johanne, Die freiwillige Selbstkontrolle der Filmwirtschaft und das Zensurverbot des Grundgesetzes, 1958, Verlag Otto Schwarz & Co Göttingen.

O'Neil, Robert M., Free Speech in the College Community, 1997, Indiana University Press.

Oppermann, Thomas, Nach welchen rechtlichen Grundsätzen sind das öffentliches Schulwesen und die Stellung der an ihm Beteiligten zu ordnen?, Gutachten C für den 51. Deutschen Juristentag (DJT), 1976, C.H. Beck'sche Verlagsbuchhandlung München.

Otto, Harro, Persönliche Leistung und persönliches Schicksals Elemente des strafrechtlich geschützten Anspruchs auf Achtung der Menschenwürde, in: JURA 1995, S. 277ff.

Oxford Treatment Center – Editorial Staff, PTSD Triggers: What Are the Warning Signs?:, 20.5.2019, in: Oxford Treatment Center: https://www.oxfordtreatment.com/co-occurring-disorders/ptsd/triggers/ (zuletzt abgerufen: 20.5.2021).

Palandt, Bürgerliches Gesetzbuch mit Nebengesetzen, 80. Aufl. 2021, C.H. Beck München.

Palfrey, John, Safe Spaces, Brave Spaces, 2017, MIT Press Massachusetts.

Parlamentarischer Rat, Stenographischer Bericht, Zweite Sitzung, 8. September 1948.

Paulsen Cárdenas, Aura María, Über die Rechtsvergleichung in der Rechtsprechung des Bundesverfassungsgerichts, 2009, Verlag Dr. Kovač Hamburg.

Peglau, Jens, Leugnung des Massenmordes an Juden, in: NStZ 1998, S. 196f.

PEN America Campus Free Speech Guide – If a student asks you for trigger warnings, in: PEN America, https://campusfreespeechguide.pen.org/resource/if-a-student-has-asked-you-to-use-trigger-warnings/ (zuletzt abgerufen: 20.5.2021).

Perschel, Wolfgang, Die Lehrfreiheit des Lehrers, in: DÖV 1970, S. 34ff.

Pieroth, Bodo, Erziehungsauftrag und Erziehungsmaßstab der Schule im freiheitlichen Verfassungsstaat, in: DVBl. 1994, S. 949ff.
-Störung, Streik und Aussperrung an der Hochschule, 1976, Duncker & Humblot Berlin.

Pieroth, Bodo / Siegert, Anja, Kulturelle Staatszielbestimmungen, in: RdJB 1994, S. 438ff.

Pilon, Roger, The University of Chicago Has No Room for Crybullies, 25.8.2016, in: Cato Institute: https://www.cato.org/blog/university-chicago-has-no-room-crybullies (zuletzt abgerufen: 20.5.2021).

Podlech, Adalbert, Die Begrenzung staatlicher Informationsverarbeitung durch die Verfassung angesichts der Möglichkeit unbegrenzter Informationsverarbeitung mittels der Technik: Zur Entscheidung des Bundesverfassungsgerichts über das Volkszählungsgesetz 1983, in: Leviathan 1984, S. 85ff.

Pohle, Jörg, Datenschutz und Technikgestaltung, 2018, abrufbar: http://edoc.hu-berlin.de/18452/19886.

Polsby, Nelson W., Political Innovation in America, 1984, Yale University Press New Haven London.

Portele, Gerhard / Huber, Ludwig, Hochschule und Persönlichkeitsentwicklung, in: Ausbildung und Sozialisation in der Hochschule, 1983, S. 92ff.

Poscher, Ralf / Rux, Johannes / Langer, Thomas, Das Recht auf Bildung, 1. Aufl. 2009, Nomos Baden-Baden.

Post, Robert C., Racist Speech, Democracy, and the First Amendment, in: William and Mary Law Review 32 (1991), S. 267ff.

Rath, Christian, Karlsruhe und der Einschüchterungseffekt – Praxis und Nutzen einer Argumentationsfigur des Bundesverfassungsgerichts, in: KJ Beiheft 01/2009, S. 65ff.

Reich, Andreas, Hochschulrahmengesetz mit Wissenschaftszeitgesetz. Kommentar, 11. Aufl. 2012, K.H. Bock Bad Honnef.

Rehr, Ruben, Welche Rolle sollen die Universitäten noch spielen, in: lto-karriere v. 7.7.2016, abrufbar: https://www.lto-karriere.de/jura-studium/stories/detail/justizministerkonferenz-kritik-schwerpunkt-jura-studium-entwertung-abschaffung-noteninflation (zuletzt abgerufen: 31.5.2021).

Reuter, Lutz R., Schulrechtliche und schulpraktische Fragen der schulischen Betreuung von Kindern und Jugendlichen nichtdeutscher Erstsprache, in: RdJB 1999, S. 26ff.

Richer, Stephen / Weir, Lorna, Beyond Political Correctness. Toward the Inclusive University, 1995, University of Toronto Press.

Ricker, Reinhart / Weberling, Johannes, Handbuch des Presserechts, 6. Aufl. 2012, C.H. Beck München.

Rieder, Bernd, Die Zensurbegriffe des Art. 118 Abs. 2 WRV und des Art. 5 Abs. 1 S. 3 Grundgesetz, 1970, Duncker & Humblot Berlin.

Rinken, Alfred, Verfassungsrechtliche Aspekte zum Status des Studenten, in: JuS 1968, S. 257ff.

Robbers, Gerhard, Sicherheit als Menschenrecht, 1987, Nomos Baden-Baden.

Roellecke Gerd, Hochschule und Wissenschaft, 1974, Kohlhammer Stuttgart.

Roggan, Fredrik, Online Durchsuchungen. Rechtliche und tatsächliche Konsequenzen des BVerfG-Urteils vom 27. Februar 2008, 2008, Berliner Wissenschafts-Verlag Berlin.

Roßbach, Nikola, Achtung Zensur! Über Meinungsfreiheit und ihre Grenzen, 2018, Ullstein Berlin.

Roßnagel, Alexander, Das Recht auf (tele-)kommunikative Selbstbestimmung, in: KJ 1990, S. 267ff.,

-Handbuch Datenschutzrecht. Die neuen Grundlagen für Wirtschaft und Verwaltung, 2003, Verlag C.H. Beck München.

Rothenbücher, Karl, Das Recht der freien Meinungsäußerung, in: VVDStRL 4 (1928), S. 6ff.

Rössler, Beate, Der Wert des Privaten, 2001, Suhrkamp Verlag Frankfurt am Main.

Rupp, Hans Heinrich, Die Stellung der Studenten in der Universität, in: VVDStRL 27 (1969), S. 113ff.

-Vom Wandel der Grundrechte, in: AöR 101 (1976), S. 161ff.

Ruschemeier, Hannah, Der additive Grundrechtseingriff, 2019, Duncker & Humblot Berlin.

Rüegg, Walter (Hrsg.), Geschichte der Universität in Europa, C. H. Beck München.
-Band I: Mittelalter, 1993.
-Band II: Von der Reformation zur Französischen Revolution (1500 – 1800), 1996.
-Band III: Vom 19. Jahrhundert zum Zweiten Weltkrieg (1800 – 1945), 2004.
-Band IV: Nachkriegszeit, 2010.

Rüpke, Giselher, Der verfassungsrechtliche Schutz der Privatheit, 1976, Nomos Verlagsgesellschaft Baden-Baden.

Sachs, Michael, Grundgesetz Kommentar, 8. Aufl. 2018, C.H. Beck München.

Sanson, Mevagh / Strange, Deryn / Garry, Maryanne, Trigger Warnings Are Trivially Helpful at Reducing Negative Affect, Intrusive Thoughts, and Avoidance, in: Clinical Psychological Science 7 (2019), S. 778ff.

Schmidt-Aßmann, Eberhard, Anwendungsprobleme des Art. 2 Abs. 2 GG im Immissionsschutzrecht, in: AöR 106 (1981), S. 205ff.

Schmidt-Bleibtreu, Bruno / Klein, Franz (Hrsg.), Grundgesetz Kommentar, 14. Aufl. 2018, Carl Heymanns Verlag Köln.

Schmitt, Walter Oskar, Lehrfreiheit, Meinungsfreiheit und „Verfassungstreue", in: DVBl. 1966, S. 6ff.

Schneider, Michael, Ist der Schwerpunkt bald nichts mehr wert, in: lto-karriere v. 28.11.2019, abrufbar: https://www.lto-karriere.de/jura-studium/stories/detail/reform-jura-studium-abwertung-schwerpunkt-noten-pflichtfach-trennung (zuletzt abgerufen: 31.5.2021).

Scholler, Heinrich, Person und Öffentlichkeit, 1967, C.H. Beck'sche Verlagsbuchhandlung München.

Scholz, Rupert / Pitschas, Rainer, Informationelle Selbstbestimmung und staatliche Informationsverantwortung, 1984, Duncker & Humblot Berlin.

Schönke, Adolf / Schröder, Horst (Hrsg.), Strafgesetzbuch. Kommentar, 30. Aufl. 2019, C.H. Beck München.

Schrödter, Wolfgang, Die Wissenschaftsfreiheit des Beamten, 1974, Duncker & Humblot Berlin.

Schulz-Prießnitz, Almuth, Einheit von Forschung und Lehre, 1981, Duncker & Humblot Berlin.

Schumpeter, Joseph A., The Creative Response in Economic History, in: JEH 1947, S. 149ff.
-Theorie der wirtschaftlichen Entwicklung, 2. Aufl. 2006, Duncker & Humblot Berlin.

Schwabe, Jürgen, Nochmals: „Der „mittelbare" Grundrechtseingriff, in: DVBl. 1988, S. 1055ff.
-Probleme der Grundrechtsdogmatik, 2. Aufl. 1997, Hamburg.

Schwabenbauer, Thomas, Heimliche Grundrechtseingriffe, 2013, Mohr Siebeck Tübingen.

Schweisfurth, Theodor, Völkerrecht, 2006, Mohr Siebeck Tübingen.

Schwenzer, Ingeborg, Gesetzliche Regelung der Rechtsprobleme nichtehelicher Lebensgemeinschaften?, in: JZ 1988, S. 781ff.

Seckelmann, Margit, Deutungskämpfe auf dem Campus: Der Wunsch nach *safe spaces* und *trigger warnings*, in: KritV 4/2020, S. 372ff.

-Evaluation und Recht. Strukturen, Prozesse und Legitimationsfragen staatlicher Wissensgewinnung durch (Wissenschafts-)Evaluation, 2018, Mohr Siebeck.

Seewald, Otfried, Zum Verfassungsrecht der Gesundheit, 1981, Carl Heymanns Verlag Köln.

Seifert, Fedor, Postmortaler Schutz des Persönlichkeitsrechts und Schadensersatz – Zugleich ein Streifzug durch die Geschichte des allgemeinen Persönlichkeitsrechts in: NJW 1999, 1889ff.

Simitis, Spiros, Die informationelle Selbstbestimmung – Grundbedingungen einer verfassungskonformen Informationsordnung, in: NJW 1984, S. 398ff.

Slaughter, Autumn / Newman, Elana, „Trigger Warnings" in the Media, 28.11.2016, in: Dart Center for Journalism and Trauma: https://dartcenter.org/resources/%E2%80%9Ctrigger-warnings%E2%80%9D-media (zuletzt abgerufen: 29.12.2020).

Smend, Rudolf, Das Recht der freien Meinungsäußerung, in: VVDStRL 4 (1928), S. 44ff.

Sommermann, Karl-Peter, Staatsziele und Staatszielbestimmungen, 1997, Mohr Siebeck Tübingen.

Sparrow, Jeff, Trigger Warnings. Political Correctness and the Rise of the Right, 2017, Scribe Publications Melbourne.

Spinks, Rosie, What It's like to Be a Woman When the US Election Needs a 24/7 Trigger Warning, 14.10.2016, in: Quartz: https://qz.com/809698/so-many-women-are-accusing-donald-trump-of-sexual-assault-that-the-entire-election-should-come-with-a-trigger-warning/ (zuletzt abgerufen: 20.5.2021).

Stein, Ekkehart, Die Wissenschaftsfreiheit der Studierenden, in: JA 2002, S. 253ff.

Steinhausen, Hans-Christoph, The Outcome of Anorexia Nervosa in the 20th Century, in: American Journal of Psychiatry 2002, S. 1284ff.

Steinmüller, Wilhelm, Das informationelle Selbstbestimmungsrecht – Wie es entstand und was man daraus lernen kann, in: RDV 2007, S. 158ff.

Steinmüller, W. / Lutterbeck, B. / Mallmann, C. / Harbort, U. / Kolb, G. / Schneider, J., Grundfragen des Datenschutzes. Gutachten im Auftrag des Bundesministeriums des Innern, 1971, abgedruckt in: BT-Drs. VI/3826.

Stephany, Antonetta, Gesamtnote im Examen streichen, in: lto-karriere v. 22.2.2021, abrufbar: https://www.lto-karriere.de/jura-studium/stories/detail/bundesrat-empfehlung-gesetzentwurf-aenderung-richtergesetz-abschaffung-gesamtnote-erstes-examen-staatsexamen-schwerpunktstudium (zuletzt abgerufen am: 31.5.2021).

Stern, Klaus, Das Staatsrecht der Bundesrepublik Deutschland, C.H. Beck München.
-Band I: Grundbegriffe und Grundlagen des Staatsrechts, Strukturprinzipien der Verfassung, 2. Aufl. 1984.
-Band III/1: Allgemeine Lehren der Grundrechte, 1988.
-Band III/2: Allgemeine Lehren der Grundrechte, 1994.
-Band IV/1: Die einzelnen Grundrechte, 2006.
-Band IV/2: Die einzelnen Grundrechte, 2011.

Stern, Klaus / Becker, Florian, Grundrechte-Kommentar, 2. Aufl. 2016, Carl Heymanns Verlag Köln.

Stokowski, Margarete, Untenrum frei, 3. Aufl. 2018, Rowohlt Hamburg.

Straßmaier, Stefan M., Der besondere Gleichheitssatz aus Art. 3 Abs. 3 S. 2 GG, 2001, Duncker & Humblot Berlin.

Strauch, Hans-Joachim, Staatliche und akademische Prüfungsordnungen, 1978, R. v. Decker's Verlag, G. Schenk Heidelberg Hamburg.

Strohschneider, Peter / Blamberger, Günter / Freimuth, Axel (Hrsg.), Vom Umgang mit Fakten, 2018, Wilhelm Fink Paderborn.

Stuckart, Wilhelm / Hoffmann, Horst (Hrsg.), Handbuch des Beamtenrechts, 1938, Walter de Grunter & Co Berlin und Leipzig.

Sue, Derald Wing / Capodilupo, Christina M. / Torino, Gina C. / Bucceri, Jennifer M. / Holder, Aisha M. B. / Nadal, Kevin L. / Esquilin, Marta, Racial microaggressions in everyday life: Implications for clinical practice, in: American Psychologist 62 (2007), S. 271ff.

Suhr, Dieter, Entfaltung der Menschen durch die Menschen, 1976, Duncker & Humblot Berlin.

Thiel, Markus, Der Erziehungsauftrag des Staates in der Schule, 2000, Duncker & Humblot Berlin.

Thieme, Werner, Das Recht auf freie Wahl der Ausbildungsstätte, in: JZ 1959, S. 265ff.
-Deutsches Hochschulrecht, 3. Aufl. 2004, Carl Heymanns Verlag Köln.

Thoma, Richard Die Lehrfreiheit der Hochschullehrer und ihre Begrenzung durch das Bonner Grundgesetz, 1952, Verlag J.C.B. Mohr (Paul Siebeck) Tübingen.

Trute, Hans-Heinrich, Die Forschung zwischen grundrechtlicher Freiheit und staatlicher Institutionalisierung, 1994, J.C.B. Mohr (Paul Siebeck) Tübingen.

Uber, Giesbert, Freiheit des Berufs, 1952, Appel.

Uerpmann-Wittzack, Robert, Das neue Computergrundrecht, 2009, LIT Verlag Dr. W. Hopf Berlin.

Umbach, Dieter / Clemens, Thomas, Grundgesetz Mitarbeiterkommentar und Handbuch, Band I, 2002, C. F. Müller Verlag Heidelberg.

Unruh, Peter, Zur Dogmatik der grundrechtlichen Schutzpflichten, 1996, Duncker & Humblot Berlin.

Uhlmann, Luitpold, Der Innovationsprozess in westeuropäischen Industrieländern, Band 2, 1978, Duncker & Humblot Berlin München.

Vandereycken, Walter, Can Eating Disorders Become 'Contagious' in Group Therapy and Specialized Inpatient Care?, in: European Eating Disorders Review 2001, S. 289ff.

Vaughn, Stephen, Freedom and Entertainment – Rating the Movies in an Age of New Media, 2006, Cambridge University Press.

Verdross, Alfred / Simma, Bruno, Universelles Völkerrecht. Theorie und Praxis, 3. Aufl. 2010, Duncker & Humblot Berlin.

Vesting, Thomas, Soziale Geltungsansprüche in fragmentierten Öffentlichkeiten, in: AöR 122 (1997), S. 337ff.

Vogelgesang, Klaus, Grundrecht auf informationelle Selbstbestimmung?, 1987, Nomos Verlagsgesellschaft Baden-Baden.

Voßkuhle, Andreas, Stabilität, Zukunftsoffenheit und Vielfaltssicherung – Die Pflege des verfassungsrechtlichen „Quellcodes" durch das BVerfG, in: JZ 2009, S. 917ff.

Waddington, Lisa / Bell, Mark, More Equal than Others: Distinguishing European Union Equality Directives, in: Common Market Law Review 38 (2001), S. 587ff.

Warg, Gunter, Meinungsfreiheit zwischen Zensur und Selbstzensur, in: DÖV 2018, S. 473ff.

-Universeller Menschenrechtsschutz in der Allgemeinen Erklärung und den beiden UN-Pakten, in: ZEuS 2002, S. 607ff.

Wehrhahn, Herbert, Lehrfreiheit und Verfassungstreue, 1955, J.C.B. Mohr (Paul Siebeck) Tübingen.

Whittington, Keith E., Speak Freely, 2018, Princeton University Press Princeton.

Wichmann, Manfred / Langer, Karl-Ulrich (Hrsg.), Öffentliches Dienstrecht, 8. Auflage 2017, W. Kohlhammer Stuttgart.

Wintrich, Josef M., Die Bedeutung der „Menschenwürde" für die Anwendung des Rechts, in: BayVBl 1957, S. 137ff.

Wohland, Werner, Informationsfreiheit und politische Filmkontrolle, 1968, Duncker & Humblot Berlin.

Wolfslast, Gabriele, Beweisführung durch heimliche Tonbandaufzeichnung – Besprechung des BGH-Urteils vom 9.4.1986 – 3 StR 551/85 (NStZ 1987, 133), in: NStZ 1987, S. 103ff.

Zachariä H. Albert, Staats- und Bundesrecht, Band 2, 1841, Vandenhoeken u. Rupprecht Göttingen.

Zeidler, Wolfgang / Vogel, Hartmut / Merten, Detlef / Schreiber, Manfred (Hrsg.), Das Recht auf Demonstration, 1969, Bundeszentrale für politische Bildung Bonn.

Zimmerman, Jonathan, Campus Politics. What Everyone Needs To Know, 2016, Oxford University Press Oxford.

Zippelius, Reinhold, Juristische Methodenlehre, 12. Aufl. 2021, C.H. Beck München.

Zwirner, Henning, Zum Grundrecht der Wissenschaftsfreiheit, in: AöR 98 (1973), S. 313ff.

Kolibri 360 GmbH
Ferdinand-Jühlke-Straße 7
99095 Erfurt, Deutschland
produktsicherheit@kolibri360.de